LE ROMAN DE TRISTAN

ARTHURIAN STUDIES XIV

Le Roman de Tristan

en Prose

Tome III

ARTHURIAN STUDIES

ISSN 0261-9814

LE ROMAN DE TRISTAN

EN PROSE

TOME III

édité par

RENÉE L. CURTIS

D. S. BREWER

First published 1985 by D. S. Brewer
240 Hills Road, Cambridge
an imprint of Boydell & Brewer Ltd
PO Box 9, Woodbridge, Suffolk IP12 3DF
and 51 Washington Avenue, Dover, New Hampshire, 03820, U.S.A.

ISBN 0 85991 183 7

British Library Cataloguing in Publication Data

Le roman de Tristan en prose.——(Arthurian
studies, ISSN 0261-9814; 14)
T.3/édité par Renée L. Curtis
I. Curtis, Renée L.   II. Series
843'.1   PQ1541

ISBN 0-85991-183-7

cc

Library of Congress Cataloging in Publication Data

Tristan.
Le roman de Tristan en prose.

(Arthurian studies : 14)
Bibliography: p.
Includes index.
1. Tristan—Romances.   2. Arthurian romances.
I. Curtis, Renée L.   II. Title.   III. Series.
PQ1541.C87 1985   843'.1   84-24337

ISBN 0-85991-183-7

300825

Printed in Great Britain by
St Edmundsbury Press, Bury St Edmunds, Suffolk

TABLE DES MATIÈRES

AVANT-PROPOS

Ce troisième volume de notre édition critique du *Tristan en prose* contient la dernière partie du manuscrit de base, Carpentras 404 (*C*). Malheureusement ceci ne constitue pas la fin du roman. Ce fait est d'autant plus regrettable que *C* s'est montré, dans cette troisième partie comme auparavant, supérieur à tout autre manuscrit dont nous disposons.

Nous avons adopté le même plan et les mêmes principes d'édition que dans les tomes I et II. Puisque ce volume fait suite à ceux-là, on ne trouvera pas répétés ici les renseignements qui sont déjà donnés dans l'Introduction des deux tomes précédents, surtout en ce qui concerne l'établissement du texte, les caractéristiques de *C* et les références bibliographiques. Toutefois, le glossaire du tome III comprend tous les mots difficiles que l'on rencontre dans cette partie du roman; et, de même, l'index des noms propres est un relevé complet des noms trouvés dans ce troisième volume. Le texte est précédé d'un résumé de l'histoire contenue dans le tome III, et suivi de notes critiques et de variantes.

La disposition typographique du texte médiéval requiert un mot d'explication. La non-justification des lignes a non seulement accéléré la publication du livre, mais aussi réduit les frais d'impression et par conséquent le prix du volume. Nous avons donc accepté cette disposition du texte, qui, pour être inélégante, n'en est pas moins claire.

Enfin, nous voudrions adresser nos vifs remerciements à tous ceux qui ont contribué à l'accomplissement de cette tâche laborieuse; particulièrement à M. le Professeur B. Woledge qui a bien voulu relire cet ouvrage et nous faire part de ses remarques. Nous exprimons aussi notre sincère gratitude au *Central Research Fund* de l'Université de Londres, à la *British Academy* et surtout au *Eugène Vinaver Fund* de la Société Internationale Arthurienne pour les subventions qu'ils nous ont accordées.

Londres, avril 1983.

TABLE DES ABRÉVIATIONS

impers.	impersonnel.
ind.	indicatif.
inf.	infinitif.
interj.	interjection.
Löseth	E. Löseth (voir ci-dessus, Analyse).
m.	masculin.
ms. (Ms.)	manuscrit.
mss. (Mss.)	manuscrits.
n.a.	nouvelles acquisitions.
N.L.S.	National Library of Scotland, Edimbourg.
N.L.W.	National Library of Wales, Aberystwyth.
parf.	parfait.
pers.	personne.
pl.	pluriel.
p.p.	participe passé.
p.prés.	participe présent.
poss.	possessif.
prép.	préposition.
prés.	présent.
pron.	pronom.
Publ.	Publique.
qn.	quelqu'un.
réfl.	réfléchi.
rég.	régime.
Rom.	*Romania*.
s.	siècle.
SATF.	Société des anciens textes français.
sing.	singulier.
subst.	substantivement.
suj.	sujet.
T.	Tristan.
T.L.	Tobler-Lommatzsch, *Altfranzösisches Wörterbuch* (Berlin, 1925–43, réimprimé et continué Wiesbaden 1951–).
TLF.	Textes littéraires français.
t. I, t. II, t. III	Renée L. Curtis, *Le Roman de Tristan en prose*, tome I (Munich, 1963); tome II (Leiden, 1976); tome III (Cambridge, 1985).
Univ.	Université.
v.i.	verbe intransitif.
vol., vols.	volume, volumes.
v.tr.	verbe transitif.

INTRODUCTION

I. CONTENU

Liens avec la légende

Contrairement à ce que nous avons vu dans le tome II qui suit assez fidèlement les grandes lignes du conte traditionnel, la troisième partie contient peu d'épisodes qui se rattachent à la légende de *Tristan*. Le présent volume débute par la continuation de l'histoire de Brun le Noir, *vallet a la Cote Mautailliee*, et la conquête par Lancelot des *destroiz* de Sorelois. Suivent les aventures de Tristan dans la Forêt de Darvances, où il délivre le roi Arthur. Ensuite, Tristan et Kahedin s'embarquent pour la Cornouailles, où notre héros passe quelques jours heureux avec Iseut; bonheur qui est cependant vite détruit par la passion que Kahedin conçoit pour la reine. Tristan, soupçonnant la complicité d'Iseut, se lance affolé dans la forêt du Morroiz; sa douleur augmente de jour en jour jusqu'à ce qu'il en perde la raison. Tout le monde le croit mort; seuls Iseut, Brangien et Dinas savent qu'il est en vie.

Certains de ces thèmes rappellent néanmoins la légende primitive. Le voyage de Tristan et de Kahedin en Cornouailles se retrouve chez Thomas et Eilhart von Oberge. Mais la ressemblance ne va pas plus loin. Comme Bédier le dit dans son commentaire sur cet épisode: « *OTR* s'accordent à engager ici dans un voyage vers Iseut la Blonde Tristan et son jeune beau-frère, Kahedin. Mais *R* abandonne presque aussitôt la tradition pour imaginer des aventures de chevalerie sans intérêt. »[1]

La douleur excessive de Tristan fait également écho à la légende traditionelle. Quand, dans le poème de Thomas, Iseut chasse notre héros de la cour, celui-ci

---

[1] *Le Roman de Tristan par Thomas* (Paris, 1905), t. II, p. 270. *O* = Eilhart, *T* = Thomas, *R* = *Tristan en prose*.

languit sous l'escalier d'un vieux palais sans manger ni dormir, *megre de char, de colur teint*, ne désirant que la mort.[2] On pense à Tristan dans le roman en prose, où pendant huit jours *il ne manja ne ne but*, et *la char de li estoit si noere et si bloe* . . . Quant à sa folie, c'est là, bien entendu, le thème des deux poèmes de la *Folie Tristan*. Conçue en premier lieu comme un moyen de revoir Iseut sans se faire reconnaître de Marc et de sa cour, la *folie* de Tristan dans ces deux poèmes est pourtant plus qu'un simple déguisement: sa souffrance est si grande qu'il en devient en fait presque fou, et c'est son affolement qui lui donne l'idée d'aller en Cornouailles *en habit de fol onbraje*.[3] Bien que dans le roman en prose la démence de Tristan soit réelle, non pas simulée, il se peut bien que le prosateur ait pensé à la légende primitive en décrivant cet épisode.[4]

Un autre lien avec l'histoire traditionelle est l'idée de Tristan harpeur, car pendant son séjour dans la forêt il compose le *Lai Mortal*. Marie de France mentionne déjà les compositions musicales de Tristan en parlant de la source de *Chevrefoil*:

> Tristram, ki bien saveit harper,
> En aveit fait un nuvel lai.[5]

Le Merveilleux

Comme nous l'avons déjà vu dans les parties antérieures du roman, le prosateur tend à rejeter ce que les vieux poèmes ont de fantastique et d'extraordinaire, préférant une motivation plus réaliste de l'action. Chez Thomas, c'est l'épisode étrange de la Salle aux Images qui inspire l'amour de Kahedin et le voyage des deux amis en Cornouailles. Dans le roman en prose, c'est tout simplement l'arrivée d'une lettre d'Iseut priant son ami de venir aussitôt auprès d'elle qui fait partir Tristan; et Kahedin, curieux de voir cette dame qui, lointaine, peut évincer sa sœur, l'accompagne. Dans notre roman, Kahedin n'a pas besoin d'une image taillée dans une grotte merveilleuse pour être féru d'amour: c'est le résultat d'un coup de foudre, que l'auteur décrit d'un ton presque sec dans une seule phrase.[6]

En effet, dans cette troisième partie, l'auteur semble avoir rejeté presque entièrement les ressources du merveilleux. Dans les deux tomes précédents, on trouve plusieurs géants, un *marinier sortiseor*, une *saige demoisele*, un cor d'ivoire magique, un écu fendu, Morgain la Fée, Merlin et, enfin et surtout, le philtre

---

[2] *Thomas, Les Fragments du Roman de Tristan*, éd. B. H. Wind, TLF, (1960), D.605, 705; cf. *Tristan en prose* §§ 852 sq., 866.

[3] *La Folie Tristan de Berne*, éd. E. Hoepffner (Paris, 1949), 105.

[4] Cependant, il est clair que le prosateur s'inspire aussi et surtout du récit de la folie de Lancelot dans le *Lancelot en prose*; voir *Lancelot*, éd. A. Micha, t.VI (TLF, Paris/Genève, 1980), pp. 176–7, 207–25.

[5] Marie de France, *Lais*, éd. A. Ewert (Oxford, 1947), *Chevrefoil* 112–13.

[6] § 832, 17–20; ici Kahedin aime Iseut, non pas Brangien.

d'amour. Mais dans ce volume-ci, il n'y a que deux ou trois incidents sans importance qui se passent dans la Forêt de Darvances que l'on pourrait associer au fantastique. C'est ici que *Merlins avoit esté enfoïz toz vis* par la Demoiselle du Lac (§ 781, 4–5), et que Tristan voit l'étrange *beste glatissant* (§ 790, 15 sq.). Mais il n'y a qu'un seul événement magique qui semble avoir quelque lien avec la trame de l'histoire: c'est l'épisode où Tristan délivre le roi Arthur qui avait été ensorcelé par une enchanteresse qui l'aimait; nous en reparlerons ci-dessous. Ce thème d'un roi retenu par enchantement rappelle d'ailleurs un incident semblable dans le tome I (§ 224 sq.).

L'« Arthurianisation »

Si l'influence de la légende de *Tristan* est moins évidente dans cette troisième partie, la dette au *Lancelot en prose* est en revanche beaucoup plus considérable. Dans le tome III, Lancelot figure dans 97 paragraphes (12 seulement dans le t. I et 37 dans le t. II); et le roi Arthur apparaît dans 66 paragraphes (26 dans le t. I, 58 dans le t. II). L'histoire de Brun le Noir, *novel chevalier* de la cour du roi Arthur, constitue à peu près un tiers de ce volume; et au cours de son voyage vers Sorelois, Brun rencontre beaucoup de chevaliers de la Table Ronde, notamment Mordret, Calogrinant, Brandeliz et Lancelot. Ce dernier joue un rôle majeur dans cette section-ci, car c'est lui qui réussit à conquérir les *destroiz* de Sorelois.

Toutefois, l'histoire de Brun n'a au fond aucun rapport avec la légende de *Tristan*, et notre héros n'y apparaît pas en personne. Nous remarquons un plus grand souci d'intégrer les aventures de Tristan à l'univers arthurien dans l'épisode où il délivre le roi Arthur dans la Forêt de Darvances. Le roi s'était laissé entraîner dans la forêt par une demoiselle fée qui l'aimait, et qui l'avait ensorcelé en lui mettant au doigt une bague magique. La plupart des chevaliers de la Table Ronde se sont mis en quête du roi: Lancelot et Gauvain eux-mêmes parcourent en vain la forêt pour le trouver, ainsi que Hestor des Mares, Blioberis, Keu, Brandeliz, Tor le fils d'Arés et Lamorat de Gales. Tristan décide de se mettre lui aussi à la recherche du roi Arthur, et c'est notre héros en effet qui le délivre au moment où le roi était sur le point d'être décapité par l'enchanteresse.[7] C'est la première fois que Tristan est en contact direct avec les chevaliers arthuriens sur leur propre territoire; de plus, c'est la première fois qu'il rencontre le roi Arthur. Si auparavant Tristan était bien connu pour ses prouesses parmi les chevaliers errants du royaume de Logres, cet exploit le rend célèbre dans la maison même du roi, témoin les paroles de Palamedes au roi Marc:

« En la meson le roi Artus n'oï je onques granment parler de Tristan, fors une nuit tant solement, et ce fu adonc quant il avoit le roi resqueus de mort et

---

[7] Cet exploit rappelle les épisodes de Camille l'enchanteresse et de la fausse Guenièvre dans le *Lancelot en prose*, éd. Sommer, t. III, pp. 409, 425–7 et t. IV, pp. 47–50.

delivré d'une mout anieuse prison ou il avoit esté, ce disoient il par leanz.

> Adonc parloient il de Tristan et li donoient si grant los et si grant pris de totes bontez et de totes valors de chevaliers que je n'oï onques a Lancelot dou Lac doner si grant pris ne si grant los com il donoient a Tristan. » (§ 916, 10–7)

On voit clairement ici l'intention du prosateur de hausser Tristan au niveau de Lancelot, même de le faire surpasser le héros arthurien.

Dans la Forêt de Darvances Tristan passe quelques heures en la compagnie du roi Arthur, mais il ne se trouve jamais face à face avec Lancelot. Une rencontre des deux grands chevaliers semble imminente, car Lamorat indique à Lancelot la fontaine où il trouvera Tristan dans trois jours, et celui-là déclare qu'il y sera. Bien que la rencontre n'ait pas lieu, l'épisode sert à souligner l'admiration de Lancelot pour notre héros et son empressement à le voir:

> « C'est li chevaliers ou monde que je onques ne veïsse que je plus prise et lo, et de raison, car il est ores de greignor renomee que nul preudome que je saiche. Se Diex me conseut, je le desir plus a veoir que home qui soit el monde. » (§ 800, 29–32)

A un niveau moins héroïque, nous devinons la curiosité de Lancelot à l'égard de Tristan quand il demande à Lamorat: « *Por Dieu, itant me dites, est il si biax com l'en vet disant?* »

Dans la troisième partie du *Tristan en prose* nous voyons donc non seulement une plus grande participation des chevaliers de la Table Ronde, mais aussi la pénétration progressive de Tristan dans l'univers arthurien.

La correspondance arthurienne

La question de l'« arthurianisation » est liée à l'intercalation dans l'histoire de Brun le Noir de deux lettres échangées entre Tristan et Lancelot.[8] Ce dernier voyageait avec Brun quand une messagère lui apporta une lettre de Tristan. Lancelot se sépare de Brun pour lire la lettre et pour y répondre, et il ne rejoint son compagnon que plus tard. C'est la seule mention de Tristan dans cette partie du roman, car, comme nous l'avons déjà dit, l'histoire de Brun n'a rien à faire avec notre héros. Cet incident montre clairement le prix que Tristan attache à la bonne opinion de Lancelot, et la réponse de celui-ci révèle la grande estime qu'il a pour notre héros.

Tous les manuscrits[9] nous content que Lancelot reçoit une lettre de Tristan et y répond, mais trois manuscrits anciens seulement donnent le texte de cette correspondance.[10] Ces lettres ont-elles été supprimées dans la plupart des

---

[8] §§ 688 et 691.

[9] Excepté *M* et *W* qui ne contiennent pas l'histoire de Brun, et *G* qui omet les §§ 683–693.

[10] *C, 750* et *12599*.

manuscrits, ou au contraire, ajoutées dans *C, 750, 12599* par un épistolier enthousiaste qui voyait dans leur mention une belle occasion d'exercer son art? Les raisons suivantes portent à croire que c'est la première hypothèse qui est la bonne. (i) Dans tous les manuscrits qui ne font que mentionner les lettres, il y a plusieurs parties abrégées.[11] La correspondance se trouve dans une de ces parties. Puisque les lettres sont très longues, leur omission aurait été un bon moyen de condenser l'histoire.

(ii) Les deux lettres sont mentionées, mais nous n'avons aucune indication quant à leur contenu. Dans tous les autres cas où l'envoi d'une lettre est mentionné sans que le texte en soit cité, l'auteur nous raconte quelle en est la teneur;[12] en effet, autrement à quoi servirait l'incident? Puisque dans tous ces manuscrits nous n'avons aucune idée de ce que les lettres disent, l'insertion de cet incident est ici dénuée de sens.

(iii) Les lettres de Tristan et de Lancelot semblent faire pendant aux lettres échangées entre Iseut et Guenièvre dans le tome II, dont le texte est donné en entier dans tous les manuscrits.[13]

La version de *C, 750* et *12599*, comprenant les lettres de Tristan et de Lancelot, paraît donc constituer une étape antérieure à la version où manquent ces lettres.

Mais il faut signaler ici que *M* et *W*, deux mss. qui, nous le verrons,[14] semblent reproduire à bien des égards le plus fidèlement l'original, ne contiennent pas l'histoire de Brun, ni par conséquant les deux lettres qui y sont insérées. Leur insertion est-elle vraiment nécessaire à la compréhension du roman? E. Baumgartner croyait que oui:

> Tous les manuscrits rapportent la colère de Lancelot lorsqu'il apprend le mariage de Tristan. Tous les manuscrits font état, par la suite, du désir de Lancelot de devenir l'ami de Tristan. Il faut donc supposer que Tristan a su se faire pardonner cette faute grave contre l'amour que représente son mariage. Tel est précisément l'objet des longues lettres échangées entre les deux hommes dans les manuscrits 750 et 12599. . . .[15]

Cet argument repose, toutefois, sur une fausse prémisse. « *Tous* les manuscrits » ne rapportent pas la colère de Lancelot: dans *M* et *W* il manque les §§ 575 à 777, et par conséquent la conversation entre Supinabel et Lancelot (§§ 575 à 579) où ce dernier exprime sa haine pour Tristan. En effet, il manque aussi les lettres d'Iseut et de Guenièvre au tome II (§§ 569–73, 580–2).

---

[11] Voir ci-dessous, p. XXXI sq.

[12] Cf. la lettre de Galahot à Guenièvre au § 482; la lettre de Marc à Tristan au § 518; où la lettre de Kahedin à Iseut, et sa réponse au § 834.

[13] §§ 572 et 581.

[14] Voir ci-dessous, pp. XXIII sq., XXXIII.

[15] *Le « Tristan en prose », essai d'interprétation d'un roman médiéval* (Genève, 1975), pp. 36–7.

Donc, toute cette correspondance arthurienne, qui lie l'histoire de *Tristan* au *Roman de Lancelot*, ne semble pas avoir fait partie du texte original, bien qu'elle constitue probablement une étape très ancienne. Ce qui renforce cette hypothèse, c'est que ces longues lettres, si pleines d'éloquence et de rhétorique, se distinguent nettement des autres que nous trouvons dans le roman, écrites d'un style extrêmement simple et concis.[16]

Les Lais

Une innovation dans cette troisième partie du *Tristan en prose* est l'intercalation de deux pièces lyriques, l'une chantée par Tristan, appelée *Lai Mortal* (§ 870), l'autre, sans nom, chantée par Iseut (§ 932); dans les deux cas, la harpe est employée comme accompagnement. Nous avons déjà vu d'autres morceaux en vers dans le tome I: il s'agit des courtes *devinailles* échangées entre le géant et ses adversaires.[17] Mais ici nous avons affaire à de longues pièces proprement lyriques, c'est-à-dire, destinées à être chantées avec soutien instrumental. Ces *lais*, qui deviennent de plus en plus fréquents au cours du roman, sont même parfois notés; la notation du *Lai Mortal* ainsi que du *lai* d'Iseut se trouve dans le ms. *V³*, qui, selon T. Fotitsch, contient 17 pièces notées.[18] Ce procédé d'insérer dans un texte en prose de longues pièces lyriques est assez rare parmi les romans en prose de l'époque. On trouve quelquefois des inscriptions, des lettres en vers, comme dans *Guiron le Courtois*, qui contient aussi une courte pièce lyrique de huit vers;[19] ce n'est que plus tard, dans le roman de *Perceforest*, que l'on trouvera des *lais*, d'ailleurs de facture plus complexe.[20]

Au § 868, une demoiselle parle de trois *lais* que selon elle Tristan aurait composés auparavant: le *Lai de Plor*, après avoir été blessé par le Morholt; le *Boire Pesant* (var. *Amoureux*), après avoir bu le philtre; et le *Deduit d'Amor*, lors de son séjour avec Iseut dans le Morroiz. Mais ces *lais* ne sont pas inclus, ni même mentionnés, dans le récit de ces épisodes. Après la bataille contre le Morholt, Tristan emporte avec lui dans le bateau sa harpe, sa rote et ses autres instruments, mais lorsqu'il arrive en Irlande, l'auteur nous dit seulement que Tristan *comence a harper si doucement que nus ne l'oïst qui volentiers ne l'escotast* (§ 311, 6-7). Les deux autres fois il n'avait même pas sa harpe avec lui.

Comment expliquer ces inconséquences, qui ne sont clairement pas de simples étourderies de la part de l'auteur? Y avait-il une version, aujourd'hui perdue, qui contenait ces trois *lais*? C'est peu probable: non seulement il est difficile de voir

---

[16] Cf. §§ 202, 283, 778.

[17] Voir §§ 99, 107, 109, 111, 131, 133.

[18] T. Fotitsch/ R. Steiner, *Les lais du roman de Tristan en prose* (Munich, 1974), p. 9, note 2. Les pièces lyriques ont inspiré plusieurs articles qui sont cités dans la bibliographie des tomes I, II et III.

[19] Voir R. Lathuillère, *Guiron le Courtois* (Genève, 1966), p. 156.

[20] Cf. J. Lods, *Les pièces lyriques du roman de Perceforest*, éd. crit., (Genève, 1953).

pourquoi ces *lais* auraient été omis quand nous trouvons tant d'autres *lais* dans les parties postérieures du roman, mais aussi vers la fin de l'histoire Tristan chante le *Boire Pesant* à la requête d'une demoiselle,[21] et ce *lai* n'aurait guère été inséré dans le roman à deux reprises. Il est à croire que l'idée d'intercaler des pièces lyriques a été conçue pour la première fois au § 868, ou par Luce, ou plus probablement par un second auteur qui aurait inventé l'existence des trois *lais* en question parce qu'il voyait la possibilité d'inclure plus tard des *lais* au sujet de ces événements-là.

Le *Lai Mortal* est composé par Tristan quand il se lamente, affolé, dans la forêt, se croyant abandonné par Iseut. Il blâme tour à tour Iseut et *Amor*, décrit les tourments physiques et mentaux qu'il endure, et annonce sa prochaine mort. Ces thèmes, à vrai dire, n'apportent rien de nouveau à l'histoire, car dans les pages précédentes Tristan avait plus d'une fois exprimé son désespoir d'amour et son désir de mourir en des termes très semblables;[22] mais en donnant une forme lyrique à la souffrance de Tristan, l'auteur crée une impression de crescendo qui précède la frénésie du héros.

La harpe qu'utilise Tristan est rapportée à la cour par Brangien; et quand Iseut apprend les détails du *Lai Mortal*, elle décide de *trover un lai d'autretel maniere com fu celi lai qu'il fist* (§ 896, 20–1). Il est intéressant de noter qu'elle éprouve quelque difficulté à composer la musique: *le dit trove ele en brief termine, mais le chanz la vait plus grevant que li diz* (§ 896, 26–7). Le *lai* d'Iseut est également un « lai mortal », car après avoir appris la fausse nouvelle de la mort de Tristan, elle ne veut pas lui survivre. Toutefois, son chant de mort est très différent. Tristan, se croyant trahi par Iseut, la blâme de sa fin imméritée; Iseut choisit librement le suicide, parce qu'elle y voit un moyen de retrouver son amant. Elle rappelle successivement les prouesses de son ami, leur vie ensemble dans le Morroiz et leur bonheur passé. Sans lui, elle ne voit plus de raison pour vivre, et elle décide de se tuer avec l'épée de Tristan. Le *lai* d'Iseut a un plan beaucoup plus clair et cohérent que celui de Tristan; et ceci correspond à son caractère dans le *Tristan en prose*.[23]

II. ART

Comparé aux deux volumes précédents, le récit de cette partie-ci paraît moins intéressant; ceci est dû dans une large mesure à une certaine absence de progression, qui nuit à l'unité de l'ensemble.

Le troisième volume se compose de trois sections distinctes. La première

---

[21] Voir Löseth, *Analyse*, § 469.
[22] Voir surtout §§ 839, 852.
[23] Voir notre article *The Character of Iseut in the Prose Tristan*, dans *Mélanges Jeanne Lods* (1978), pp. 173–182. Pour une discussion du style de ces *lais*, voir ci-dessous, p. XIX sq.

centaine de paragraphes[24]—sur un total de deux cent soixante-six—raconte longuement les aventures de Brun le Noir, événements qui n'ont aucun rapport avec l'histoire de Tristan. Les nombreux combats, dont plus d'un pourrait être omis sans altérer la narration, ne sont même pas agrémentés par les échanges animés de Brun et la *demoisele mesdisant* qui pimentaient un peu l'histoire de Brun à la fin du tome II.

La deuxième section, l'épisode de la Forêt de Darvances,[25] se compose de plus de joutes encore, pour la plupart fortuites. Le point culminant de cette section est la délivrance du roi Arthur par Tristan; mais le récit de cet incident laisse beaucoup à désirer. L'idée du roi retenu dans la forêt par une demoiselle fée qui l'aime fait un peu trop penser à un épisode semblable dans le tome I (§ 224 sq.). De plus, il n'est pas très plausible que Tristan soit arrivé sur la scène au moment même où l'enchanteresse lève l'épée pour trancher la tête nue d'Arthur, et encore moins qu'elle ait attendu ainsi, l'épée suspendue dans l'air, pendant que la compagne de Tristan explique à notre héros que c'est là le roi Arthur et le supplie de le délivrer; après quoi Tristan rend grâces à Dieu de l'avoir mis dans une position où il pouvait gagner tant d'honneur: il ne pouvait penser à aucun exploit plus honorable que celui de délivrer le roi Arthur de la mort. Dans l'intervalle le pauvre roi aurait pu être décapité dix fois de suite!

La troisième section[26] nous ramène à l'histoire de Tristan et Iseut en Cornouailles. On est frappé ici par l'absence totale de combats; par contre, les complaintes amoureuses abondent. Les lamentations répétées des deux amants, bien que conventionnelles, sont au moins en rapport avec le thème central; mais la complainte de Meleagant pour Guenièvre n'a aucun lien avec l'histoire, et ne semble guère qu'un exercice de rhétorique. C'est encore davantage le cas avec l'interminable complainte de Palamedes (§§ 903–6), qui d'abord accuse *Amor* de trahison, d'inconstance, de dureté, de déception, puis regrette ses paroles et retire tour à tour tout ce qu'il avait dit auparavant; et il aurait continué ainsi plus longuement encore si le hennissement d'un cheval n'avait pas, heureusement pour nous, coupé court à sa péroraison. La complainte de Palamedes est trop bien formulée, et développée trop logiquement, pour nous convaincre de sa détresse.

L'inclusion de tant de lamentations finit par lasser le lecteur moderne. Il faut présumer que ces compositions correspondaient au goût du public médiéval, comme le suggère la réaction de Kahedin qui avait surpris les paroles de Palamedes:

« Sire, ce dit Kehedins, or sachiez que se vos celi parlement que vos aviez encomencié maintenissiez dusqu'au jor cler, je ne vos deïsse un sol mot, car il ne fust mie bien saiges, se m'eïst Diex, qui de si bel parlement com celi estoit

[24] §§ 674–776.
[25] §§ 777–829.
[26] §§ 830–940.

que vos ores teniez, vos ostast. Je endroit moi vossise bien, se Diex me saut, qu'il ne finast devant le jor, ne il n'est orandroit en tot cest monde un chevalier ne fol ne saige a cui il ne deüst bien plaire.» (§ 906, 18–25)

Avant de laisser le sujet de la rhétorique, il faut revenir aux deux lettres échangées entre Tristan et Lancelot. Celles-ci sont beaucoup plus longues que la correspondance d'Iseut et de Guenièvre au tome II. Il suffit de regarder les chiffres pour voir que l'auteur se laisse ici emporter par son enthousiasme:

Lettre d'Iseut (t. II, § 572)   :   423 mots approx.
Lettre de Guenièvre (t. II, § 581)   :   581 ,,   ,,
Lettre de Tristan (t. III, § 680)   :   1075 ,,   ,,
Lettre de Lancelot (t. III, § 691)   :   2550 ,,   ,,

Les lettres des deux hommes, surtout celle de Lancelot, n'ont pas la modération et l'éloquence des deux lettres antérieures; elles ne sont que des morceaux de bravoure qui n'expriment pas d'émotion véritable.

Quant aux deux pièces lyriques, si du point de vue du thème elles ajoutent une autre dimension à l'action, sur le plan formel ces compositions sont moins réussies. La longueur des deux *lais* (29 et 30 strophes respectivement) peut paraître excessive; la forme adoptée est le quatrain d'octosyllabes monorimes, schéma strophique peu ambitieux. Parmi les procédés stylistiques de l'auteur on a loué surtout sa prédilection pour l'antithèse;[27] toutefois, on ne peut que regretter la juxtaposition constante des mêmes mots et des mêmes idées dans les deux *lais*, de sorte que le procédé antithétique devient artificiel et répététif; par exemple, la co-existence de *joie* et *dolor* (*lié* et *triste*, etc.[28]); l'opposition de *chant(er)/plor(er)*; [29] et surtout l'idée de la mort d'amour et le jeu de mots *amor/(a) mort*.[30] Les métaphores employées manquent d'originalité:

J'estuve ou derrien baig.   (Lai de T. XVIII, 4)
Tristanz corne la recreüe   (Lai de T. XIX, 4)
Morir me fait d'amor la flame[31] (Lai d'I. XXVI, 1)

Enfin, quelques-unes des strophes sont médiocres, soit parce que la pensée est banale:

Ce n'est pas la haute Genevre
Qui m'ocist, ne n'est mal de fievre   (Lai de T. XIV 1–2)

---

[27] Voir J. Lods, *Les parties lyriques du Tristan en prose, BBSIA*, 7 (1955), pp. 75–6; E. Baumgartner, *op. cit.*, p. 307.
[28] Cf. III 1–2, VIII 2 dans le lai de T.; II 4–III 1, V 1 dans le lai d'I.
[29] Cf. VII 1–2, XXIX 1, 3, dans le lai de T.; V 1, VI 1, 2, 3, XXIX 2 dans le lai d'I.
[30] Cf. I 4, VI 4, VII 3–4, VIII 1, X 3, XI 3, XII, XIII 2–3, XVI 3, XVII 2, 4, XVIII 1–2, XX 3, XXVI 1–3, XXVII 3–4 dans le lai de T.; V 1, XXIII 3–4, XXVI 1 XXIX 3, XXX 3 dans le lai d'I.
[31] Voir aussi XV 3–4 dans le lai de T.; II 2, XXVIII 4 dans le lai d'I.

soit parce que l'expression est maladroite:

> Cil chevaliers aventureus
> Qui d'amors sont mieuz eureuz
> Que Tristan, li maleureus,
> Ne sont pas d'amor dolereus. (Lai de T. V)

Ainsi, malgré la variété dans le rythme du vers et un certain soin dans le choix des rimes, l'impression d'ensemble que nous laissent les deux *lais* est qu'ils sont l'œuvre d'un écrivain qui voulait s'essayer à écrire de la poésie, plutôt que celle d'un vrai poète. Il est bien possible que ces pièces soient de la main du prosateur. L'étude de la langue, certes, ne s'oppose pas à cette conclusion.

Malgré ces critiques, toutefois, cette troisième partie n'est pas sans mérites. Si on le lit avec plaisir, cela est dû surtout à la grande variété des tons, aux éléments divers que l'auteur a su intégrer dans son œuvre. L'intercalation de deux *lais* en vers octosyllabes est peu commune; également rare est la présence de plusieurs lettres d'amour et leurs réponses. D'une part, nous avons les dialogues fréquents, pleins de vivacité, exprimant souvent la camaraderie allègre des chevaliers; de l'autre, les complaintes amoureuses, pleines de tristesse et de désespoir. Côte à côte avec les longs passages de rhétorique, on trouve des traits de plaisanterie légère, d'humour, dont le meilleur exemple est peut-être l'épisode où un roi Marc apeuré, s'étant caché de Palamedes et de Kahedin, révèle sa présence par un accès de toux; il prétend avoir dormi profondément pendant des heures, mais se trahit aussitôt quand il laisse échapper qu'il sait ce dont ils avaient parlé.[32] On voit aussi un bon exemple de ce qu'on appelle l'ironie du sort dans les pérégrinations de Tristan à travers la forêt du Morroiz. Si seulement les messagers divers qui le cherchent avaient pu le trouver pour lui expliquer la vérité, le malentendu entre Tristan et Iseut aurait été éclairci. Mais ils ne réussissent jamais à l'atteindre, parfois à cause de leurs propres actions; c'est le cas de Fergus qui avait laissé Tristan affolé à côté d'une fontaine avec la promesse d'y revenir le soir même avec un message d'Iseut, mais ensuite indique le lieu à une demoiselle qui irrite tellement notre héros qu'il s'enfuit aveuglément et se perd dans la forêt.[33]

En effet, le désaccord entre Tristan et Iseut, et la folie de Tristan qui en résulte, introduisent un nouvel élément dans l'histoire. On dirait que l'auteur voulait pousser à l'extrême certaines situations qu'il a trouvées dans la légende primitive. Dans le poème de Thomas, nous voyons Tristan succomber momentanément à des doutes, à des soupçons jaloux; nous sommes témoin de la mésentente passagère entre les deux amants et du désespoir de Tristan qui l'affole. Mais dans le roman en prose, la jalousie de Tristan est violente et de longue durée, car il est convaincu de l'infidélité d'Iseut. Il se précipite dans la forêt, croyant avoir perdue son amie à

---

[32] § 912 sq.
[33] § 859 sq.

tout jamais, et cette pensée le pousse à une frénésie réelle. Iseut, à la fausse nouvelle de la mort de son amant, veut mourir à son tour, et fait une tentative de suicide. Pour la première fois, nous voyons un malentendu complet entre les deux amants; et bien qu'à la fin de ce volume Iseut apprenne que Tristan n'est pas mort, nous pressentons qu'ils ne seront pas réunis pour longtemps. Ce que cet épisode, dans le roman en prose, manque de finesse, il le gagne en force dramatique. Comme dans les parties antérieures du *Tristan en prose*, l'auteur n'hésite pas à adapter librement et à transformer la légende à ses propres fins.

L'Entrelacement

Un procédé qui n'a pas été en évidence dans les deux volumes précédents est la technique dite de l'entrelacement. En effet, on est frappé par l'ordre chronologique précis que le prosateur avait observé en racontant la vie de Tristan: ses ancêtres, sa naissance, son enfance, ses exploits de jeunesse, sa rencontre avec Iseut, etc. Ce n'est qu'à la fin du tome II (§ 617) que le récit chronologique se rompt; l'auteur laisse Tristan, Iseut aux Blanches Mains et Kahedin en Petite Bretaigne, et pendant quelque temps suit les aventures de Lamorat, puis, beaucoup plus longuement, celles de Brun le Noir, *vallet a la Cote Mautailliee*. Ce ne sera que cent-soixante paragraphes plus loin, au § 777, que nous retournerons à l'histoire de Tristan.

Les critiques ne sont pas d'accord sur l'efficacité de la technique de l'entrelacement dans le *Tristan en prose*. E. Vinaver pense que le « Prose Tristan shows a gradual deterioration of the method of 'interweaving' »,[34] et préfère l'emploi plus habile de ce procédé dans le *Roman de Lancelot*. E. Baumgartner, par contre, défend notre roman; elle croit que cette structure, « balançant sans cesse entre diachronie et synchronie convenait mieux, peut-être, pour peindre la trajectoire de la passion d'amour dans l'univers touffu de la chevalerie, que la structure uniforme et rigide du *Lancelot en prose*. »[35]

Toutefois, avant de discuter la technique de l'entrelacement dans cette partie du roman, il faut tenir compte de la divergence dans la tradition manuscrite en ce qui concerne ce procédé stylistique, la première divergence importante qu'on trouve dans le *Tristan en prose*. On peut distinguer quatre versions différentes:

GROUPE A: Version de M et W (Mss. de la Famille *a*)

Ces deux manuscrits ne contiennent pas d'entrelacement, puisqu'on n'y trouve pas les §§ 575–777. Le récit est le suivant:

Tristan, accablé de douleur, avoue son amour pour Iseut à son beau-frère

---

[34] *Arthurian Literature in the Middle Ages*, éd. R. S. Loomis (Oxford, 1959), p. 345.

[35] E. Baumgartner, *op. cit.*, p. 270.

Kahedin, qui offre de l'accompagner en Cornouailles (§ 574). *Un jor aprés celle chose qu'il avoient ensi parlé avint que Tristanz chevauchoit desor la marine entre lui et Keedin.* Ils rencontrent Brangien qui apporte à Tristan une lettre dans laquelle Iseut le prie de venir en Cornouailles (§ 777). Il part aussitôt avec Kahedin et Brangien.

M et *W* ne contiennent donc das l'histoire de Brun (§§ 636–777), ni les événements qui la précèdent (§§ 574–635), c'est-à-dire la courte digression sur Lancelot, les exploits de Tristan et de Lamorat au *Païs de Servaige*, et les aventures de Lamorat avec Frolant, Gauven et Belinant.

GROUPE B: Version de C (Ms. de la Famille *a*)
(i)   Aventures de Lamorat §§ 617–35.
(ii) Aventures de Brun le Noir §§ 636–776.
(iii) Aventures de Tristan §§ 777–940.

GROUPE C: Version des familles b, c, d, e; E, G
(i)   Aventures de Lamorat §§ 617–35.
(ii) Aventures de Brun §§ 636–82 (*E:* § 683).
(iii) Aventures de Tristan §§ 777–928.
(iv) Aventures de Brun §§ 683–709 (*G:* § 693).
(v)   Aventures de Tristan §§ 929–40.
(vi) Aventures de Brun §§ 710–776.

GROUPE D: Version de 750; 12599 jusqu'au § 682 (Famille *f*)
(i)   Aventures de Lamorat §§ 617–35.
(ii) Aventures de Brun §§ 636–92, en plus de nombreuses aventures (46 feuillets) qu'on ne trouve dans nul autre ms.
(iii) Aventures de Tristan §§ 831–928. (Cette version omet les §§ 777–830).
(iv) Aventures de Brun §§ 693–709.
(v)   Comme le Groupe C.
(vi) Comme le Groupe C.

Examinons ces quatre groupes du point de vue littéraire. Dans A le récit est parfaitement clair. Les aventures se suivent logiquement. On n'a pas l'impression qu'il y manque quoi que ce soit, et cette version n'a certainement rien omis qui soit nécessaire à l'histoire.

L'auteur du Groupe B voulait évidemment intégrer dans son œuvre les aventures de quelques chevaliers arthuriens. Non content de décrire la rencontre de Tristan avec ces personnages, il a l'idée d'insérer dans notre roman l'histoire de Brun le Noir et les efforts de celui-ci pour conquérir les *destroiz* de Sorelois. L'auteur laisse Tristan en Petite Bretaigne, raconte les exploits de Brun consécutivement, et revient à Tristan lorsque la tâche de Brun est accomplie. Qu'on approuve ou non l'intercalation d'un petit roman[36] à l'intérieur d'un grand—surtout un roman dans lequel Tristan n'apparaît pas une seule fois—il faut reconnaître que la coupure se fait à un bon moment: on peut reprendre sans peine le fil des aventures de Tristan. Quant aux Groupes C et D, ils découpent l'histoire de Brun en trois parties, qu'ils insèrent par intervalles dans le roman de *Tristan*. Il faut signaler cependant que ces parties ne sont pas identiques dans les deux groupes. La première consiste de 46 paragraphes dans le Groupe C, 56 dans le Groupe D (en plus de 46 feuillets de manuscrit qu'on ne trouve nulle part ailleurs[37]), et 47 paragraphes dans le ms. *E*; la seconde est plus courte: 26 paragraphes dans le Groupe C, 16 paragraphes dans le Groupe D et dans le ms. *G*; la troisième comprend 66 paragraphes dans les deux groupes.

Dans ces manuscrits nous avons donc depuis le § 636 jusqu'au § 940 cinq divisions ou sections qui content alternativement l'histoire de Brun et de Tristan. Pour que le procédé de l'entrelacement soit réussi, la transition d'une histoire à l'autre doit se faire à un moment approprié, et il ne faut pas que le lecteur éprouve la moindre difficulté à retenir le fil de chacune des histoires. Mais, à vrai dire, le récit dans les Groupes C et D tend plutôt à confondre le lecteur. Mordret, Brun et la *demoisele mesdisant* quittent ensemble le *recet* de Calogrinant (§ 682): ce n'est pas là un bon endroit pour faire une coupure. En outre, cette première reprise des aventures de Tristan forme une section plus longue que toute l'histoire de Brun, et lorsque l'auteur revient à ce dernier, on ne se souvient plus de ses exploits. De plus, l'auteur reprend le récit de Brun à un très mauvais moment: Iseut est affolée à la fausse nouvelle de la mort de Tristan (§ 929), et à cet instant-là nous ne nous intéressons guère aux aventures chevaleresques très banales de Brun. Plus d'une fois on a l'impression que le fil de l'histoire est tout simplement rompu, et nous restons entre ciel et terre.

Avons-nous quelques indications qui laissent deviner lequel de ces quatre groupes se rapproche le plus de l'original? L'histoire de Lamorat et de Brun était-elle omise dans *M* et *W*, ou ajoutée dans les autres manuscrits?[38] L'étude des manuscrits de la troisième partie nous donne en effet quelques indices. C'est principalement une question de chronologie. Dans *M* et *W*, la révélation de Tristan à Kahedin qu'il aime Iseut est suivie de l'arrivée de Brangien en Petite Bretaigne avec la lettre d'Iseut. Le texte suggère que peu de temps s'est écoulé entre ces deux événements: *Un jor aprés celle chose qu'il avoient ensi parlé avint que Tristanz chevauchoit desor la marine entre lui et Keedin. . . . Atant e vos qu'il encontrerent une damoiselle . . .* (*W*: f.102a) Dans tous les autres manuscrits, au contraire, de nombreux incidents arrivent à Tristan après son aveu à Kahedin: un jour (le texte ne précise pas combien de temps s'est passé depuis la conversation de Tristan et de

---

[36] L'histoire de Brun constitue 141 paragraphes.
[37] Voir ci-dessous, p. XL sq.
[38] Voir aussi à ce sujet le t. II, pp. 31–2.

Kahedin) Tristan se promène en bateau avec sa femme et son beau-frère; ils s'endorment, la nuit tombe, et le vent les porte loin des terres; à l'aube le bateau s'échoue sur un rocher et les jette sur le rivage du *Païs de Servaige*; ils rencontrent Seguradés qui les mène à une veuve chez qui ils passent la deuxième nuit; un cor appelle tous les habitants du pays à un château éloigné où le géant Nabon le Noir va célébrer une fête; ils partent à pied et passent cette nuit dans une chapelle; le lendemain, grâce aux exploits de Lamorat et de Tristan, Nabon est tué et le *Païs de Servaige* est libéré; on élit un nouveau seigneur, et ils passent la quatrième et la cinquième nuit au château; le sixième jour ils s'embarquent et retournent en Petite Bretaigne. Quelle est la durée de ce voyage? Nous ne le savons pas. Quelques jours après le retour de Tristan, Iseut lui envoie une lettre; encore une fois, l'auteur ne précise pas combien de temps il faut à Brangien pour porter cette lettre en Petite Bretaigne. Tristan part aussitôt pour la Cornouailles.

D'après ces détails, l'intervalle entre l'aveu de Tristan (§ 574) et l'arrivée de Brangien (§ 777) a certainement été de bien plus d'une semaine. Pourtant, dans tous les manuscrits sauf *M* et *W* nous lisons au début du § 777: *Ci dit li contes que quant Tristanz se fu descoverz a Kahedin qu'il amoit la roïne Yselt, il avint cele semene meesmes un jor qu'il chevauchoient sor la mer entre li et Kahedin. . . . il virent venir une demoisele* (c'est-à-dire, Brangien). *Cele semene meesmes*—cette expression s'appliquerait parfaitement à la version de *M* et *W*, où l'arrivée de Brangien suit directement l'aveu de Tristan, mais elle est tout à fait incorrecte dans les autres manuscrits. Il paraît donc que les aventures du *Païs de Servaige* suivies de celles de Lamorat et de Brun sont des additions, et que le remanieur a oublié d'ajuster le texte en conséquence. Selon ces indications, le Groupe A (*M* et *W*) contient la version la plus ancienne.[39]

De plus, il est probable que la deuxième étape est représentée par le Groupe B (version de *C*), c'est-à-dire, l'intercalation de l'histoire consécutive de Brun, et non pas par les manuscrits où l'on trouve le procédé de l'entrelacement. En dehors des considérations d'ordre esthétique, le fait que la coupure ne se trouve pas au même endroit dans tous les manuscrits qui utilisent cette technique narrative suggère que ce développement est postérieur à l'autre. La version du ms. abrégé *103* confirme cette hypothèse, car là l'histoire de Brun est divisée seulement en deux parties et non en trois, et la narration est ininterrompue jusqu'au § 709.[40] Quoi qu'il en soit, l'intercalation de l'histoire de Brun a dû se produire de très bonne heure, puisque tous les manuscrits sauf *M* et *W* contiennent déjà ces aventures.[41]

---

[39] On doit regretter que *M* et *W* soient des mss. si incomplets et si mal conservés qu'ils n'auraient pas pu servir comme mss. de base pour une édition.

[40] Voir E. Vinaver, *Le Roman de Tristan et Iseut dans l'œuvre de Thomas Malory* (Paris, 1925), p. 42.

[41] Voir à ce sujet notre article « A Romance within a Romance: the Place of the *Roman du Vallet a la Cote Mautailliee* in the Prose Tristan » dans *Studies in Honour of Brian Woledge* (à paraître en 1985).

III. LES AUTEURS

Dans une série d'articles,[42] nous soutenons la théorie que Luce del Gat commença le *Tristan en prose* et Hélie de Boron le termina, sans toutefois déterminer l'endroit où Hélie se mit à écrire. Le tome III nous donne à ce sujet quelques indications qui semblent suggérer que Hélie est déjà l'auteur de la plus grande partie de ce volume.

Le témoignage le plus important est la présence dans la seconde moitié du tome III de deux renvois à des épisodes antérieurs que l'auteur attribue à Luce del Gat. Au § 847 l'écrivain nous conte que Palamedes décide de retourner en Cornouailles malgré la promesse qu'il avait jadis faite à Iseut de ne pas y revenir. Il ajoute:

> Et qui la verité voudra savoir de cesti conte, si preigne l'estoire de mesire Tristan que mesire Luces dou Chastel de Gaut fist assez bele et cointement. En celi livre que mesire Luces fist de mesire Tristan porra il veoir tot apertement la covenance que Palamedes avoit a la roïne Yselt.

Ceci nous rappelle un épisode dans le deuxième volume (§ 511), et correspond exactement aux incidents qu'on nous avait contés à ce moment-là. De même, au § 864, Tristan arrive devant une tour:

> Et sachiez que devant cele tor s'estoit ja combatuz mesire Tristanz a Palamedes por l'amor de madame Yselt a celi point que Palamedes en menoit la roïne Yselt de la meson le roi Marc, ensi com mesire Luces dou Gaut devise en son livre. Et qui ce voudra veoir apertement, si preigne la grant estoire de mesire Tristan, car illec devise mesires Luces dou Gaut mot a mot coment mesire Tristanz se combati a Palamedes et coment la roïne Yselt, qui tout paor avoit de mesire Tristan, departi sagement la bataille et envoia Palamedes ou reaume de Logres.

C'est un renvoi très exact à l'épisode décrit au tome II, §§ 510–11. De plus, on trouve au § 856 un renvoi à l'*estoire de mesire Tristan* sans nommer Luce; c'est une référence précise à des événements concernant Fergus qui sont décrits au tome II, § 544.

Il faut dire tout de suite que seuls trois manuscrits du XIIIᵉ siècle (*C*, *750*, *12599*)[43] contiennent ces renvois sous cette forme. Dans tous les autres manuscrits la situation est la suivante:

Le premier renvoi manque totalement, puisque tous ces manuscrits omettent les §§ 845–51: il s'agit d'une des parties abrégées.

Le deuxième renvoi (§ 856) se trouve dans la même section abrégée; en effet,

---

[42] Voir particulièrement « Who wrote the *Prose Tristan*? A new look at an old problem. » dans *Neophilologus*, 67 (1983), pp. 35–41.

[43] *M* et *W* se terminent malheureusement avant cet endroit.

l'épisode de la rencontre de Tristan et Fergus est très condensé. Voici le texte du ms. *102*, très semblable aux autres manuscrits:

> Un chevalier qui Fergus estoit appellez et qu'en sa compaignie avoit esté en Norois et en autres terres, *si comme li comptes l'a devisé ça arriere*, s'estoit embatuz sur lui (f.110c).

Le troisième renvoi (§ 864) se trouve dans une partie non abrégée. Voici le texte de *102*:

> La s'estoit jadiz Tristanz combatuz encontre Palamedes pour Yseut en cellui temps que Palamedes emmena Yseut de l'ostel au roy Marc, *ainsi que nous l'avons devisé en nostre livre* (f.111d).

La différence entre ces deux groupes est frappante: d'une part, nous avons un écrivain qui renvoie à des épisodes antérieurs qu'il attribue à un premier écrivain, Luce; de l'autre, l'écrivain renvoie à ces épisodes comme s'il les avait écrits lui-même (bien que cela soit moins explicite dans la première citation). Laquelle de ces deux versions est la plus ancienne? Puisqu'une étude détaillée des manuscrits prouve d'une façon concluante que les textes qui abrègent appartiennent à une tradition postérieure,[44] il s'ensuit que les renvois à Luce dans les textes non abrégés, *C, 750, 12599*, reproduisent plus fidèlement l'original.

Toutefois, cette mention d'une *estoire* de Tristan par Luce est, il faut l'avouer, ambiguë, car cela paraît étrange d'appeler la première partie du même livre *estoire de mesire Tristan* comme s'il s'agissait d'un autre livre.[45] E. Baumgartner considère en effet que les renvois à l'*estoire* de Luce prouvent que nous avons une version complète par Hélie qui renvoie à une première version par Luce, également complète, aujourd'hui perdue.[46] Mais si nous avions une version complète par Hélie, ce dernier nous aurait renvoyés à son propre récit de ces épisodes. Si au contraire nous en croyons le texte (et quelle raison avons-nous de le douter?), nous avons ici affaire à deux écrivains différents: le second (Hélie?) renvoie dans les §§ 847 et 864 du tome III à des épisodes antérieurs qui se trouvent aux §§ 510 et 511 du tome II et qu'il atrribue à un premier écrivain, Luce; et la conclusion s'impose que quelque part entre ces deux endroits Luce abandonna le roman et Hélie le continua. Cette hypothèse est corroborée par le fait qu'on ne trouve pas de renvois à Luce dans la première partie du roman, quoiqu'ils se rencontrent avec régularité par la suite.

---

[44] Voir ci-dessous, p. XXXI sq., et aussi notre article « Pour une édition définitive du Tristan en prose », *Cahiers de civilisation médiévale*, XXIV (1981), pp. 91-9.

[45] Il faut considérer ces renvois concurremment avec ceux qui se trouvent plus tard dans le roman. Pour une discussion détaillée de ce problème, voir notre article « Who wrote the *Prose Tristan*? A new look at an old problem », *Neophilologus*, 67 (1983), pp. 35-41.

[46] *Op. cit.*, p. 91.

Ces renvois mis à part, il y a dans le tome III plusieurs autres indications qui, bien qu'on ne puisse pas les considérer comme des preuves en elles-mêmes, tendent à suggérer la même solution au problème.

(i) On trouve dans le troisième volume un nombre de contradictions en ce qui concerne des épisodes antérieurs, surtout au sujet des *lais*. Par exemple, au § 896, 22–4, l'auteur nous raconte que Tristan apprend à Iseut à jouer de la harpe lors de leur séjour dans la forêt du Morroiz. Mais les amants n'avaient pas de harpe dans la forêt.[47] L'auteur a-t-il oublié son propre récit de la vie des amants dans le Morroiz? Ou est-ce là une indication que nous avons affaire à un autre écrivain qui s'est souvenu de la légende plutôt que du récit de cet épisode par Luce? De plus, au § 867, une demoiselle trouve une harpe dans une des chambres d'un certain château, et la châtelaine lui dit que cet instrument appartient à Tristan qui avait jadis séjourné là: « *Je l'oï ja ceanz harper avec madame la roïne Yselt.* » Mais Tristan n'avait pas de harpe quand il passa deux jours dans ce château.[48] Autre exemple, au § 866, l'auteur parle de trois *lais* que Tristan est censé avoir composés auparavant; pourtant ces *lais* ne sont pas mentionnés dans les parties antérieures du roman.[49] Finalement, nous avons déjà signalé la chronologie erronée au début du § 777, où nous lisons que Brangien arrive en Petite Bretaigne la semaine même où Tristan avait avoué son amour pour Iseut à Kahedin, bien que de nombreuses aventures aient eu lieu entretemps.[50]

Ces inconséquences sont d'autant plus frappantes que nous n'en trouvons point dans les deux premiers tomes de notre édition du *Tristan en prose*.

(ii) L'intercalation de deux *lais* au tome III (§§ 870 et 932) est en elle-même significative: il y a de nombreuses pièces lyriques dans les parties ultérieures du roman, mais aucune dans les deux premiers tomes. Cette absence se remarque particulièrement dans l'épisode où Tristan, blessé par le Morholt, est couché dans un bateau avec sa harpe et ses autres instruments, et joue si doucement que tous ceux qui l'entendent croient que c'est *faarie* (§ 311). C'était là un endroit tout indiqué pour introduire un *lai*. Il faut supposer que l'idée d'insérer des pièces lyriques dans le roman en prose doit être attribuée à Hélie, et non pas à Luce.

(iii) On voit dans le tome III une attitude différente en ce qui concerne les aventures arthuriennes. Auparavant, le roi et ses chevaliers figuraient rarement dans le récit et ne jouaient pas de rôle significatif. Dans cette partie-ci, on voit non seulement une plus grande participation des chevaliers de la Table Ronde, mais aussi la pénétration de Tristan dans le monde arthurien.[51]

---

[47] Voir t. II, §§ 552–3.
[48] Voir t. II, § 511 sq. L'auteur se trompe d'ailleurs aussi sur la durée du séjour, qu'il croit être de trois jours au § 864, 13.
[49] Cf. ci-dessus, p. XVI.
[50] Voir ci-dessus, p. XXIII sq.
[51] Voir ci-dessus, p. XIII sq.

(iv) Certains événements qui se passent au début du roman sont repris une deuxième fois dans le tome III. L'exemple le plus frappant en est l'épisode que nous louons dans l'Introduction du tome II (pp. 11–12): deux chevaliers se battent vaillamment et longuement pour la reine Iseut, qui pourtant dès le commencement de la bataille s'était enfuie dans la forêt (§ 501 sq.) On trouve une situation analogue au § 795, où Lamorat et Gauvain se battent pour une demoiselle qui s'est également échappée dans la forêt. Les deux épisodes se ressemblent tant qu'il serait surprenant, bien que possible, qu'un même auteur eût utilisé cette idée deux fois.[52]

Ces détails soutiennent le témoignage de la tradition manuscrite, et mènent à la conclusion que Luce del Gat est l'auteur du roman jusqu'au moment où Tristan et Kahedin quittent la Petite Bretaigne (§ 777), mais qu'il n'a probablement pas écrit beaucoup plus après cela. L'histoire de Brun le Noir (§§ 636–776) est une intercalation et ne doit pas être attribuée à Luce; aussi manque-t-elle dans *M* et *W*. Ces conclusions s'accorderaient avec l'affirmation des mss. *E*, *G*, *V*³ et *756*, qui nous disent dans le prologue que l'histoire est commencée par Luce *qui briefment parloit tant come il vesqui.*

IV. LES MANUSCRITS

La Tradition manuscrite

Depuis notre édition du *Roman de Tristan*, tome II, deux nouveaux fragments ont été découverts:

    (i) Copenhague, Bibl. de l'Univ. A.M. 78 (XIVe ou XVe s.), 2 ff., Löseth §§ 398, 395a.[53]

    (ii) Salzbourg, Bibl. de l'Univ. M.I. 376 (XIIIe s.), 2 ff., Löseth, §§ 467, 469.[54]

De plus, il faut signaler:

    (iii) Turin, Bibl. Nat., R.1622 (XVe s.), 19 ff., Löseth, §§ 615, 1–28, 28–33, 287.

Il s'agit de divers fragments du *Tristan* insérés dans un manuscrit de *Guiron le Courtois*.[55]

Il se peut aussi que le ms. Oxford Douce 379 contienne un fragment de la *Queste*

---

[52] Cf. aussi le motif d'un roi ensorcelé par une demoiselle fée qui l'aime, §§ 224 et 823; et celui d'un chevalier qui tombe d'une fenêtre quand quelqu'un le menace d'une épée, §§ 38 et 837.

[53] Voir *Rom.* 98 (1977), pp. 89–90.

[54] Voir R. Baehr, *Zum Salzburger Tristan-Fragment, Jahrbuch der Univ. Salzburg 1977–9* (Salzbourg 1980, pp. 83–97).

[55] Voir R. Lathuillère, *Guiron le Courtois, Etude de la tradition manuscrite et analyse critique* (Genève, 1966), pp. 82–5.

du *Tristan en prose* (voir F. Bogdanow, *Rom.* XCVIII, 1977, pp. 289–305.)[56]
Enfin, on remarquera que le ms. G^2 (anc. Fondation Martin Bodmer, XIIIe s.) a
changé de propriétaire. En effet, ce ms. a été vendu à la librairie H.P. Kraus, New
York, en 1971, et acheté quelques années plus tard par un collectionneur privé qui
désire rester anonyme. Pour le moment, donc, G^2 est inaccessible.

Par contre, la Fondation Martin Bodmer possède un autre ms. du *Tristan en prose*,
portant la cote 164 (XIVe s.), que nous appelons G^3; on ignore à quelle date ce
manuscrit a été acquis par Martin Bodmer.[57] G^3, comportant 655 feuillets est
incomplet au début, et commence au tome I, § 92, 8.

La liste complète, y compris les fragments isolés et ceux insérés dans des
compilations, comprend donc à présent quatre-vingt-deux manuscrits, dont trente
et un contiennent la troisième partie.[58] Six manuscrits, qui contenaient la
deuxième partie, ne nous concernent plus dans cette partie-ci: H^1 se termine au
§ 549 du t. II, H^2 au § 463, *Add* au § 512, *759* au § 656, *SM* au § 478. R^3 après le
§ 482 a une longue lacune, et continue avec Löseth § 342.

Voici une liste des manuscrits de la troisième partie du *Tristan en prose*. Chaque
ms. est suivi du sigle qui le représente dans toute cette édition.

Aberystwyth, N.L.W., 446 (XIVe s.)   *W*
Bruxelles, Bibl. Royale, 9086–7 (XVe s.)   *B*
Carpentras, Bibl. Municipale, 404 (XIIIe s.)   *C*
Chantilly, Musée Condé, 645–7 (XVe s.)   *Ch¹*
—   —   —   648 (XVe s.)   *Ch²*
Edimbourg, N.L.S., Adv.19.1.3. (XIIIe s.)   *E*
Gand, Bibl. de l'Univ., 6 (XVIe s.)   *G*
Genève, Bibl. Publ. et Univ., franç. 189 (XVe s.)   *G¹*
—   Fondation Martin Bodmer, 164 (XIVe s.)   *G³*
Modène, Bibl. Estense, E. 59 (XIVe s.)   *M*
New York, Collectionneur anonyme, (XIIIe s.)   *G²*
Paris, Bibl. de l'Arsenal, 3357 (1488)   *A*
—   B.N., 94 (XIVe s.)   *94*
—   — 97 (XVe s.)   *97*
—   — 99 (1463)   *99*
—   — 100–1 (XIVe s.)   *100*
—   — 102 (XVe s.)   *102*
         103 (XVe s.)   *103*

---

[56] Selon F. Bogdanow, « ou bien notre fragment est en réalité un morceau de la *Queste* du *Tristan* ou bien
la *Queste* du *Tristan* remonte en dernière analyse à un manuscrit semblable à notre fragment » (p. 297).

[57] Voir *Bibliotheca Bodmeriana, Manuscrits français du Moyen Age*. Catalogue établi par Françoise Viellard,
Cologny-Genève, 1975, pp. 86–92.

[58] La troisième partie ne correspond pas à une division qui se trouve dans les mss.

—   —   104 (XIIIᵉ s.)   *104*
—   —   334 (XIVᵉ s.)   *334*
—   —   335–6 (1400)   *335*
—   —   750 (1278)   *750*
—   —   756–7 (XIVᵉ s.)   *756*
—   —   758 (XIIIᵉ et XIVᵉ s.)   *758*
—   —   12599 (XIIIᵉ s.)   *12599*
—   —   n.a. 6579 (XIIIᵉ s.)   *N*
Rome, Bibl. Vaticana, Reg. lat. 727 (XIVᵉ s.) R^1
—   —   —   Palat. lat. 1964 (XIVᵉ s.) R^2
Vienne, Nationalbibliothek, 2537 (XVᵉ s.) V^1
—   —   2539–40 (1466) V^2
—   —   2542 (c. 1300) V^3

Description des manuscrits

Avant de décrire les familles de manuscrits en détail, il serait peut-être utile de faire quelques observations générales.

Dans les deux tomes précédents, nous avons noté que les manuscrits se ressemblaient de très près, présentant le même nombre d'épisodes dans le même ordre; il n'y avait le plus souvent que des différences de langue et de style. Dans le tome III, pour la première fois, on trouve des divergences assez considérables:

(i) L'ordre des épisodes n'est pas le même dans tous les manuscrits.

(ii) Les mss. *750* et *12599* (famille *f*) contiennent une longue série d'aventures qui ne sont données nulle part ailleurs; il s'agit de plus de quarante-six feuillets (ff. 35c—80d de *750*).

(iii) Le ms. *E* raconte le début des aventures de la famille *f*, puis en ajoute d'autres; la divergence de *E* ne comprend que deux feuillets (ff. 46a–48b).

(iv) Le ms. *750* ne conte pas le départ de Tristan et Kahedin pour le royaume de Cornouailles, ni leurs aventures dans la Forêt de Darvances; on verra qu'il s'agit d'une omission.[59]

(v) Le texte de la correspondance de Tristan et Lancelot manque dans tous les mss. sauf *C*, *750* et *12599*.

(vi) La longue histoire du Chevalier a la Cote Mautailliee manque dans *M* et *W*.

Par contre, on retrouve les mêmes familles de manuscrits dans la troisième partie du *Tristan en prose*, à l'exception de *756*, qui appartenait à la famille *a* et qui s'accorde maintenant avec la famille *c*; de *E* et *G*, qui ne constituent plus une famille; et de V^3 qui après le § 870 ne fait plus partie de la famille *d*.[60]

---

[59] Voir ci-dessous, p. XLII. *12599* est incomplet et fait ici défaut.
[60] Voir ci-dessous, *Familles de manuscrits*, pp. XXXVI sq., XLIII sq.

Comme déjà dans le tome II, une proportion assez considérable du récit est abrégée dans la majorité des manuscrits; il s'agit de plus d'un tiers du tome III.[61] Il est surprenant que ce ne soit pas l'histoire du Chevalier a la Cote Mautailliee que l'on trouve condensée, mais au contraire les aventures de Tristan en Grant Bretaigne et en Cornouailles, et le récit de l'échange des lettres entre Tristan et Lancelot. Comme dans le deuxième volume, l'abrégement varie selon les feuillets; parfois on le remarque à peine, d'autres fois le texte est réduit à un tiers de l'original. Les seuls manuscrits qui n'abrègent pas sont *C*, *M* et *W* (famille *a*) et *750* (famille *f*).[62]

Mais comment être absolument sûr que le texte plus court de la majorité des manuscrits ne représente pas l'original, et que le texte plus long des familles *a* et *f* ne constitue pas un embellissement du premier?

Une comparaison détaillée des deux versions ne permet pas de doute à ce sujet. La version plus courte est souvent très peu satisfaisante; à plusieurs reprises le texte manque de clarté ou est même tout à fait illogique. Nous avons décrit les déficiences les plus frappantes de la version abrégée dans un article récent.[63] En voici d'autres exemples, moins importants, mais qui eux aussi montrent clairement que nous avons affaire, en ce qui concerne la version plus courte, à un texte réduit, basé sur la version plus complète que le remanieur a dans ces cas mal abrégée.

(i) § 815, 7–29

C	*102* etc.
« Et porriez vos chevauchier?» fait Brandeliz. Et Kex respont qu'il chevauchera dusques a aucun recet, car sejorner le covendra illec, que navrez se sent durement ... « En nom Dieu, fait Tor li filz Arés, ... se il ne fust de si grant proesce, ja de nos trois ne se fust si bel delivrez. Or ai je dahez se jamés ai granment de repos devant que je sache qui il est, se je le puis savoir ne par li ne par autre.» Autretel dit Brandeliz; et autretel ne dist mie Kex, qui trop se sentoit navrez, enz dit que d'aler après li n'a il nule volenté: a toz ces d'enfer rent li et sa compaignie, qu'il ne li est pas bel de sa venue. Il s'en retornera chiex son oste, et demorra illec tant qu'il soit bien gariz. Ensi navrez com il est ne porroit il mie granment chevauchier qu'il ne fust en peril de mor.	« Brandelis, fait Keu, je suis durement navrez. » « Si chevaucherons tout bel ensemble, fait Brandelis, jusques a aucun hostel ou vous puissiez demourer ...» « Certes, vous dites voir, fait Keu; et s'il ne feüst de grant povoir, ja de moi ne se feüst ainsi delivrez. Et si vous dy que jamais n'avray grantment repos devant que je saiche qui il est. » Et Brandelis dist pareillement. Et Tor si dist: « En nom Dieu, je n'ay talent d'aler après lui. Au deable le comment. » Et lors Keu et Brandelis s'en vont après Tristan, et se hastent tant de chevauchier qu'ilz l'actaignent ... (f. 106d–e)

---

[61] §§ 779–859 et §§ 688–692.

[62] *12599* est incomplet et fait ici défaut.

[63] « Pour une édition définitive du Tristan en prose », *Cahiers de civilisation mediévale*, XXIV (1981), pp. 91–9.

Puisque tous les manuscrits abrégés rapportent que Keu est très blessé et doit aller se reposer *a aucun hostel*, son empressement à suivre l'inconnu n'est guère logique. Le texte est évidemment une version corrompue de *C*.

(ii) § 789, 23–41

C

94 etc.

« Ha! dit Tristanz, itant me dites, des cinc neveuz le roi Artus qui tuit sont chevalier si com l'en me fet entendant, li quiex est de greignor renomee? » « Il sont, dit Lamorat, dui qui ont passé de bonté de chevalerie les autres freres, et est li uns apelez mesires Gauven et li autre a non Gaheriez. Cil dui sont bon chevalier sans doutance, et sont assez li uns divers de l'autre, car quant mesire Gauvens a faite sa chevalerie et il li en vient bien, il n'en cele mie le fait, enz le raconte maintenant; li autres le fait tout en autre maniere, car quant il avient qu'il troeve aucune bele aventure, jamés n'en parlera se autres nel fait, et ensi fait ses chevaleries en repost . . . Par cest chose que je vos di est mesire Gauvens de grant renomee, car ses chevaleries sont recontees par tot. Et li autres test et cele ses bones oevres; il n'est pas de si grant renomee por ce qu'il se cele de quanqu'il puet. Si vos di vraiement qu'il est assez meillor chevalier que n'est mesire Gauven, car je me sui essaiez a l'espee et a l'un et a l'autre. »

« Lamorat, fait mesire Tristan, et des cinc neveus le roi Artus liquel sont de greignour renommee? » « Sire, fait Lamorat, il en i a deus qui sont de greignour renommee que tout li autre, mais moult sont divers, car quant mesire Gauvain fait sa chevalerie, il ne le choile mie, mais *li autres* le fait si en repost que ja ne sera seüe qu'il puisse. Et por ce est mesire Gaheriés de grant nom renomés, si vous di que Gaheriés est de greignour prouece que mesire Gavains, car j'ai assaiié et l'un et l'autre. (f. 111a)

Encore une fois le texte plus court est fautif: le remanieur mentionne *li autres* sans nous avoir dit de qui il s'agit.

Les déficiences des sections plus courtes mises à part, deux autres détails indiquent qu'il s'agit de manuscrits qui sont abrégés dans certaines parties: premièrement, le fait que le récit plus dépouillé est sporadique et non systématique; deuxièmement, que les manuscrits en question ne reprennent pas tous le texte plus long au même endroit.[64] La version non abrégée est clairement la plus ancienne.

Encore une fois, notre manuscrit de base, *C*, le seul à donner la version intégrale d'un bout à l'autre, s'est avéré comme le meilleur manuscrit à servir pour une édition.[65]

---

[64] Voir ci-dessous, pp. XXXVII, XXXIX; cf. aussi t. II, p. 41.

[65] *M*, *W* et *750*, qui eux non plus n'abrègent pas, sont très incomplets.

Les familles de manuscrits

Ayant établi que les mêmes familles de manuscrits se retrouvent dans les tomes I et II avec très peu de changements, qu'il y a en général un rapport étroit entre les divers manuscrits d'une même famille, il ne nous semblait pas nécessaire cette fois-ci d'examiner en détail chacun des textes. Nous avons donc choisi un manuscrit représentatif de chaque famille,[66] tout en prenant la précaution de vérifier si les principales divergences du manuscrit choisi se retrouvent dans les autres manuscrits du groupe. Toutefois, en vue de l'ancienneté de la famille *a*, nous avons étudié tous les manuscrits de cette famille.

Famille a: C, M, W

Malheureusement cette famille s'est de plus en plus réduite: les mss. H^1, H^2, *SM* et *Add* se terminent avant le début de la troisième partie;[67] *756* s'accorde maintenant avec la famille *c*.

M et *W* sont eux aussi très incomplets.

M commence au § 212 (t. I) et s'arrête au milieu d'une phrase au § 829, 14 après la délivrance du roi Arthur par Tristan dans la Forêt de Darvances (Löseth § 75a); puis ce ms. ajoute un feuillet (déchiré) de la fin du *Tristan en prose* (Löseth §§ 516, 519; 524 très abrégé).[68]

W débute au § 217 (t. I) et s'arrête lui aussi après la délivrance du roi Arthur au § 820, 21 (Löseth § 74a). Puis *W* ajoute dix feuillets de la fin du roman (Löseth §§ 537–40, et un feuillet, § 549).[69]

M et *W* forment un sous-groupe bien net, ce qui était déjà le cas dans le tome II. Comme nous l'avons indiqué plus haut dans le chapitre sur l'entrelacement,[70] on ne trouve pas dans ces deux manuscrits les §§ 575–777, c'est-à-dire, ni la courte digression sur Lancelot, ni les aventures de Lamorat, ni la longue histoire de Brun, chevalier a la Cote Mautailliee. La question de savoir si ces aventures sont omises dans *M* et *W*, ou sont au contraire une addition dans le reste des manuscrits, est d'une importance capitale. Nous donnons ci-dessus (p. XXIII sq.) les raisons qui nous ont amené à croire que l'histoire de Lamorat et de Brun ne figurait pas dans la version originale du *Tristan en prose*.

Les leçons particulières à ce sous-groupe sont trop nombreuses pour qu'on les

---

[66] *102* (fam. *b*); *94* (fam. *c*); V^1 (fam. *d*); *334* (fam. *e*); *750* (fam. *f*); *E*, *G* et *756*.

[67] Voir ci-dessus, p. XXIX.

[68] Les indications sur ce ms. dans E. Baumgartner, *op. cit.*, p. 19: « Modène, Bibl. Estense E.59, [Löseth] §§ 18–570 (lacune) » sont inexactes.

[69] Les indications sur ce ms. dans E. Baumgartner, *op. cit.*, p. 19: « Aberystwyth, N.L.W. 446, [Löseth] §§ 18–549, version abrégée » sont inexactes.

[70] Voir ci-dessus, p. XXI.

cite en entier.[71] *M* et *W* s'arrêtent même tous les deux au milieu d'une phrase pour commencer un nouveau paragraphe (796, 10: *Atant*). Ils écrivent régulièrement *foreste* au lieu de *forest*. On y trouve plusieurs additions,[72] et quelques noms propres différents:

	C, etc.	*M* et *W*[4]
777, 6	Brangain	Brenguin
781, 4	Forest d'Arvances (de Darnantes)	Foreste d'Arnantes
781, 4	Demoisele dou Lac	Dame dou Lac
800, 34	tele fontene	Fontaine dou Pin
801, 8	Gorre	Gore

Cependant, les manuscrits de la famille *a* sont tous trois liés par une affinité bien étroite, et contiennent souvent une leçon tout à fait différente des autres manuscrits. En voici quelques exemples:

	V[1], etc.	*C, M, W*
781, 4	. . . la Forest de Darnantes ou la damoiselle du Lac avoit emprisonné Merlin.	. . . la Forest d'Arvances ou Merlins avoit esté enfoïz toz vis par la Demoisele dou Lac.
782, 19	Quant je seroie loing de cy, jamais n'y revendroie.	Se je de ceste montaigne estoie esloigniez troi lliues englesches, jamés ne savroie reperier.
796, 8	. . . et puis commence a sommeiller. La ou il devoit dormir . . .	. . . et comence mentenant a penser. La ou il pensoit et se voloit endormir . . .
796, 23	Il debat son pis et esgratine son viaire.	Il comence ses mens a batre ensemble et ferir son vis et son pis.
797, 2	Lamorat . . . s'en merveille moult durement qui il est, car il n'entendi mie bien quant il se nomma, et moult se merveille qui celle dame est.	. . . mout se merveille qui cil chevaliers pooit estre et qui puet estre la dame.

On trouve aussi deux exemples où le texte de la famille *a* est beaucoup plus court: voir les *Variantes* 807, 31; 808, 29.

Les noms propres dans *C*, *M* et *W* sont quelquefois différents:

782, 22	Pin des trois Dames	Pin des trois Demoiseles
	(*104*: quatre; *94*, *756*: deus)	
822, 23	Vous parlés de celui	Vos parlez de Saliel[74]

---

[71] Voir les *Variantes*: 790, 29; 793, 10; 793, 13; 798, 11; 804, 13; 808, 3; 811, 24; 815, 18.

[72] Voir les *Variantes*: 789, 47; 800, 15; 800, 18; 830, 34.

[73] Ici et dans toute cette édition, le texte est celui du premier ms. cité.

[74] *W* se termine au § 820 et fait ici défaut.

Plus souvent les nombres se distinguent des autres mss.:

781, 17	dis jours	sis jorz
781, 29	trois jours ou plus (*104*; ou quatre)	deus jorz ou trois
782, 10	quatre mois (fam. *b*: un)	trois mois
788, 28	un mois (*Ch*[1]: trois)	deus mois
800, 46	plus a d'un an	plus a d'un mois

Mais la différence la plus importante de la famille *a* est le fait que ces manuscrits sont les seuls à donner un texte non abrégé à partir du § 779, et par conséquent contiennent une version plus ancienne, supérieure au reste des manuscrits.[75]

Famille b: 97, 100, 102

Comme c'était le cas aussi dans les deux tomes précédents, *97* et *102* se ressemblent de très près, plus peut-être que n'importe quels autres manuscrits du *Tristan en prose*. *100*, qui vers la fin du tome II se rapprochait nettement de la famille *d*, surtout de *V*[1], rejoint dans le tome III la famille *b*. Voici quelques-uns des nombreux exemples de traits particuliers à ces trois manuscrits:

	V[1], etc.	*102, 97, 100*
724, 58	Et pour moy oster (*334*: haster) delivrement de cest fait . . .	Et pour moy delivrer hastivement de cest fait . . .
738, 22	Elle . . . lui dist moult debonnairement . . .	Elle . . . lui dist moult fellonnessement . . .
753, 22	. . . et le tire vers soy.	. . . et le tire vers terre.
861, 17	Haro! Dieux, je sui mort!	Haa! Dieux, comment suis ore vifz!

De plus, les noms propres et les nombres se distinguent quelquefois de ceux des autres familles:

782, 10	bien a quatre mois	bien a ung mois
860, 45	Le roy March ala huy matin en chasse en la forest de l'Espince. Il ne vot mie aler ou Morois.	Li roys ala huy chacier en la forest de l'Espinote (*100*: Espinete). Il ne voult pas aler chacier en la forest des (*100*: del) Mors.
852, 31	Messire Tristanz pleure tous jours.	Tristan pleure trois jours.
875, 13	·VI· jours (var.: ·V·)	·VII· jours

Comme toutes les familles sauf *a* et *f*, ces trois manuscrits commencent à abréger l'histoire au début du récit des aventures de Tristan dans la Forêt de Darvances; en

---

[75] *750*, qui lui aussi n'abrège pas, omet les §§ 777–831.

ce qui concerne la famille *b*, à partir du § 779, 9 avec les mots *Et li roys* jusqu'au § 858, 57, après *n'ot tant de hardement*. Les chapitres où il s'agit de la correspondance de Tristan et Lancelot sont eux aussi très condensés: depuis le § 688, 3 jusqu'au § 692, 12, après les mots *et se part de leans*. Comme nous l'avons indiqué plus haut,[76] le texte de ces lettres n'est pas donné dans les mss. abrégés.

Quant à l'ordre des épisodes dans le tome III, nous avons déjà mentionné que celui-ci varie selon les manuscrits.[77] Voici la suite des paragraphes dans la famille *b*:

(i)	§§ 674–682	Aventures de Brun le Noir
(ii)	§§ 777–928	„ „ Tristan
(iii)	§§ 683–709	„ „ Brun le Noir
(iv)	§§ 929–940	„ „ Tristan
(v)	§§ 710–776	„ „ Brun le Noir

Famille c: 94, 99, Ch¹, N, 756

Comme nous l'avons déjà indiqué,[78] le ms. *756*, qui dans les deux premiers volumes faisait partie de la famille *a*, s'accorde nettement dans le tome III avec la famille *c*, avec laquelle elle partage plusieurs fautes communes. Les traits particuliers à cette famille sont trop nombreux pour qu'on les cite en entier. En voici quelques exemples:[79]

	V¹, etc.	Famille *c*
778, 12	Cist changes est moult merveilleux.	Cist changes est moult estranges.
831, 14	. . . s'il y estoit et le roy March en estoit saisiz la dehors, je vouldroie miex morir . . .	. . . s'il i estoit et li rois March estoit a siege la defors, si voudroie je miex morir . . .
891, 46	Et Brangain dit que tout ce lui dira elle volantiers.	Et Brangain li dist que tout ce li dira ele moult volentiers et moult ameement.
838, 8	« Et comment, fait le roy, dormés vous? » Et la roÿne se met adont avant . . .	« Comment, fait li rois et la roïne, dormés vous? » Et la roïne se met avant . . . (*Ch¹* abrégé).
894, 29	. . . pres de celle tour ou il c'estoit jadis combatus entre luy et Palamedes qui la roÿne avoit assegiee a force.	. . . pres de cel tour ou il s'estoit jadis combatus encontre Palamides qui la roïne avoit la dedens enserree a force. (*Ch¹*: lacune).

---

[76] Voir ci-dessus, p. XXX (v).
[77] Voir ci-dessus, p. XXX (i).
[78] Voir ci-dessus, p. XXX.
[79] Ms. représentatif: *94*.

De plus, les noms propres et les nombres sont parfois différents:

698, 7	Neroneus	Maroneus (*756*: lacune)
782, 22	Pin des trois Dames	Pin des ·II· Dames
843, 2	Guiglain	Ginglantin
837, 14	trois lances	quatre lances

Quant à la partie abrégée, la famille *c* commence à condenser le récit au § 779, 9, comme la famille *b*, mais reprend le texte complet un peu plus tôt, au § 858, 53, avec les mots *autre chose ne fist*. L'abrégement des paragraphes qui contiennent la correspondance de Tristan et Lancelot n'est pas identique non plus: la famille *c* commence à abréger au même endroit, § 688, 3, mais cesse d'abréger un peu plus tôt, au § 992, 5, avec les mots *Et sachiés*.

L'ordre des épisodes est identique à celui de la famille *b*.

Le ms. *N* se termine au milieu d'une phrase au § 909, 22, après les mots *car cil*.

*G*³ qui, nous le verrons,[80] rejoint après le f. 106 la famille *e*, s'accorde davantage au début de la troisième partie avec les manuscrits de la famille *c*, sans qu'on puisse toutefois assigner *G*³ à cette famille. D'une part, il partage avec ces manuscrits quelques-unes des variantes citées ci-dessus (831, 14; 891, 46; 894, 29), ainsi que les noms Ginglantin et Pin des ·II· Dames; de l'autre, *G*³ cesse d'abréger au § 858, 57, comme la famille *b*. En effet, l'influence de la contamination est ici trop marquée pour nous permettre de classifier le début de *G*³ avec certitude.

Famille d: V¹, V², V³, 335

Comme dans les parties antérieures du roman, les mss. *V*¹, *V*² et *335* font preuve d'un très haut degré de concordance. *V*³, qui avait rejoint la famille *d* au § 468,[81] reste très proche de ces manuscrits dans la première partie du tome III; mais après le § 870, il ne leur ressemble plus de si près, et s'accorde dès lors davantage avec *E*, sans toutefois former avec ce manuscrit une famille.

Voice quelques exemples de traits particuliers à ces manuscrits:

	102, etc.	*V¹, V², V³, 335*
794, 25	les enfans au roi Loth	les enfans du roy Loth d'Orcanie (*V*: Ormatue).
803, 1	Et Lamorat qui tant amoit . . .	Lamorat qui tant enragiement amoit . . .
870, XI, 2–3	A vous vueil je que soit tramis / Cil lais.	A vous veul je que soit tramis / C'est brief.
870, XXVI, 1	Quant Dieu me fault et femme et homme . . .	Quant tout me fault et femme et homme . . .

---

[80] Voir ci-dessous, p. XXXIX.
[81] Voir t. II, p. 41.

La vingt-sixième strophe du *lai* de Tristan dans la plupart des mss. (mais qui manque dans *C* et *750*), est la trentième strophe dans *V¹*, *V²*, *V³* et *335*.

L'ordre des épisodes dans la famille *d* est pareil à celui de la famille *b*; les parties abrégées correspondent à la famille *c*.

Famille e: 104, 334, Ch², R¹, R²; G³ (après le f. 106)

Comme nous l'avons vu dans les tomes I et II, ces manuscrits ne sont pas liés par une affinité bien étroite. L'influence de la contamination est ici très marquée, et on trouve souvent des croisements avec d'autres familles. De plus, ces manuscrits sont très fautifs.

334, le meilleur d'entre eux, est décrit par Paulin Paris comme étant « d'une exécution inférieure sous tous les rapports. »[82] Comme dans les parties antérieures, *334* alourdit le texte d'expressions inutiles comme *tout certainement, tout proprement, tout droit, par aucune aventure*, etc.; souvent le scribe ajoute des phrases plus longues, mais également superflues:

C	334
861, 23 Ele estoit adonc si pres de li que bien le poiot prendre par la main, se il vosist.	Ele estoit a celui point si pres de lui que ele le peüst moult bien prendre a la mein, et seisir la mein de Trystram pour mettre en la seue, pour tant que ele le vousist.
879, 42 « Sachiez bien que se mesire Tristanz doit estre trovez par nule demoisele ou Morroiz, je l'i troverrai. » « Diex le veille, » fait la roïne.	« Sachiez tout certainement que se nule damoisele du monde le doit trouver pour nule queste fere, je le trouverai dedanz le Morois. » « Nostre Seingnor le voille, fet la roïne Yseult, tout ainsint comme mon cuer en est desirranz. »

Ch² a été copié par un scribe négligent; dans la troisième partie surtout il commence à raccourcir des passages, ou même à les omettre entièrement.

104 est plus fautif encore; en fait, c'est probablement parmi les manuscrits du *Tristan en prose* le plus défectueux. Il manque de nombreux feuillets; les répétitions abondent et on trouve des lacunes partout.

R¹ tend à altérer le texte un peu comme *334*, tandis que *R²* a été copié avec négligence et contient beaucoup d'omissions et de fautes d'inattention.

---

[82] *Les Manuscrits François de la Bibl. du Roi*, II, p. 341.

Il n'est donc pas surprenant que, sans une comparaison très détaillée de ces textes, on ne trouve guère de leçons particulières à tous les cinq manuscrits de cette famille.[83]

L'ordre des épisodes est identique à celui de la famille *b*. Ces manuscrits commencent à abréger au § 779, 9 et reprennent le texte complet au § 858, 53, comme les familles *c* et *d*. Les chapitres qui contiennent la correspondance sont raccourcis dès le § 688, 3, comme ailleurs; mais contrairement aux autres familles, l'abrégement s'arrête au § 692, 7 (104: § 692, 11).

G^3 rejoint la famille *e* après le f. 106; il s'agit des §§ 684–709, 929–940, 710–776. Dans cette section G^3 s'accorde de très près avec *334*; en effet, ces deux manuscrits se ressemblent plus que n'importe quels autres manuscrits de la famille *e*. Malheureusement G^3 est lui aussi très défectueux, et on y trouve beaucoup d'omissions et de raccourcissements. Le manuscrit a été copié par plusieurs scribes; on distingue deux écritures différentes dans la troisième partie. Il manque les feuillets 107–110 (§§ 913, 14–928, 23; § 683, 1–31); on notera que c'est après cette lacune que G^3 rejoint la famille *e*.[84]

Famille f: 750 et 12599

Comme auparavant, ces deux manuscrits se distinguent nettement des autres familles, beaucoup plus encore que dans la deuxième partie.

12599 est composé de cinq fragments, les feuillets 39 à 103 du premier nous concernant ici. Nous avons vu au tome II que le début de ce manuscrit correspond au § 578, 1; le fragment se termine au milieu des aventures du Chevalier a la Cote Mautailliee (f. 100c).[85] Au f. 101a jusqu'au f. 101d se trouve la lettre de Tristan à Lancelot (§ 688), et au f. 101d jusqu'au f. 103a on trouve la réponse de Lancelot à Tristan (§ 691).[86]

Les principales divergences de la famille *f* portent sur trois points:

(i) Les aventures du Chevalier a la Cote Mautailliee à partir du § 683. (Ce chevalier s'appelle ici Brumor/Brunor, non pas Brun.)
(ii) Les aventures de Tristan dans la Forêt de Darvances et son arrivée en Cornouailles.
(iii) L'ordre des épisodes.

---

[83] Voir ci-dessus, *Les familles de manuscrits*, p. XXXIII.
[84] Voir aussi ci-dessus, p. XXXVII.
[85] Löseth § 72; cette partie ne ressemble pas à la version ordinaire.
[86] Cette réponse ne « manque » donc pas dans *12599*, comme le dit E. Baumgartner, *op. cit.*, p. 36, note 2.

(I) AVENTURES DE BRUNOR

Dans la famille *f*, le récit des exploits de Brunor est beaucoup plus long. Jusqu'au § 683, tous les manuscrits s'accordent; mais entre les §§ 683–686 (un seul feuillet dans *C*), la famille *f* nous conte d'innombrables aventures qui ne se trouvent nulle part ailleurs (46 feuillets dans *750*).[87]

Löseth se sert de *750* comme ms. de base pour cette partie, et résume ces épisodes aux §§ 71–4 de son *Analyse*.

E. Baumgartner décrit cette version des aventures de Brunor comme « un récit plus complet et mieux agencé que celui donné par les autres manuscrits », récit qui aurait « plus fidèlement reproduit » l'original.[88]

Mais à vrai dire ce long récit dans *750* et *12599* n'a rien à faire avec la mission de Brunor qui consiste à conquérir les *destroiz* de Sorelois; l'histoire est souvent illogique, parfois même contradictoire. Voici quelques exemples de ce manque de cohésion:

a) Tous les manuscrits s'accordent à montrer la *demoisele mesdisant* impatiente de se débarasser de Brunor, et ce dernier résolu à ne pas s'éloigner d'elle. Cependant, dans la famille *f*, Brunor s'en va tout à coup seul, malgré ses refus répétés de quitter la demoiselle.

b) A l'embranchement de deux chemins, Brunor prend la route à droite, bien qu'une inscription l'avertisse qu'il y trouvera déshonneur: *ja chevalier n'i enterra se ce n'est le meschaant d'amors*. L'auteur semble oublier cet avertissement, qui n'est jamais expliqué; aussi et surtout, puisque le but de Brunor est de s'acheminer avec la demoiselle vers Sorelois, pourquoi s'en irait-il seul vers l'inconnu?

c) Il arrive au Château de Mal Acoill *qui tant estoit forz com nos vos avons devisé ça arriere en nostre livre en celui point quant nos parlasmes del Chevalier de Cornoaille*. On ne fait pourtant nulle part mention de cet épisode dans le *Tristan en prose*, ni dans la famille *f*, ni ailleurs.

d) Dans *750* et *12599* Brunor, au cours de sa poursuite de Brehu, se repose près d'une fontaine où il entend une longue complainte amoureuse de la part de Palamedes. Mais il y a plus tard dans tous les manuscrits du *Tristan* une autre lamentation de Palamedes à côté d'une fontaine, également reproduite par *750* (*12599* se termine avant cet endroit). On a peine à croire que l'original ait contenu deux complaintes de ce chevalier, d'autant plus qu'elles suivent toutes les deux dans *750* un argument analogue: Palamedes accuse d'abord Amour, puis se repent de ses accusations. On voit même employées des idées et des expressions très semblables:

---

[87] ff. 35–81.
[88] *Op. cit.*, pp. 36, 37.

f. 45b	Quant il a dite ceste parole, il se test une grant piece que mot ne dit.	f. 111a	Quant il a dite ceste parole, il se taist une molt grant piece qu'il ne dit mot. (Cf. *C*: § 903, 26–7)
f. 45b	Hee! Amor . . . qui toz jors vas prometant, ne onques ne renz tes promesses.	f. 111a	Amors, mar vi vostre promesse . . . que onques de totes les vostres promesses vers moi ne vos aquitastes d'une sole. (*C*: § 904, 3–6)
f. 45b	Amor . . . qui es de bele acoillance et de bele entree . . .	f. 111b	Amor, tot ce di ge por vos, car vos estes de bone entree. (*C*: § 904, 42–3)
f. 45c	Ha! las, come j'ai mal dit . . . qui si vois forment blasmant Amor et mesdisant . . . qui en moi n'ai sens ne raison.	f. 111d	Amors, fait il, blasmé vos ai com chevaliers de povre sens et sanz raison . . . Onques voir ne . . . deüsse de vos mesdire. (*C*: § 905, 6–9)
f. 45d	Amor, ne gardez pas a mon fol sens n'a ma grant folie . . . Se ge dis de toi vilonie, pardone le moi.	f. 111d	Amors, ne regardez a ma folie ne al povre sens qui est en moi, mais pardonez moi cestui mesfet. (*C*: § 905, 11–3)

e) Après avoir quitté la *demoisele mesdisant*, Brunor l'oublie complètement. Il s'engage dans d'innombrables aventures (qui remplissent une trentaine de feuillets) sans penser ni à elle, ni aux *destroiz* de Sorelois. Puis un jour *il regarde et voit de l'autre part venir la male damoisele, cele meïsme qu'il aloit querant et por cui il s'estoit parti de cort* (f. 65a). Notre chevalier aurait certes dû chercher sa compagne! C'est comme si le remanieur se souvenait tout d'un coup de la demoiselle et de la mission de Brunor.

Par contre, l'histoire de Ceron et de ses six fils qui se trouve à la fin de ces aventures supplémentaires (*750*: ff. 75d–80b), peut bien remonter à une version plus ancienne. Cette histoire, qui explique l'aventure des *destroiz* de Sorelois, est contée par un vieux moine à Brunor, Lancelot et la *demoisele mesdisant*. Ce récit manque dans tous les autres manuscrits, et pourtant au § 694, 1–5 Brunor paraît en connaître quelques-uns des détails. De même, tous les manuscrits mentionnent au § 737, 23 l'emprisonnement de Palamedes par Breuz sanz Pitié; cependant cet épisode se trouve seulement dans *750*.

A tout prendre, si l'on voit sans doute dans *750* des traces d'une tradition plus ancienne, on doit bien avoir des doutes sur l'ancienneté de l'ensemble des aventures additionnelles de Brunor.[89]

---

[89] Voir à ce sujet notre article « A Romance within a Romance: the Place of the *Roman du vallet a la Cote Mautailliee* in the Prose Tristan » dans Studies in Honour of Brian Woledge (à paraître en 1985).

(II) AVENTURES DE TRISTAN DANS LA FORÊT DE DARVANCES

750 ne rapporte pas le départ de Tristan et Kahedin de la Petite Bretaigne; leur arrivée en Grant Bretaigne; leurs exploits dans la Forêt de Darvances où Tristan délivre le roi Arthur; leur voyage en Cornouailles; ni leur séjour au château de Dinas, qui avertit la reine Iseut de leur arrivée. Ce manuscrit, après nous avoir conté que Lancelot donne à la messagère sa réponse à Tristan, continue brusquement: *Tristan estoit a celui point dedenz Tintaiol et demoroit en une tor avec Yselt, la reïne, et avec Breingien* (f. 84a). Il manque en effet les §§ 777 à 831. Tous les critiques sont d'accord sur le fait qu'il s'agit ici d'une suppression: un peu plus loin, Dinas est nommé parmi ceux (Kahedin et Brangien) qui savent que Tristan est dans la tour (f. 86c); et, au f. 115b, *750* mentionne la délivrance par Tristan du roi Arthur, comme font tous les autres manuscrits.[90]

(III) L'ORDRE DES ÉPISODES

Nous avons vu que *750* et *12599*, comme le ms. *C*, n'abandonnent pas l'histoire de Brun après le § 682, que ce récit se poursuit au contraire pendant 46 feuillets. Mais tandis que *C* termine l'histoire de Brun sans interruption, on trouve par la suite dans *750* des parties alternantes du roman de Tristan et de l'histoire de Brun.[91] L'ordre des épisodes n'est pourtant pas le même que dans les autres familles; les paragraphes se suivent ainsi:

(i) §§ 636–692	Aventures de Brunor	
(ii) §§ 831–928	,,	,, Tristan
(iii) §§ 693–709	,,	,, Brun
(iv) §§ 929–940	,,	,, Tristan
(v) §§ 710–776	,,	,, Brunor[92]

Il faut signaler aussi l'ordre différent de la correspondance arthurienne. Bien que la famille *f* donne, comme *C*, le texte des lettres échangées entre Tristan et Lancelot, on ne les trouve pas au même endroit. Nous avons déjà vu que *12599* contient les deux lettres l'une après l'autre dans un fragment.[93] Quant à *750*, la lettre de Tristan à Lancelot est rapportée au § 688 comme dans *C*; mais le texte de la réponse de Lancelot ne se trouve pas au § 691, ainsi que nous l'attendons. Lancelot écrit la lettre à ce moment-là et la donne à la messagère, mais nous ne savons pas

---

[90] Voir § 916, 10 sq.

[91] *12599* se termine avant cet endroit.

[92] E. Vinaver se trompe donc quand il écrit: « Seuls les mss. B.N. fr. 12599 et 750 poursuivent sans interruption l'histoire du chevalier à la cotte mal taillée », *Le Roman de Tristan et Iseut dans l'oeuvre de Thomas Malory* (Paris, 1925), p. 41.

[93] Voir ci-dessus, p. XXXIX.

quel en est le contenu. La demoiselle retourne en Petite Bretaigne, où elle apprend que Tristan avait quitté le pays six jours auparavant avec Kahedin. Elle décide d'aller en Cornouailles, pensant qu'il serait peut-être là. Tristan y est en effet. Les démarches de la demoiselle ne sont rapportées dans nul autre manuscrit (voir Löseth § 75). Elle donne la lettre à Brangien qui la remet à Tristan, et il la lit avec Iseut. La conversation des deux amants, au cours de laquelle Tristan demande à voir la lettre que Guenièvre avait jadis adressée à Iseut, ne se trouve pas non plus dans les autres manuscrits.

La version de *750* semble corrompue. Tristan écrit sa lettre pour demander à Lancelot son avis: doit-il aller au royaume de Logres ou rejoindre Iseut en Cornouailles? Puisque la réponse ne parvient à Tristan que lorsque ce dernier est déjà rentré en Cornouailles, le conseil de Lancelot *vos devez aler par raison en Cornoaille*[94] est devenu superflu. Aussi, Lancelot cherche à réconforter notre héros; mais auprès de son amie, Tristan n'a guère besoin de réconfort. L'insertion du texte de la lettre à cet endroit est maladroite.

En ce qui concerne les parties abrégées (§§ 779–858), nous avons vu que *750* supprime les §§ 777 à 831 et change les §§ 831 à 833. Il ne reste donc que vingt-cinq paragraphes jusqu'à la fin de la partie abrégée; mais il faut souligner que dans cette vingtaine de paragraphes *750* contient le texte intégral, tout comme *C*.

Mss. E et G

Comme dans le tome II, *E* et *G* sont plus semblables l'un à l'autre qu'ils ne le sont aux autres manuscrits, mais il est clair que dans cette troisième partie ils ne constituent plus une famille.

Ms. E

E contient plusieurs leçons particulières qui ne se trouvent dans nul autre manuscrit du *Tristan en prose*.

Il faut d'abord signaler une divergence assez importante au début de la troisième partie. Nous avons vu qu'après le § 682 tous les manuscrits sauf *C*, *750* et *12599* abandonnent le récit de Brun le Noir et reprennent l'histoire de Tristan. *E* n'abandonne pas immédiatement Brun. La version de ce ms. a, pour commencer, quelques ressemblances avec *750* et *12599*: Brun, Mordret et *la demoisele mesdisant* rencontrent près d'une grande montagne un vieux *vavassour* avec un écuyer; celui-là les avertit de ne pas poursuivre cette route dangereuse. (Dans la famille *f* le vieux chevalier porte un faucon, et quatre *vallez* à pied mènent huit *brachez* et dix lévriers

---

[94] *750*: f. 89a (§ 691, 216).

blancs.) Dans la vallée ils trouvent une demoiselle qui les avertit également, mais en vain. Ils arrivent à une croix de marbre vermeille d'où partent deux chemins; une inscription dit que le chevalier qui prendra le chemin à gauche (famille *f*: droit) sera *honnis a tous jors: jai chivelliers n'i anterait ci ce n'est li mescheans d'amors* (*E*: f. 46d).

A partir d'ici, les versions de *E* et de la famille *f* divergent totalement. Dans *750* et *12599*, Mordret s'en va avec la *demoisele mesdisant*, tandis que Brun s'engage tout seul dans le chemin dangereux, et nous suivons ses aventures pendant 46 feuillets. Dans *E* c'est Mordret qui s'en va seul, et Brun prend le chemin dangereux avec la demoiselle. *E* poursuit le récit de Brun pendant un feuillet et demi seulement: d'abord en parlant du dépit de la demoiselle comme *C* dans le § 683, 25–32; puis en décrivant leur arrivée à un château où il y a une « coutume » établie par le géant Brudaligans. Brun réussit à s'échapper et rejoint la demoiselle qui était partie; elle l'insulte. Maintenant *E* continue avec le § 777 (histoire de Tristan).

Ces aventures de Brun, au début pareilles à celles de *750* et *12599*, remontent-elles à la version originale, ou sont-elles au contraire une addition tardive? Nous avons dans *E* une claire indication qu'il s'agit d'une interpolation, car on trouve répétées à deux reprises en des termes très semblables les lignes 25 à 32 du § 683; la première fois après le § 682 quand Brun et la demoiselle s'engagent dans le chemin dangereux, la deuxième fois après le § 928 (suivi ici comme ailleurs du § 683):

<table>
<tr><td>(i) E: f. 46e</td><td>(ii) E: f. 69b</td></tr>
<tr><td>

Atant se part li uns de l'atre, et moult se commandet a Nostre Signor. Mordrés s'an vait lou chamin a destre antre lui et son escuwier tant soulemant, et cil a la Cotte Maltelliee s'an vait antre lui et la damoiselle mesdisans et ses ·II· escuwiers.

Li damoiselle mesdisans est moult dolante et moult correciee quant elle an voit Mordret aller, quar tant com il estoit avec ley avoit elle esperance qu'il la delivreroit an acune maniere de son chivellier, et que Mordrés an preïst sor lui sa besogne. Mais or en est elle dou tout desconfortee, si dist a soi meÿsme tot plennement qu'il est mestiers k'elle mette son chivellier an teile esprueve ou il serait honnis dou corps . . . si qu'elle soit de lui delivré.

</td><td>

Atant se departent li dui chivelliers. Mordrés s'an vait vers lou chamin a senestre entre lui et ses ·II· escuwiers, et li chivellier a la Cotte Malteliee s'an vait celui a destre entre lui et sa conpaignie.

Li damoizelle mesdisans est moult durement correciee quant elle an voit Mordrés aller, quar toutevoies se cuidoit elle delivrer de celui a la Cotte Malteliee an acune maniere, com celle ke moult lou haioit. En teil maniere chevachet toutevoies li damoizelle avec lou chivellier dolante et corresiee duremant. Elle dist bien a soi meÿsme ke c'elle an vient an point et an leu, elle lou meterait en teile esprevet dont il ne porait eschapeir; en teil maniere si s'en delivrerait.

</td></tr>
</table>

L'erreur est évidente: Mordret quitte Brun et la *demoisele mesdisant* au f. 46e; mais au f. 69b, *E* semble avoir oublié cette scène, et décrit de nouveau leur séparation! Comme nous l'avons dit à propos de la complainte de Palamedes dans *750*, il est inconcevable que l'original ait contenu deux fois ces paragraphes presque identiques.[95]

Une autre divergence importante concerne le *lai* de Tristan (§ 870): *E* ajoute trois strophes qu'on ne trouve dans nul autre manuscrit; de plus, la strophe XX est très différente (voir les Variantes). *E* est donc le seul manuscrit où le *Lai Mortal* se compose de 34 strophes.

Voici quelques autres leçons particulières à *E*:

	V¹, etc.	*E*
629, 9	Il disoit en rime et en prose.	Il disoit an rime et en gloze.
694, 3	L'adventure de Nestor de Gaunes.	L'avanture ke Netrois de Ganes comansait.
725, 7	·XII· chevaliers	·XX· baicheleurs
771, 16	. . . et sont ces cops comme cops de fouldre.	. . . et sont li colz enci comme colz de tempeste
861, 32	. . . il avoit le vis sale, moullié et taint de larmes.	. . . il avoit lou vis chalt et moilliét et plains de lairmes.

Après le § 870, *E* a tendance à omettre quelques mots à la fin des phrases, puis à supprimer des phrases entières.

Les parties abrégées sont pareilles à celles de la famille *c*; l'ordre des paragraphes est différent en ce qui concerne la première section: ici du § 674 au § 683 (non pas 682), bien que ce soit un § 683 très altéré.

Ms. G

G ne contient pas, comme *E*, les aventures de Brun au château de Brudaligans; toutefois, on trouve dans ce manuscrit aussi plusieurs divergences qui concernent ce jeune chevalier.

A la fin du § 928 et au début du paragraphe suivant, *G* fait allusion au Chastel de Mal Accoil, d'où Brun se serait échappé:

	102, etc.	*G*
928, 23	Mais atant se taist ore li comptes a parler de lui et de la roÿne Yseut et retorne au Chevalier a la Cote Maltaillee pour compter partie de ses aventures, car grant piece s'en est ore teü li comptes (f. 126 f).	Mais atant laisse ore le conte a parler du roy Marc et de toute sa compaignie et retourne a celuy a la Cotte Maltaillie por conter partie de ses aventures, et comment il advint quant il fut eschappé du Chastel de Mal Accoil, ainsy com l'histoire a devisé cy devant.

---

[95] Voir ci-dessus, p. XL.

Ainsy comme je vous ay conté lit-on dans le paragraphe suivant. *G* n'avait pourtant pas parlé du *Chastel de Mal Accoil*; c'est uniquement dans *750* et *12599* que ce château est mentionné.[96]

G rapporte aussi au début du § 693 une conversation entre la *demoisele mesdisant* et Gaheriet. *Quant il vit qu'il ne porroit plus endurer la demoiselle pour ce que trop estoit plaine de males parolles, il prist congié a la Cotte Maltaillie (sic) et as escuiers et se departy d'eus.* Cette scène ne se trouve dans nul autre manuscrit; en effet, Gaheriet ne joue aucun rôle dans la troisième partie du *Tristan en prose*.

Une autre divergence se trouve au début du § 710:

C, etc.	*G*
Or dit li contes que quant Lanceloz se fu partiz de la demoisele qui a li estoit venue de par Tristan, il se mist tot mentenant a la voie après le chevalier a la Cote Mautailliee, car mout durement li tarde qu'il l'ait ataint. Et mout est liez et joianz en soi meïsmes de ce qu'il avoit si bel respons mandé a Tristan et de ce qu'il avoit si sagement respondu sor totes les paroles de sa chartre. Tot celi jor pensa tant a Tristan qu'il ne pensa mie granment a autre chose. Au suer li avint que ses chemins l'aporta chiex le preudome . . .	En ceste partie dit le conte que ung jour fu revenuz Lanceloz a court, sy luy conteon l'aventure de celluy a la Coute Mautaillie et comment il s'en estoit allez avec la damoiselle mesdisant. Quant Lancelot entendy ce, il dist que jamais n'avroit granment de repos devant ce qu'il l'eüst trouvé. Dont se mist l'endemain a chemin et sy chevaulcha tant par ses journees que aventure l'apporta sus le preudomme . . .

G ne fait aucune allusion à la lettre que Lancelot adresse à Tristan; en effet, les §§ 683–693 qui parlent de cette correspondance sont omis dans ce manuscrit.

Il est intéressant de noter que les divergences de *G* se trouvent souvent au commencement ou à la fin des parties « entrelacées. »

L'ordre des épisodes dans *G* n'est pas tout à fait pareil à celui des autres familles: la section (iii) comprend les §§ 693–709 (non pas 683), comme d'ailleurs *750*. Quant aux parties abrégées, nous avons vu que *G* omet les chapitres qui contiennent la correspondance de Tristan et Lancelot (condensés ailleurs); la longue partie abrégée est pareille à celle de la famille *c*.

Pour résumer cette description des manuscrits de la troisième partie du *Tristan en prose*, on voit donc qu'il y a pour la première fois des divergences assez importantes dans la tradition manuscrite. Toutefois, il faut souligner que les événements racontés sont identiques dans la plupart des manuscrits; c'est surtout l'ordre de ces événements qui varie. Ce n'est que dans des manuscrits isolés que l'on trouve des divergences épisodiques.

---

[96] Voir Löseth § 71; cf. aussi ci-dessus, p. XL (c).

RÉSUMÉ

§§ 674–677. Les deux chevaliers qui défendent le chemin du *Chastel Orgueilleus* renversent Mordret et Brun, et emmènent leurs chevaux. Brun les poursuit sur le cheval d'un de ses écuyers; il tue un des chevaliers et coupe le bras droit à l'autre, qui s'enfuit. Brun le pourchasse jusque dans le château, et le frappe à mort devant la tour. Une demoiselle lui indique le chemin pour s'évader; quatre serviteurs en train de fermer la porte du château se sauvent à son approche, et Brun s'échappe.

§§ 678–682. Mordret avoue à la *demoisele mesdisant* qu'il n'est pas à la hauteur des aventures du *Chastel Orgueilleus*, et ils s'en vont dans la direction opposée. Les deux écuyers de Brun pleurent leur seigneur qu'ils croient mort, jusqu'au moment où ils l'aperçoivent sain et sauf près d'un rocher où il les attend. Mordret loue la prouesse de Brun, mais la *demoisele mesdisant* lui explique que Brun a dû jurer que dorénavant il ferait honte au roi Artus et aux chevaliers de la Table Ronde, serment qui, d'après elle, lui avait valu sa liberté. Brun nie avoir jamais fait d'autre serment que celui de la chevalerie, mais la demoiselle l'insulte toujours. A la fin, Mordret perd patience et lui dit de se taire. Ils passent la nuit chez Calogrinant, et ils repartent le lendemain matin.

§§ 683–685. Ce matin-là ils arrivent à l'embranchement de deux chemins, ce qui oblige les deux chevaliers à se séparer selon la « coutume » du royaume de Logres. Mordret choisit la route à gauche, tandis que Brun et sa compagne prennent le chemin à droite, qui mène au royaume de Sorelois.

Le soir ils rencontrent Lancelot *incognito*, accompagné de deux écuyers; il les a suivis pour mener à bonne fin l'aventure des *destroiz* de Sorelois si Brun n'y parvient pas. La demoiselle le comble d'injures en voyant qu'il prend le parti de Brun.

§§ 686–692. Ils rencontrent une demoiselle de la Petite Bretaigne qui apporte à Lancelot une longue lettre de la part de Tristan, dans laquelle il lui dépeint son désespoir, et lui demande conseil: doit-il se rendre au royaume de Logres pour essayer d'oublier son amour, ou, au contraire, aller en Cornouailles rejoindre Yselt?

Lancelot et la messagère passent la nuit dans un château du roi de Norgales, et le soir même il écrit à Tristan une réponse encore plus longue, où il cherche à le consoler et lui conseille d'aller en Cornouailles. Le lendemain, ayant reconduit la jeune fille sur son droit chemin, Lancelot s'empresse de rattraper Brun et sa compagnie.

§§ 693–697. Brun et la *demoisele mesdisant* passent la nuit chez un vieux chevalier, à qui Brun raconte qu'il va aux *destroiz* de Sorelois pour mener à bonne fin l'aventure que Nestor de Gaunes établit au temps de Galahot. Le chevalier l'avertit des dangers de cette aventure, mais Brun ne se laisse pas décourager. Le lendemain matin, l'hôte prend Brun à part et le prie d'éviter tout combat avec son fils, qui défend le passage d'un pont sur le chemin de Sorelois, car celui-ci a été gravement blessé quinze jours auparavant.

§§ 698–701. Cet après-midi ils arrivent au pont, et Brun refuse de jouter avec le chevalier, qui s'appelle Neroneus. La demoiselle et les écuyers sont libres de traverser le pont, et ils s'en vont; Brun se décide à passer par l'eau, malgré le danger. Il explique sa conduite à Neroneus, qui ne lui en sait aucun gré. Brun rattrape la *demoisele mesdisant*; elle croit qu'il a agi par lâcheté, et elle l'insulte plus que jamais.

§§ 702–704. Ce soir-là ils arrivent près d'un château situé sur une montagne. Ils rencontrent une dame accompagnée de deux écuyers et de deux demoiselles. La dame leur conseille fortement de ne pas s'approcher du château, car on y emprisonne tous les chevaliers d'Artus et toutes les demoiselles qu'ils accompagnent, parce que Blioberis avait enlevé la femme du châtelain. La *demoisele mesdisant* est résolue d'y aller quand même, espérant ainsi se débarrasser de Brun. Il se fait déjà tard quand ils entrent dans le château, où on les accueille fort bien.

§§ 705–707. Le lendemain ils se lèvent très tôt, mais ils apprennent que les portes du château ne s'ouvrent qu'à l'*ore de prime*. Alors ils en sortent, et peu après voient devant eux sur le chemin six chevaliers armés. Brun se moque de la *demoisele mesdisant*: elle sera prise et emprisonnée, tandis que lui n'a rien à craindre puisqu'il n'est pas compagnon de la Table Ronde. En effet, les six chevaliers le laissent passer, mais ils veulent retenir la demoiselle. Elle proteste que Brun ne la *conduit* pas, mais celui-ci, pour se venger d'elle, la contredit. A la fin, toutefois, il la rassure en lui promettant de la défendre; mais elle ne veut pas de son aide; et un des chevaliers saisit son cheval par les rênes.

§§ 708–709. Brun désarçonne le chevalier qui emmène sa compagne, mais les cinq autres l'attaquent ensemble et, malgré sa défense vaillante, tuent son cheval. Alors il le prennent et l'emprisonnent avec la *demoisele mesdisant* dans le château qui s'appelle *Chastel Uter*, d'après Uterpandagron qui l'avait construit.

§§ 710–714. Lancelot, ayant quitté la demoiselle messagère, se hâte de rattraper Brun. Il passe la nuit chez le même vieux chevalier qui a donné l'hospitalité à celui-là, et Lancelot promet également de ne pas se battre avec Neroneus, pourvu que celui-ci ne le déshonore pas.

Le lendemain il rencontre deux chevaliers de la Table Ronde, Brandeliz et Keu d'Estax, qui ne le reconnaissent pas. Ils se joignent à Lancelot, car ils vont aussi en Sorelois. Bientôt ils arrivent au pont, où Neroneus désarçonne et Keu d'Estax et Brandeliz.

§§ 715–721. Lancelot, ne pouvant venger la défaite de ses compagnons qui le considèrent comme un poltron, donne son écu et son épée à ses écuyers, et passe par l'eau. Mais Neroneus, malgré les prières de Lancelot, refuse le passage à l'écuyer qui porte l'écu, à moins qu'il ne laisse l'écu de l'autre côté. Lancelot, très fâché, est donc obligé de repasser par l'eau pour prendre son écu; après quoi il traverse le pont et donne à Neroneus un grand coup qui le renverse. Un combat acharné s'ensuit; mais quand Neroneus apprend que son adversaire est Lancelot, il se laisse tomber à genoux, avouant qu'il est Neroneus de l'Isle, que Lancelot lui-même a armé chevalier il n'y a pas longtemps au *Chastel Vermeil*. Alors les deux chevaliers s'embrassent.

§§ 722–724. Brandeliz et Keu d'Estax accourent et embrassent aussi Lancelot quand il le reconnaissent. Neroneus les invite tous trois à passer la nuit dans son château. Lancelot apprend que Brandeliz et Keu vont au royaume de Sorelois pour délivrer le roi Caradox; il ne leur dit pas qu'il poursuit le même but. Neroneus raconte qu'il a gagné le château en triomphant de huit chevaliers postés devant la porte; le châtelain, à sa mort, avait ordonné que l'on donne son château ainsi que sa fille à celui qui parviendrait à les renverser tous.

§§ 725–728. Neroneus raconte ensuite pourquoi il défend le passage du pont. A sa noce, il faisait partie d'un groupe de douze jeunes chevaliers qui firent chacun un vœu: l'un jura d'aller à la maison du roi Artus se battre contre le premier chevalier qu'il en verrait sortir; un autre promit d'enlever à son protecteur la première demoiselle qu'il rencontrerait pour l'obliger à servir la dame du château; le troisième se rendrait à la maison d'Artus et appellerait à la bataille tous les chevaliers qu'il trouverait sur son chemin; le quatrième déclara qu'il n'ôterait jamais son haubert avant d'avoir vengé son frère, assassiné par Gauvain; le cinquième se vanta qu'il désarçonnerait le roi Artus; le sixième prétendit qu'il irait en Cornouailles baiser la reine Yselt. Le vœu de Neroneus fut de défendre le *Pont au Jaiant* pendant une année entière; neuf mois s'étaient déjà écoulés durant lesquels il avait renversé maint chevalier et en avait vaincu trente-quatre.

Neroneus raconte à Lancelot la « coutume » du *Chastel Uter*; il lui déconseille d'y aller. Vaincu, il renonce désormais à défendre le pont. Quelques-uns des douze compagnons sont morts; le roi Marc a fait tuer celui qui est allé en Cornouailles baiser la reine Yselt.

§§ 729–735. Le lendemain matin Lancelot, Brandeliz et Keu d'Estax quittent le château de Neroneus, et arrivent bientôt à une croix de pierre où la route bifurque. Lancelot leur rappelle que selon la « coutume » des chevaliers errants ils doivent se séparer. Lancelot prend le chemin qui mène au *Chastel Uter*; Brandeliz et Keu s'en vont de l'autre côté, comprenant que celui-là ne veut plus de leur compagnie. Peu après Lancelot arrive devant la porte du château où il trouve six chevaliers dans six pavillons. Après une longue bataille, que les gens du château regardent des créneaux, Lancelot les vainc tous.

§§ 736–743. Alors le seigneur du château sort se battre contre Lancelot, croyant que c'est Blioberis de Gaunes; Lancelot de son côté prend son adversaire pour Palamedes. Une demoiselle, que Neroneus a envoyée à la suite de Lancelot, annonce aux gens du château que ce dernier est le meilleur chevalier du monde, et l'on craint que ce ne soit Tristan ou Lancelot. Le seigneur est vaincu; il est donc obligé de libérer les prisonniers (trente-huit chevaliers et quarante dames) et de faire cesser à tout jamais la « coutume » du *Chastel Uter*. Lancelot part sans se faire connaître, mais la demoiselle de Neroneus révèle son identité.

§§ 744–748. Brun et la *demoisele mesdisant* se voient donc délivrés; cette dernière l'estime maintenant davantage. Quand Brun apprend que leur libérateur est Lancelot et quel écu il porte, il se rend compte que c'est le chevalier même qui les a accompagnés quelques jours auparavant. Il se hâte de le suivre, mais la demoiselle est moins empressée, car elle se repent des insultes qu'elle a adressées à Lancelot. Ils le rattrapent bientôt, et la *demoisele mesdisant* lui demande pardon. Lancelot est fâché de se voir reconnu, et les prie de ne pas révéler son nom.

§§ 749–751. Ils arrivent au royaume de Sorelois avant Brandeliz et Keu d'Estax. Les gardiens de la porte font descendre une *porte coleïce*, et leur disent qu'on n'admet qu'un seul chevalier à la fois. Lancelot permet à Brun de tenter sa chance le premier, et lui laisse un de ses écuyers pour qu'il lui apporte des nouvelles. Alors Brun y entre avec deux écuyers et la *demoisele mesdisant*, tandis que Lancelot loge tout près dans la maison d'une vieille dame.

§§ 752–760. Brun et sa compagnie arrivent au premier de trois ponts; pour le traverser il lui faut combattre deux frères. Après une longue bataille Brun est vainqueur, bien que fort blessé. Au deuxième pont, c'est Plenorius qui défend le passage. Celui-ci est un des meilleurs chevaliers du monde, et à la fin Brun tombe d'épuisement. La *demoisele mesdisant* et les deux écuyers, croyant qu'il allait mourir, le pleurent; Plenorius le fait soigner.

§§ 761–768. La demoiselle et les écuyers reviennent vers Lancelot, et celui-ci s'apprête au combat. Sans aucune difficulté il triomphe des deux frères, encore fatigués de leur rencontre avec Brun. Plenorius se défend avec acharnement, mais en apprenant le nom de son adversaire, il se déclare vaincu, et accompagne Lancelot au troisième pont, que gardent ses trois frères.

§§ 769–776. Lancelot tue un des frères avec sa lance. Les deux autres l'attaquent ensemble, mais ils ne peuvent lui résister longtemps, et à la fin ils se rendent sur le conseil de Plenorius. Ainsi Lancelot a mené à bonne fin l'aventure des *destroiz* de Sorelois; le roi Caradox Brief Braz, retenu au *Chastel del Roi Chevalier*, est delivré, ainsi que beaucoup d'autres prisonniers.

Lancelot passe trois jours au *Chastel Nector*, où tous les habitants du pays se réunissent; il fait venir Brun au château. Alors Brandeliz et Keu d'Estax arrivent au royaume de Sorelois, et se rendent aussi au *Chastel Nector*. Lancelot refuse la seigneurie du pays, et établit comme seigneur Plenorius, qui devient l'homme lige du roi Artus. Brun, encore très malade, est obligé de rester là, mais Lancelot retourne à la cour d'Artus.

*   *
*

§§ 777–779. Dans la semaine même où Tristan révéla à Kahedin son amour pour la reine Yselt, il se promène avec son ami au bord de la mer. Ils rencontrent Brangien qui apporte à Tristan une lettre dans laquelle Yselt le prie de venir en Cornouailles. Il part aussitôt avec Kahedin, Gorvenal, Brangien et deux écuyers, ayant fait entendre au roi Hoel qu'il devait se rendre au royaume de Leonois, son pays.

§§ 780–782. Une tempête les amène près de la *Forest d'Arvances*, située à la frontière de Norgales et de Logres; c'est là que la Demoiselle du Lac a enterré Merlin tout vivant. Tristan décide d'aller à la recherche du tombeau avec Kahedin. Il dit aux marins de les attendre dix jours, et de partir ensuite pour la Cornouailles; il leur donne rendez-vous au *Chastel del Pas*.

Les deux compagnons s'enfoncent dans la forêt, et passent la nuit chez un ermite; celui-ci leur raconte que le roi Artus est entré dans cette forêt il y a trois mois, et ne peut trouver le chemin pour en sortir, à la grande détresse des gens de Logres qui le craignent mort.

§§ 783–788. Le lendemain les deux compagnons trouvent assis près d'une fontaine un chevalier portant des armes toutes noires. Kahedin le provoque à la joute, et le chevalier lui fait une blessure profonde. Tristan veut venger la honte de son ami, mais il est désarçonné à son tour. Alors ils se battent à l'épée. Durant une pause, Tristan apprend que son adversaire est Lamorat de Gales; et, afin de l'éprouver, il le menace de mort pour le punir d'avoir jadis apporté le cor magique à la cour du roi Marc. Lamorat se rend compte que c'est Tristan, mais ne se montre nullement effrayé. Là-dessus notre héros fair cesser la bataille; Lamorat se déclare vaincu, et les deux chevaliers se donnent une embrassade amicale. Lamorat a déjà passé deux mois dans la forêt à chercher le roi Artus. Tristan décide lui aussi de se mettre en quête du roi, et Lamorat dit qu'il l'accompagnera.

§§ 789–790. Kahedin est trop blessé pour se joindre à eux, et Lamorat dit qu'il va l'amener à la maison d'un forestier tout près. Chemin faisant Tristan demande des nouvelles des chevaliers de la Table Ronde, et Lamorat lui apprend que la plupart d'entre eux sont dans cette forêt en quête du roi Artus. Parmi les cinq neveux du roi, il estime que Gauvain et Gaheriet sont les meilleurs chevaliers; il loue surtout la modestie du dernier. Kahedin reste chez le forestier, mais les autres repartent après deux jours.

Ils voulaient se reposer auprès d'une fontaine quand survient la *beste glatissant*, qui saute dedans pour y boire et s'en va ensuite à toute vitesse. Tristan et Lamorat se mettent à la poursuite-de la bête.

§§ 791–792. Ils voient aussitôt venir un autre chevalier qui chasse également la bête: c'est le Chevalier a la Beste Glatissant. Lamorat l'assaille, mais est renversé; Tristan, qui n'était pas encore prêt à jouter, est désarçonné lui aussi. Puis le chevalier s'élance de nouveau après la bête. Tristan et Lamorat le suivent. Ils arrivent à l'embranchement de deux chemins. Tristan choisit la route à droite, et il prie Lamorat de prendre l'autre, et de dire au chevalier, s'il le trouve, qu'il revienne à la fontaine se battre contre Tristan. Alors les deux compagnons se séparent, s'étant donné rendez-vous à la fontaine quatre jours plus tard.

§§ 793–795. Ce soir-là Lamorat rencontre Gauvain qui emmène de force une demoiselle, et il le prie de la laisser partir. Mais Gauvain menace de tuer Lamorat pour venger la mort de son père, le roi Loht, qui a été assassiné par le roi Pellinor, père de Lamorat. Gauvain est renversé de son cheval, et s'en va; la demoiselle s'est enfuie.

§§ 796–799. Cette nuit-là Lamorat se couche près d'une chapelle déserte et en ruines. Arrive Meleagant, qui se couche à l'entrée de la chapelle; avant de s'endormir, il pleure et se lamente sur son amour pour la reine Genevre. Le lendemain matin Lamorat s'éloigne, n'ayant pas reconnu Meleagant, qui dort toujours. Survient un chevalier très grand qui désarçonne Lamorat et lui fait une blessure à la poitrine. Deux chevaliers qu'il rencontre peu après lui apprennent que c'était le roi Artus; ils lui disent aussi qu'ils sont de Gales, des environs du *Chastel de Fortune*, et qu'ils cherchent Lancelot pour le punir d'avoir tué leur frère.

§§ 800–801. A ce moment-même ils voient approcher Lancelot. Lamorat va à sa rencontre, tout joyeux, mais les deux chevaliers de Gales ont trop peur pour bouger. Lamorat dit à Lancelot que Tristan est dans la forêt, et qu'il pourra le voir à la fontaine trois jours plus tard. Lancelot a bien l'intention d'y aller.

Alors Lamorat voit passer le chevalier qu'il a laissé endormi devant la chapelle. Lancelot lui apprend que c'est Meleagant, fils du roi Bademagu de Gorre. Puis Lancelot s'éloigne.

§§ 802–808. Meleagant rejoint Lamorat, et le prie de nommer la plus belle de toutes les dames appartenant au royaume de Logres. Quand Lamorat prétend que c'est la reine d'Orcanie, une bataille s'engage entre les deux chevaliers, car Meleagant proclame que Genevre est la plus belle. Lancelot reparaît, accompagné de Blioberis, et arrête le combat; mais lorsqu'il en apprend la cause, il est si furieux qu'il attaque Lamorat, et ce n'est que l'intervention de Blioberis qui parvient à l'apaiser. Alors Meleagant veut reprendre la bataille, mais Lamorat, ne voulant pas irriter Lancelot, déclare que la reine Genevre est la plus belle dame. Lancelot et Blioberis repartent ensemble; Meleagant et Lamorat se séparent.

§§ 809–812. Ayant quitté Lamorat, Tristan poursuit son chemin sans qu'il lui arrive quoi que ce soit le premier jour. Le lendemain il rencontre Keu, le sénéchal, qui l'insulte en apprenant qu'il est de Cornouailles. Ils arrivent à un pont, dont un chevalier leur défend le passage. Tristan laisse Keu aller se battre dans l'espoir de le voir vaincu; mais Keu désarçonne le chevalier. Ils passent la nuit à la maison d'un forestier, où ils trouvent Tor, le fils d'Arés, et Brandeliz. On se moque beaucoup du « chevalier de Cornouailles. »

§§ 813–816. Le lendemain Tristan quitte ses compagnons et s'en va seul. Les chevaliers, voulant l'éprouver, se hâtent de prendre une route qui rejoint celle de Tristan, et quand celui-ci approche, Keu le provoque à la joute. Tristan le renverse, lui faisant une blessure profonde, et désarçonne tour à tour Tor et Brandeliz. Puis il part à grande vitesse, riant en lui-même de leur surprise. Tor et Brandeliz décident de suivre Tristan pour apprendre son nom; Keu est obligé de retourner chez le forestier où il restera plus d'un mois. Les deux chevaliers rattrapent bientôt Tristan, qui leur révèle son nom, mais il refuse leur compagnie et poursuit son chemin tout seul.

§§ 817–821. Vers midi il rencontre une jeune fille en pleurs, et lui offre son secours. Elle l'amène à un pré devant une grande tour; là, sous un pin, il voit deux chevaliers qui tiennent un troisième, et une demoiselle qui est sur le point de couper la tête à ce dernier. Sa compagne l'exhorte à sauver le chevalier prisonnier, car c'est le roi Artus. Tristan tue un des chevaliers, blesse l'autre et retient la demoiselle qui voulait s'enfuir. Le roi, se voyant ainsi délivré, saisit l'épée des mains de la demoiselle et lui tranche la tête, puis il frappe à mort le chevalier blessé. Tristan cache son nom au roi; ils partent tous deux ensemble. La jeune fille s'en va seule, emportant la tête de la demoiselle, qui avait été une enchanteresse, et avait retenu le roi Artus par enchantement.

§§ 822–824. Le roi explique à Tristan pourquoi il a tué cette demoiselle: elle était venue à sa cour trois mois auparavant; on était en train de parler d'un chevalier inconnu qui avait tué un des parents du roi. Elle proclama que s'il voulait se venger de cette atrocité, elle était prête à conduire son champion jusqu'à l'inconnu, à condition qu'elle eût en récompense la tête de celui-ci. Le roi Artus lui-même la suivit et tua le chevalier, dont il donna la tête à la demoiselle. Alors elle lui proposa une autre aventure, et l'emmena à une tour dans la *Forest de Darvances*, où elle lui mit au doigt un bague qui l'enchanta. Heureusement il rencontra un jour une des demoiselles de la Dame du Lac qui lui ôta la bague et lui fit promettre de couper la tête à l'enchanteresse. Mais celle-ci appela à l'aide ses deux frères; on était sur le point de tuer le roi quand Tristan survint pour le sauver.

§§ 825–828. Artus et Tristan rencontrent Hestor des Mares qui ne les reconnaît pas, et provoque l'un d'eux à la joute. Tristan le renverse, lui faisant une grande blessure au bras gauche; puis il prend congé du roi et s'éloigne. Artus se fait connaître de Hestor, tout en avouant qu'il ne sait pas qui était son compagnon et libérateur. Ils passent la nuit chez un vieux chevalier, et ils y restent deux jours à cause de la blessure de Hestor. Arrive Brandeliz qui révèle au roi que c'est Tristan qui l'a sauvé. Ils partent ensemble pour Kamaaloth.

§§ 829–831. Tristan rejoint Lamorat à l'endroit convenu, et lui dit, bien qu'à contre-cœur, qu'il a délivré le roi Artus. Puis il le quitte et va retrouver Kahedin avec qui il s'achemine vers la mer. Leur bateau est encore là; ils s'embarquent, et trois jours après, arrivent à Tintaiol. Sur le conseil de Brangien, ils vont au château de Dinas, le sénéchal; elle fait attendre Tristan dans le jardin, et y amène Dinas seulement lorsqu'elle est convaincue de sa loyauté.

§§ 832–835. Dinas et Kahedin se rendent à la cour; le roi Marc fait beaucoup d'honneur à Kahedin qu'il prend pour un chevalier errant. Dès que Kahedin voit Yselt, il tombe éperdument amoureux d'elle.

Dinas informe Yselt de l'arrivée de Tristan, et elle le fait venir secrètement à sa tour. Les amants y mènent une vie joyeuse; mais Kahedin est si malheureux qu'il tombe malade. Il écrit à la reine une lettre désespérée où il déclare qu'il mourra si elle ne lui donne pas son amour. Ne voulant pas causer la mort de l'ami de Tristan, elle lui répond avec douceur: Kahedin guérit aussitôt.

§§ 836–838. Un jour Tristan trouve par hasard la lettre d'Yselt, et croit qu'elle aime Kahedin. L'épée tirée, notre héros se lance sur celui-ci, qui était dans la tour. Kahedin s'enfuit, saute par une fenêtre, et tombe devant le roi Marc qui était en train de jouer aux échecs avec Yselt. Tristan, ne pouvant suivre Kahedin, commence à s'armer pour être prêt à défendre la tour contre le roi si Kahedin lui révèle sa présence.

Marc, tout émerveillé, demande à Kahedin s'il est tombé en dormant, et Yselt, qui devine la vérité, sa hâte de dire: « Sire, il ne peut en être autrement. » Kahedin acquiesce; il sait qu'il ne peut dénoncer Tristan sans faire mourir la reine.

§§ 839–842. Ce soir-là quand Yselt monte dans la tour, Tristan l'accuse de trahison. Elle veut se justifier, mais il lui montre la lettre et, sans lui laisser la parole, il part brusquement. Il traverse le palais, saute sur le premier cheval qu'il trouve et sort de Tintaiol; vêtu de son armure, il n'est reconnu de personne. Hors de la ville il rencontre Giglain qui le provoque au combat parce que Tristan ne voulait pas lui dire la cause de sa douleur. Tristan n'a ni écu ni lance, mais il donne à Giglain un grand coup d'épée qui lui fracasse le heaume, le fait tomber à terre et coupe le cheval en deux. Puis il s'en va vers la forêt.

§§ 843–845. Le roi Marc, qui a tout vu d'une fenêtre, fait venir Giglain. Le roi est convaincu que seul Tristan aurait pu porter un tel coup. Quand Giglain lui explique ce qui a provoqué le combat, Marc se réjouit du chagrin de Tristan; mais il est furieux que son neveu soit resté avec Yselt à son insu. Audret propose de le faire poursuivre par dix chevaliers, mais le roi pense que ce serait peine perdue.

§§ 846–851. Les habitants de Tintaiol vont voir le cheval mort de Giglain. Survient une demoiselle envoyée en Cornouailles par Palamedes pour vérifier si Tristan est dans ce pays; dans ce cas Palamedes y viendra aussi se battre contre lui, malgré la promesse qu'il a faite à Yselt. Pour plus de détails sur cet épisode, que l'on consulte l'*Estoire de mesire Tristan* de Luce de Gaut. La demoiselle rencontre Tristan à l'entrée de la forêt sans le reconnaître; il devine qu'elle a été envoyée par Palamedes, et lui dit que Tristan est mort: Kahedin l'a tué.

Quand la demoiselle voit le cheval mort et qu'elle apprend que c'est Tristan qui a porté ce coup, elle se décide à passer la nuit à Tintaiol et à essayer de le retrouver le lendemain.

§§ 852–859. Tristan s'arrête au milieu de la forêt, jette son heaume et son épée loin de lui, et commence à se lamenter. Un chevalier entend ses plaintes et le trouve assis sous un arbre. Il essaie en vain de le consoler, et le prie enfin de lui dire son nom. Tristan lui demande de lui dire d'abord le sien: il s'appelle Fergus, qui avait été jadis son compagnon. Tristan, heureux de revoir son ami, se nomme. Fergus fond en larmes et l'implore de ne plus lui cacher la cause de sa douleur: Tristan avoue que c'est Yselt. Fergus, dans l'espoir de réconcilier les deux amants, dit qu'il ira la voir à Tintaiol. Il part le lendemain matin, promettant de revenir au soir, et prie Tristan de l'attendre là.

§§ 860–865. En sortant de la forêt, Fergus rencontre la demoiselle de Palamedes. Elle lui dit qu'elle cherche Tristan, et Fergus, croyant que c'est une messagère d'Yselt, lui indique où elle peut le trouver. Elle le trouve en effet qui se lamente toujours. Elle l'ennuie beaucoup en s'obstinant à le consoler, et à la fin, pour se délivrer d'elle, Tristan monte sur son cheval et s'en va. Il descend à une fontaine près d'une tour; c'était le lieu même où il s'était jadis battu contre Palamedes. Toute la journée il se désole; il n'a rien mangé depuis deux jours. Ce soir-là, la demoiselle de Palamedes le retrouve, mais puisqu'elle ne parvient pas à le consoler, elle va passer la nuit dans la tour, où une dame veuve l'accueille.

§§ 866–869. Tristan reste là pendant huit jours sans boire ni manger la nourriture que la demoiselle lui apporte: il ne fait que pleurer. Au huitième jour, elle le voit tout blême et livide. Elle croit qu'il va mourir, et pour le réconforter, elle joue de la harpe, instrument qu'elle a trouvé dans la tour; c'était la harpe même dont Tristan jouait quand il était dans la tour avec Yselt. Il la prie de chanter les trois *lais* qu'il a autrefois composés: le *Lai de Plor*, le *Boire Pesant*, et le *Deduit d'Amor*. Elle lui fait promettre de chanter lui aussi un *lai*; Tristan dit qu'il s'acquittera de sa promesse le lendemain matin.

§§ 870–875. Cette nuit-là Tristan compose le *Lai Mortal*, et le lendemain, quand il l'a chanté à la demoiselle, il est si désespéré qu'il veut se tuer; mais, ne trouvant pas son épée, il s'enfonce dans la forêt, criant comme une bête affolée: il a perdu la raison. La demoiselle le cherche en vain pendant vingt jours; puis elle retourne au royaume de Logres, et retrouve Palamedes près de Kamaalot. Elle lui raconte tout ce qu'elle sait de Tristan; en plus, elle a entendu dire qu'Yselt est très malade depuis le départ de Tristan. Palamedes se décide à aller en Cornouailles; il part cinq jours plus tard avec la demoiselle et un écuyer.

§§ 876–880. Yselt, affolée, raconte à Brangien ce qui s'est passé, et la demoiselle promet d'aller chercher Tristan dans la forêt et de lui expliquer la vérité. Survient le roi Marc; Yselt tâche de se maîtriser. Le roi, tout courroucé qu'il est du séjour de Tristan avec la reine, aime trop sa femme pour se venger d'elle, et la quitte sans rien dire.

§§ 881–885. Le lendemain matin Marc va chasser dans la *Forest de l'Espinoie*; en même temps Brangien s'achemine vers le *Morroiz* que le roi a évité à cause de sa peur de Tristan. Elle rencontre Fergus qui s'en allait à Tintaiol et qui la reconnaît bien. Il la prie de le faire parvenir à Yselt, et elle retourne avec lui, le mène d'abord à la maison d'un de ses amis, et prévient la reine. Yselt fait venir Fergus; elle lui raconte tout, et l'envoie chercher Tristan pour lui dire la vérité et pour le faire revenir.

§§ 886–892. Brangien et Fergus arrivent à l'endroit même où celui-ci laissa Tristan, mais ils ne trouvent que son haubert et son heaume. Ils le cherchent en vain pendant vingt jours. Un jour ils rencontrent Palamedes et sa demoiselle. Fergus refuse de jouter avec ce dernier, et lui demande des nouvelles de Tristan. Quand Brangien se nomme, Palamedes permet à sa demoiselle de leur révéler tout ce qu'elle sait. Elle les conduit à la fontaine où elle est restée sept jours avec Tristan, et leur raconte tout ce qui s'y est passé. Puis elle les conduit à la tour, et Brangien prie la dame de lui donner la harpe dont Tristan joua pour l'offrir à Yselt. Palamedes et sa compagnie passent la nuit à la tour; Brangien retourne à Tintaiol, mais Fergus dit qu'il ne quittera pas le *Morroiz* sans avoir des nouvelles de Tristan.

§§ 893–896. Le lendemain le roi Marc va à la chasse. Il évite toujours la *Forest dou Morroiz*, mais il s'est un peu rassuré du fait que personne n'a vu son neveu: peut-être est-il mort ou parti de Cornouailles. Audret insiste que Tristan est malade.

Brangien rapporte à Yselt tout ce qu'elle sait de Tristan. Toute malheureuse qu'elle est, Yselt se console en pensant qu'Audret doit avoir raison. Elle envoie Brangien à Kahedin pour lui dire de ne pas tarder à quitter la Cornouailles sous peine de mort. Puis elle prend la harpe pour composer elle aussi un *lai*.

§§ 897–901. Kahedin sort tout seul de Tintaiol, car il a envoyé ses écuyers en Petite Bretaigne, ayant appris que son père et sa sœur étaient malades. Il est tellement angoissé qu'il reste longtemps immobile devant la porte de la cité croyant aller son chemin. Enfin, à la nuit tombante, deux chevaliers lui parlent et le font sortir de sa torpeur. Alors il se dirige vers un monastère qu'il connaît dans la *Forest dou Morroiz*.

La douleur de Kahedin est si intense qu'il s'égare dans la forêt. Attiré par le son d'un cor, il arrive à une maison en ruines où il voit un cheval qui paît devant une fontaine, mais ne trouve aucun chevalier. C'est le roi Marc qui a sonné du cor pour appeler ses hommes, car lui aussi s'est égaré dans la forêt. Il croit que le chevalier qu'il voit venir est Tristan, et se cache, terrifié, entre deux murs.

§§ 902–911. Kahedin s'endort à côté de la fontaine, mais il est bientôt réveillé par l'arrivée d'un autre chevalier qui s'assied tout près sans le voir. Le chevalier inconnu pleure et se lamente, accusant *Amor* de trahison, puis regrettant ses paroles. Tout d'un coup les chevaux hennissent, le chevalier regarde autour de lui et voit Kahedin. Celui-ci apprend que l'inconnu est Palamedes, et se nomme à son tour. Alors Palamedes provoque Kahedin au combat pour le punir de la mort de

Tristan; mais Kahedin l'en dissuade en disant que Tristan n'est pas encore mort,
et qu'ils sont tous deux dans le même cas, car leur amour est sans espoir. Les deux
chevaliers s'entretiennent longuement; Palamedes révèle à Kahedin pourquoi
Yselt a répondu à sa lettre d'une manière si douce, et lui raconte ce qu'il sait de
Tristan.

§§ 912–918. Tout à coup le roi Marc est pris d'un accès de toux, et Palamedes le
trouve caché. Marc fait semblant d'avoir dormi, et ne révèle pas son identité;
toutefois Kahedin le reconnaît. Palamedes menace de tuer le roi, mais ce n'est que
pour l'épouvanter. Durant le reste de la nuit ils parlent tous les trois ensemble du
roi Artus et de Tristan.

Le lendemain ils se séparent: Kahedin retourne en Petite Bretaigne, Palamedes
s'en va au royaume de Logres et le roi Marc se dirige vers Tintaiol.

§§ 919–924. Le roi rencontre Dinas, qui a passé toute la nuit dans la forêt en
quête de Tristan, et ils retournent à la ville ensemble. Marc va voir Yselt, qui se
lamente toute seule. Elle ne remarque pas le roi qui s'est arrêté près de la porte
pour entendre ses paroles, et trahit ainsi son amour pour Tristan, qu'elle croit
mort. Le roi la menace; Yselt se moque de lui en disant qu'après la perte de
Tristan, elle ne désire que la mort, et qu'elle se tuera prochainement. Marc charge
Dinas de la surveiller; ce dernier la console et l'assure que Tristan est en vie.

§§ 925–927. Audret persuade une demoiselle étrangère d'aller dire au roi Marc
qu'elle a vu tuer Tristan dans le *Morroiz* par un des chevaliers d'Artus. Ce soir-là
elle arrive à la cour et raconte à Marc que, trois jours auparavant, elle avait trouvé
Tristan mourant près d'une fontaine où il avait été frappé dans son sommeil par un
ennemi mortel. Elle l'avait fait enterrer dans un ermitage. A cette nouvelle le roi
Marc et tous les chevaliers commencent à se lamenter. Yselt entend les pleurs et
envoie Dinas pour se renseigner. Mais avant le retour de celui-ci, elle apprend de
deux demoiselles que Tristan est mort.

§§ 928–931. Yselt est inconsolable, et résolue à ne pas survivre à son ami. Elle
perd toute ses forces, car elle ne mange rien, et ce n'est que le désir de finir son *lai*
qui la tient en vie. Le *lai* terminé, elle se propose de se tuer avec l'épée dont se
servit Tristan pour vaincre le Morholt.

Toutefois, le roi Marc, inquiet, la surveille. Il fait semblant d'aller à la chasse,
mais revient tout seul et se cache près d'une fenêtre d'où il peut voir la chambre
d'Yselt ainsi que le jardin. Peu après elle sort dans le jardin, place sa harpe devant
un arbre, va chercher son épée et l'appuie contre un autre arbre; puis elle rentre,
pour reparaître quelque temps après vêtue de sa robe de sacre, portant sa couronne
sur la tête, car elle veut mourir en reine.

§§ 932–935. Pendant longtemps elle se lamente et pleure Tristan; puis elle
prend la harpe et chante le *lai* qu'elle a composé. Quand elle a fini son chant, elle
enfonce le pommeau de l'épée dans un creux qu'elle a aperçu dans le tronc de
l'arbre afin de se précipiter contre la pointe et de se percer le cœur. Mais le roi
Marc l'en empêche en sautant par la fenêtre dans le jardin. Il réprimande

sévèrement Dinas et les demoiselles, et fait désormais surveiller la reine de plus près.

§§ 936–937. Un jour, peu après, Yselt envoie Dinas dans la forêt pour cueillir des herbes, car elle en veut endormir ceux qui la surveillent. Dinas rencontre Giglain et l'informe de la mort de Tristan; mais celui-ci assure Dinas qu'il a vu Tristan dans le *Morroiz* quatre jours auparavant. Alors Dinas prie Giglain d'aller dire cette nouvelle à Yselt.

§§ 938–940. Giglain arrive ce jour-là même à Tintaiol. La reine, malade, est au lit, mais elle le reçoit. Il n'a pas l'intention de lui raconter toute la vérité—qu'il a vu Tristan près d'une fontaine au *Morroiz* si fou qu'il a eu de la peine à le reconnaître. Il lui dit seulement qu'il a quitté Tristan moins de trois jours auparavant; celui-ci a été malade, mais il est maintenant guéri et a l'intention de s'en aller au royaume de Logres.

Yselt est au comble de la joie, et recouvre bientôt sa santé. Elle ordonne à Giglain de ne dire cette nouvelle à personne, car elle pense plus tard rejoindre Tristan au royaume de Logres. Il n'y a que Dinas, Brangien et Yselt qui savent que Tristan est en vie.

BIBLIOGRAPHIE

Nous ne signalons ici que les travaux publiés depuis 1973. Pour les études antérieures, voir les tomes I et II.

BAEHR (R.), « Zum Salzburger Tristan-Fragment », dans *Jahrbuch der Univ. Salzburg 1977–9* (1980), pp. 83–97.

BAUMGARTNER (E.), *Le Tristan en prose. Essai d'interprétation d'un roman médiéval* (Genève, 1975).

BAUMGARTNER (E.), « A propos du Mantel mautaillié », dans *Rom.* XCVI (1975), pp. 315–32.

BAUMGARTNER (E.), « Du Tristan de Béroul au Roman en prose de Tristan, étude comparée de l'idéologie et de l'écriture romanesques à partir de l'épisode de la forêt du Morois », dans *Der altfranzösische Prosaroman.* . . . éd. E. Ruhe et R. Schwaderer (voir ci-dessous), pp. 11–25.

BENNETT (P.E.), « L'importance des fragments pour l'établissement des traditions manuscrites: Une étude du fragment du Tristan en prose d'Exeter », dans *Rom.* XCV (1974), pp. 84–104.

BENNETT (P.E.), « The tournaments in the Prose Tristan », dans *Romanische Forschungen* 87 (1975), pp. 335–41.

BLANCHARD (J.), *Le Roman de Tristan en prose: Les deux captivités de Tristan*, éd. J. Blanchard (Paris, 1976).

BONI (M.) et BORSARI (A.V.), « Una reminiscenza del Roman de Tristan in prosa nell' Aspremont V^4-CHA e negli Aspramonti italiani », dans *Atti dell'Accademia delle Scienze dell'Istituto di Bologna. Classe di Scienze Morali*, Anno 68, *Rendiconti* LXII (1973–4), pp. 36–54.

BRANCA (D.), « Per la storia del Roman de Tristan in Italia », dans *Cultura Neolatina* XL (1980), pp. 211–29.

BUSBY (K.), « The Character of Gauvain in the Prose Tristan », dans *Tristania* II, No. 2 (1977), pp. 12–28.

CURTIS (R.L.), « The Character of Iseut in the Prose Tristan (Parts I and II) », dans *Mélanges Jeanne Lods* (1978), pp. 173–82.

CURTIS (R.L.), « L'humour et l'ironie dans le Tristan en prose (tomes I et II) », dans *Der altfranzösische Prosaroman* . . . éd. E. Ruhe et R. Schwaderer (voir ci-dessous), pp. 77–94.

CURTIS (R.L.), « Pour une édition définitive du Tristan en prose », dans *Cahiers de civilisation médiévale* XXIV (1981), pp. 91–9.

CURTIS (R.L.), « Who wrote the Prose Tristan? A new look at an old problem », dans *Neophilologus* 67 (1983), pp. 35–41.

CURTIS (R.L.), « A Romance within a Romance: the Place of the *Roman du Vallet a la Cote Mautailliee* in the Prose Tristan », dans *Studies in Honour of Brian Woledge* (à paraître en 1985).

DELBOUILLE (M.), « Le Tristan en prose et la Folie d'Oxford », dans *Orbis Mediaevalis, Mélanges de langue et de littérature médiévale offerts à R.R. Bezzola* (Berne, 1978), pp. 61–7.

FOTITCH (T.), et STEINER (R.), *Les Lais du Roman de Tristan en prose* (Munich, 1974).

GOODMAN (E.L.), « Pisanello and the Prose Tristan: The Arthurian Murals at Mantua », dans *Tristania* III, No. 2 (1978), pp. 22–35.

JACOBSEN (B.), « Tautologies pures et tautologies rhétorisées dans un texte d'ancien français », dans *Neuphilologische Mitteilungen* 83 (1982), pp. 99–111.

KINDRICK (R.L.), « Dynadan and the Code of Chivalry », dans *BBSIA* XXVII (1975), pp. 232–3.

KOOIJMAN (J.C.), « A propos du Tristan de Béroul et du Tristan en prose », dans *Romanische Forschungen* 91 (1979), pp. 96–101.

LARMAT (J.), « Le Roman de Tristan en prose, manuel de courtoisie », dans *Der altfranzösische Prosaroman* . . . éd. E. Ruhe et R. Schwaderer (voir ci-dessous), pp. 46–67.

LARMAT (J.), « Le personnage de Gauvain dans quelques romans arthuriens du XIIe et du XIIIe siècles », dans *Etudes de langue et de littérature françaises offertes à André Lanly. Publications de l'Université de Nancy II* (1980), pp. 185–202.

MAHONEY (D.B.), « Malory's Tale of Sir Tristram: Source and Setting Reconsidered », dans *Medievalia et Humanistica: Studies in Medieval and Renaissance Culture* 9 (1979), pp. 37–43.

MAILLARD (J.), « A vous Tristan . . . », dans *Mélanges Jeanne Wathelet-Willem* (Marche Romane, 1978), pp. 395–402.

MAILLARD (J.), « Folie n'est pas vasselage . . . » dans *Mélanges Jeanne Lods* (1978), pp. 414–32.

MAILLARD (J.), « Une persistance de notation non mesurée au XVe siècle? » dans *Les sources en musicologie, Actes des journées d'études de la Société française de musicologie* . . . (1981), pp. 137–45.

MANDACH (A. de), « Le berceau des amours splendides de Tristan et Iseult », dans *La légende de Tristan au moyen âge*, publié par D. Buschinger (1982), pp. 7–33.

MUIR (L.), « The Serbo-russian Tristan and the French Prose Tristan », dans *BBSIA* 31 (1979), pp. 217–27.

PAYEN (J.C.), « Le Tristan en prose, manuel de l'amitié: le cas Dinadan », dans *Der altfranzösische Prosaroman* . . . éd. E. Ruhe et R. Schwaderer (voir ci-dessous), pp. 104–21.

PICKFORD (C.E.), « Antoine Vérard: éditeur du Lancelot et du Tristan », dans *Mélanges Charles Foulon* (Rennes, 1980), t.I, pp. 277–85.

PLATE (B.), « Verstehungsprinzipien im Prosa-Tristrant von 1484 », dans *Literatur, Publikum, historischer Kontext*, éd. Gert Kaiser, *Beiträge zur Älteren Deutschen Literaturgeschichte* 1 (Berne-Frankfurt am Main-Las Vegas, 1977), pp. 79–89.

RUHE (E.), *De Amasio ad Amasiam. Zur Gattungsgeschichte des mittelalterlichen Liebesbriefes*, (*Beiträge zur romanischen Philologie des Mittelalters* 10, Munich, 1975).

RUHE (E.), « Repetition und Integration. Strukturprobleme des Roman de Tristan en prose », dans *Der altfranzösische Prosaroman* ... éd. E. Ruhe et R. Schwaderer (voir ci-dessous), pp. 131–59.

RUHE (E.) et SCHWADERER (R.), *Der altfranzösische Prosaroman. Funktion, Funktionswandel und Ideologie am Beispiel des Roman de Tristan en prose*, éd. E. Ruhe et R. Schwaderer, (*Beiträge zur romanischen Philologie des Mittelalters* 12, Munich, 1979).

SCOMA (I.), *Note sulla versione aragonese del Roman de Tristan* (Messina, 1980).

SEIDENSPINNER-NÚÑEZ (D.), « The Sense of an Ending: The Tristán Romance in Spain », dans *Tristania* VII, Nos. 1–2 (1981–2), pp. 27–46.

SHARRER (H.L.), « Malory and the Spanish and Italian Tristan texts: The search for the Missing Link », dans *Tristania* IV, No. 2 (1979), pp. 37–43.

SHARRER (H.L.), « Letters in the Hispanic Prose Tristan texts », dans *Tristania* VII (1981), pp. 3–20.

SKAARUP (P.), « Les manuscrits français de la collection Arnamagnéenne », dans *Rom.* XCIII (1977), pp. 86–94.

THOSS (D.) et BISE (G.), *Tristan et Iseut, d'après un manuscrit du Roman de Tristan du XVe siècle* (Paris, 1978).

THOSS (D.), « Ein Prosa-Tristan aus dem Besitz des Duc de Berry in der Österreichischen Nationalbibliothek (Cod. 2537) », dans *Codices manuscripti* III (1977), pp. 66–72.

VAN ACKER (K.G.), « La grande histoire de Tristan qu'on appelle le Bret. Etude sur la provenance et la datation du ms. 6 de la Bibliothèque de l'Université de Gand », dans *Quaerando* III (1973), pp. 192–201.

LE ROMAN DE TRISTAN

TROISIÈME PARTIE

674. Ci dit li contes que a celi point que Mordrez et cil a
la Cote Mautailliee estoient venu vers le Chastel Orgueilleus
estoient li dui chevalier sor le chemin. Quant Mordrez et cil
a la Cote Mautailliee comencerent a aprochier des deux che-
valiers dou chastel, il les virent mout bien, mes sanz faille
il ne se sesirent mie de lor armes por ce qu'il ne lor di-
soient mot ne de joste ne les apeloient. Quant il vindrent
si pres d'ax qu'il ne failloit que del ferir, li uns s'eslesse
contre Mordret et le sorprent a la traverse, et le fiert si
durement qu'il le porte dou cheval a terre. Et li autres
s'adresce encontre celi a la Cote Mautailliee, et li done si
grant cop qu'il le porte a terre desoz le ventre de son che-
val; mes autre mal ne li fait. Adonc prenent li dui cheva-
lier les chevax par les froins et s'en vont a tout. Et cil
remenent si esbahi de ceste aventure qu'il lor est avis que
ce ait esté autresi come uns songes.
     Quant li chevaliers a la Cote Mautailliee voit que il
est ensi mis a pié, si en est iriez a merveilles. Et uns de
ses escuiers li dit: « Sire, que alez vos songent? Montez sor
un de nos chevax, et alez aprés savoir se vos porriez vengier
ceste honte. »/ Quant il entent ce que li vallez li conseille, il res-
pont: « Descent donc tost! Il me covient haster, car se il les en
moinent loig, je les ai perduz. » Li vallez descent mentenant,
et li chevaliers monte et prent son escu et son glaive, et
hurte le cheval des esperons aprés les chevaliers, et tant se
haste qu'il les ataint. Si lor escrie mentenant: « Retornez,
seignor chevalier! Vos n'en iroiz mie en tel maniere. » Et li

uns d'eus retorne adonc por joster.

    Cil a la Cote Mautailliee s'adresce vers le chevalier
30 quant il voit qu'il retorne vers li, et le fiert sor son escu
un tel cop que por l'escu ne por le hauberc ne rement qu'il ne
li mete le fer dou glaive parmi le cors, si que dou fer et dou
fust apert par d'autre part. Il l'enpoint bien, car assez
estoit de grant force, si le porte dou cheval a terre; et au
35 cheoir qu'il fist il gita un cri mout engoisseus, come cil que
bien sentoit qu'il estoit feruz a mort. Et li autres, qui
après vient por son compaignon vengier, fiert celi a la Cote
Mautailliee si durement qu'il fait son glaive brisier et voler
en esteles; mes autre mal ne li fait, ne de la sele ne le
40 remue. Et cil a la Cote Mautailliee qui son glaive avoit
brisié, quant il voit que cil l'asaut en tel maniere, il met
mentenant la men a l'espee qui bone estoit et bien tranchant,
et ausi fait li chevaliers qui n'est mie bien aseür, car il
conoist que ses compainz est morz. Et cil qui nul bien ne li
45 veust, ençois le het mout durement, le fiert de l'espee si de
tote sa force que por la manche dou hauberc ne rement qu'il ne
li tranche le braz destre tout outre, si que li braz vole
a la terre a tote l'espee.

    675. Quant cil se sent ensi feruz, il n'a nule volenté
de plus atendre, enz torne mentenant en fuie tant com il
[d] puet au fe/rir des esperons vers le chastel qui n'estoit
mie loig d'illec. Cil a la Cote Mautailliee va après li
5 mout asprement. Cil devant s'enfuit, et li autres le chace,
qu'il dit et jure quanqu'il puet qu'il nou lera jamés ne
amont ne aval devant ce qu'il l'ait pris. Cil devant s'en-
fuit espoentez mout durement, come cil qui maaigniez se
sent a toz jorz mes, et tant s'enfuit qu'il vient dusqu'au
10 Chastel Orgueillex. Cil a la Cote Mautailliee estoit ja
aprochiez de li que se il eüst un glaive en sa men, bien l'en
poïst ferir. Cil qui devant s'enfuit entre ou chastel, et cil
a la Cote Mautailliee entre après, l'espee en la men tote
nue, et petit s'en faut qu'il ne l'aconsuist de l'espee.
15 Quant cil dou chastel voient que uns seus chevaliers
lor fait si grant iniquité et si grant vilenie et tel desonor
qu'il vait chaçant lor chevalier parmi le chastel, il s'es-
crient tuit a une voiz comunement petit et grant: « Or tost
au chevalier qui tel honte nos a faite, puis qu'il vient voi-
20 ant nos metre a mort nostre chevalier. » Li criz lieve par
le chastel granz et merveilleus; cil vont criant comunement:

« Aus armes! Or aus armes! » Li chevaliers a la Cote Mautail-
liez est toz enragiez de mautalent, et tant a chacié le che-
valier qu'il l'ataint devant la tour del chastel. La tour
estoit close a celi point; se la porte fust overte, bien
poïst li chevaliers estre eschapez, mes ce l'ocist et met a
mort qu'il treve la porte close. Et cil qui aprés li vient,
et qui estoit ausi come toz enragiez de mautalent et de tra-
vail qu'il avoit eü de mener a fin ceste chace, le vient a-
teignant tres devant la porte, et li done de l'es/pee par-
mi le heaume un si grant cop que por le heaume qui auques
estoit bons ne rement qu'il ne li face l'espee sentir dus-
ques au test. Li chevaliers qui devant ce avoit perdu dou
sanc tant qu'il estoit toz esvenoïz et que li cuers li aloit
ja si defaillant que a poines se pooit il en estant tenir,
quant il se sent ensi feruz, il n'a pooir de plus demorer
en sele, enz vole a terre tel atornez qu'il ne monta
puis sor cheval ne porta armes.

676. Quant li chevaliers a la Cote Mautailliee voit celi
gesir a terre et il entent que li criz est levez de totes
parz par le chastel, et que tuit disoient ensemble comune-
ment: « Or sor le chevalier estrange qui entre nos s'est
embatuz et nostre chevalier a mort! », s'il est adonc es-
bahiz durement et auques espoentez ce n'est mie grant
merveille. Il ne savoit quel part aler ne quel conseil
il deüst prendre de sa vie sauver, car il savoit cer-
tenement que encontre eus toz ne porroit il mie durer
puis que ce venroit a l'asaut. Et totevoies dit il bien
a soi meïsmes que puis qu'il est a ce venuz, il defendra
son cors et sa vie.

Atant ez vos a li venir une demoisele qui li dist:
« Ha! sire chevaliers, alez vos en de ci tant come vos
porroiz dou cheval trere, ou autrement vos iestes morz
sanz doute, car tuit li home de ce chastel vienent sor
vos a force d'armes. Et sachiez tot certenement que
s'il vos truevent ci, vos iestes morz, que ja merci n'i
troverrez. » « Ha! demoisele, fait li chevaliers, ou
fuiroie je? Se je me partoie orandroit de ci, ne savroie
je quel part aler, car onques mes ne fui en cest chastel;
et por ce veil je mieuz ici / morir sanz faire semblant de
coardise et en arestant moi que morir en fuiant. » « Ha!
sire chevaliers, fait ele, ne le faites mie ensi, mes alez
vos en par ceste voie droit. » Donc li mostre. « Et mentenant

fait ele, seroiz hors de ce chastel. Adonc vos porroiz sau-
ver, ne autrement ne le poés faire, car se vos ici demorez,
vos ne poez eschaper de mort. » Quant li chevaliers a la Cote
Mautailliee entent ceste novele, il n'i fait autre delaie-
30 ment, enz hurte tot mentenant le cheval des esperons et s'en
va tote la voie que la demoisele li avoit mostree. Cil dou
chastel qui aler l'en voient s'escrient comunement: « Or
aprés! S'il nos eschape, honi somes. » Et sachiez qu'il
aloient ja fermant les portes dou chastel por ce qu'il ne
35 s'en poïst eschaper de nule part.

677. Granz est li criz et la noise que cil dou chastel
demoinent quant il voient que cil s'en va en tel maniere.
Et li chevaliers a la Cote Mautailliee s'en vient droit a
une porte ou il trova quatre sergenz qui la voloient fermer.
5 Il se fiert errannment entr'ex, l'espee trete contremont, et
fait semblant qu'il les veille ocirre. Et cil en ont si
grant paor qu'il ne l'osent atendre, ençois tornent en fuie
la ou il pueent. Et cil s'en ist fors dou chastel sanz faire
autre delaiement. Et quant cil dou chastel voient qu'il lor
10 est eschapez, il ne vont mie granment aprés ne granment
ne le chacierent, car chascuns a paor qu'il n'oit pres
d'illec genz que li rois Artus i ait envoiez celeement
por sorprendre ces dou chastel en aucune maniere. En
tel guise come je vos ai conté et par tel maniere es-
15 chapa li chevaliers a la Cote Mautailliee dou Chastel Or-
gueillous. Onques mes puis que li chastiax fu estorez
nus chevaliers n'en eschapa qui dedenz se fust mis, por
[b] qu'il fust des chevaliers de l'ostel le roi / Artus.
Quant li chevaliers a la Cote Mautailliee fu issuz dou
20 chastel, et il vit que cil de leanz ne le sivoient mes,
il s'en ala vers le grant chemin, cele part ou il cui-
doit trover sa compaignie.

678. Et Mordrez, qui estoit montez sor un des chevax
a ses escuiers puis qu'il ot esté abatuz et il ot perdu
son cheval, il dist a la demoisele: « Demoisele, que
ferons nos? » « Alons, fait ele, apres nostre chevalier,
5 si le troverrons ja deschevauchié une autre foiz, et
lors le porrons mieuz gaber que nos ne faisiens devant. »
Et il le font tot ensi come ele dit.

Mes il n'orent mie granment alé qu'il troverent le
cheval Mordret qui estoit eschapez aus chevaliers qui l'en
10 menoient, et aloit fuiant ça et la; mes tot mentenant qu'il

vit les autres chevax, il s'en vient vers ax. « En non Dieu,
demoisele, fait Mordrez, vez venir mon cheval! Je ne sai co-
ment la chose est alee, mes je cuit que nostres chevaliers
l'a rescouse par sa proesce. » « En non Dieu, Mordré, fait la
15 demoisele, or ne vos tieg je mie a si sage com je faisoie de-
vant. Sachiez tot certenement qu'il ne le poïst faire en nule
maniere dou monde, qu'il n'a mie tant de proesce en li,
enz vos dirai sanz doute coment il est avenu. Or sachiez
vraiement qu'il est eschapez a cez qui l'avoien gaaignié, et
20 se je onques conui riens, il ont trové nostre chevalier, et
pris l'ont et mené au chastel qui est ça devant, d'ou j'ai
mentes foiz oï parler. Et sachiez que c'est orandroit a mon
escient uns des plus felons chastiax qui soit ou reaume de
Logres, et ou li chevalier del reaume de Logres sont plus
25 mortelment haï; et est apelez comunement et pres et loig de
toz cez qui parler en oent li Chastiax Orgueillex. » « Coment!
demoisele, fait Mordrez, est donc li Chastiax Orgueillex pres
] de ci qui tantes hontes et tantes vergoig/nes a faites aus
chevaliers erranz, et qui li rois Artus veust si grant mal? »
30 « Je ne sai, fait ele, se li rois Artus veust si grant mal a
cez dou chastel ou non, mes je sai certenement que
nus chevaliers de la Table Reonde ne d'autre leu n'i porroit
venir qu'il ne receüst honte tant come cil de leanz porroient ».
« En non Dieu, demoisele, fait Mordrez, je ne me sent mie a
35 tel chevalier ne a si vaillant d'armes que je l'aventure dou
Chastel Orgueillex poïsse mener a fin; a morir me covenroit
avant, et se n'i feroie riens qui tornast a honor de moi ne
de la Table Reonde, por que je di tot plenement que cele
part ne veil je mie aler, car je n'i feroie riens qui tornast a
40 honor de chevalerie. Quant li bons chevaliers i vendra, qui par
sa proesce doit mener a fin totes les aventures dou reaume de Logres,
ensi com li saige home vont disant et come li encien home l'ont
devisié, si se mete en ceste aventure et l'enpreigne a fornir, se
il veust, car je la les dou tout. Ele n'apartient mie a moi, que
45 je ne sui mie si bons chevaliers. »
        Et quant il a dite ceste parole, il demande autre foiz a
la demoisele quel part ele veust aler, et quel part li chastiax
est que l'en apele le Chastel Orgueilleus. Et ele respont: « Je
croi qu'il soit de ceste part; » et si est il de verité. Donc se
50 torne de l'autre part. Et Mordrez dit que de cele part aler
le gart Diex; totes autres choses feroit il plus volentiers que
ceste. « En non Dieu, fait la demoisele, ceste chose ne vos ator

je mie a folie, mes a grant sen. »

679. Quant li dui vallet au chevalier a la Cote Mautailliee entendent
ceste novele, s'il sont corecié et dolent durement ce ne fet mie a de-
mander, car autre foiz avoient il ja oï parler dou Chastel
[*d*] Orguelliex, car c'estoit uns chastiax bien / renomez et pres et loig
5 por la grant felonie que l'en i fesoit acostumeement aus chevaliers
erranz. Et por ce que li escuier savoient certenement que lor
sires estoit de trop grant cuer et de trop grant hardement plens
selonc l'aaige qu'il avoit, por ce dient il qu'il ne redoteroit
mie a entrer ou chastel; et puis que il i est entrez, c'est outree
10 chose de li. Morz est il; ne le verront jamés. Si en font
duel trop merveillex.

Ensi aloient endui li escuier sor un roncin lor duel de-
menant. Et quant la demoisele les voit lor duel demener en tel
maniere, ele lor dit: « Seignor vallet, donc ne venist il mieuz
15 a vostre seignor qu'il m'eüst creüe, et qu'il fust retornez a
la meson le roi Artus des lors que je li dis? Si ne fust o-
randroit mie morz, enz fust sains et hetiez, et poïst encor
estre par aventure preudom et bons chevaliers. Ensi troeve
fox sa folie. Nus hons ne refuse conseil qui au derrien ne
20 s'en tiegne a deceü. » Li vallet ne responent a riens que la
demoisele lor die, enz vont totevoies plorant et menant lor
duel tot le grant chemin de la forest, car une sentele les i
avoit menez qu'il avoient trovee.

680. La ou il aloient entr'ex chevauchant tot le grant chemin
de la forest, parlant totevoies de celi a la Cote Mautailliee,
que d'autre chose ne tienent parlement a celi point, et la
ou il en parloient ensi, et il afermoient par verité qu'il
5 estoit morz, il regardent devant eus et le voient delez une
grant roche ou il estoit arestez et atendoit illec qu'il
venissent, car il pensoit bien qu'il estoient encores arrieres
lui. Et la demoisele, qui premierement l'aperçoit, en est iriee
a merveilles, come cele qui volentiers en vosist estre delivré.
[*133a*] 10 « Mordrez,/ fait ele, veez la nostre chevalier! » « Demoisele, fait
il, vos dites voir. Bien soit il venus! Se Diex me consaut,
il m'est bel qu'il soit eschapez, car encor porra il estre preu-
dons. Et se il fust si coarz come vos li metez sus, il n'eüst
mie si tost son cheval recovré com il a. Or sachiez bien
15 certenement qu'il a mené a desconfiture les deus chevaliers qui
nos abatirent ensi come vos veïstes, et qui nos deus chevax en
menerent. Et ce que je ai mon cheval recovré est par li; encor
ne l'eüsse je mie, se ne fust sa proesce. » « Ne place a Dieu,

Mordré, fait la demoisele, qu'il eüst fait cest fait que vos li
20 metez sus! Je en sai mout mieuz la verité que vos ne cuidiez.»
« Or me dites donc, fait Mordrez, coment ce fu et coment ce avint.»
« Volentiers, fait la demoisele, je vos ferai savoir certenement
coment ceste chose puet bien estre avenue. Veritez est, et vos
meïsmes le savez bien, que cil del Chastel Orgueillex heent cez
25 de la meson le roi Artus sor toz les homes dou monde, et quant
il en puent un prendre, il li font tant honte et ledure com il
plus pueent. Mes s'il lor voloit jurer come chevaliers que jamés
en la meson le roi Artus ne repereroit, ne ne porchaceroit au roi
ne a home de sa meson se honte non et li feroit dou pis que il
30 porroit, adonc porroit il eschaper aprés ce serement. Celi serement,
Mordret, que li coart chevalier et li mauvés ont ja aucune foiz
fait por paor de mort et por ce que il sont ja par mentes foiz
eschapé, a fait cil chevaliers; vraiement le sachiez. Ensi est
il avenu, et ensi eschapa il des chevaliers, car il autrement ne
35 poïst mie estre eschapez de lor mens sanz faire aucune mauvestié.
Et por ce li ont il ren/du son cheval, car il ne l'a gaaignié par
sa proesce, ne ne gaaignast ja a nul jor de sa vie.» « En non Dieu,
demoisele, fait Mordrez, vos m'en avez tant dit que je croi bien
que ce puisse estre veritez. Je n'en sai que croire ne que mes-
40 croire, mes coment que li afaires en soit alez, li chevaliers est
eschapez d'ex, ce m'est vis.»
681. Ensi parlant de ceste chose ont tant chevauchié qu'il sont
venu dusques au chevalier qui encor les atendoit, tout ensi montez
com il estoit. Et quant si escuier le voient, il corent mentenant
5 a li, lié et joiant de grant maniere, et comencent a plorer de la
grant joie qu'il en ont. « Ha! sire, com grant paor et com grant
doute nos avons eü de vos puis que de nos vos departistes.» Et il
comence a sozrire et dit: « Je le croi bien.» Aprés dit a Mordré
et a la demoisele bien veignant. Et Mordrez li rent son salu,
mes la demoisele non fait, ençois li dit: « Danz chevaliers, co-
10 ment eüstes vos vostre cheval, que vos l'aviez perdu?» Et il respont:
« Demoisele, je l'oi ensi come a Dieu plot.» « Certes, fait ele, je
sai bien coment vos l'eüstes, ausi bien come vos savez. Vos
feïstes a cez dou Chastel Orgueillex le serement que li mauvés
chevalier et li coart de la meson le roi Artus ont ja fait par mentes
15 foiz por lor vies sauver.» « Demoisele, fait il, je ne sai quel
serement celi est d'ou vos parlez, mes Diex set bien que onques
ne lor fis serement, ne a eux ne ting parlement. En quel guise
et en quel maniere je me parti d'ex sera encor bien seü en la meson
le roi Artus, car ce ne puet estre celé trop longuement.» « Ha!

20   certes, fait la demoisele, vos le feïstes voirement le serement
[c]   des coarz chevaliers. » Et il respont: « Certes, demo/isele, Diex
      set bien que onques au mien escient ne fis serement fors le
      serement de chevalerie. » « Ha! demoisele, fait Mordrez, or oi
      merveilles de vos. Onques mes, se Diex me conseut, ne vi demoisele
25   tant anieuse com vos iestes, qui onques ne cessez de dire vilenie a
      cest chevalier, et sanz deserte. Je me merveil mout durement coment
      il vos puet si longuement escoter. De moi vos di je tot plenement
      que je ne sui mie tant amesurez que je vos eüsse pieça fait honte
      et ledure se vos m'en eüssiez autant dit com vos avez fait a ce
30   chevalier; ne m'en poïsse estre tenuz en nule maniere dou monde.
      Lessiez le atant ester, demoisele, et vos en sofrez, car par la
      foi que je doi vos, a grant anui me torneroient huimés vos paroles. »
          682. Quant la demoisele entent ce que Mordrez aloit disant, ele
      a grant paor et grant doute qu'il ne se corroce a li, et por ce lesse
      ele atant le parlement et parole d'autre chose, et dit: « Mordrez,
      vos qui tant savez cest païs, savez vos ou nos porrons anuit mes
5   hebergier? » « Demoisele, fait il, oïl bien. Se nos estiens si
      bien recoilli en toz les leus ou nos irons com nos serons anuit,
      je ne fineroie jamés de chevauchier tant que je avroie cerchiees
      totes les terres ou home habitent. Nos nos hebergerons a un recet
      qui ça devant est, et est de Calogrinant, un chevalier de la meson
10   le roi Artus, et compaignon de la Table Reonde. Puis que cil de
      leanz me verront, je sai bien certenement qu'il me feront tote
      l'onor que fere me porront, que autre foiz ai je ja leanz esté;
      et je sai bien que cil chemins ou nos somes nos menra a celi recet
      que je di tot droitement. »
15   En tex paroles chevauchent dusqu'a ores de vespres, tant
      qu'il vindrent au recet ou il devoient la nuit demorer. Et sa-
      chiez que quant cil de leanz virent Mordrez qu'il avoient ja autre
[d]   foiz veü, il li firent / joie merveillouse, et le servirent cele
      nuit tant com il porent et honorerent durement por amor de li, li
20   et tote sa compaignie. Assez furent cele nuit aese, et assez se
      reposerent encontre le travail qu'il avoient celi jor sofert. A
      l'endemen quant il ajorna, il se vestirent et apareillierent.
      Cil de leanz donerent un cheval au vallet dou chevalier a la Cote
      Mautailliee por ce que point n'en avoit. Quant il se furent de
25   leanz parti, il se metent mentenant a la voie ensi com il avoient
      fait celi jour devant.
          683. Aprés dit li contes ci endroit que quant li chevaliers a la
      Cote Mautailliee se fu partiz de l'ostel Kalogrinant ou il avoit
      la nuit geü entre li et Mordret ensi com je vos ai devisié ci devant,

si se mist mentenant au chemin entre lui et sa compaignie, et
5   chevaucherent tote cele matinee sanz aventure trover qui face
granment a ramentevoir. Entor ore de prime lor avint qu'il tro-
verent deus chemins, d'ou li uns tornoit a destre et li autres a
senestre. Ces deus chemins departoit une croiz. Mordrez, qui
grant pitié avoit de celi a la Cote Mautailliee por ce que joene
10 chevalier le voit, et por la honte que la demoisele mesdisanz li
disoit tot adés, et cil ne li responoit riens ou monde fors cortoisie
et deboneneté, chevauchast avec eus mout volentiers, se aventure ne
les departist a cesti point. Quant Mordrez est venuz a cele croiz,
il s'areste mentenant et dit au chevalier a la Cote Mautailliee:
15 « Sire chevaliers, il nos covient departir, se nos volons mentenir la
costume del reaume de Logres et des chevaliers erranz. » « Sire, vos
134a]   dites verité, fait cil a la Cote Mautailliee; et puis que / ensi
est avenu, prenez la quel des deus que vos voudroiz et qui mieuz
vos plera, et je prendrai l'autre, puis si vos comanderé a Nostre
20 Seignor. » « Biau sire, fait Mordrez, je sai bien que vos volez aler
en Sorelois, et cist chemins a destre vos i menra droitement, et
por ce prendrai je cest autre par deça. »
     Atant se departent li chevalier. Mordrez s'en va le chemin,
li et ses escuiers; et li chevaliers a la Cote Mautaillie va celi
25 a destre entre li et sa compaignie. La demoisele mesdisant est
mout durement correcie quant ele en voit aler Mordré, car totevoies
se cuidoit ele delivrer de celi a la Cote Mautailliee en aucune maniere,
com cele qui mout durement le haoit. En tele maniere chevauche
totevoies la demoisele dolente et correciee durement, et dit bien tot
30 apertement a soi meïsmes que s'ele vient en point n'en leu, ele
le metra en tel espreve dont il ne porra eschaper, et en tel maniere
se deliverra de li.
     684. Ensi chevauchent celi jor dusque vers ore de none. Lors lor
avint par aventure que uns chevaliers qui estoit armez de totes
armes covenables a chevalier les atent entor ore de none, et menoit
en sa compaignie deus escuiers. Li chevalier faisoit son escu
5   porter covert d'une houce vermeille. Et se aucuns me demandoit
qui li chevaliers estoit, je diroie que c'estoit messire Lanceloz
dou Lac. Il s'estoit mout novelement partiz de cort, car il avoit
oï conter a la cort l'aventure de la demoisele mesdisant, et por
quel achoison ele ert a la cort venue, et coment li chevaliers a
10 la Cote Mautailliee avoit sor li emprise la besoigne por mener a
fin. Por ceste achoison s'estoit Lanceloz a celi point partiz de
cort au plus priveement qu'il porroit, et s'estoit pensez qu'il
iroit aprés; et se li chevaliers n'i venoit avant de li, il feroit

tant qu'il acheveroit la besoigne s'il pooit. Ensi s'estoit a cele
foiz Lanceloz departiz de cort, et avoit tant chevauchié aprés le
chevalier a la Cote Mautailliee qu'il l'ataint, ensi come vos oez.

Tot mentenant que Lanceloz les voit, il les conut bien aus
enseignes que / l'en li avoit contees a la cort. Quant il est
dusques la venuz, il les salue, et li chevaliers li rent son salu
mout bel et mout cortoisement. La demoisele comence a demander
qui il estoit. « Demoisele, fait il, je sui uns chevaliers erranz
de la meson le roi Artus. » « Ha! fait ele, la meson le roi Artus
soit honie et destruite, car ele m'a mise a duel et a torment. »
« Demoisele, fait Lanceloz, or oi merveilles de vos, car onques mes,
se Diex m'eïst, n'oi dame ne demoisele qui de celi ostel se plen-
sist fors que vos solement. » « En non Dieu, fait la demoisele,
biau sire, je m'en pleig, et plendre m'en doi durement, et vos diré
reson por quoi. » Lors li comence a conter mot a mot por quele
achoison ele fu envoiee a la cort tot ensi com je vos ai conté ça
arrieres, « et coment cist joenes chevaliers m'a traïe et deceüe ».

685. Quant ele a son conte finé et Lanceloz l'a bien escotee, il
respont: « Demoisele, or sachiez tot certenement que je ne cuit pas
qu'il ait tant a reprendre el chevalier come vos dites. » « Ha!
sire, fait ele, si m'eïst Diex, si a encores cent tanz plus. Sa
folie et sa mauvestié si m'ont morte et destruite, car encor eüsse
je trové conseil de ma besoigne puis que je parti de cort s'il vosist
estre retornez. Je li ferai mout chierement comparer, car je le
ferai honir dou cors avant qu'il se departe de moi. » « Demoisele,
fait Lanceloz, or ne vos esmaiez si fort, que Diex vos conseillera
en autre maniere. » « En non Dieu, sire, fait ele, il ne me
conseillera ja tant com cil mauvés chevaliers recreanz soit avec
moi. » « Avoi, demoisele, fait Lanceloz, se m'eïst Diex, ce n'est mie
cortoisie de dire en tel maniere vilenie au chevalier, puis que
autre reson n'i savez que vos m'alez racontant. Et certes, nus
preudons ne le vos devroit sofrir. Je endroit moi ne sui pas si
amesurez que je le vos sofrisse, se je estoie longuement en vostre
compaignie. Or sachiez que ja li chevaliers n'eüst sor li
emprise si hardiement ceste aventure, s'il ne seüst en li aucune bonté ».

Lors egarde la demoisele Lancelot par mout grant mautalent
quant ele entent ceste parole, et puis li dist: « Certes, denz
chevaliers, je cuit que vos iestes des / mauvés chevaliers coarz
qui se font apeler de la meson le roi Artus por ce qu'il soient
plus honoré, et il ne s'oseroient mie veoir dedenz la porte, se ce
n'estoit en repot. Ja certes se vos ne fussiez de ces mauvés
chevaliers que je vos di, ja ne vos fussiez si tost acordez a ce

vil chevalier qui ci est. » « Demoisele, fait Lanceloz, quex chevaliers
que je soie, totevoies sui je de la meson le roi Artus. » « Certes,
fait ele, onques n'en fustes a nul jor. » « Demoisele, fait cil a la
Cote Mautailliee, por ce se vos avez sor moi dit vos volentez par
30 maintes foiz, por ce ne dites pas vilenie a ce chevalier, que vos
ne savez qui il est. » « En non Dieu, fait ele, biau sire, or s'en
doit l'en bien taire, puis que vos le comandez! Tant sai ge bien
de vos et de li que vos ne valez pas granment mieuz que dui chevalier
de Cornoaille. Vos iestes mout bien assemblé, la merci Dieu. »
35 Quant Lanceloz entent les paroles de la demoisele, il
comence mout durement a rire. Et por li encores plus tormen-
ter li dist il: « Demoisele, quiex chevaliers que je soie, se
ma compaignie vos plesoit a aler jusques la ou vos volez aler,
je vos feroie compaignie, si conoistroie adonc plus plenement
40 vostre cortoisie que je ne la conois encores. » La demoisele,
qui bien conoist certenement qu'il li dit ces paroles par ga-
bois et por li ramponer, est tant iriee qu'a po qu'ele n'en-
rage de duel. Si li respont par mautalent: « En non Dieu, danz
chevaliers, de vostre compaignie n'ai je cure. Trop sui je
45 encor chargiee de celi qui est maugré mien en ma compaignie;
je ne m'en quier de plus chargier. A maufé comant li un et
l'autre! » « Demoisele, fait Lanceloz, si n'avez cure de ma
compaignie? » « En non Dieu, fait ele, ce poise moi que tant
i avez esté. » « En non Dieu, fait Lanceloz, en vostre com-
50 paignie iré je, et avec ce chevalier qui ci est, se ma com-
paignie li plest. » « En non Dieu, fait cil a la Cote Mautail-
liee, il me plest mout. » « Par Dieu, fait la demoisele, la
compaignie de vos deus est mout bone, car bien estes assenblé
amedui! »

686. La ou il chevauchoient en tel maniere, et la demoisele/
mesdisant aloit totevoies disant au chevalier a la Cote Mau-
tailliee et a Lancelot tant de honte come ele pooit, atant ez
vos ver eus venir une demoisele mesaigiere en la compaignie
5 d'un escuier tant solement. Et se aucuns me demandoit a
qui la demoisele estoit et que ele queroit, je diroie qu'ele
estoit a Tristan et que ele aloit querant Lancelot dou Lac.
Et sanz doute a celi point estoit encores Tristanz en la
Petite Bretaigne, et por les paroles que Lanceloz avoit
10 dites de li, ensi come vos avez oï ça en arrieres et que li
chevalier de la Petite Bretaigne li avoient contees, por
ce qu'il pensoit bien d'ou cil mautalenz venoit, avoit il
cele demoisele envoiee ou reaume de Logres, et envoioit

a Lancelot un brief par li, le mieuz dit et le mieuz fait
15 que il onques pooit; et i avoit compris tot son afere,
et coment il s'estoit leaument mentenuz envers la roïne
Yselt. Quant Lanceloz voit venir la demoisele, il conut
mentenant qu'ele estoit mesaigiere, et por ce s'areste il
erranment enmi le chemin arrieres de sa compaignie, et
20 tant contr'atent que la demoisele est venue dusqu'a li,
car s'il onques puet, il voura savoir de ses noveles et dont
el est.

687. Quant la demoisele est dusqu'a li venue, il la salue
tot premierement, et la demoisele li rent mout cortoisement
son salu. « Demoisele, fait Lanceloz, qui estes vos? »
« Sire, fait ele, je sui une demoisele estrange qui
5 novelement sui venue en ceste contree por une besoigne
ou l'en m'a envoiee. Mes por Dieu, biau douz sire, se vos
savez noveles de Lancelot dou Lac, si le me dites, s'il vos
plest. Je l'ai ja quis en ment leu puis que je vig en ceste
contree, et si n'en puis noveles aprendre, d'ou mout
10 me poise durement. » « Demoisele, fait Lanceloz, qui estes vos,
se Diex vos saut, qui Lancelot alez querant, et qui vos
envoie a li? » « Sire, fait ele, je le savroie bien dire, se je le
veoie. » « Certes, demoisele, fait Lanceloz, se vos me volez
dire qui a li vos envoie, je cuit que je vos en aseneroie bien
15 que ja n'i faudriez. » Quant la demoisele l'entent, si li respont
[135a] mout cortoisement: « Sire, sachiez certe/nement que Tristanz,
li niés le roi Marc de Cornoaille m'i envoie. Or vos ai je dit
ce que vos me demandastes, si vos pri que vos me diez noveles
de Lancelot dou Lac. »
20 Quant Lanceloz entent ceste novele, il en est mout joianz,
car de Tristan desiroit il mout durement noveles a oïr; si dit a
la demoisele: « Demoisele, or sachez que je sui icil Lanceloz que
vos alez querant. » « Ha! sire, por Dieu, fait ele, dites moi se c'est
veritez. » « Demoisele, fait il, oïl, vraiement le sachez vos. Mes
25 por Dieu, dites moi que fait Tristanz? » « En non Dieu, dist la
demoisele, il le fait bien, Dieu merci, et sachiez certenement que
vos iestes li chevaliers ou monde que il plus desire a veoir, si
vos envoie cest brief. » Lors saiche maintenant le brief de s'amoniere,
et le li baille.

688. Et Lanceloz le prent erranment, si brise la cire et comence
a lire l'escrit de chief en chief. Si disoit en tel maniere:

A vos, mesire Lancelot dou Lac, fiuz le roi Ban de Benoïc, qui
de bonté et de valor et de sens et de cortoisie, de hardement et de

proesce, de force, de chevalerie, de franchise et de gentillesce,
et de totes bones graces que chevaliers doit avoir, avez tot
le monde passé, qui aparez et reluisez entre toz autres che-
valiers par grant bonté et par grant valor, tot ausi come apert
la lune quant ele est bien clere et bien luisanz par desus totes les
estoiles, li chevaliers nez de Leonois, c'est asavoir Tristanz, vostre
ami et vostre cosin et vostre bien voillant ausi vraiement come se je
fusse vostres freres charnieus, vos salu de si bon cuer come chevaliers
puet saluer autre, et vos envoie ma complainte ou je comance en tel
maniere.

Tout ausi come li deshaitiez quant il ne puet trover me/decine
ne confort de sa maladie par soi meïsmes, et conoist tout certainement
qu'il puet perir s'il n'a conseil d'autrui, se tret plus volentiers vers
celui qui cele maladie a esprovee que vers autrui, et tout ausi come
li navrez qui porte plaie vergondeuse que chascuns hom ne chascune
feme ne doit mie veoir, quant il ot parler d'aucun mestre soutil qui
set plaies remuer sanz veoir les, se tret volentiers pres de lui et
reçoit de lui conseil aucunes foiz par quoi il se reconforte et retorne
puis a guarison, tout ausi est il de moi, mesire Lancelot.

Je sui Tristanz li deshaitiez, qui ne truis confort ne conseil
de ma maladie, einz conoi tot apertement que petit puis durer se je
n'ai d'autrui conseil. Et por ce que je sai et conois bien que tot
autretel maladie com est cele d'ou je vois languissant avez vos si bien
esprovee que vos la conoissiez bien dou tout, me vois je aprochant
de vos et treant pres, car il m'est bien avis sanz faille que vos me
savrez conseillier et conforter, dount j'ai esperance d'avoir gari-
son. Je sui Tristanz, qui sui navrez de la plaie si vergondeuse
que je ne l'ose descovrir a home qui soit en cest monde. Et por ce me
tré je pres de vos, car je sai tot certenement que vos iestes si saiges
et si soutis merveilleusement que il ne m'en covient plus a dire, car
vos conoissiez ja tout de voir come cil qui l'a esprové quele
plaie cele est d'ou je me vois pleignant si engoisseusement; car de
trestote autele plaie, ce sai je bien, fustes vos navrez aucunes foiz,
por quoi je di qu'il ne puet estre que vos ne sachez conseil dou mal
Tristan, vostre ami. Por quoi iroie je celant ma maladie? Ma maladie
est la plus bele et la plus douce et la plus soef de totes autres
maladies, fors tant vraiement / qu'ele me grieve mout.

Amis Lancelot, qu'en diroie je? Ma maladie vient d'amors.
Amors m'ocist, amors me tue, amors me fait vif enragier, amors me
tost san et raison; amors me fait et megre et pale, et gesir quant
je doi lever, et plorer quant tuit li autre rïent. Amors me fait
sovente foiz maugré mien chanter en plorant, et plorer en chantant

me fait amors tot ensemble: n'est ce merveille? Amors me vait si
justisant que se je ri par defors, li cuers vet plorant par dedenz.
 50   Amors me set en un sol jor bien mestroier en mil manieres, car
orandroit me reconforte et me promet et bien et joie, et maintenant
me recort sore et dit que a morir me covient en tele maniere que ja
n'i troverrai merci vers cele qui cest mal m'a fait. Que vos
diroie je? Amors me moine come l'enfant qui done son pain et retost
 55   tot en une hore. Amors se vet de moi joiant et gabant plus que de
nul autre. Amors me rit, et puis me point jusques au sanc. Amors
me fait dolent et lié tout en une hore. Amors me fait eschiver com-
paignie de totes genz ausi come se je fusse uns hom de bois. Or
sui estranges, or sui privez, or arrive en Cornoaille. Or vois je
 60   contre moi desputant, et metant preve et despreve, or por amor, or
contre amor. Or vois disant a moi meïsmes: « Ore Tristanz, que feras
tu? Tes cuers si est en Cornoaille, et tes cors si est en la Petite
Bretaigne avec Yselt aus Blanches Mains. En tel guise, ce m'es avis,
sont de toi faites deus parties. Or que feras? Iras tu la ou tes
[d] 65   cuers est? Menras tu ton cors a ton cuer, ou tu feras repairier ton
cuer a ton cors? Tu demeures en la Petite Bretaigne en tel maniere
come fait / li arbres qui est dessechiez et porriz, qui est toz droiz
en estant, et nen a verdure ne moele. Et puis qu'il a ce perdu, il ne
puet faire flor ne fruit ne nul bien dou monde. Tout ensi est de tué;
 70   puis que tes cuers est sanz ton cors, tu iés bien li arbres desechiez
et porriz. Fai ton cuer revenir a toi ». Mon cuer? volentiers le
feïsse, mes certes je n'en ai pooir. Mes cuers n'est pas en mon
comandement; qu'en puis je? Je nou puis chastier ne metre en mon
comandemant puis que je me departi de Cornoaille.
 75   En tel estrif et en tel bataille et en tel poine qui ne me
faut onques nule hore vois je languissant jor et nuit en tel maniere
que je ne truis onques assoaigement de nule part; por quoi je vos pri,
mesire Lanceloz, tant come je puis prier mon chier ami, que vos me
doignoiz conseil que je porrai faire por finer ceste grant dolor qui
 80   si fort me vet tormentant come je vos cont. Se vos me dites que je
puisse garir de ceste grant dolor por aler ou reaume de Logres, et
par hanter chevalerie, je sui pres que je la m'en aille tot
droitement. Se vos me dites de l'autre part que je m'en aille ou
reaume de Cornoaille, la me irai je volentiers et hardiement, que por
 85   dotance de chevalier ne de roi ne lerai je cele emprise. Autre conseil
fors l'un de ces deus solement n'i voi je por ma vie sauver. Or me
remandrez, si vos plest, par vostre brief la quele de ces deus voies
je tenrai, car sanz l'une ne puis je vivre.

689. Quant mesire Lanceloz a leües ces letres qui totes ces paroles disoient et encores plus, et il les a leües et releües par maintes /

foiz tout mot a mot, et il entent les biaus diz et le biau parler de monseignor Tristan et les moz bien assis, mout li plest et atalente; et dit bien a soi meïsmes que mout est mesire Tristanz plains de grant sens et que mout li covendra penser qu'il puisse respondre soutilment. Mout li plest et mout li atalente ce que mesire Tristanz li deigna einsi mander dou tot la verité de son estre, car por ceste chose aparçoit il bien que mout se fie en lui mesire Tristanz quant il li descoevre einsi toz ses secrez.

Lors replie les letres et les bailla a la demoisele, et li dist: « Demoisele, je ai bien veü et entendu ce que mesire Tristanz me mande. Or vodroie je, s'il vos plesoit, que nos chevauchissiens entre moi et vos dusqu'a un chastel ça devant, car quant nos serons la venu je me traveillerai puis tant en totes manieres que je deliverrai si anuit vostre besoigne que le matin vos porrez metre a la voie et chevauchier vostre chemin tot droit a monseignor Tristan. » « Ha! sire, fait la demoisele, come vos avez ores bien dit! Se vos poez tant faire que vos me delivrez si tost come vos dites, garie m'avrez sanz faille. Tout le travail que je ai sofert en ceste voie ne me sembleroit puis neant, car tost l'avroie mis en obli. » « Demoisele, fait il, or sachiez, se Diex me desfent d'encombrier, je vos avrai si delivré en ceste nuit que le matin sanz nule faille vos en porrez retorner vers monseignor Tristan o grant joie et o grant bone aventure, que Diex vos envoit en ceste voie. » Et ele le mercie mout de ceste promesse.

690. Lors vient mesires Lanceloz a son cheval et monte; ausi fait la demoisele. Et s'en vont adonc endeus vers les escuiers qui les atendoient enmi le chemin, et se metent erran/ment a la voie, et chevauchent dusqu'au suer que lor chemin les amena droit a un chastel qui siet sor une riviere grant et parfonde. Et sachiez que li chastiax estoit biax et riches et forz, et estoit dou roi de Norgales.

Quant cil qui gardoient la porte virent venir monseignor Lancelot si armé com il estoit, il conurent erranment qu'il estoit chevaliers erranz. Si li vindrent maintenant a l'encontre et le reçurent mout bel et mout cortoisement, et le menerent en la maistre forteresce ou il fu celi suer honorez et serviz, et il et sa compaignie, tant come cil de leanz le porent faire qui mout s'en travaillierent. Li rois meïsmes lor avoit comandé mout estroitement d'onorer toz les chevaliers erranz que aventure aporteroit leanz, qui qu'il fussent.

Assez pensa celi suer mesires Lanceloz sor la response que
il devoit faire a monseignor Tristan, car mout se traveillast
volentiers mander tiex paroles et tel respons dont il le poïst
20   reconforter, car il li poise mout de la dolor que il set que il
soefre.

691. Et quant ill a assez pensé, il comence son brief en tel
maniere:

Au meillor chevalier qui or soit ou monde, qui de sens et
d'afaitement, d'enseignement, de cortoisie et de franchise,
5   de gentillesce, de bonté, de valor, de bel parler et de mieuz
respondre, de hautesce, de linaige et de biauté qui a home
agree quant orguiex ne li est voisins, qui de totes les bones
graces que chevaliers porroit avoir passe toz les autres che-
valiers si merveilleusement qu'il n'a nul pareil en cest
10   monde, mande Lancelot, le fil au roi Ban de Benoïc, salut, et
dit qu'il se tenroit a beneüré s'il poïst son cors conduire
devant la face Tristan avec les letres.

[c]   Tiex / estoit li premiers saluz Lancelot, et aprés comen-
çoit son dicté en tel maniere:

15   Ha! briés joious, de com bone hore vos fustes escriz qui
venrez en la presence dou meillor chevalier dou monde! Ha!
briés, se vos eüssiez entendement et vos poïssiez parler ausi
come je fais, certes, tenir ne vos poïssiez que vos ne mos-
trissiez aucun semblant de orguel et de bobant por la bele
20   destinee que Diex vos a otroiee de ce que li mieudres cheva-
liers dou monde vos tenra entre ses mains, et vos lira et
relira; et il est dou tot si cortois qu'il ne puet estre
qu'il ne face de vos grant joie. Certes, briés, se vos
poïssiez adonc parler quant li chevaliers vos ira loant por
25   tot le monde, ne vos poïssiez tenir que vos ne l'en mer-
ceïssiez.

Aprés redit en tel maniere:

Mesire Tristanz, biaus amis, je, Lanceloz, fius dou roi
Ban de Benoïc, qui sui vostres chevaliers en totes les ma-
30   nieres que je le porroie estre a vostre honor et a la moie,
vos merci mout, et tant come chevaliers puet mercier autre,
de ce que vos tant me prisastes que vos me deignastes par vos
letres faire asavoir grant partie de vostre estre et de vostre
afaire, et de ce que vos me mandastes vostre vie. Mes de ce
35   que en vostre brief me donastes greignor pris et greignor los
que je n'ai encores deservi est auques mes cuers tormentez,
et vos dirai por quoi. Tant sai je bien de raison, car quant

li saiges prent compaignie au fol que il ne conoist, tote-
voies cuide il de lui que il ait bien de sens en soi autant
40 com il meïsmes en a dusques tant qu'il l'a esprové. Et li
preudom qui mal ne fait cuide que chascuns soit ausi preudom
com il est. D'autre part, nos veons tojorz que li lierres
[d] cuide de chascun home que / tuit soient si compaignon. Mau-
vese feme ne croit autre, et la bone qui mal ne pense cuide
45 que chascune soit autresi bone come ele est.

Mesire Tristan, biaus amis, ceste creance et ceste espe-
rance que chascuns preudons a en soi vos deçut mout de mon
afaire, car bien sachez vraiement que je n'ai de nule bonté
tant come vos alez cuidant. Ce que vos cuidiez de moi vos
50 faisoit ces paroles dire, et vos donoit reconfort. A vos
faisoit bien et joie, mes a moi fait duel, tristece, car quant
je voi et reconois que le meillor chevalier dou monde cuide
por voir que je soie ses parauz de bonté, et aprés quant je me
regart, je me truis nu et despoillié de totes ces bontez qu'il
55 cuide qui soient en moi. Qui me porroit plus correcier ne qui
me porroit plus faire dolent fors ce solement que je truis
defaute en moi de tant de biens com il vet de moi esperant?
Se je fusse tiex com il dit, qui fust si joianz come je?
Nus autres, ce di je por voir. Et ausi grant joie come j'eüsse
60 adonc de la bonté, se Diex m'en eüst tant doné come l'en
cuide, de tant resui je plus dolenz quant je regart que je ne
sui pas si garniz come li mondes vait cuidant.—Mesire Tris-
tanz, biaus amis, a vostre premerien salu ai je respondu, ce
me semble. Or respondrai au remenant a tot le mieuz que je
65 porrai ne savrai.

Quant vos me faites mancion de l'ome deshetié qui porte la
plaie vergondeuse qu'il n'ose descovrir ne mostrer, et por ce
se tret vers celi qui autre foiz a sofert plaie semblant a la
soe plaie et li requiert conseil au plus leaument que il set,
70 et mout de foiz avient que il se conforte par le conseil que /
[37a] il li a doné et garist de sa maladie; aprés ce m'alez disant
plus apertement que vos iestes li deshetiez qui porte dedenz
son piz la plaie reposte, si ne l'osez demostrer ne a un ne a
autre; aprés ce me ralez disant que de tel plaie voirement
75 fui je navrez aucune foiz, et por ce cuidiez vos bien que je
conseil vos sache doner de cele plaie; Tristanz, aprés ce me
faites mieuz entendre vostre maladie, car vos me dites aperte-
ment que vostre plaie est plaie d'amors; et aprés me ralez
contant que amors vos ocit et tue et vos fait vif enragier,

80   et me dites tout plainement qu'il n'est maus ne dolors au
     monde que amors ne vos face sofrir; aprés, quant tant avez
     conté des granz poines et des granz dolors que amors vos fait
     sofrir assiduelment, me mandez le quel vos feroiz, ou de venir
     ou reaume de Logres por oblier ces granz dolors ou d'aler en
85   Cornoaille, et dites que l'une de ces deus voies vos covient
     a force tenir, ne autrement ne poez retorner en vostre santé
     ne avoir guarison de vostre maladie, a ceste chose vos res-
     pondrai je ausi come je savrai, et Diex veille que ceste res-
     ponse vos puisse doner confort et achoison de vos esleescier.
90   D'amors qui si fort vos tormente com vos m'alez racontant
     vos di je bien que ce est ostraiges et traïsons quant vos
     onques vos en plainsistes. Car puis que einsi est avenu que
     vos en la seignorie d'amors vos meïstes, qui est la plus haute
     seignorie et la plus puissanz qui orandroit soit en cest
95   monde, car sanz faille en cele seignorie ne se puet nus mau-
     vés metre ne embatre, par quoi de chose qu'amors envoie, soit
     joie, soit diax, soit bien, soit max, ne vos en devez vos
     onques plaindre, einz l'en devez mercier, car ele est dame dou
     monde. D'amors ai je tant esprové que je voi tot apertement
[b] 100 qu'amors et fortune sont dui frere charnel, d'un pooir,/ d'une
     force et d'une ahatie, et sont assis en un siege li uns lez
     l'autre el mireor et el regart dou monde. Et vont le monde
     remirant, et departant les mortiex choses a lor volentez et a
     lor establissemenz, non pas par igual maniere; car les uns de
105 cest monde font doloir pres c'asiduelment, et les autres font
     plorer et plaindre et venir dou tout a defaute de ce qu'il
     aiment; les autres font finer a grant dolor; les autres font
     johir assiduelment de ce qu'il aiment.
         Einsi vait des choses humaines que les unes finent en bien
110 et les autres en mal. Amors est si estrange chose et si
     puissanz, et si est si merveilleuse que les uns fait adé
     plorer et les autres adés joer. Ce est d'amors la maniere
     que li uns en plore et li autres en rit, l'un fait pensif et
     l'autre lié. Amors est large et avere; aus uns done et aus
115 autres retost. Or est mere, or est marratre; or est, or
     aime; or est amie, or est anemie. Amors est ausi com li granz
     sires, que quant il sent un sien sergent fort et estable et il
     le veust bien esprover, adonc le poine et le travaille, adonc
     le met en toz periz et en toz essaiz et en totes preves. Or
120 le degiete, or le debote; mes cil qui est totevoies de grant
     cuer et de grant sens et de grant memoire, et qui atent au

derrien a recevoir bon guerredon dou leal servise qui il a
fait, soeffre totevoies et atent tant que ses sires a esprové
sa bonté et coneü apertement. Tout ausi come li ors est es-
125 provez en la grant asprece dou feu, au derrien vient gen-
tillesce qui a fine force se mostre en quel que leu que ele
habite, et amoneste tant le gentil seignor que il rapele son
sergent et le remet en s'amor et en sa grace, et li rent adonc
a cent dobles le guerredon de son servise. Adonc a cent tanz
130 de bon savoir li sergenz quant il repaire au bien et a l'aaise
quant il a essaié le mal et la dolor et la poine et la misere,
et il a oï ça et la les dures paroles / et les felonesses et
d'uns et d'autres; que devant ce ne li sofisoient totes celes
beneürtez ne toz li deliz ou il demoroit, car devant ne savoit
135 il mie granment que estoit biens ne que estoit max, car il
n'avoit encore esprové le mal ne le travail ne la poine, com
cil qui ne l'avoit pas senti.

   Mesire Tristanz, or sachiez que totes ces paroles que je
vos ai ci mis avant sont bien por vos reconforter, car vos
140 devez bien reconoistre que puis que amors est si haute chose
et si puissant come je vos ai mostré ça devant, quant ele treve
son sergent fort et leal, por mostrer sor lui sa seignorie et
son pooir ele le met de haut en bas, ele le fait contre
reson soventes foiz triste et irié, non pas par deserte de
145 celi, mes por mostrer sa seignorie. Tristan, de tant com il
est plus forz et plus vaillanz, de tant le tormente ele plus
aigrement. Mes tant i a de reconfort qui doit chascun ra-
soaigier qui en amors a mise s'entente que l'en voit soventes
foiz avenir que aprés le grant travail d'amors et aprés les
150 anuiz et les poines, at aprés les plors et aprés les lermes
vienent li bien si largement et li guerredon si plenier que
maintenant est obliez li tens trespassez.

   Mesire Tristan, il m'est avis que mout vos doit reconforter
ce que je vos ai ce mis devant. Et encores voi je une autre
155 chose en amors qui bien se tret a gentilesce et d'ou mout de
genz ne se prenent mie garde et d'ou amors sert mout a ma
volenté, car avis m'est, se Diex me doint bone aventure,
qu'en malvés cuer ne en coart ne en nul chetif chevalier ne
se hebergeroit amors en nule guise, se ce n'estoit d'ui a
160 demain. Amor est ausi com le grant seignor qui chiex le
vilain se heberge por besoig. Cil hebergiers est come uns
gas, qu'il n'i remaint fors une nuit, et l'andemain s'en vet.
Mes quant amors treve la meson bele et nete et cortoise,

et le chastel bel et envoisié et bien seant, il se vet illec
[*d*] 165 hebergier et ae/sier. Illec remaint. La se deduist, la se
solace. Illec mostre sa seignorie, qu'il n'est pas chiex le
vilain. Cestui fait et ceste semblance voi je d'amors sanz
nule faille. Car quant amors treve le chevalier bel et cortois
et bien parlant et graciex de totes choses, il se met mainte-
170 nant en li, et se va puis de li gabant et joant, et l'eslit
por soi solement et fait dedenz lui son ostel, non solement
por une nuit, mes por tant com il puet durer.

Mesire Tristan, ceste chose que je ai d'amors coneüe ai je
ores por vos mis avant, car se vos fussiez mauvés chevaliers
175 et coarz et lenz et restis et medisanz et envious et anious
et recreanz come sont autre chevalier de Cornoaille, par sainte
croiz, jamés amors ne vos fust venue assaillir, ne ne se fust
hebergié en vos. Mes amors vos a tel trové que bien li estes
covenables; por ce vos asaut et flaele, et vos vet mostrant
180 de ces geuz, et veust conoistre et esprover a cesti point de
quel force et de quel pooir est Tristanz, li bons chevaliers,
et quel mal il porroit endurer, puis que ce vendroit au besoing.
Mes aprés ceste brief poine et aprés ceste grant ardor qui en
po de tens est passee vendra l'ore desiree, et li solaz et li
185 deduit repaireront. Adonc vendront li guerredon si haut et si
beneüré que Tristanz dira voirement qu'il n'a seignor en cest
monde fors que lui sol. Ceste est ma response en ceste guise.
En autre guise que en ceste je ne vos sai reconforter.

A la derriene parole que vostre briés me ramentoit veil je
190 respondre en tel maniere: Vos me dites, ce m'est avis, que
vos n'avez nule esperance de garison recovrer se ce n'est ou
reaume de Logres ou en Cornoaille. A l'une partie reson je
et vos di tot premierement que de venir a cesti point en la /
[*138a*] Grant Bretaigne ne tenroie je pas a sens, et si vos dirai por
195 quoi. Vos savez bien que li navrez, se il veust trover mede-
cine et garison de sa bleceüre, se il vet auques delaiant que
il a son mire nen aut, tost li puet son fait empirier. Dont
se vos savez que en Cornoaille soit de vostre dolor li mires,
et puis vos metez a la voie por venir ou reaume de Logres, ce
200 n'est pas sens, einz est folie tote la greignor de cest monde.
Se vostres cuers est la remés, ce est en Cornoaille, vos ne le
devez pas esforcier qu'il aillors doie revenir, car nos savons
vraiement que li cuers est plus digne chose que li cors. Li
cors est ausi come li sas qui dedenz soi garde le tresor.
205 Li cuers est come li sires et li cors come li sers. Et si le

puet l'en veoir apertement ou coart chevalier qui n'a ne cuer
ne hardement, car li cors ou est li granz cuers, ja suet ce
que li cors suet petiz, se vaut il mout, mes le grant cors ou
est le petit cuer ne vaut, ce m'est avis, gaires plus d'un
210 home mort qui ne se muet. Li chevaliers cui li cuers faut,
tout ait il le cors grant, n'oseroit une bonté faire por tot
le monde. Li petiz cors ou est li granz cuers fait par force
et par estovoir tot ce que li cuers li comande.

Or donc Tristanz, biax douz amis, puis que je vos ai ici
215 prové par bele reson, ce me semble, que li cuers est sires dou
cors, vos di je que vos devez aler par reson en Cornoaille et
mener le serf au seignor, non mie faire venir le seignor au
serf; et ce est ma raison parfaite. Se vos me volez croire,
vos ne le ferez autrement; vos menrez le serf au seignor.
220 Adonc se porra reposer Tristanz et trover assoaigement des
granz dolors et des granz poines qu'il va sofrant et jor et
nuit. Ce est mon consel et ma response. Nul consel n'i voi
qui si vos puist rasoaigier vostre dolor.

692. Quant mesire Lanceloz a fait son brief tot ensi com je vos
ai desus devisié, mout fu liez et joianz de ce qu'il li semble
qu'il a / respondu as paroles qui estoient ou brief d'une maniere assez sofi-
saument vraie, que mesire Tristanz se doie auques reconforter des
5 paroles qu'il li mande. Et sachiez que mout mist mesire Lanceloz
grant poine et grant entente a bien faire et a bien dire por
rendre biau respons selonc les beles paroles que mesire Tristanz
li avoit mandees. Et sachez que quant il i voloit metre s'en-
tente, il dictoit en rime et en autre maniere tant bien et tant
10 sotilment que l'en ne l'en poïst reprendre.
A l'andemain quant il ajorne Lanceloz se lieve et apareille,
et baille le brief a la demoisele messagiere, et se depart de
leanz entre li et la demoisele. Et dit qu'il la convoiera tant
qu'il la remetra droit en son chemin; puis s'en ira aprés le
15 chevalier a la Cote Mautailliee, car mout li tarde durement
qu'il l'ait ataint. Tant ont chevauchié cele matinee entre Lan-
celot et la demoisele qu'il sont au chemin revenu. Lors dist
Lanceloz: « Demoisele, vez ci vostre chemin. Huimés vos comant
je a Nostre Seignor, car il me covient aler aprés le chevalier
20 qui se parti hier de moi quant je vos trovai. Je vos pri mout
durement que vos me saluez monseignor Tristan, et li dites que je
sui ses chevaliers et toz siens ou que je soie. » « Sire, fait
ele, sachiez que je ferai bien vostre comandement. »

Atant se part li uns de l'autre. La demoisele s'en va
25   d'une part, et Lanceloz d'autre entre li et ses escuiers. Mes
atant lesse li contes a parler de li, car bien i savra retorner
quant leus en est, et retorne a celi a la Cote Mautailliee et a
la demoisele qui le moine.

*   *
*

693. Or dit li contes en ceste partie que quant li chevaliers a
la Cote Mautailliee se fu esloigniez de Lancelot qui por la de-
moisele messaigiere se fu arestez enmi le chemin, il chevaucha
puis celi jor entre li et la demoisele mesdisant sanz aventure
5   trover qui a conter face granment. Au suer quant li solauz fu
tornez a declin il lor avint que aventure les aporta chiex un
[c]   chevalier qui estoit hebergiez au chief d'une lande de/vant une
bele fontaine qui sordoit entre deus granz arbres. Li chevaliers
estoit saiges durement, et estoit vieuz hom, et estoit a mer-
10   veilles envoisiez selonc le grant aaige qu'il avoit. Et avoit
esté bons chevaliers preuz et hardiz tant com il avoit eü pooir
de porter armes, mes ores por ce que veillece le tenoit en son
dongier avoit il lessié mout d'envoiseüre encontre la costume
de jovente. Et sachiez certenement que en nule chose dou monde
15   il ne se delitoit tant com il faisoit en recevoir les chevaliers
erranz en son ostel por ce qu'il li savoient raconter les aven-
tures dou reaume de Logres einsi com il les veoient chascun jor
et trovoient.

Quant li chevaliers a la Cote Maltailliee vint la, assez
20   trova qui belement le reçut, car bien estoient costumier cil
de belement recevoir et de cortoisement apeler les chevaliers
erranz qui leanz venoient. Quant li chevaliers a la Cote Mau-
tailliee fu desarmez, li sires de leanz le fist maintenant venir
devant lui et le fist asseoir delez lui, et l'onora tant com il
25   pot. Il li comença erranment a demander de quel part il vient,
et cil li conte la verité sanz mantir de mot. « Ha! por Dieu,
dist li preudon, quant vos de la meson le roi Artus venez, dites
moi coment li rois Artus le fait, li plus preudons dou monde par
le recort et par le dit des chevaliers erranz qui en cel ostel
30   ont par maintes foiz reperié. » Li chevaliers a la Cote Mau-
tailliee respont maintenant au chevalier et dit: « Sire, sachiez
qu'il n'a mie granment que je me parti de Camaalot ou je lessié
le roi Artus sain et hetié. » « Et quele achoison, fait il, vos
fist partir de son hostel? Ja iestes vos si jovenciax que vos
35   me semblez encores un enfant et novel chevalier. » « Certes, sire,

fait il, noviax chevaliers sui je voirement, si com vos dites.
Li rois Artus m'a fait chevalier n'a encores granment. Et quant
vos volez savoir por quel achoison je me parti de cort, je vos
en diré la verité. »

694. Adonc li comence a conter tot mot a mot coment il estoit
de cort partiz, et por quele achoison, et qu'il li covient a
aler es destroiz de Sorelois por mener a fin la merveille de

5 Nestor / de Gaunes qu'il comença jadis au tens de Galahot, le
seignor des Loigtiegnes Isles. « Danz chevaliers, fait li preu-
don, or sachiez tot certenement que mout avez empris greignor
chose a mener a fin que vos ne cuidiez: c'est l'aventure des
sis chevaliers que vos avez sor vos emprise. Maint preudome i
sont ja alé qui se mistrent en ceste emprise qui n'en porent a

10 chief venir, einz sont tuit remés cele part ou mort ou pris, je
ne sai le quel. Mes dou roi Carados Briés Braz, qui sor soi em-
prist ceste aventure ausi come vos avez fait orandroit, et s'en
ala jusqu'au destroit de Sorelois, vos di je bien apertement
qu'il n'i pot faire ne ce ne quoi, einz i fu pris et retenuz par

15 un des freres qui garde toz seus l'un des ponz et qui establi
cele costume en tel maniere come ele dure encores. Por ce vos di
je, sire chevaliers, que vos feïstes mout grant merveille quant
vos empreïstes sor vos ceste aventure qui tant est fort et gre-
veuse que je ne cuit pas que vos la puissiez en nule maniere dou

20 monde mener a bone fin. »

695. Quant la demoisele mesdisant entent cest amonestement que li
preudon dit au chevalier, el est assez plus liee que devant. Or
s'esjoïst, or s'esleesce, or a achoison de parler. « Sire, fait au
preudome, mout faites bien qui einsi l'alez amonestant, car bien

5 sachiez certenement que l'aventure est encores plus perilleuse
que vos ne dites. Trestot autretel parlement come vos li avez oran-
droit tenu li ai je autre foiz tenu mout sovent. Mout de foiz
l'en ai chastié et loé qu'il retornast, mes il est fox et nices,
car il ne m'en veust onques croire. Si sai bien tout certenement

10 qu'il s'en repentira au derrien quant il ne porra en avant, mes
ce sera trop a tart, ce sai je bien. Et je li ai dit par maintes
foiz, et encores li di je bien et li proi tant come je porroie
prier chevalier qu'il s'en retort avant qu'il soit desonorez. »
Et li chevaliers a la Cote Mautailliee, tout escotast il

15 simplement sanz response d'orguel ne de bobant, li poise il mout
durement de ce que ses ostes li dit et la demoisele autresi. Il
ne respont a la demoisele nul mot dou monde, car a enviz la corro-
ceroit por tant qu'il s'en poïst garder./ Mes il respont au preu-

dome et dit: « Sire, je ai mout bien entendues les paroles que vos
20 m'avez dites, et bien sui de ce recort et de cele reconoissance
que je conois tot plenement que vos le dites a vostre escient por
mon preu. Vos me cuidiez faire grant bien quant vos m'alez des-
confortant de l'aventure que je ai emprise. Mes non faites, vraie-
ment le sachiez vos,ençois m'en donez tel volenté que de tant com
25 vos plus me deffendroiz que je n'i aille, de tant en ai je plus
grant desirier. Et sachiez, sire, tot certenement que se je bien
savoie vraiement que je i deüsse morir, si ne m'en retorneroie je
en nule maniere ne ne m'en partiroie devant ce que la mort m'en
deüst departir par force. »

696. « Ore, biax ostes, fait la demoisele, se Diex vos doint bone
aventure, n'oïstes vos onques un chevalier si fol ne si nice que
cist ne soit encores plus? » « En non Dieu, demoisele, fait li
preudons, je ai bien veü de plus saiges chevaliers qu'il n'est!
5 Et neporquant puis que je voi apertement qu'il a si bone volenté
de ceste aventure mentenir et qu'il l'a empris en tel maniere, je
ne l'en destorneré jamés. Tout soit il joenes chevaliers, si l'en
puet bien Diex aidier, s'il li plest. » « En non Dieu, fait la de-
moisele, sire chevaliers, ce sachiez bien, se Diex voloit, il fe-
10 roit d'un mouton une jument! Et de vos, qui veillarz iestes,
feroit il un joene bacheler plus joene que n'est orandroit cil qui
ci est. A ce ne devons nos pas entendre, car Diex ne demostre pas
son pooir en chascun fet. » « Demoisele, fait li chevaliers a la
Cote Mautailliee, or sachiez tot certenement que je ne lerai cest
15 voiage por nule aventure dou monde, se la mort nou me fait lessier. »
« En non Dieu, fait la demoisele, or vos preigne donc la morz has-
tivement, si nos lesseroiz cest voiaige! » « Demoisele, fait li
chevaliers, ne de ma mort ne de ma vie ne va pas li afaires a vos.
En la volenté de Dieu en est. Je ne puis morir par parole, se autres fez
20 ne vient avant. » Et lors se test que plus ne dist.

[b] Aprés cesti parlement / qu'il ont ensi tenu comanda li sires
de leanz qu'en aportast a mengier. Et cil qui faire le devoient
le font a son comandement, car ja estoit apareilliez. Assez
mengierent celi suer lieement, et puis aprés s'alerent dormir.

697. Et l'endemen quant il ajorne il se lievent et apareillent
par leanz. Li ostes se leva matin, puis vint au chevalier a la
Cote Mautailliee et li dit tot priveement: « Sire chevaliers, vos
ai je fait ceanz servise qui vos plese? » « Sire, fait il, oïl, se
5 m'eïst Diex. Vos m'avez ceanz tant honoré que mout seroit la
chose grevable que vos a faire me comandesoiz que je ne feïsse
por vos a mon pooir. » « Mout granz merciz, biau sire, fait li

preudons. Or vos pri je d'une chose qui mout petit vos grevera.
Vos en alez, ce voi je bien apertement, le grant chemin de Sore-
10 lois au plus droit que vos poez. » « Sire, vos dites voir, » fait
li chevaliers. « Ça devant, fait li preudons, quant vos avrez
chevauchié entor deus liues englesches, vos troverrez une eve grant
et parfonde que l'en ne puet passer fors au pont. Vos troverroiz le
pont bel et riche que uns chevaliers garde qui mes fiuz est, et l'a
15 ja gardé pres d'un an antier; et encor li covient garder por acom-
plir un veu qu'il fist ja entre chevaliers. Il garde le pont en
tel maniere qu'il nou lesse passer a nul chevalier a qui il ne se
combate avant. N'a pas encor quinze jorz fist il une bataille si
felenesse et si criele qu'il fu navrez si durement qu'encor n'est
20 il pas bien gariz de ses plaies. Et por ce ne lessa il a porter
armes fors quatre jorz tant solement! Ore, biau sire, por ce que
je me dout mout de celi chevalier por les plaies qu'il a si granz,
vos requier je et pri tant com chevaliers puet autre prier que vos
a li ne vos prenez, mes passez le pont au mieuz que vos porrez sanz
25 combatre a li. Si nel faites mie por li mes por moi. » « Sire, fait
li chevaliers a la Cote Mautailliee, tant m'en avez prié que je vos
creant leaument que je ne me combatrai a li des semene, se il ne me
faisoit tel outraige que chevaliers nel deüst sofrir. » « Mout granz
merciz, » fait li preudons.
30   Atant se departent / tuit de leanz.
     698. Li chevaliers a la Cote Mautailliee, quant il se fu partiz de
leanz et il se fu mis au chemin, il chevaucha tot celi jor jusqu'a
ore de none senz aventure trover qui face granment a amentevoir
en conte. Après ore de none sanz faille li avint que ses che-
5 mins l'aporta droitement au pont que li preudons li avoit dit.
Tot mentenant qu'il vit le pont, il le reconut aus enseignes que
li preudons li avoit dites. Li chevaliers, qui Neroneus estoit
apelez, ert armez de totes armes de l'autre part dou pont. Quant
il voit que li chevaliers a la Cote Mautailliee comence a apro-
10 chier dou pont, il monte tot mentenant sor son cheval sanz faire
autre delaiement, et prent son escu et son glaive qui pendoit
illec a un arbre. Et quant il est toz apareilliez de la joste,
il s'escrie tant com il puet: « Sire chevaliers aventureus qui
ceste part venez et qui le pont volez passer, retornez, que ci ne
15 poez vos passer en nule maniere se vos a moi ne vos volez combatre. »
     Li chevaliers a la Cote Mautailliee, quant il entent ceste
parole, por ce qu'il ne mentist pas volentiers dou covenant qu'il
avoit au pere, respont si que cil meesmes le puet bien entendre:
« Sire chevaliers, or sachiez tot certenement que de combatre a

20 vos n'ai je nule volenté. Mes totevoies vos vorroie je prier
que vos le pont me lessesiez passer. » « Certes, fait li chevaliers,
je nou vos lesseroie passer en nule maniere dou monde, se vos a
force ne poez gahaignier le passaige. Mes a vostre demoisele et
a vos escuiers otroi je bien le passaige, et vos remendrez par
25 de la. » « Puis que ma compaignie sera passee, fait li chevaliers
a la Cote Mautailliee, je penserai dou mien passaige dou mieuz
que je porrai, que par de ça ne remendrai je mie. »

Lors passerent tuit li escuier et la demoisele aprés, et li
chevaliers dou pont les lessa outre passer mout volentiers.
30 Mes bien sachiez certenement que la demoisele est tant durement
iriee qu'a po qu'ele ne creve de duel, car ele cuide bien vraie-
ment que li chevaliers a la Cote / Mautailliee lesse le passage
dou pont por paor dou chevalier. Or voudroit ele mentenant que
la male morz le preïst puis que il est si coarz. Et por ce dit
35 ele au chevalier dou pont: « Sire chevaliers qui le pont gardez,
se Diex vos doint bone aventure, ne sofrez mie que cil mauvés
chevaliers qui vostre bataille refuse passe cest pont, se il a
vos ne se combat. » « Demoisele, fait li chevaliers dou pont, or
sachiez tot certenement qu'il ne puet cesti pont passer sanz
40 bataille. Non feroit li rois Artus meesmes, qui mes sires est,
s'il ne me faisoit trop grant force. » Et ele s'en passe outre
mentenant que plus ne dit a celi point.

699. Li chevaliers a la Cote Mautailliee redit autre foiz au
chevalier dou pont: « Sire, encor vos vorroie je prier autre
foiz que vos me lessiez passer. » « Si m'eïst Diex, fait il, sire
chevaliers, je nel puis faire en nule maniere dou monde que je ne
5 me parjurasse, que bien sachiez certenement que je l'ai juré. »
Li chevaliers a la Cote Mautailliee, qui au chevalier dou pont
ne se combatist en nule maniere se trop grant force ne l'en fust
faite, quant il voit qu'il ne porra autre fin trover, il dit qu'il
se metra mentenant en l'eve. Donc hurte le cheval des esperons
10 et entre dedenz l'eve tot erranment. « Ha! chevaliers, fait cil
dou pont, retorne, ou tu iés mentenant morz. C'est neant de ton
passer, ce saches tu. » Li chevaliers a la Cote Mautailliee
n'entent a riens que cil li die, enz passe outre au mieuz qu'il
onques puet; mes c'est a grant poines. Et sachiez que se li
15 chevax ne fust si bons et si forz com il estoit, il fust morz en
l'eve, a ce que l'eve estoit trop roide et trop parfonde a des-
mesure. Totevoies a quel que poine il est venuz a l'autre rive.
Et puis descent, et fet a ses escuiers penser de ses armes et de
son cheval au mieuz que il pueent.

20 Quant il est remontez, il dist au chevalier dou pont: « Sire
chevaliers, se je vos ai a cest point fait bonté, n'en sachiez
onques gré a moi, mes a ce chevalier que vos tenez por vostre
pere, car sachiez certenement que je l'ai fait por li non por /
[140a] autre, et ne mie por l'amor de vos. Greignor honte que ceste
25 n'est soeffre l'en bien por son ami. » « Danz chevaliers, fait
cil dou pont, or sachez tot certenement que de ceste bonté ne vos
sai je gré se trop petit non. Si voirement me consault Diex,
mieuz amasse que vos a moi vos fussiez combatuz que vos en tel
maniere vos fussiez ganchiz au passage. » « Si voirement m'eïst
30 Diex, fait li chevaliers a la Cote Mautailliee, se Diex me
ramoint par ci sen et hetié, vos porrez bien veoir l'aventaige
que je vos ferai et celi que je vos ai fait a ceste foiz. »
700. Lors se met au grant chemin entre li et ses escuiers. Et
la demoisele mesdisant s'estoit ja auques esloigniee entre li et
ses escuiers et s'en aloit grant erre la ou li vallet meïsmes li
disoient: « Ha! demoisele, por Dieu ne vos hastez si durement,
5 mes atendez vostre chevalier qui vient mentenant aprés vos, si
irons plus cortoisement. » La demoisele, qui trop durement est
iriee del mauvés semblant qu'ele avoit veü faire au chevalier,
respont: « Diex le confonde qui l'atendra! Je voudroie mieuz,
se Diex m'eïst, qu'il eüst le col rout que je plus l'alasse aten-
10 dant. Aille a tote la male aventure, que je sai tot certenement
que au derrenier ne se provera il ja mieuz que il fist a ceste
foiz. Je ne veil plus sa compaignie. Maudiz soit li rois Artus
qui aprés moi l'envoia, car il n'i poïst en nule maniere dou
monde nul poiour de lui envoier, ce m'est avis. »
15 Mout est iriee et correciee la demoisele outre mesure. Ele
chevauche mout esforcieement, parlant totevoies a ses escuiers
dou chevalier a la Cote Mautailliee qu'ele va maudisant et honis-
sant tant come demoisele puet plus honir chevalier.
701. Atant ez vos entr'eus venir le chevalier a la Cote Mautailliee
qui assez tost les ot atenz. Quant la demoisele le voit, ele ne
se puet tenir de parler, si li dit mout irieement: « Sire chevaliers,
qu'en diroie je? Vos m'avez et morte et tra/ïe, car se vos n'eüs-
5 siez demandé en don au roi Artus qu'il vos eüst otroié a venir en
cest secors, aucuns autres des bons chevaliers de la Table Reonde,
de ces qui sont par le monde renomé, se fussent mis en cest afaire
qui poïst metre cest besoigne a fin a l'onor de li et au preu de
moi. Mes vos iestes tant coarz ensi com il apert orandroit tot
10 apertement que je sai par verité que vos ne porriez ne cesti ne
autre besoigne mener a fin, por que je vos pri encor tant comme je

puis que vos metez vostre entente en autre besoigne que en la
moie. La moie lessiez dou tout sor moi, et je troverrai puis
preudome qui conseil i metra, se Dieu plest, en aucune maniere. »
15   Li chevaliers respont atant a la demoisele et li dit: « De-
moisele, or m'est il apertement avis que vos me failliez tot
plenement del covenant que vos m'eüstes, car vos me creantastes
que vos ne me donriez congié devant ce que vos en tel leu me metriez
d'ou je ne me porroie delivrer en nule maniere, et la me feriez
20   remenoir quant vos porroiz. Se m'i metez, et je vos en doig bien
congié! » « En non Dieu, fait la demoisele, vos i estiez bien venuz
orandroit! Mauvesement vos delivrastes a cesti point del cheva-
lier dou pont. Vostres chevax vos en gita, et non mie vostre
proesce. La parut tot apertement vostre mauvestié et vostre co-
25   ardise. Et quant vos me requerez que je vos mete en tel leu d'ou
vos soiez encombrez, je vos promet leaument que je vos i metrai
mout plus tost que vos ne cuidiez. Or del venir hastivement,
que del domaige que vos m'avez fait en ceste besoigne me vengeré
je mout crielment, se je onques puis. » Li chevaliers respont
30   pa jeu et dit: « Certes, demoisele, je sai bien tot certenement
que se mal me poez faire que volentiers le me ferez a vostre pooir.
Et tant conois je bien de vostre afere que plus tost feriez le
mal, se vos le pooir en aviez, que vos ne dites. Et si le dites
vos plus volentiers que demoisele que je onques veïsse! »/
[c]   35   La demoisele se corroce trop durement quant ele entent
ceste parole, si li respont par grant afit: « Or me dites, fait
ele, danz chevaliers, se Diex vos eïst, le quel volez vos mieuz
que je die de vos: ou ce qui i est, ou ce qui n'i est mie? Se
je veil de vos dire ce qui n'i est pas et dont il n'i a neant,
40   je les biens dou monde en diroie, car de nus biens que onques
Diex feïst je ne vi en vos riens. » « Demoisele, dit li chevaliers,
se Diex me saut, se vos ne veez en moi bien, ce n'est mie mout
grant merveille, car vos avez si les iex coverz de mauvestié, de
rancune et de felonie et d'envie et de cruelté qu'il ne porroient
45   nul bien veoir, n'esperer se mal non. La ou li biens est ne por-
roient il regarder en nule maniere dou monde, car il sont a mon
escient de cele nature qu'il ne virent onques se mal non. Et
certes, qui cercheroit vostre langue et vos ieuz, je ne croi
qu'il i trovast se venin non. » Et quant il a dite ceste parole,
50   il se test atant que plus ne li dit a cele foiz.
Quant la demoisele entent que li chevaliers a si fierement
parlé sor li, ele est tant durement iriee qu'a po qu'ele n'en-
rage de duel. « Diex! fait ele, com sui honiee com li plus honiz

chevaliers et li plus vius que je onques veïsse me va si durement
55 blasmant. Si voirement m'eïst Diex, mal le pensa, car il en sera
honiz del cors avant que il departe de ma compaignie. » Li cheva-
liers ne respont nul mot dou monde, enz lesse dire a la demoisele
qu'ele veust.
702. En tel maniere chevauchent tote cele jornee dusqu'a ore de
vespres. Lors virent devant eus en une grant montaigne un chastel
grant et fort et bel et riche et bien seant. Adonc n'orent pas
granment alé puis qu'il virent celi chastel qu'il encontrerent
5   une demoisele mout richement et mout bien apareilliee de hernois
et d'autre chose, et bien montee; et menoit cele dame en sa com-
paignie / deus demoiseles et deus escuiers. Quant la dame encontra
le chevalier, por ce qu'ele conoist bien mentenant qu'il est che-
valiers erranz, ele le salue mout bel, et il li rent son salu au
10 plus cortoisement qu'il le set faire. « Sire chevaliers, fait la
dame, conduisiez vos ceste demoisele? » « Dame, fait il, je l'ai conduite
et encor la conduirai je avant, s'il li plest. » La demoisele se
met donc avant et li dit: « Diex me gart de vostre conduit, sire
chevaliers, car certes de vostre conduit seroie je plus deshonoree
15 que honoree. Vostre conduit refus je bien dou tout, car certes il
ne m'en porroit venir se honte non. » « Coment, fait la dame, qui
est il donc? N'est il des chevaliers le roi Artus et de sa meson? »
« Oïl, fait la demoisele, il en est voirement. » « Dont ne puet il
estre, dit la dame, a mon escient se preudons non. » « Ha! dame,
20 fait la demoisele, vos dites mal, et vos diré reson por quoi.
Cuidiez vos qu'en la meson dou roi Artus n'oit de mauvés chevaliers
ausi come de bons? Le meson le roi Artus est tot ausi come la meson
Dieu ou ot jadis des bons angles et des mauvés. Li mauvés furent
gité dou ciel et mis en essil pardurablement, et li bon remes-
25 trent en la meson de joie qu'il n'en furent mie chacié, enz re-
mestrent a toz jorz mes. Ore, dame, quant en la meson Dieu
proprement ot autre chose qu'il ne dut, ce fu covoitise et envie,
ce n'est mie mout grant merveille s'il a en la meson le roi Artus
des chevaliers les uns bons et leax, les autres mauvés. Les bons
30 retient l'en volentiers en cele meson et i sont toz jors honoré;
mes les mauvés giete l'en fors. Dame, ceste rampone sanz faille
vos ai je dite por cest chevalier qui ci est, car je sai tot
certenement qu'il fu gitez de celi ostel n'a mie encores un mois
por sa coardie et por la grant neanté qu'il savoient en son cuer. »
35 « En non Dieu, fait la dame, or oi je la greignor merveille
·] dou monde, car je n'oï / onques dire en nul leu ou je fusse mes
que l'en chaçast nul chevalier de la meson le roi Artus tant com

il i vosist demorer. » « Dame, fait la demoisele, s'il ne le
firent ça en arrieres, si le feront il des ores mes. Mes tote-
40 voies por quoi demandiez vos orandroit se cil chevaliers me con-
duisoit? S'il vos plest, dites le moi. » « Certes, volentiers,
fait la dame. Et sachiez vraiement que je ne le disoie se por
vostre preu non.

703. Veez vos ores ce chastel qui lasus siet sor cele montaigne? »
« Oïl, ce dit la demoisele. Je le voi bien voirement. » « Or sa-
chiez, fait la dame, se vos dusques la volez aler, vos ne poez mie
eschaper que cil dou chastel ne vos preignent. Nule dame ne nule
5 demoisele que chevaliers erranz conduie ne puet orandroit par ci
passer qu'ele ne soit retenue de ces de leanz. Por ce vos lo je
que vos retornez ou que vos ailliez par autre voie, car de ceste
voie, sanz faille, ne vos puet venir se anui non et contraire. »
« Et por quoi, fait la demoisele, retient en leanz les demoiseles
10 trespassanz? » « Certes, fait la dame, je le vos dirai puis que
vos le volez savoir. Il a lesus un chevalier mout preu et mout
vaillant dou cors qui avoit encor n'a mie granment de tens une
demoisele qu'il amoit de tot son cuer; et certes, la demoisele
estoit si bele et si avenant de totes choses que ce n'estoit mie
15 merveille s'il l'amoit. Cil chevaliers que je vos di menoit avant
ier par cest païs la demoisele d'ou je vos cont, et tant ala
qu'il li avint un jor qu'il encontra ça devant par aventure
un chevalier de la meson le roi Artus qui avoit non Blioberis de
Gaunes. Li chevaliers, qui de la meson le roi Artus estoit, tot
20 mentenant qu'il vit la demoisele, ele li plot tant qu'il dist
qu'il la voloit avoir. Si s'en combati au seignor dou chastel,
et tant fist qu'il le mena a outrance par force d'armes; et mort
[b] l'eüst, s'il vosist, mes il ne vost, enz / le lessa atant, et en
mena la demoisele.

25 Quant li sires dou chastel vit qu'il estoit si mal menez,
et de ce qu'il avoit perdue la demoisele qu'il n'amoit mie moins
que soi meesmes et de ce qu'il estoit navrez, il dist, puis que
li chevaliers estoit eschapez qui ceste honte li avoit faite et
il a li ne s'en pooit vengier, car ja partiz s'estoit de cest
30 païs, qu'il s'en vengeroit en tel maniere que ja chevaliers de la
meson le roi Artus ne vendroit ceste part que il ne feïst retenir,
se il pooit, ne demoisele autresi. Et toz ces qu'il porroit
prendre metroit en prison, et tenroit ceste costume dusqu'a tant
que li rois Artus li feroit amender tot a sa volenté la honte et
35 la vergoigne que Blioberis li avoit faite. Demoisele, en tel ma-
niere com je vos cont retient l'en en ce chastel toz les chevaliers

de la meson le roi Artus que aventure moine cele part, et les de-
moiseles autresi que l'en troeve en conduit de chevalier. » « Dame,
ce dit la demoisele, et se il avient par aventure que demoisele
40 viegne cele part qui ne soit en conduit de chevalier, sera ele
retenue? » « Certes, nenil, ce dit la dame. Se ele ne va en con-
duit de chevalier, ja ne trovera qui riens li demant, enz s'en
porra aler outre tout seürement, ou hebergier, se il li plest. »
« En non Dieu, fait la demoisele, dont iré je tout seürement dus-
45 qu'au chastel, car je di bien tot plenement, et tot adés l'ai je
dit, que dou conduit de cest chevalier ne veil je point. » « Dont
i poez vos aler tot hardiement, dit la dame. Mes au chevalier ne
lo je mie qu'il i voist, car bien sache il vraiement qu'il seroit
retenuz. » « En non Dieu, fait la demoisele, et je li lo que il i
50 viegne, si trovera adonc ce que il va querant, c'est grant honte
et grant vergoigne, car il l'a mout bien deservie a avoir, se
Diex me saut. »
      La dame, qui tote est esbahie et trespensee des paroles que
ele entent que la demoisele dit au chevalier, ne / tient a eus plus
55 parlement, enz s'en va outre entre li et sa compaignie.
      704. Et la demoisele chevauche tout devant qui est durement liee
et joiouse de ceste novele, que bien li est avis apertement qu'il
sont ores en tel leu venu ou li chevaliers remendra, veille ou ne
veille, si en sera delivree. Lors se torna tot mentenant devers
5 le chevalier a la Cote Mautailliee et li dit: « Chetis, fait ele,
maleureus, que feras tu? Por quoi ne t'en retornes tu tant come
tu as le loisir? Fui t'en arrieres, beste fole, avant que tu
soies retenuz! Par Dieu, encor le puez tu bien faire. » Li cheva-
liers ne respont riens a chose que cele li die, enz chevauche mout
10 aseür. Et cele qui de riens ne l'aime li va disant toz jorz pa-
roles laides tant come ele puet, et vilenies assez. Il pense et
chevauche tot adés, ne ne li respont riens dou monde, ençois li
lesse dire tot quanqu'ele veust.
      Tant ont alé en tel maniere qu'il sont jusqu'au chastel venu;
15 et adonc estoit la nuit meslee au jor si qu'il faisoit ja oscur.
Il entrent dedenz le chastel qu'il ne trevent ne un ne autre qui
riens lor demant se bien non. Et uns hons qui gardoit la porte,
tot mentenant qu'il furent dedenz entré, s'en vient a eus et dist:
« Venez aprés, sire chevaliers, car je vos menrai herbergier la ou
20 li chevalier estrange herbergent en ce chastel. » « Alez, fait il,
seürement la ou vos voudrez, et je vos sivrai. » Et ce li dist
mout seürement.
      Ensi s'en vont parmi le chastel tant qu'il vienent a la

mestre forteresce. La demoisele ne voloit mie descendre avec le
25   chevalier, mes en li dist que la la covenoit descendre, et elle le
fait adont quant ele voit que autrement ne puet estre. Quant il
furent descendu, l'en les mena en une chambre de leanz bele et
grant, ou cil de leanz desarmoient le chevalier mout honoreement;
et li firent honor cele nuit assez plus qu'il ne cuidast que l'en
30   li deüst leanz faire por les noveles que la dame lor avoit dites.
[d]   Que vos diroie je? Il furent cele / nuit servi et honoré de tant
com il sorent demander, si que li chevaliers a la Cote Mautailliee
cuida bien por la grant honor que l'en lor faisoit que ce fust tot
fable et mençonge que la dame lor avoit dit, et que neant fust de
35   celi fait. Quant il fu ore de dormir, il s'alerent cochier erran-
ment, et dormi mout bien cele nuit li chevaliers, car auques estoit
traveilliez dou fes des armes qu'il portoit ensi tote jor.

705. A l'endemain quant il ajorne il se lieve et apareille, et
prent ses armes et monte; et ausi fait la demoisele et li escuier.
Quant il furent venu dusques aus portes, il ne porent de leanz
issir, car les portes estoient fermees, por ce que la costume de
5   leanz estoit tele que nule porte n'i estoit overte devant ore de
prime. Il demande a cez de leanz por quoi les portes ne sont
overtes, et en lor dist la costume. Si atendent adonc tant que
ore vint des portes ovrir, et qu'eles fussent overtes; si s'en
ississent mentenant. Mes il n'orent mie granment esloignié le
10   chastel, quant il voient devant eus enmi le chemin dusqu'a sis
chevaliers armez de totes armes, et s'estoient illec tuit aresté,
apareillié de ferir au semblent qu'il aloient mostrant. Quant li
chevaliers a la Cote Mautailliee voit les sis chevaliers en tel
maniere arestez enmi le chemin, il aperçoit tot mentenant qu'il
15   estoit venuz a la bataille; autrement ne puet ce remenoir. Lors
prent son escu et son glaive, et fait regarder a son cheval que
riens n'i faillist de chose que si escuier poïssent amander.

Quant il est toz apareilliez, il se torne tot mentenant de-
vers la demoisele et li dit por li correcier: « Demoisele, assez
20   m'avez dit en ceste voie paroles vilenes et ledes, ne onques
vers vos nou deservi. Mout m'avez menacié que vos en tel leu me
metriez d'ou delivrer ne me porroie. A ce me failliez vos tot
plenement, car encor ne m'avez vos mis en leu d'ou je ne me soie
delivrez en aucune maniere. Li afaires va autrement que vos ne /
[142a] 25   cuidiez ne que vos aliez devisant, car a cesti point iestes vos
venue la ou il vos covient remenoir voilliez ou non. Cil cheva-
lier que vos la veez sont aresté tant solement por vos prendre
por ce que vos alez en mon conduit et en ma compaignie. Je m'en

irai outre tot quitement, por ce que je ne sui mie des com-
30 paignons de la Table Reonde ne des chevaliers jurez de la meson
le roi Artus, et vos remendroiz en prison et seroiz mis a honte
et a vergoigne, et ensi come vos devez estre. Je m'en irai vers
Sorelois a joie et a bone aventure, et menrai a bone fin, se Dieu
plest, l'aventure que je ai emprise. » Quant la demoisele entent
35 ceste novele, s'el est forment espoentee et esmaiee durement de
de ceste chose, ce ne fait pas a demander. Ele n'a pooir de res-
pondre; tote a perdue la color et l'envoisier et le parler. Or
se tient ele a trop mal venue.

706. Quant il sont venu jusques la ou li sis chevalier estoient
aresté, li uns des chevaliers se met erranment avant et li dit:
« Sire chevaliers, qui estes vos? » « Biau sire, fait il, je sui de
la meson le roi Artus. Uns chevaliers erranz sui, qui vois en
5 une moie besoigne. » « Et iestes vos compainz de la Table Reonde? »
« Certes, sire, fait il, je non, enz sui uns noviax chevaliers qui
reçui l'onor de chevalerie en la meson le roi Artus n'a mie encor
granment de tens. » « En non Dieu, fait li autres chevaliers, puis
que vos n'iestes compainz de la Table Reonde, seürement poez aler
10 ostre, car nos ne vos demandons riens. Mes sanz faille ceste
demoisele que vos conduisiez nos remendra. La nostre demoisele,
qui dame estoit de cest chastel et de cest païs, nos fu tolue n'a
mie encor granment de tens par Blioberis de Gaunes, et por l'amor
de ceste demoisele retenrons nos totes celes que aventure nos
15 amenra et que nos troverrons en conduit de chevalier trusqu'a tant
que la vilenie que Blioberis nos fist nos sera amendee a nostre
honor. »

707. La demoisele est mout durement espoentee quant ele entent
ceste no/vele, et respont au mieuz qu'ele set: « Seignor, fait
ele, je entent bien ce que vos me dites. La costume que vos men-
tenez ne me fait nul mal, que bien sachiez certenement que cist
5 chevaliers qui ci est ne me conduist mie, ne onques en son con-
duit n'alai, ne de son conduit n'ai je cure. » « Biau sire, fait
li chevaliers a celi a la Cote Mautailliee, dit ele voir que vos
ne la conduisiez pas? » « Sire, fait il, s'il li plesoit, ele
porroit assez mieus dire, que sachiez tot certenement que onques
10 puis que je me parti de la meson le roi Artus et nos fumes acom-
paignié je ne trovai nul chevalier s'il li vousist riens demander
encontre reson que je ne la voussise a mon pooir deffendre. » « Ha!
por Dieu, fait la demoisele, merci! Ne le creez de riens qu'il
die. Il ment come deables. Il le fait por moi faire prendre. »
15 « Demoisele, fait li chevaliers dou chastel, en non Dieu, vostres

criers ne vaust riens. Nos creons mieus sa parole que la vostre,
et nos le devons faire par reson, por ce que chevaliers est, et
vos iestes demoisele. »

    « Ha! demoisele, fait cil a la Cote Mautailliee, ne vos es-
20 maiez si durement, car sachiez certenement que cil chevalier ne
vos en menront mie por tant que je vos puisse deffendre. Et se
Diex me conseut, mieuz voudroie je estre pris avec vos, se autre-
ment ne pooit estre, qu'il vos en menassent si quitement. » « Ha!
fait ele, mauvés chevaliers, fel et deleaz et traïtes, qui cui-
25 dast ores tel treïson come vos avez ci pensee, qui par vos men-
çonges me faites ici prendre! Vostres secors soit a maufez, car
je sai tot vraiement qu'il ne me porroit profiter. » Et quant ele
a dite ceste parole, ele redit au chevalier dou chastel: « Ha!
sire chevaliers, por Dieu, merci! Ne creez a cest fol prové et
30 au plus nice que vos veïssiez onques mes! Cuidiez vos ores que ce
li viegne de grant sens qu'il me pooit delivrer par sa parole seule-
ment, et or m'encombre a fine force? Por Dieu, ne regardez a sa
folie. » « Demoisele, ce dit li chevaliers, que diriez vos? Vos
iestes prise! » Lors giete la men mentenant et l'ahert par le
35 froin, et dit: « Demoisele, venez vos en. »/

[c]   708. Quant li chevaliers a la Cote Mautailliee voit que li che-
valiers en moine en tel maniere la demoisele, il se met erranment
avant et dit: « Sire chevaliers, lessiez la demoisele, car je la
conduis, si sachiez certenement que vos ne l'en poez mener tant
5 com je la puisse deffendre. » « Ore, sire, fait la demoisele, ne
veez vos ores bien que cist chevaliers est li plus nices dou
monde qui encontre vos toz me cuide deffendre? Et por ses paroles
m'avez ci arestee! Certes, vos ne faites pas bien, ne si grant
cortoisiee come chevalier devent faire envers demoisele. » Li
10 chevaliers dou chastel ne respont a riens que la demoisele li die,
enz l'en moine totevoies. Et cil a la Cote Mautailliee li dit
tot adés qu'il ne l'en moint mie, ne qu'il n'en avra point tant
com il la puisse deffendre. « En non Dieu, sire, ce dient si es-
cuier, or est merveilles de vos! Cist chevaliers vos delivre de
15 l'anemi et de tot l'encombrier dou monde, et vos por ce vos volez
combatre! Lessiez l'en aler a toz les deables! Vos iestes de-
livres d'enfer, et vos encor la rapelez. » Li chevaliers a la
Cote Mautailliee ne respont riens a chose que si escuier li dient,
enz s'adresce erranment vers le chevalier et li dit: « Sire cheva-
20 liers, se Diex me conseut, ou vos leroiz la demoisele, ou je vos
ferrai tot mentenant. » Et cil respont qu'il n'en fera riens por li.

Lors lesse corre li chevaliers a la Cote Mautailliee au che-
valier et le fiert enmi le piz de son glaive si durement que cil
n'a tant de pooir qu'il en sele se teigne, enz vole dou cheval
a terre. Mes autre mal n'ot adonc, car li hauberz qu'il ot vestu
le garanti a celi point.

709. Quant li autre chevalier qui enmi le chemin estoient aresté,
et resgardoient cest fait, voient cest cop, il n'i font autre de-
laiement, enz lessent corre tuit ensemble a celi a la Cote Mau-
tailliee, et le chargent si de lor glaives que il le portent tot
envers enmi le chemin. Il i ocïent son cheval, mes de tant li
avint il bien qu'il ne li firent plaie ne bleceüre. Quant il voit
qu'il l'ont abatu, / il ne fait nul semblant de coardise, enz re-
saut sus mout vistement, fiers et hardiz come lions, et met la men
a l'espee, et s'apareille de faire tant com il porra. Mes que
vaut sa defense? Neant! Encontre tant de chevaliers ne li puet
ele riens valoir. Il le prenent a fine force et l'en moinent en
lor chastel en prison entre li et la demoisele et les escuiers
autresi.

Quant la demoisele voit ceste chose, el est mout durement
desconfortee. Ele ne set qu'ele doie dire. Ele maudit de tot
son pooir celi a la Cote Mautailliee, car par li, ce dit ele bien,
est ele prise. Il li a fait tot le mal et tote la poine qu'ele a.
Que vos diroie je? Il sont tuit en prison mené ou chastel qui
estoit apelez le Chastel Uter, por ce que Uterpandagron sanz faille
l'avoit fait fonder. Quant la demoisele mesdisanz se voit en pri-
son, el est tant durement desconfortee qu'ele ne set qu'ele doie
dire, car jamés a nul jor de sa vie n'en cuide estre delivré. Li
chevaliers a la Cote Mautailliee, encor soit il en prison, n'en
fait il mie grant semblant. Mes atant lesse ores li contes a
parler de li et de la demoisele mesdisant, et retorne a Lancelot
dou Lac.

*   *
    *

710. Or dit li contes que quant Lanceloz se fu partiz de la de-
moisele qui a li estoit venue de par Tristan, il se mist tot men-
tenant a la voie aprés le chevalier a la Cote Mautailliee, car
mout durement li tarde qu'il l'ait ataint. Et mout est liez et
joianz en soi meïsmes de ce qu'il avoit si bel respons mandé a
Tristan et de ce qu'il avoit si sagement respondu sor totes les pa-
roles de sa chartre. Tot celi jor pensa tant a Tristan qu'il ne
pensa mie granment a autre chose.

Au suer li avint que ses chemins l'aporta chiex le
[*143a*] 10 preudome / ou li chevaliers a la Cote Mautailliee avoit le soir
geü entre li et la demoisele mesdisanz. Leanz apris Lanceloz
noveles d'ax deus, car li preudons meesmes li dist qu'il avoit la
nuit devant leanz jeü. A l'endemen quant Lanceloz se dut de
leanz partir entre li et ses escuiers, tout autretel proiere com li
15 preudons avoit fait le jor devant au chevalier a la Cote Mautailliee
por son fil fist il a Lancelot; et Lanceloz li ot en covent qu'il
ne tocheroit a son fil s'il ne veoit ou lessier sa honte tot a-
pertement. « Ha! sire, por Dieu, fait li peres, c'est uns joenes
chevaliers et non mie si saiges ne si amesurez com il li seroit
20 mestiers. Ne regardez pas a sa folie ne a ses nices paroles, mes
regardez a vostre sens et a vostre gentillesce, et a la proiere
que je vos en fais. » « Biax ostes, fait Lanceloz, or sachiez que
en vostre fil je ne metré men en nule maniere dou monde se
granz besainz ne le me fait faire, ou il ne me faisot tel otraige
25 que chevaliers ne deüst sofrir. » Et li preudons le mercie mout
de ceste promesse, et le comande a Nostre Seignor, et li enseigne
la plus droite voie qu'il puet tenir vers Sorelois, autresi com
il avoit enseignié au chevalier a la Cote Mautailliee le jor de-
vant.

711. Quant Lanceloz se fu partiz dou preudome a qui il ot faite
la promesse tele com je vos ai devisiee, il se mist tot mentenant
au chemin entre li et ses escuiers. Il n'ot mie granment alé qu'il
ataint deus chevaliers erranz qui chevauchoient tot le grant che-
5 min, et menoient avec eus deus escuiers; et sachiez que cil dui
chevalier estoient des chevaliers erranz de la Table Reonde. Et
se aucuns me demandoit coment il avoient non, je diroie que li
uns avoit non Brandeliz, et li autres Kex d'Estax, et estoient
amedui bon chevalier et preudome et hardi durement. Quant il
10 virent venir Lancelot, il nou reconurent de riens por ce qu'il
faisoit porter son escu covert d'une houce vermeille; et nepor-
[*b*] quant s'il veïssent apertement / celi escu qu'il portoit adonc,
si nel reconeüssent il de riens, car il l'avoit fait faire tot
novelement, ne n'i avoit nule entreseigne. Por ce nel reconurent
15 il pas a cele foiz; mes il reconut bien eus tot mentenant qu'il
les vit par les escuz, que il conoissoit bien les armes de l'un et
de l'autre.

Quant il le voient d'eus aprochier, il s'arestent tot mente-
nant et atendent tant qu'il est dusqu'a eus venuz. Lors le salu-
20 ent, et il lor rent le salu. « Sire, font il, qui estes vos? »
« Seignor, fait il, je sui uns chevaliers erranz qui vois querant

aventures ensi com li chevalier errant devent faire. » « Et iestes
vos, font il, de la meson le roi Artus? » « Seignor, fait il, ne vos
poist, car a ceste foiz d'ore ne vos en diroie je ne voir ne men-
25 çonge, et mout vos pri que vos ne le teignoiz a mal. » Et il dient
qu'il s'en teront atant, puis qu'il voient qu'il ne li ples a dire.
Mes totevoies li demandent il: « Sire chevaliers, quel part volez
vos chevauchier? » « Seignor, fait il, or sachiez que je vodroie ja
estre a l'entree de Sorelois. » « Et nos autresi, dient li chevalier.
30 Nos alons cele part tant com nos poons, car autresi avons nos cele
part a fere. » « Or chevauchons donc ensemble, fait Lanceloz, dus-
qu'a tant que aventure nos fera departir. » Et il s'acordent tuit
a ceste chose.

712. Atant se metent a la voie et chevauchent tot le chemin ferré,
parlant de maintes aventures. Il comencent a demander a Lancelot
s'il fu onques en la meson le roi Artus. « Seignor, fait il, oïl.
Je i fui ja voirement. » « Et conoissiez vos nus des chevaliers
5 de celi ostel? » « Oïl, fait il, voirement en conois je bien aucun. »
« Et Lancelot dou Lac, font il, conoissiez vos? » « Oïl, fait il,
iceli conois je bien. » « Ha! sire, por Dieu, fait Kex d'Estax,
quant vos Lancelot conoissiez, itant nos dites, s'il vos plest,
le veïstes vos en cest païs puis que vos i venistes? Uns cheva-
10 liers nos dist n'a encor mie quatre jorz qu'il estoit en cest
païs sanz faille. »/ « Et qui fu cil chevaliers, fait Lanceloz,
qui de Lancelot vos dist noveles? » « Certes, fait Kex d'Estax,
l'en l'apele Breuz sanz Pitié. Cil nos dist que Lanceloz estoit
en cest païs. » « Ce ne sai je, fait Lanceloz, s'il vos dist veri-
15 té ou non. »
En tel maniere chevauchent li troi chevalier tant qu'il sont
venu dusqu'au pont que cil gardoit d'ou nos avons parlé autre foiz.
Tout mentenant que Lanceloz voit le pont, il li sovient de la
proiere que li preudons li avoit faite; si s'areste erranment,
20 et lesse les chevaliers aler avant. Et Kex d'Estax, qui mout sa-
voit, tot mentenant qu'il voit le chevalier armé desor le pont qui
faisoit semblant de combatre, il pense errantment que Lanceloz,
qui hui tote jor avoit alé devant et or s'est mis derrieres, ait
ce fait par paor et por doutance qu'il ait dou chevalier del pont.
25 Si li atorne adonc cesti fait a grant mauvestié et a grant coar-
dise, ne ne se puet tesir Kex d'Estrax qu'il n'en parost a Bran-
deliz, et li dist: « Brandeliz, vos iestes vos pris garde d'une
chose que je ai mentenant veüe de cest chevalier qui avec nos che-
vauche? » « Je ne sai, certes, fait Brandeliz. Que avez vos donc
30 veü en li? » « Je ai veü, fait il, qu'il a hui tote jor chevauchié

devant nos, et orandroit tot mentenant qu'il aperçut le chevalier
qui cest pont garde, il se mist par derrieres nos por ce que nos
alissiens devant et li aquitisiens le passaige de cest pont. »
« En non Dieu, fait Brandeliz, vos dites voir! Or voi je bien tot
35 apertement que vos vos iestes aperceüz de la verité. Mes ne vos
chaut, car bien deliverrons le pont, se Dieu plest. »

713. Quant il sont dusqu'au pont venu, li chevaliers qui le pont
gardoit estoit ja montez, toz garniz et apareilliez de ferir. Si
s'escrie si haut com il puet: « Seignor chevalier aventurous,
autre passaige querez que cesti, se vos a moi ne vos volez com-
5 batre, car bien sachez que quitement ne poez vos passer cest pont. »
« En non Dieu, sire, fait Kex d'Estrax, ne je quites n'en veil estre!/
[d] Et quant vos joste demandez, et vos l'avrez mentenant. A joste ne
poez vos faillir. »

Aprés cesti parlement lesse corre li uns vers l'autre tant com
10 il pueent des chevax traire par desus le pont; et sachiez que li
ponz estoit biax et granz et forz, et avoit plus d'une lance de lé.
Et li chevaliers dou pont, qui granz estoit et de merveilleuse
force, lesse corre a Kex d'Estax par desus le pont ausi ravineuse-
ment com se foudre le chaçast, et le fiert en son venir d'un glaive
15 cort et grox si durement qu'il abat Kex sor le pont et le cheval,
l'un d'une part et l'autre d'autre; et puis s'en vet outre. Et
quant il a son poindre parforni, il s'en retorne la ou il estoit
au comencement. Et Kex d'Estrax, qui de ceste joste n'avoit eü
nul mal fors tant seulement qu'il avoit esté abatuz, se releve
20 mout vistement et vient a son cheval, et monte. Puis dit au cheva-
lier dou pont: « Sire chevaliers, je voi bien que vos m'avez abatu.
Mes por ce se vos m'avez abatu ne m'avez vos pas mené a outrance.
S'il vos plest et vos avez talent de bataille, je sui apareilliez
de combatre a vos. » « Certes, sire chevaliers aventureus, fait
25 Neroneus, or sachiez que je n'ai nule volenté de combatre a vos,
puis que je vos ai abatu; ne la costume de cest pont n'est mie
tele que je me combate a nul chevalier puis que je l'ai abatu.
Et se vos des ores mes volez, passez! Je ne vos deveerai point
le passaige, car dorenavant ne le poez vos passer fors a honte
30 et a vergoigne. »

714. La ou li dui chevalier parloient ensemble en tel maniere
com je vos di, Brandeliz, qui Keu d'Estax, son compaignon, voit
abatu, s'apareille de passer le pont. Tot mentenant que li che-
valiers dou pont voit Brandeliz qui passer voloit, il li escrie:
5 « Sire chevaliers, lessiez le passaige, se vos a moi ne vos volez
combatre. » Brandeliz ne li respont nul mot, come cil qui n'i

entendoit pas, enz s'apareille de passer. Et quant li chevaliers
dou pont voit que cil ne veust lessier le passaige por do/tance

44a] de li, il li lesse tot mentenant corre le glaive bessié tant com
10 il puet del cheval trere, et fiert Brandeliz en son venir si dure-
ment que autretant com il avoit fait de son compaignon fist il de
li a ceste foiz. Quant il a ces deus chevaliers abatuz, il s'en
retorne arrieres mentenant et s'areste de cele part ou il cuidot
estre assiduelment quant il soloit garder le pont. Et puis dit
15 aus deus chevaliers: « Seignor chevalier aventureus, or poez vos
le pont passer a tele honor come vos veez. Honiz et vergondeus le
passeroiz, ce poez vos veoir apertement. » « En non Dieu, danz
chevaliers, dit Brandeliz, or sachiez tot certenement que ensi
ne m'eschaperez vos mie com vos cuidiez. A combatre vos covient
20 a moi avant que je de vos me departe. » « Ce ne puet estre, ce dit
Neroneus. A chevalier que je abate en tel maniere en cesti point
je ne me combatroie en nule maniere. La costume de cest pont est
tele que s'il avenoit par aucune aventure que nos nos entr'abatis-
siens endui ensemble, adonc i seroit la bataille, s'il la voloit
25 avoir; mes autrement non. »

Quant li dui compaignon entendent cest parlement, por ce
qu'il ne pueent par reson faire force de bataille au chevalier
dou pont, il s'en vont outre eus et lor escuiers, mes mout sont
durement dolent et irié de ceste aventure.

715. Et Lanceloz, qui encores estoit de l'autre part dou pont et
regardoit a quoi li aferes de ses deus compaignons estoit venuz,
quant il voit qu'il s'en vont outre en tel maniere, il ne set
qu'il doie faire; car se il a ce chevalier se prent, il fausera
5 au pere de covenant, et fera trop grant vilenie, et se il la honte
de ces deus chevaliers ne venge, qui sont si compaignon de la
Table Reonde, il se mesfet trop durement. Lors comence a penser
qu'il porra faire de ceste chose, car au pere au chevalier dou
pont il ne fauseroit pas volentiers del covenant qu'il li a pro-
10 mis, ne il ne lesseroit pas legerement qu'il ne venjast la honte
de cez / deus chevaliers, se il la pooit vengier. Quant il a
grant piece pensé a ceste chose, il dit a ses escuiers: « Vos
passerez parmi le pont, et je passeré par l'eve. » Li uns des
escuiers sanz faille portoit son escu, et li autres son glaive.
15 « Ha! sire, merci, font li escuier, por Dieu, ne vos metez en l'eve,
car bien sachiez certenement qu'el est trop parfonde et trop roide,
et les rives sont mout ennieuses. » « De ce ne vos esmaiez onques,
fait Lanceloz, car je me sent si bien montez que je la passerai
legierement. » Lors se met erranment en l'eve sanz faire autre de-

20 laiement, et la passe outre.

Et quant li escuier, qui tote paor avoient eüe de cesti fait,
voient lor seignor outre, il en sont lié et joiant durement, si
se metent mentenant a la voie droit sor le pont. Li chevaliers dou
pont lesse bien passer celi des escuiers qui portoit le glaive
25 Lancelot, mes celi qui portoit l'escu ne lesse il mie passer
outre, enz li dit: « Se tu veus passer, lesse ici l'escu, ou tu
passes a tot l'escu parmi l'eve. » « En non Dieu, fait li escuiers,
ce ne feré je mie. En l'eve ne me metré je en nule maniere dou
monde, car je sai tot certenement que ja n'en eschaperoie. » « Par
30 mon chief, fait li chevaliers, donc leras tu l'escu par deça! Puis
que li chevaliers a passé l'eve sanz son escu, a l'escu ne puet il
recovrer se il ne le gaaigne envers moi par force d'armes. » « Sire
chevaliers, fait li vallez, tiex est aese qui puis quiert qu'il est
a malese. Ceste parole ai je dite por vos orandroit, et vos diré
35 coment. Vos iestes orandroit aese et mieuz vos est avenu que vos
ne cuidiez. Or ne faites mie sorfet a celi qui cist escuz est,
car bien sachiez certenement que tost vos en porroit venir honte et
ledure. » « Or as tant dit, fait li chevaliers del pont, que tu n'i
passeras huimés, ne o l'escu, ne sanz l'escu, tant com je puisse
40 desfendre le passaige. » « Si m'eïst Diex, fait li vallez, je croi
que vos le defendrez encor encui mauvesement. »

716. Quant li vallez voit et conoist que li chevalier del pont
li detient en tele / maniere le passaije, il crie a son seignor:
« Sire, que vos plest il que je face? Cist chevaliers ne me
lesse cest pont passer por ce que je porte cest escu qui
5   vostres est. » « Ha! sire chevaliers, fait Lanceloz, je vos pri
par franchise et par cortoisie que vos mon vallet lessiez passer
le pont. Et sachiez que ceste bontez n'est mie si grant que je
greignor ne vos aie faite. Ne me faites si grant forfet ne si
grant vilenie que vos mon vallet facez remenoir cele part. » « Biau
10 sire, fait li chevaliers, il ne me plest pas qu'il i passe. »
« Non? biau sire, fait Lanceloz. Si feroiz ores si petit por ma
priere? » « Sire, fait li chevaliers, en cesti point ne le feroie
je por proiere de vos ne d'autrui. » « En non Dieu, biau sire,
fait Lanceloz, vos me faites honte mout grant. Or sachiez que je
15 ne soferai plus vostre orguel. »

Lors se remet mentenant dedenz l'eve et la repasse outre
autre foiz, et prent son escu de son escuier et le pent a son col,
et puis prent son glaive, et dit au chevalier dou pont: « Sire
chevaliers, or cuit je que je passerai le pont voillez ou non.
20 Je vos avoie fait assez greignor honor et greignor bonté que vos

ne cuidiez, et vos me faisiez honte de tot vostre pooir. Force
me fait joster a vos et li granz outraiges de vostre cuer. Ce
poise moi, se Diex me conseut. » Lors lesse corre au chevalier
par desor le pont si grant erre com se l'en le chaçast a mort,
25   et le fiert en son venir si durement que cil n'a tant de pooir
qu'il en sele se teigne, enz vole des arçons a terre ou il voille
ou non, et est auques debrisiez de celi cheoir, car felenessement
fu abatuz.

717. Et neporquant il se relieve mout vistement, come cil qui de
grant force estoit et de grant pooir. Et la ou il voit Lancelot,
qui ja estoit outre le pont passez ne ne baoit mie qu'il retornast
a cele foiz sor le chevalier, il li crie tant com il puet: « Sire
5   chevaliers, a retorner vos covient! Vos ne vos en poez pas aler
ensi quitement come vos cuidiez. Or sachiez tot certenement qu'il
d]   me / covient a vos combatre. Por ce se vos m'avez abatu si le-
gierement ne m'avez vos pas mené dusqu'a outrance. Or tost descen-
dez sor cest pont, si encomencerons la bataille, car sanz bataille
10   vos di je bien ne vos poez vos de moi partir a ceste foiz. » « Sire
chevaliers, fait Lanceloz, ne de bataille ne de meslee n'avez vos
ores nul mestier de vostre part, ne je autresi de la moie. A tant
com nos en avons fait vos sofrez ores, s'il vos plest. Je vos en
pri et requier, car bien sachiez certenement que je ai mout a faire
15   aillors; et certes, je cuit bien que il vos vendroit mieuz de la
pes que de la mellee. » « En non Dieu, fait li chevaliers del pont,
or vos oi biau plet metre avant! Or sachiez qu'il vos covient
a moi combatre dusqu'a outrance ou dusqu'a mort de l'un de nos
deus. Se vos en tel maniere vos departez de moi, bien vos en por-
20   roiz gaber. Or tost, n'i ait plus delaiement! Je vos apel de
bataille! Faites le quel que vos voulez: ou vos vos combatez a
moi a cheval ensi come vos iestes, ou vos descendez a pié, et lors
combatons igalment. »

Quant Lanceloz entent la parole del chevalier et il voit
25   qu'en nule maniere dou monde il ne se puet partir de li sanz ba-
taille, car se il s'en aloit orandroit tot ensi a cheval com il
est, il voit bien que li chevaliers est de tel volenté qu'il vou-
roit après li aler tot mentenant; et por ce descent il erranment,
et baille a un de ses escuiers son cheval a garder. Et quant il
30   est apareilliez de la bataille, il lesse corre au chevalier, l'es-
pee trete, et li done desor le heaume tot a descovert un si grant
cop que cil qui le reçoit dit bien a soi meïsmes: « Ce n'est mie
cop d'enfant que cist chevaliers m'a doné! »

718. Quant Kex d'Estrax et Brandeliz, qui pieça avoient le pont

passé et s'en aloient lor chemin, voient que la bataille estoit
encomenciee sor le pont, il retornent mentenant por veoir a quel

fin ele vendra et coment / li chevaliers se mentendra dom il s'es-
5   toient orandroit gabé si malement. Quant il sont au pont retorné,
il voient que la bataille estoit si dure et si pesme entr'ex deus
qu'il ne virent pieça mes deus chevaliers qui si asprement se com-
batissent come cist dui font. Bons chevaliers estoit li uns et li
autres, et assez sevent de l'escremie. Mes ce voient il bien
10 apertement que Lanceloz done uns cops si granz et si pesanz
que merveilles estoit coment li chevaliers dou pont les pooit sos-
tenir ne endurer.

Que vos diroie je? Granz est la bataille et felenesse dure-
ment. Li chevaliers dou pont, qui sent les cops apres et forz
15 que Lanceloz va gitant sor li, ne onques ne recroit, n'est mie
orandroit tres bien aseür, enz a tote dotance et tote paor de perdre
la teste. Au comencement de la bataille, quant il senti que Lan-
celoz aloit sor li gitant les cops si granz et si pesanz com s'il
venissent de la main d'un jaiant, cuidoit il bien que ceste force
20 li passast et qu'ele ne li durast se petit non; mes orandroit l'a
il tant esprové qu'il conoist bien tot plenement que sa force li
vet croissant et amandant plus et plus, et que si cop sont oran-
droit plus pesant qu'il n'estoient au comencement, et ce est une
chose qui le met en mortel paor et en dotance de la vie perdre.
25 Et neporquant a defendre sa vie ne mostre il pas qu'il soit si
durement espoentez, car il se deffent bel et bien de tot son pooir.
Et por ce qu'il voit bien tot apertement que de ses cops ne porroit
il mie granment son anemi grever a ce que trop est de grant force,
s'est il mis dou tot a sofrir, et se coevre de son escu. Et il
30 savoit a merveilles de l'escremie, et par le covrir qu'il faisoit
cuidoit il bien par vive force lasser son anemi, et cuidoit ga-
aignier la bataille en tel maniere. Mes mout vet li afaires autre-

ment qu'il ne pense. Il ne conoist mie tres bien celi a cui / il
se combat; il ne porroit mie recroire si legierement com il cuide,
35 et ce li mostre il bien en la fin de la bataille.

719. Li dui chevalier qui dehors estoient et qui la bataille re-
gardoient, quant il ont grant piece regardee, il encomencent a
parler entre eus. Et Brandeliz dit tot premierement: « Kex d'Es-
tax, que vos semble il de ceste bataille? » « Sire, fait il, si voire-
5   ment m'eïst Diex, c'est une des plus merveilleuses batailles et
des plus crieuses et des plus aspres que je onques mes veïsse.
Et bien puis dire tot apertement qu'il sont amedui bon chevalier
et de grant pooir. Mes li nostres chevaliers est de greignor pooir

et de greignor force que n'est li autres. Sanz faille il vointra
par vive force, et li chevaliers dou pont qui cuide vointre par
son sofrir et par son covrir s'en troverra en la fin malement de-
ceüz. Je voi la force de cest autre si grant que je conois cer-
tenement qu'il ne recreroit mie por metre a mort ou a outrance tiex
deus chevaliers come cist est. » Ensi parloient li dui compaignon
de la bataille qu'il regardoient. Il en font entr'eus le parlement,
mes li chevalier qui se combatent en soeffrent la poine.

Tant dura en tel maniere la bataille des deus chevaliers que
li chevaliers dou pont ne pot mes en avant. Il a tant enduré les
cops de Lancelot qu'il ne les puet plus sofrir. Mout est plaiez,
mout est navrez, et mout a ja perdu dou sanc. Et quant il voit
qu'il ne puet mes en avant, il se retret arrieres et fet semblant
de soi reposer por recovrer force et alene; et la chose qui plus
le faisoit reposer a cesti point si estoit ce qu'il voloit savoir
qui cil estoit encontre qui il se combatoit. S'il pooit pes
en li trover, volentiers s'en entremetroit, car il voit tot
apertement que autrement seroit il morz. Et se il acordance n'i
puet trover, il fera puis dou mieuz que il porra.

720. Quant / Lanceloz vit que li chevaliers s'estoit retrez del
premier asaut, il se retrest de l'autre part, car bien conoist que
cil a mout grant besoig de soi reposer. La ou li chevaliers s'aloit
reposant en tel maniere, esmaiez et espoentez durement, car tant
avoit del sanc perdu qu'il conoissoit bien qu'il estoit morz s'il
ne trovoit en aucune guise merci encontre celi a cui il se comba-
toit, et il se merveille mout durement qui il est, quant il s'est
grant piece reposez et il a bien s'alene reprise, il comence adonc
a parler et dit: « Sire chevaliers, nos nos somes tant ensemble
combatu que vos conoissiez auques que je sai faire; et a vos
armes est il bien aparant, et a m'espee autresi que je voi tainte
de vostre sanc et vermeille. A moi d'autre part est bien aparant,
car je sui plaiez et navrez plus que je ne vousise. Que vos di-
roie? Je ai a cest point si bien esprové vostre force et vostre
bonté coneüe que je di bien en moi meesmes que vos iestes sanz
faille li mieudres chevaliers et li plus forz que je onques mes
trovasse de toz cez a qui je me sui esprovez. Et por ceste chose
voudroie je mout savoir qui vos iestes avant que nos feïssiens
plus de ceste emprise et que nos plus mentenissiens ceste bataille. »

Quant Lanceloz a grant piece escoté le chevalier, il li res-
pont en tel maniere et dit: « Sire chevaliers, je ai bien entendu
ce que vos avez dit de ce que vos me fetes entendant que a mes
armes est bien aparant le vostre fait et a voste espee qui est

tente et vermeille de mon sanc. Je vos di bien que de ceste bonté
25 ne vos merci je pas trop durement, et de ceste chose dites vos bien
vostre honte et la moie, et a vos en donez le lox et a moi le
blasme. Et de ce que vos dites que je sui li mieudres chevaliers
que vos onques trovesoiz n'ai je mie encores mise l'espreve avant,
car encor n'ai je mie granment mostré que je soie bons chevaliers.
30 Certes, se je fusse bons chevaliers je vos eüsse pieça mené dusqu'a
[d]   outrance. Et totevoies quiex que chevaliers que / je soie, puis
que vos volez savoir qui je sui, je le vos dirai. Et puis vos
gardez bien de moi, car bien sachiez que je vos metré a outrance
se je onques puis. Sachiez que je ai non Lancelot dou Lac. Or
35 poons huimés recomencier nostre bataille quant il vos plera, car
trop avons ci demoré. »

721. Quant li chevaliers dou pont entent que ce est Lanceloz dou
Lac, cil meïsmes qui chevalier le fist, il n'i fait nul autre de-
laiement, enz giete son escu a terre tot mentenant. Et la ou il
voit Lancelot, qui estoit tot en estant et atendoit encores qu'il
5 se venist combatre a li, de si haut com il estoit il se lesse
cheoir a ses piez et dit: « Ha! sire, merci. Por Dieu, pardonez moi
ce que je me sui a vos combatuz, car vraiement le sachiez que
je ne vos conoissoie mie. Et certes, se je vos coneüsse autretant
com je fais orandroit, por nule aventure dou monde je ne me fusse
10 a vos combatuz. Et por Dieu et por vostre gentillesce, aiez merci
de moi, car je me met dou tout en vostre menaie. »

Quant Lanceloz entent ceste parole, il se merveille mout dure-
ment qui cil chevaliers puet estre qui si abandoneement se met dou
tout en sa merci. Or set il bien par ses paroles que li chevaliers
15 l'a reconeü, si est mestiers qu'il le conoisse, car il set bien que
ceste bonté ne li fait pas li chevaliers por ce qu'il l'eüst en-
cores mené dusqu'a outrance, enz le fait sanz dote por ce qu'il
l'a reconeü. Lors parole au chevalier et dit: « Dreciez vos, sire
chevaliers, que il n'est pas covenable chose que vos ceste bonté
20 me facez, car sanz faille je ne vos ai pas mené dusqu'a outrance,
ne mener ne vos i porroie par aventure. Mes tout autresi come je
vos dis mon non a vostre requeste, tot autresi me dites le vostre,
car je vos en pri. » « Sire, fait il, je le vos diré puis que vos
le volez savoir. Or sachiez que je ai non Neroneus de l'Isle.
25 Il n'a encores mie granment de tens que vos me feïstes chevalier
novel. Et encor vos en puet il bien sovenir, car ce fu celi jor
[146a]   meesmes / que vos vos combatistes a Blioberis de Gaunes par mes-
conoissance devant la Fontene au Lion; et vos vos combatistes a
li por la demoisele chauve, si que il meïsmes la voloit ocirre

30 por le chevalier qu'ele avoit fait morir en traïson. Vos sovient
il ores de cele jornee, quant vos reconeüstes Blioberis de Gau-
nes, et vos fustes si dolenz quant vos veïstes qu'il estoit si
durement navrez? Et cele matinee meïsmes m'aviez vos fait cheva-
lier, et vos estiez partiz del Chastel Vermeil ou vos m'aviez fait
35 chevalier por l'amor de la bele demoisele qui proiere vos en fist. »
« Certes, fait Lanceloz, de tot ce me sovient il bien. Por Dieu,
iestes vos ce que je lors fis chevalier et a qui je donai les
armes que je meïsmes portoie? » « Sire, oïl, sanz faille, ce sui je
voirement. » « En non Dieu, fait Lanceloz, de ce sui je mout liez
40 et plus m'est il bel de ce que je ai esprovee vostre bonté par moi
meesmes que par autre, car je conois orandroit mout mieuz la valor
de vos que je ne la conoissoie par oïr dire. Et por Dieu, se je
vos ai mesfet, pardonez le moi, car bien sachiez que je ne le fis
pas a escient. » « Ha! fait li chevaliers, sire, vos me dites ce
45 que je vos devroie dire. Vos me requerez pardon de ce que je vos
ai mesfet! La ou je vos fesoie desonor et vilenie, et je vos
mostroie orguel, vos me faisiez honor et me mostriez humilité.
Por Dieu, pardonez le moi! » Et Lanceloz li pardone mout volentiers.
Lors ostent mentenant lor heaumes et se corent entrebesier et con-
50 joïr, et se font joie merveilleuse.

722. Quant li dui chevalier, qui tote la bataille avoient regar-
dee et avoient veü le grant corroz qui entre les deus chevaliers
avoit esté, voient la concorde et la pes qui entr'eus est mentenant
venue, il descendent adonc por veoir que ce porra estre et por sa-
5 voir qui li dui chevalier sont. Quant il voient Lancelot a desco-
vert, il le reconoissent tot mentenant, et li corent errannment, /
les braz tenduz, tuit ensi com il estoient, et l'acolent et con-
joïssent. Lors comencent entr'eus une si grant joie et si mer-
veilleuse que c'estoit merveilles a veoir. Et quant il ont lor
10 heaumes ostez por conjoïr Lancelot, il li dient: « Ha! sire, por
quoi vos aliez vos si durement celant envers nos? » Et il respont:
« Seignor, de ce ne vos devez vos pas trop correcier, car vos sa-
vez bien certenement que en toz les leus ou je vieg me vois je
celant tant com je puis. Mout a de chevaliers ou monde qui a moi
15 se sont combatu soventefoiz qui ja ne s'i fussent combatu s'il me
coneüssent; et por ce le fais je, et ce savez vos bien. » Ce di-
ent li compaignon que c'est veritez. Granz est la joie et la
feste que li un font aus autres.

Et quant li chevaliers dou pont a une grant piece conjoï
20 Lancelot, il li dit: « Sire, je vos vorroie proier d'une chose que
vos porriez bien faire a honor de vos. » « Dites, fait Lanceloz, et

je vos promet leaument que je le ferai, se je puis. » « Sire, fait
cil, je ne vos fais nule autre proiere mes que vos veignez anuit
mes hebergier en un mien recet qui est assez pres de ci, et proiez
a ces deus chevalier qui sont compaignon de la Table Reonde, de
celi ostel meesmes d'ou vos iestes compainz, qu'il viegnent avec
vos. Et sachiez tot certenement que de vostre venue et de la
leur me tendrai je a plus riche et a plus beneüré que je ne fe-
roie del meillor chastel que li rois Artus ait en sa baillie. »
« Or sachiez, fait Lanceloz, que je avoie mout grant volenté d'a-
ler aprés un chevalier que je vourroie ja avoir ataint—et non
mie por ce que je li veille faire mal, enz li vourroie faire com-
paignie dusqu'a Sorelois; por quoi je di tot plenement que je
ne remendroie mie volentiers. Et neporquant, por ce que je sai
vraiement qu'il vos despleroit se je ne fesoie vostre proiere, le
ferai je tot ensi come vos le requerez, et si n'en eüsse orandroit
nul mestier. Mes bien sachiez que je n'i remendrai fors ceste
nuit. » Et cil dit qu'il ne li quiert autre chose. Lors proie / tant
Lanceloz aus deus compaignons qu'il li otroient qu'il iront
avec li.

723. Lors montent et s'en vont aprés le chevalier. Mes il n'o-
rent mie granment alé quant il voient en une grant plene un chas-
tel fort et bien seant, et fait auques novelement; et il estoient
lors torné hors dou grant chemin. Li chastiax estoit trop bien
seanz de totes choses come petiz chastiax qu'il estoit. Quant il
sont dusques la venu, li chevaliers dou pont dist a Lancelot:
« Sire, or sachiez que vos poez bien tenir cest chastel por vostre.
Cist chastiax est miens, la Dieu merci. Je le gaaignai en une
ore de jor, et par une sole lance. » « En non Dieu, fait Lanceloz,
ce fu bone lance qui tel chastel vos dona! »

Atant s'en entrent ou chastel, parlant totevoies de jeu et
d'envoiseüre come cil qui a autre chose n'entendoient. Et sachiez
qu'il furent leanz receü si joiousement come s'il fussent en la
meson le roi Artus meesmes. Li chevaliers dou pont qui trop dure-
ment estoit liez de la venue de Lancelot s'entremet tant com il
puet de li servir, et comande a touz cez de leanz qu'il s'en
entremetent autretant come se c'estoit li rois Artus proprement
qui leanz fu descendu.

Quant il se furent desarmé et il se furent asis el palés sor
l'erbe fresche qui tout mentenant estoit lianz aportee, mesire Kex
d'Estrauz comence a dire a Brandeliz tot en sozriant: « En non
Dieu, Brandeliz, malement avons esté deceü. » « Et de quoi? » fait
Brandeliz. « Coment? fait il, ne vos sovient il donc des paroles

que nos deïsmes hui de Lancelot? » Et il comence adonc a rire et a
25 batre ses paumes. « Et de quoi, fait Lanceloz, vos riez vos si
durement, se Diex vos doint bone aventure? » « Sire, fait Brande-
liz, se m'eïst Diex, je le vos dirai, et sachiez que c'est une des
plus beles gaberies qui pieça mes nos avenist. » Lors li comence a
conter totes les paroles qu'il avoient dites de li dela le pont. /
30 Et quant il li ot tout conté, Brandeliz li dit: « Sire, se Diex
vos doint bone aventure, dites nos por quoi vos refusiez le pas-
saige dou pont. » « Certes, fait il, je le vos dirai puis que vos
le volez savoir. Or sachiez que je le refusai por une proiere qui
hui m'avoit esté faite. » Donc lor comença a conter coment li
35 peres au chevalier li avoit dit et proié que il a son fil ne se
preïst; et por la proiere que li preudons li avoit faite avoit il
refusé le passaige en tel maniere com il virent qu'il le refusa.
    Quant il a son conte finé, il lor dist: « Je vos ai dit ce
que vos me demandastes. Or vos pri je que vos me diez quele aven-
40 ture vos amoine vers Sorelois et quele achoison vos i aporte. »
« Sire, font il, a vos ne celeriens nos pas nostre afaire. Or sa-
chiez que nos alons cele part por le roi Caradox qui est en prison,
ce savons nos vraiement; et nos le deliverrons volentiers, se nos
en avons le pooir. » Et Lanceloz se test atant, et ne lor vost mie
45 dire qu'il i voist por ceste aventure meïsmes, car le roi Carados
ne poïst l'en delivrer sanz faille en nule maniere dou monde se
l'en n'eüst avant mis a fin l'aventure des trois pas.
    724. Quant il ont lor conseil finé, Lanceloz demande a Neroneus:
« Neroneus, fait il, je me recort de ce que vos me deïstes anuit
que vos aviez cest chastel gaaignié par une sole lance. » « Sire,
fait il, vos dites voir. Je le vos dis, et encor le vos di je
5 bien. Et se vos le volez savoir, je vos conterai coment ce fu. »
« Certes, fait Lanceloz, je le veil volentiers savoir. » « Sire, et
je le vos conterai dont, » fait Neroneus.
    « Or sachiez que uns chevaliers mout preuz et mout vaillanz
fonda ce chastel n'a encores mie granment de tens. Li chevaliers
10 estoit mout puissanz d'armes, et avoit une fille que l'en tient
orandroit / a une des plus beles dames de cest païs. Quant li
chevaliers qui avoit fondé ce chastel ensi com je vos ai dit vint
a la mort, cele fille qui tant estoit bele remest sanz mari. Et
de ce estoit il trop durement correciez, ne il ne la voloit doner
15 a nul chevalier qui entor li fust, ou por ce qu'il ne prisoit mie
tant lor chevalerie, ou por ce qu'il n'en i avoit nul qui par
bonté de soi meesmes deüst cele demoisele avoir, ce li ert avis.
    Quant il vit qu'il estoit a la mort venuz, il fist toz ses

homes venir devant li et lor dist: « Seignor, por ce que je n'ai
20 pas ma fille mariee a mon vivant, je veil que vos me juroiz sor
sainz que vos la marieroiz ensi com je vos deviserai. » Et il ju-
rerent mentenant. Et quant il orent juré, il lor dist aprés:
« Seignor, vos savez bien que je ai par ma chevalerie conquestee
tote la terre que je tieg, car vos savez bien que mes peres fu
25 uns povres vavassour qui n'ot mie granment en cest monde. Je
voirement par la grace de Dieu et par le pooir que Diex me dona
ai tant fait que cist chastiax est miens, et troi autre, et les
ai toz gaaigniez par mon escu. Ma fille rement sanz marier, ensi
com vos veez; ce me poise mout chierement. Grant piece a sans
30 faille que je l'eüsse mariee, se je veïsse ou je poïsse bien em-
ploier sa biauté. Mes Diex ne vost onques consentir que je le
trovasse, et por ce remest. Or donc por ce que je voudroie vo-
lentiers qu'ele fust mariee a honor de chevalerie a aucun povre
chevalier et preudome de cors qui par sa proesce poïst ma terre
[b] 35 mentenir ausi en pes come je l'ai men/tenue dusqu'a ci, si que
vos poïssiez avoir bon seignor et redoté de ses voisins, veil je
que des ores mes soient devant la porte de cest chastel, ausi
l'iver come l'esté, dusqu'a huit chevaliers armez de totes
armes. Cist chastiax est auques en trespas des chevaliers
40 erranz. Toz les chevaliers que aventure aportera ceste part, vos
les asaudrez por esprover et por conoistre lor chevalerie et lor
pooir. Et s'il avient par aucune aventure que uns seus chevaliers
vos puisse toz huit abatre ou torner a desconfiture, celi recevez
entor et le faites seignor de vos, et li donez ma fille a feme por
45 qu'il la veille. Autrement ne voi je mie que vos puissiez avoir
si bon seignor com il vos seroit mestiers, mes par ceste espreve
le porroiz vos trover; et si ne demorra mie granment ensi come li
cuers le me dit. » En tiex paroles morut li preudons. Li chevalier
a qui cist comandemenz avoit esté faiz se mistrent puis de tot lor
50 pooir en travail et en poine de mener a fin ce que lor avoit esté
comandé, et comencerent tot mentenant a garder le pasaige encontre
les chevaliers erranz que aventure amenroit cele part.

      Un jor avint qu'il mentenoient encor ceste costume qu'il a-
voient emprise que aventure m'aporta ceste part, armé de totes
55 armes, ne n'avoie en ma compaignie fors que un escuier tant sole-
ment. Quant je vi que li chevalier estoient en tel maniere aresté
enmi le chemin, je conui tot mentenant que j'estoie venuz au joster.
Et por moi haster delivrement de cest fait, je lor corui sus tot
mentenant, et m'avint adonc si bien que je les abati toz huit d'un
[c] 60 sol glaive et les mis dedenz le chastel / a vive force, desconfiz

et desbaretez. Quant je me fu d'ex delivrez en tel maniere com
je vos cont et je m'en voloie departir, cil dou chastel vindrent
mentenant a moi et tant me proierent durement de remenoir que je
remés avec eus por hebergier. Quant je fui entr'ex descenduz et
65 il m'orent demandé qui je estoie, il firent tot mentenant venir
devant moi la demoisele et me demanderent se je la vouloie avoir
a moillier a tote la terre qu'ele tenoit. Que vos diroie je? Tant
me distrent une parole et autre que je m'acordé a eus, si firent
de moi lor seignor et me donerent la demoisele a moillier a tote
70 la terre qu'ele avoit. Sire, or vos ai je devisié coment je con-
quis cest chastel par un sol glaive et en une sole ore de jor, »
    725. « Certes, fait Lanceloz, de tot ce vos ai je bien entendu.
Mes or me dites por quoi vos enpreïstes le pont a garder ou je vos
trové hui. » « En non Dieu, sire, dit Neroneus, tot ce vos conterai
je bien, puis que vos le volez savoir. Or sachez que a celi point
5 que je fesoie encores les noces de ma feme et nos en meniens ceanz
la joie et la feste, un jor avint que nos estiens ceanz dusqu'a
doze chevalier tot ensi joene come je sui ou plus, si comencemes
adonc a parler de chevaleries et de hardemenz et d'esforz. Li
uns se comença plus a prisier que li autres et a dire foles ven-
10 tences, et tant qu'il avint que uns joenes chevaliers qui de cest
païs estoit dist: « Il n'i a nul de vos s'il voloit sor soi en-
prendre un hardement a faire que je n'enpreïsse le mien. » Et
chascuns dist qu'il emprendroit le sien endroit soi.
    Li chevaliers qui ces paroles avoit esmeüs parla premiere-
15 ment et dist: « Je fai un veu devant vos toz que tot mentenant
que je / me partirai de ci, je m'en irai tot droit a la meson le
roi Artus, et m'aresterai devant sa porte toz armez et a cheval.
Et tot le premier qui de leanz istra, fors le cors dou roi tant
solement, je l'asaudrai por tant qu'il soit armez; et se il
20 n'est armez, je li feré prendre ses armes. Et tant me combatrai
puis a li que je le menrai dusqu'a outrance, ou il moi; de ce
me vente je bien. » Li autres chevaliers dist aprés: « Tout mente-
nant que je me serai de ceanz partiz je me metrai au chemin,
et tote la premiere demoisele que je troverrai en quel que leu
25 ne en quel conduit qu'ele soit, nes s'ele estoit ou conduit Lance-
lot dou Lac, je la prendrai et l'amenrai ceanz por ce qu'ele soit
puis tot son aaige demoisele a la dame de cest chastel. » Li tierz
chevaliers dist aprés: « Je me veil de ceanz departir orandroit
et me metrai au chemin por aler a la meson le roi Artus au plus
30 droit que je porrai, et fais un veü que a toz les chevaliers er-
ranz qui voisent querant aventures que je troverrai entre ci et la

je me combatrai a eus dusqu'a outrance, si n'est ensi que li che-
valiers aille dou tout refusant la bataille de moi. » Li quarz
chevaliers dist aprés: « Seignor, ensi est que chascuns vet par-
35 lant de ce que plus li touche au cuer. Il n'a encores mie demi
an que messire Gauven, li niés le roi Artus, ocist un mien frere
germen, bon chevalier et preu et hardi durement, et por sa bone
chevalerie estoit il renomez el reaume de Logres et en mentes
autres contrees. Mesire Gauvens l'ocist en traïson, je le sai
40 tot certenement, si fais un veu que jamés n'osterai le hauberc de
mon dos devant que aie fait de monseignor Gauven, et sanz traïson,
autretant come il fist de mon frere. » Li quinz dist un autre /
[148a] hardement, car il dist qu'il ne reposeroit jamés granment devant
qu'il avroit abatu de sele le roi Artus, ne ja ne le troverroit
45 en si grant compaignie qu'il ne l'alast ferir de sa lance sanz
fer, car ocirre ne le voloit pas; mes il l'abatroit sanz faille
puis que il l'avoit voé, coment qu'il l'en deüst avenir aprés.
Li sisiesmes dist aprés: « Seignor, deus beles dames sont en cest
monde, et celes passent de biauté totes les autres dames qui soient
50 orandroit vivanz. L'une de ces deus dames si est la roïne de
Logres, et l'autre si est la roïne de Cornoaille. Je me vent de-
vant vos toz que je irai en Cornoaille et beserai la roïne Yselt,
coment qu'il n'en doie avenir. »
    726. Que vos diroie je? De toz les chevaliers qui ceanz estoient a celi
point n'i ot un sol qui son veu ne feïst. Et quant chascuns ot faite sa
ventence, il me distrent: « Et vos, Neroneus, que feroiz? » Por ce
que chascuns avoit fait son veu me covint il a faire le mien, si dis
5 adonc: « Seignor, or sachiez tot certenement qu'il n'i a nul de vos
qui n'oit sor li grant chose emprise. Et por l'ahastine de vos
enpreig je sor moi tele aventure qui sera greignor que je faire ne
ne devroie. Ça devant a un pont que vos savez bien qui est apelez
le Pont au Jaiant. A celi pont est li comuns trespas de toz cez qui
10 vont en Sorelois et vers Norgales. Je preig a garder le pont en-
contre toz les chevaliers aventureus qui i vendront en tel maniere
que je me combatrai a chascun chevalier qui par force i voudra pas-
ser; et mentendrai ceste costume un an entier, se avant n'i venoit
si bons chevaliers qui passast le pont par force d'armes et qui me
15 menast dusqu'a outrance. Et de toz les chevaliers que je conquerrai
[b] a force d'armes / je ferai ceanz venir les escuz qui seront tesmoig
de mon fait. Voirement s'il avenist par aventure que je abatisse
aucun chevalier qui abatre ne me poïst, a celi ne me combatroie je
pas, enz s'en porroit outre aler par tant. Sire, en tel maniere com
20 je vos cont enpris je cest pont a garder que je ai ja bien gardé

neuf mois entiers. Et m'en estoit si bien avenu, la Dieu merci, que
encores n'i estoit venuz chevaliers que je n'eüsse abatu ou mené
a outrance par force d'armes. Des abatuz vos di je, sire, qu'il i
ot assez, et des outrez i ot il bien dusqu'a trente et quatre
25 dont encores sont tuit li escu ceanz aparant. »
    727. Quant il orent de ceste chose grant piece tenu parlement en
tel maniere com je vos di, il s'asistrent tot mentenant au mengier,
car bien en estoit et tens et eure. Cele nuit furent servi et
aesié de toz les biens que Neroneus pot avoir adonc, car bien sa-
5 chiez que mout se pena d'onorer Lancelot et ses compaignons come
cil qui trop estoit liez et joianz durement de sa venue.
    Au suer quant il orent mangié dist Neroneus a Lancelot:
« Sire, vos vos partirez demen de ceanz, et je sai bien que vos tor-
nerez vers le grant chemin au plus droit que vos porroiz. Et por ce
10 que je sai bien que vos ne savez que vos troverrez ça avant vos veil
je acointier d'une partie. Sachiez que vos troverroiz demen ça de-
vant aprés ore de prime une montaigne ou il a un chastel fort et
riche de grant maniere. En celi chastel a tot mentenant mise avant
une costume assez anieuse et vilene d'ou ment anui vendront encor
15 et maint grant mal en seront fait, s'ele est longuement mentenue,
car bien sachiez que tuit li chevalier errant qui de la meson le
roi / Artus sont et qui vienent cele part i sont retenu et aresté
et emprisoné, ce m'est avis. Autresi retienent il totes les demoi-
seles qu'il trevent alanz en conduit de chevaliers, qui que il
20 soient. Ceste costume, qui tant est anieuse et si mauvese com je
vos di, ont orandroit tot novelement amené avant cil dou chastel,
por quoi je vos di que vos lessiez le chemin qui vet au chastel et
tornez le chemin a destre. Et bien vos en soviegne quant vos ven-
droiz a une grant croiz de pierre qui ça devant est que vos lessiez
25 le chemin a senestre et tornez celi a destre, car cil a senestre vet
droit au chastel; et lors seroiz delivrez de ce felon trespas. »
    « Or me dites, fait Lanceloz, et savez vos por quoi ceste cos-
tume est ores mise avant si novelement? » « Sire, oïl bien, dit Ne-
roneus. Ele fu mise avant por le fet d'un chevalier que vos amez
30 de tot vostre cuer, qui fist une ostraige au seignor del chastel.
Li sire dou chastel qui vit qu'il ne s'en porroit pas vengier au
chevalier qui ceste outraige li avoit fait, mist tout mentenant
ceste costume avant, car ensi s'en cuida vengier en aucune maniere. »
    « Or me dites, fait Lanceloz, qui fu cil chevaliers por qui ceste
35 costume fu mise avant? » Et il respont: « Sire, ce fu Blioberis de
Gaunes, vostres cosins germens. » « Et quel outraige, dit Lanceloz,
fist il au seignor dou chastel? » « Sire, ce vos dirai je bien,

fait il, puis que vos le volez savoir. »

Lors li comence a conter coment il avoit tolue au seignor dou
40   chastel s'amie et a force tot en tel maniere com nos vos avons
conté ça arrieres, et por celi fait que Blioberis li fist, vet il
encores arestant et retenant par la force de ses chevaliers
[d]   toz les chevaliers de la / meson le roi Artus qui ceste part
vienent et les demoiseles autresi que l'en troeve en conduit de
45   chevalier. « En non Dieu, fait Lanceloz, ceste costume est assez
vilene et mauvese, ne ele ne devroit mie longuement durer. » Itant
dist Lanceloz de cele chose, mes plus n'en parole a cele foiz.

728. Celi soer demanda Lanceloz a Neroneus: « Que volez vos faire
de vostre pont? Le garderez vos encores? » « Sire, fait Neroneus,
nenil, je le les a garder dou tout. Puis qu'il est ensi que
mieudres chevaliers de moi i est venuz, et qu'il le m'a mostré aper-
5   tement, je n'en doi plus tenir la garde. Au chief de l'an, quant
li compaignon revendront qui firent ceanz lor hastines, s'il m'en
velent blasmer, si m'en blasment. Je le gardai et defendi tant
come je poi, mes je le les des ores mes. » « Or me dites, fait
Lanceloz, et oïstes puis noveles de vos compaignons qu'il menas-
10   sent a fin lor veuz? » « Certes, sire, oïl, je ai oï noveles de
toz. Tiex i ot qui en furent mort, et li autre sont encores en
vie. Je sai bien que cil qui ala en Cornoaille por la roïne Yselt
besier est morz, car li rois Mars le fist ocirre a Tintaiol, ce me
dist uns escuiers qui freres germens estoit au chevalier qui fu
15   ocis. »

Assez parlerent par leanz de plusors choses et de plusors a-
ventures. Et puis s'alerent cochier, car il en estoit bien tens
et ore.

729. A l'endemen quant il fu ajorné li chevalier qui desirant
estoient durement de chevauchier, quant il sont armé, il se metent
a la voie. Et mout comendent a Dieu Neroneus et dient que s'il
en vienent en leu il li feront bonté et li rendront le gerredon
[149a] 5   de la cortoisie qu'il lor avoit faite / a cesti point. Quant il
sont venu au grant chemin et Neroneus les ot convoiez, il se part
d'eus et s'en retorne a son chastel. Et li troi compaignon,
quant il furent venu au grant chemin, il chevaucherent tote cele
matinee parlant totevoies entr'ex de Neroneus, et dient que mout
10   est bons chevaliers et hardiz. « Si voirement m'eïst Diex, fait
Lanceloz, je ne poïsse mie legierement croire qu'il fust de la
haute chevalerie dont il est se je ne l'eüsse esprové, car encor
n'a pas granment de tens qu'il fu chevaliers noviax. »

Einsi parlant chevauchent cele matinee, et n'orent pas gran-

15 ment chevauchié qu'il virent la montaigne ou li chastiax Uter es-
toit; et estoit cil chastiax meïsmes ou li chevaliers a la Cote
Maltailliee estoit emprisonez, ensi com je vos ai conté ça arrie-
res. Quant il comencerent a aprochier de la montaigne, il virent tot
apertement les forteresces des chastiax et les tors. « Seignor, fait
20 Lanceloz, or poez veoir le chastel ou li chevalier de la cort le
roi Artus sont emprisoné et arestez, et les demoiseles trespas-
sanz. » « Sire, vos dites verité, dient li compaignon. C'est il
sanz doute. »
   730. Tant ont alé en tel maniere chevauchant qu'il sont venu a la
croiz de pierre que Neroneus lor avoit enseignee le soer devant ou
il devoient eschiver le chemin qui aloit droit au chastel. Et
quant il sont dusques la venu, li dui chevalier dient a Lancelot:
5 « Sire, que vos plest il que nos faciens? Vez ci les deus chemins
que Neroneus nos enseigna. Li uns vet au chastel amont et li au-
tres torne d'autre part. » « Seignor, fait il, vos dites voir. Je
endroit moi en veil volentiers faire ce que vos vodroiz. Et nepor-
quant tant sai ge bien des costumes dou reaume de Logres que puis
10 que chevalier vienent en voie qui se depart en deus ou en trois,
il se / devent departir tot mentenant et tenir chascuns sa voie;
por quoi je di tot plenement que nos somes venu au departir, se nos
volons faire la costume que chevalier errant devent tenir. » Quant
cil entendent ceste parole, il conoissent tot mentenant que Lance-
15 loz ne veust plus tenir lor compaignie a ceste foiz et que il se
veust departir. Et por qu'il n'alassent pas volentiers encontre
sa volenté, respondent il: « Sire, vos dites cortoisie et ce que
chevaliers erranz doit dire. Nos somes sanz faille venu au depar-
tir. Or prenez la quel voie que vos voudroiz, et nos prendrons
20 l'autre. » « Seignor, fait il, les vos merciz quant vos m'en avez
mis a chois. Or sachiez que je preig la voie dou chastel. » Et il
comencent adonc a sozrire et dient: « Sire, por ce parlastes vos
orandroit dou departir que vos ne voliez mie que nos vos i feïs-
siens compaignie. » Et Lanceloz se test atant qu'il ne respont a
25 ceste parole nul mot dou monde.
   Quant il ont lor heaume osté et il se sont entrebesié et co-
mendé a Nostre Seignor ensi come chevalier errant faisoient a celi
tens acostumeement, il relacent lor heaumes, et Lanceloz se met a
la voie droit qui aloit au chastel, et li autre vont l'autre voie.
30 Mes mout sont durement correcié de ce que Lanceloz les avoit faiz
en tel maniere departir de li, car trop volentiers veïssent en
quel maniere il porra delivrer la costume dou chastel.
   731. Quant Lanceloz se fu departiz de ses compaignons, il chevau-

cha tant le chemin de la montaigne et tant fist qu'il vint pres dou
chastel a deus archiees. Et sachiez que la desus en la montaigne
avoit une pleigne trop bele qui duroit bien de totes parz deus
5   liues englesches, et estoit cele plene merveilleusement garnie de
prez et de bois et de fontenes qui le chastel faisoient riche
[c]   et aese de totes choses./ Quant Lanceloz fu devant le chastel ve-
nuz, il vit en une place la devant assez pres de la porte en une
grant arbroie tendus dusqu'a sis paveillons biax et riches. Delez
10   chascun paveillon avoit un cheval tot enselé et tot apareillié de
monter, et un escu tot novel. Et sachiez que li escu estoient
tuit d'une semblance, et noir come meure, ne nule autre desco-
noissance il n'i avoit. Quant Lanceloz voit les chevax et les es-
cuz devant les paveillons et si pres de la porte dou chastel, il
15   dit bien a soi meïsmes que ci li covient il faire proesce; de ci
ne se puet il partir ou sanz joste ou sanz bataille, ce li est
avis. Lors s'areste tot mentenant et fait regarder a son cheval
qu'il n'i faille riens que si escuier i puissent amender.
     Et la ou il s'estoit arestez en tel maniere, atant ez vos
20   vers li venir un escuier qui venoit des paveillons et li dist sanz
saluer le: « Sire chevaliers, qui estes vos? Estes vos de la meson
le roi Artus? » « Vallez, fait Lanceloz, oïl, sanz faille. De la
meson le roi Artus sui je voirement et compainz de la Table Reonde.
Beneoiz soit Diex qui l'onor m'en vost otroier. » « En non Dieu,
25   danz chevaliers, fait li vallez, ce puet vos peser durement.
Mieuz vos venist a cesti point que vos onques n'eüssiez veüe la
meson le roi Artus ne la Table Reonde! Et sachiez que je vos desfi
de par les chevaliers de ce chastel. Por autre chose ne sui je a
vos envoiez fors por dire que vos vos gardissiez d'ax, car bien
30   sachiez que vos iestes venuz a la bataille. »
     732. Quant il a dite ceste parole, il hurte cheval des esperons
et s'en vient druet aus paveillons, et crie tant com il puet en
haut: « Or tost, aus armes, seignor chevalier! Cist chevaliers
aventurex qui ci est venuz est des chevaliers de la Table Reonde. »
[d] 5 Lors prent un cor / qui estoit en un des paveillons et le comence
mout haut a soner si qu'il fu clerement oïz par tot le chastel.
Et ne demora mie granment aprés quant li crenel des murs et des
tors et des forteresces comencerent tuit a emplir de dames et de
demoiseles et d'unes genz et d'autres, car tot mentenant qu'il
10   oïrent la voiz dou cor il sorent tot vraiement que l'en devoit
avoir joste et bataille, et que chevaliers de la meson le roi Artus
i estoit venuz. Quant Lanceloz voit que li crenel comencent
a emplir de gent, il dist a ses escuiers: « Or poez veoir, seignor

vallet, que nos jostes seront bien regardees! »

15 Aprés ce ne demora gaires qu'il vit des paveillons issir un
chevalier armé de totes armes qui montez estoit sor un cheval; si
prent un escu et un glaive. Et quant il est toz apareilliez de
joster, il dist a Lancelot: « Gardez vos de moi, sire chevaliers,
car je vos abatrai, se je puis. » Quant Lanceloz voit qu'a joster

20 li covient, il n'i fait autre delaiement, enz lesse corre au che-
valier au ferir des esperons et li done un si grant cop enmi le
piz a descovert que por le haubert ne rement qu'il ne li face son
glaive boivre el piz, et li met auques en parfont le fer tranchant.
Li chevaliers ne puet le cop sostenir come cil qui durement se sent

25 feruz; et por ce vole il par terre mout felenessement, et gist
illec ausi come morz. Et tot mentenant est la terre environ li
tainte et vermeille de son sanc. Cil qui desus les murs estoient,
quant il voient lor chevalier gesir par terre en tel maniere qu'il
ne faisoit nul semblant de soi remuer, il cuident tot vraiement

30 qu'il soit morz. Et por ce s'escrient il tot comunement a une
*50a]   voiz: « Morz est nostres chevaliers! Mau/vesement s'est provez
a ceste foiz. » Et Lanceloz quant il l'a abatu il ne le regarde
plus que se il ne l'eüst onques veü.

733. Mes la ou il voit les autres chevaliers qui ja estoient mon-
té et issu des paveillons tuit apareillié de ferir et de grever
Lancelot se il poïssent, il, qui de nule riens ne les doute, enz
les bee toz a metre a desconfiture se il onques puet, lor lesse

5 corre. Et de tant li fu il bien avenu qu'il n'avoit encores mie
son glaive brisié, enz en fiert le premerien qu'il ataint si dure-
ment qu'il li fait vuider les arçons. Et s'il avoit fait mal a
l'autre, encores fist il pis a celi de celi cop. Et li autre che-
valier fierent tuit a un cop sor li, et brisent lor glaives tuit

10 quatre, mes autre mal ne li font, ne de la sele ne le puent remuer;
et de tant li avint il bien qu'il ne li ocistrent mie son cheval
desoz li.

Quant il voient qu'il lor est en tel maniere eschapez de ces
jostes, il metent tot mentenant les mens aus espees por li corre

15 sus et domaigier, se il en ont le pooir. Et Lanceloz refait tot
autretel, car bien voit que faire li covient. Ensi comence la
meslee grant et merveilleuse des quatre chevaliers dou chastel en-
contre Lancelot dou Lac. Il l'asaillent mout aigrement, et par ce
l'eüssent il bien mené a desconfiture avant que cil jeus departist,

20 mes il conoissent bien aus cos qu'il vont recevant de li qu'il
est preudons et bons chevaliers et de grant force et de grant pooir,
et li plus vistes et li plus hardiz qu'il onques veïssent entr'ex

venir, ce dient il bien tot plenement. Mes por ce qu'il est toz
seus, et il sont quatre, le cuident il bien metre a mort ou a
25 outrance; si s'en travaillent mout durement. Mes lor travax ne
lor vaut riens: deceü sont et engignié trop malement. Mauvese/-
[b] ment conoissent celi encontre qui il se combatent.

734. Grant piece dure la bataille en tel maniere que nus ne les
veïst adonc qui poïst mie legerement conoistre li quiex en ait le
meillor, ou Lanceloz ou li quatre chevalier. Cil des creniax,
qui la bataille regardoient, quant il ont grant piece regardee, et
5 il voient le contenement Lancelot, la proesce et la grant vistece,
et il voient le contenement des quatre chevaliers, il dient tuit
apertement qu'il ne virent onques mes un si preudome come cist est.
Il lor est bien avis tot plenement que au derrien ne porroient mie
durer li chevalier, enz les metra toz quatre a mort ou a desconfi-
10 ture. « Par sainte croiz! » fait uns des chevaliers qui sor les cre-
niax estoit, et avoit toz jors des le comencement mout ententive-
ment regardé la bataille, et veoit tot apertement que Lanceloz
aloit orandroit plus granz cos donant qu'il n'avoit fait au co-
mencement, quant il a une grant piece ceste chose regardee, il dist
15 a cez qui entor li estoient: « En non Dieu, il les metra toz quatre
a desconfiture ou a mort, et ençois que la nuit venist en ocirroit
il tiex dis come sont cil quatre. Et sachiez qu'il est bien mes-
tiers que li chevaliers del chastel viegne tost, car cist quatre
sont mort s'il ne s'en fuient. »
20 Et cele costume sanz faille avoit esté en tel maniere establie
que se uns chevaliers i venoit par aventure qui par son cors tant
solement poïst les sis chevaliers metre a outrance, il covenroit
que li sires dou chastel se venist a li combatre. Se cil pooit
puis par sa force metre le seignor au desoz et torner a desconfi-
25 ture, mentenant seroient delivré tuit li prisonier de leanz, et cil
noviax establissemenz qui estoit faiz encontre la meson le roi Ar-
tus faudroit des lors en avant.

[c] 735. Grant piece dura la bataille / des quatre chevaliers encontre
Lancelot, mes au derrien la covint il finer a la honte et a la des-
onor des quatre chevaliers, car Lanceloz les torna par force a des-
confiture. Sens faille il se desfendirent tant com il porent, mes
5 au derrien ne lor valut riens lor defense. Li dui chevalier des
quatre remestrent el champ si navré et si maumené durement qu'il
ne cuident jamés veoir nul autre jor que cesti. Li autre s'en
fuient ou chastel tant com il puent por garantir lor vies, car
bien voient apertement que se il plus demorassent el champ qu'il
10 fussent mort. Li criz est granz de totes parz et la huiee mer-

veilleuse, car cil qui sor les creniax estoient, quant il voient
lor chevaliers qui sont del tout desconfit et par le cors d'un sol
chevalier, il s'escrient aprés eus tot comunement: « Veez les ho-
niz! Veez les honiz! »

15   La criee est si merveilleuse que li sires dou chastel, qui
estoit en la mestre tor et se gisoit en son lit toz vestuz, l'en-
tent bien; ne de celi fait ne savoit il encores riens. Et quant
il entent la noise, il demande tot mentenant a cez qui entor li es-
toient: « Quel noise est ce que je oi? Por quoi crïent si fort

20 ces genz? » Si come il disoit ceste parole, atant ez vos devant li
venir un viel chevalier qui ses parenz estoit. Tout mentenant que
li sires le voit, il li demande: « Quiex noveles? » « Sire, fait il,
armez vos tost! A combatre vos estoit, car de vos sis chevaliers
qui le passaige gardoient por la costume mentenir que vos aviez

25 mise avant sont mort li quatre, et li autre dui sont tel atorné
qu'il n'avront jamés pooir de porter armes. » « Et coment est ce
avenu? » dit li sires. « En non Dieu, sire, la hors est mentenant
venuz uns chevaliers erranz qui par son cors tant solement a ceste
desconfiture faite. Mes / il est sanz faille tant traveilliez et

30 si tres durement navrez qu'il n'avra duree a vos. »

   736. Quant li sires dou chastel entent ceste parole, il en devient
toz esbahiz et auques en est espoentez, car il cuide tot mentenant
que ce soit Blioberis de Gaunes qui ceste part soit retornez por
li metre a mort; et sachiez que Blioberis estoit uns des chevaliers

5 ou monde que il plus redotoit. Mes totevoies ce l'asseüre durement
qu'il set qu'il s'est combatuz ax sis chevaliers, si ne puet estre
en nule maniere qu'il ne li aient tant doné a faire qu'il est tant
lassez et tant traveilliez qu'il ne cuide mie qu'il ait ja duree
encontre li, a ce qu'il vendra ja sor li toz fres, et cil est

10 lassez et traveilliez et navrez et a perdu del sanz. Autrement
ne puet estre, et ce li done grant hardement en ceste aventure
a cesti point.

   « Or tost, fait li sires, aportez vos mes armes, puis que li
chevalier de ceanz sont si honi et si maumis qu'il sont torné a

15 desconfiture par un sol chevalier estrange. Certes, jamés a nul
jor de ma vie n'avré en eus fiance. Or porrez ja veoir aperte-
ment que je toz seus ai plus de pooir qu'il n'ont tuit. » Tot
mentenant qu'il a comandé que ses armes li soient aportees, en
les li aporte, si l'arment erranment bien et bel au mieuz qu'il

20 onques pueent. Et quant il est bien armez, il s'en ist hors de la
chambre et vient enmi la cort, et monte sor un cheval fort et inel
et de grant bonté plen.

737. Quant il est toz apareilliez qu'il n'i faut fors del ferir, il demande: « Ou est li chevaliers qui ceste honte nos a faite? » « Sire, font il, il est ça defors la porte; il n'est mie encores ceanz entrez. » Li chevaliers s'en vet atant defors la porte dou chastel

[151a] 5 et s'en / ist fors. Et tot mentenant cil qui desus les murs estoient et regardoient Lancelot a merveilles et disoient bien que onques mes nus chevaliers ne l'avoit si bien fait, quant il voient lor seignor venir tot armé et tot apareillié et volenteïf de bataille, por ce que mout avoient grant esperance de sa chevalerie,

10 car en mente fort espreve l'avoient il ja veü dont il s'estoit bien delivrez et honorablement, et quant il le voient venir, il s'escrient tuit a une voiz: « Veez ci venir le bon chevalier! Veez ci venir le bon chevalier! »

Quant Lanceloz entent ceste parole, il se merveille mout durement que ce puet estre, por ce qu'il dient: « Veez ci le bon che-

15 valier. » Se il fust orandroit en Cornoaille, il ne se merveillast pas de ces paroles, car il cuidast tot plenement que ce fust Tristanz de qui il deïssent. El reaume de Logres, ce li est avis, ne set il nul que l'en doie apeler le bon chevalier, se ce n'est tant solement

20 Palamedes. Et tot mentenant que Palamedes li vient el cuer, il dit a soi meesmes que ce est Palamedes sanz doute a qui il li covient combatre; mes mout se merveille durement coment il estoit ja venuz si tost cele part, car il l'avoit avant hier delivré de la prison Breuz sanz Pitié.

738. La ou cil del chastel crioient en tel maniere por lor seignor: « Veez ci venir le bon chevalier », une pucele qui aprés Lancelot estoit venue mout priveement, et l'avoit Neroneus cele part envoiee por savoir que Lanceloz feroit au chastel, car il sa-

5 voit bien tot certenement que puis que Lanceloz savoit noveles de ceste aventure, il ne leroit en nule maniere que il n'i alast. Por ce que Neroneus voloit savoir coment Lanceloz fineroit l'a-

[b] venture de ceste besoigne avoit il cele part envoié une / demoisele de son ostel qui puis li seüst raconter tot celi fait. La

10 demoisele estoit montee sor les murs avec les autres. Quant ele entendi que cil dou chastel crioient por lor seignor « Veez ci le bon chevalier », ele comence a crier tant com ele puet: « Tesiez vos, gent maleuree! Vos ne savez que vos alez disant. Vos avez iex et ne veez goute. Ce n'est pas li bons chevaliers que vos

15 alez monstrant, mes vez le la, celi qui a faite la desconfiture de vos chevaliers. De celi devez vos bien dire que ce est li bons chevaliers, non mie de cel autre. »

La ou ele disoit ceste parole, une vielle dame qui delez li

estoit et qui estoit suer germene au seignor dou chastel, quant
20   ele entent les paroles que la demoisele va disant, et ele oï
qu'ele aloit si hardiement contredisant ce que cil de leanz
disoient, ele s'acoste lez la demoisele et li dit mout debonere-
ment: « Demoisele, se Diex vos doint bone aventure, dites moi qui
li chevaliers est que vos alez si durement loant. » « Dame, fait la
25   demoisele, se Diex m'eïst, c'est li mieudres chevaliers dou monde,
selonc ce que je ai oï dire n'a mie encores trois jorz a preudome
et a bon chevalier. Et se vos estiez en la meson le roi Artus, je
ne cuit que vos trovesiez home qui encontre ceste parole alast,
s'il ne le faisoit par haine ou par envie. » « Ha! por Dieu, fait
30   la dame, puis qu'il est ensi bons chevaliers come vos dites, dites
moi coment il est apelez. » « Dame, ce dit la demoisele, son non ne
vos diroie je mie a ceste foiz, car par aventure il ne li pleroit
mie. Mes tant vos di je bien que c'est li mieudres chevaliers dou
monde. » « En non Dieu, fait la dame, puis que ce est li mieudres
35   chevaliers dou monde, ou ce est Lanceloz dou Lac, sanz faille, ou
ce est Tristanz, li niés le roi Marc de Cornoaille. Il ne puet
:]   estre que ce ne soit li uns de cez deus. » « Dame, fait / la demoi-
sele, vos dites bien verité. Voirement est ce li uns de ces deus
que vos avez orandroit nomez. »

739. Ensi parloit la demoisele que Neroneus avoit envoiee au chas-
tel Uter. Et sachiez que ceste parole qu'ele dist en tel maniere
fu mentenant si pueplee et recitee ça et la que tuit cil qui aus
creniax estoient disoient plenement que cil qui ceste desconfiture
5   avoit faite des sis chevaliers est sanz faille Tristanz de Corno-
aille ou Lanceloz, et que lor sires est morz et honiz s'il ne fait
pes, car il encontre cesti ne porroit mie longuement durer.

Et li dui chevalier qui a ceste chose entendoient petit, tot
mentenant qu'il s'entrevoient, por ce qu'il conoissoient bien
10   qu'il erent ensemble venu por espreve de bataille, il hurtent er-
ranment les chevax des esperons, et lesse corre li uns vers l'autre,
les glaives aloigniez, car Lanceloz sanz doute avoit glaive bon et
fort que uns de ses escuiers li avoit aporté des lors qu'il vit
que a combatre li covenroit. Li chevaliers brise son glaive et le
15   fait voler en pieces; et Lanceloz, qui encor se sentoit assez pe-
tit de ce qu'il avoit fait, le fiert si durement que cil n'a
pooir qu'il en sele se tiegne, enz vuide les arçons amedeus et
chiet a terre mout felenessement.

Quant Lanceloz voit le chevalier a terre, il descent tot men-
20   tenant et baille son cheval a un de ses escuiers. Et li vallez li
dist la ou il se voloit combatre: « Sire, savez vos qui cil cheva-

liers est a qui vos vos volez combatre? » « Ce ne sai je mie tres
bien, et neporquant je croi que ce soit li sires dou chastel. »
« Sire, vos dites verité, fait li vallez. Por Dieu gardez qu'il ne
25   vos eschape, car par cestui poez vos ores faire remenoir la male
costume qu'il avoit mise avant. Et s'il vos eschape par aucune
[d]   aventure, quanque / vos avez fait est neanz, car tot sera au re-
comencier. » « De ce, fait Lanceloz, n'aies doutance, car je en
cuide mout bien penser. »

740. Lors lesse corre au chevalier, l'espee trete, sanz faire
autre delaiement. Et cil qui autresi s'estoit apareilliez de la
bataille come cil qui bien veoit que a faire li covenoit, et bien
conoissoit il par le cop qu'il avoit receü de la lance que de grant
5   force et de grant pooir est li chevaliers qui tel cop li avoit
doné, li revient d'autre part, l'espee entesee; si revient d'autre
parz Lanceloz. Ensi comence la meslee des deus chevaliers si fort
et si fiere que cil dou chastel qui la regardoient dient bien co-
munement qu'il ne virent onques mes bataille si criele ne si fe-
10   lenesse com est ceste, car trop sont amedui de grant force. Ensi
mentienent la meslee une grant piece, mes non mie trop igalment,
car ele n'a pas granment duré que Lanceloz comence a prendre terre
sor le chevalier et a doner li uns cops si pesanz que cil n'a
force ne pooir de sostenir son escu ne s'espee se a grant poine
15   non.

Que vos diroie je? Tant endure li chevaliers qu'il ne puet mes
en avant. Il est navrez de totes parz et tant a ja dou sanz perdu
qu'il est si vens et si lassez et si traveilliez durement, et si a
l'alaine perdue que a grant poine se puet il mes sostenir. Lors
20   est il trop durement desconfortez, car il ne voit en nule guise
coment il se puisse garantir de mort encontre ce chevalier s'il
ne crie merci. Et Lanceloz, qui esbahi le voit et qui bien voit
apertement qu'il n'a point en li de desfense, se met adonc avant
et se comence plus a abandoner, et li comence a doner parmi le
25   heaume les cops si granz qu'il le fait a terre flatir d'amedeus
[152a]   les genouz. Et il se / lance adonc a li et l'ahert par le heaume et le
sache a soi si felenessement qu'il li arache fors de la teste et
le giete en voie, si que cil remest la teste desarmee fors de la
coife de fer. Et Lanceloz li saut sor le cors et li done parmi
30   le visege del pont de l'espee grandimes cops, si que li vis li
vet sainant de totes parz.

741. Quant li chevaliers se sent si malement atorner, il cuide
bien que Lanceloz le veille ocirre, si li dit: « Ha! sire cheva-
liers, por Dieu, ne m'ociez pas, car je me met dou tout en vostre

menaie et me tieg del tout pour outré. » « Or fiance donc, fait
Lanceloz, que tu feras mon comendement. » Et cil li fiance volen-
tiers qui se tient a beneüré s'il puet a ceste foiz eschaper
sauve sa vie. Et Lanceloz le lesse mentenant, et puis li dit:
« Je te coment que tu faces ci venir toz tes homes, si orront le
comendement que je te veil faire. » Et cil les fait mentenant ve-
nir avant.

Et quant il sont illec assemblé tot comunement, li grant et
li petit, Lanceloz parole si haut que tuit le pueent bien entendre:
« Seignor, fait il, je veil savoir par vos meïsmes se je ai encores
fait de ceste aventure tot ce que l'en en doit faire, car se je
n'avoie fait tot ce qu'il covient a l'aventure parfornir, je sui
prez que je plus en face, car je n'ai encores ci fait chose d'ou
je me sente encores mie granment traveilliez. » Et il reponent
tuit: « Assez en avez fait. Il ne covient que vos en facez plus. »
Et il se torne adonc vers le seignor dou chastel et li dit: « Je
te coment, fait il, sor la foi que tu m'as donee que se tu as
prison nul en ton chastel que mentenant les faces delivrer. » Et
cil comande erranment qu'il soient delivré. « Encores te coment je
une autre chose, fait Lanceloz. Je veil / que ceste costume que tu
avoies novelement alevee que tu ne la mentiegnes plus, ne por chose
que Blioberis de Gaunes te mesfeïst onques tu ne feras des ores mes
vilenie ne felonie a chevalier errant, ne vilenie ne feras a dame
n'a demoisele trespassant. » Et cil li creante leaument que tot ensi
le fera il com il li comande, ne ja de cest comendement n'istra.
« Or veil je encor, fait Lanceloz, avant que tu de moi departes,
que tu faces venir avant toz les prisons que tu tiens, por quelcon-
ques achoison qu'il i soient. » « Sire, fait il, volentiers. » Lors
comande a sa mesniee que l'en les amoint erranment. Et sachiez
qu'il estoient bien par conte dusqu'a trente et huit chevalier
qui tuit reperoient en la cort le roi Artus; mes des compaignons
de la Table Reonde n'i avoit il mie granment. Mes de dames et de
demoiseles i avoit il bien dusqu'a quarante qui totes furent a celi
point delivrees par Lancelot dou Lac ensi come je vos ai devisié.

742. Quant il vit qu'il les avoit en tel maniere toz mis a de-
livrance, por ce qu'il ne vosist mie volentiers qu'il seüssent par
qui il estoient delivré, il ne fait onques autre chose, enz vient
a son cheval et monte et se part atant d'entr'ex. Quant cil de
leanz voient qu'il s'en veust aler en tel maniere, il li vienent
erranment au devant, criant tant com il pueent: « Ha! por Dieu
et par franchise, ne vos en alez en tel maniere, mes remenez avec
nos qui somes tuit comunement apareillié de vos servir en totes

les manieres que vos nos savrez comender. » « Seignor, fait il,
10 mout granz merciz de ce que vos m'ofrez vostre servise si dure-
ment que je n'ai encores mie deservi. Mes sachiez que je ne de-
morrai pas orandroit en nul leu de cest païs. » « Ha! sire, font il,
[c] por / Dieu, quant vos avez tel volenté qu'avec nos ne volez demo-
rer a ceste foiz, nos vos volons proier por Dieu, tant com nos porriens
15 proier tel chevalier com vos iestes, que vos nos diez vostre
non, si que nos le sachiens a dire a cez qui ceste part vendront
qui fu cil qui la male costume de cest chastel fist remenoir. »
Et il lor respont: « Seignor, mon non ne poez vos savoir a ceste
foiz ne autre chose de mon estre, fors tant solement que je sui
20 uns chevaliers de la meson le roi Artus. » Quant il a dite ceste
parole, il ne tient a eus nul autre parlement, enz s'en vet outre
entre li et ses escuiers, et se haste mout durement de chevauchier,
car il ne vorroit en nule maniere dou monde que cil de leanz ve-
nissent aprés li por li plus metre en paroles.

    743. En tel maniere com je vos cont se parti Lanceloz de Chastel
Uter qu'il ne lor dist son non por nule proiere qu'il li seüssent
faire; ne il ne l'eüssent ja seü lors se ne fust la dame qui a la
demoisele, qui estoit mesaigiere Neroneus, avoit parlé. Quant la
5 demoisele vit que Lanceloz s'en estoit ensi partiz, et tuit cil
del chastel comunement en estoient ausi come tuit enragié de cor-
roz por ce qu'il ne savoient le non de celi qui si granz merveilles
d'armes avoit faites devant eus—et dit li uns a l'autre: « Savez
vos qui li bons chevaliers est qui de ci s'en vet? », et chascuns
10 dit: « Par foi, je ne sai »—la dame d'ou je vos ai conté, qui
bien reconoist aus paroles que la demoisele li avoit dites qu'ele
savoit bien sanz faille qui li chevaliers estoit, ele se met donc
avant et dit oiant toz: « Seignor, puis que vos ne savez qui li
chevaliers est, je vos enseignerai coment vos le porrez conoistre /
[d] 15 orandroit. Veez ci une demoisele qui bien le conoist sanz faille.
Ceste vos savra bien enseignier qui il est. » Adonc lor mostre la
demoisele.

    Adonc s'asemble toz li pueples entor li, et li comencent tuit
a dire a une voiz: « Ha! demoisele, dites nos qui li chevaliers
20 est qui de ci s'en vet. » Et ele se comence mout fort a escondire
et dit qu'ele ne set son non. Et neporquant au derrien, por ce
qu'ele aperçoit bien que li pueples se veust correcier a li, ele
lor dit: « Seignor, ce n'est pas cortoisie a mon ués se je vos di
le non de ce chevalier puis qu'il ne s'en vost descovrir a vos.
25 Et neporquant puis que je voi apertement que je ne me porroie de-
livrer de vos se je ne vos disoie son non, je le vos dirai encontre

ma volenté. Or sachiez que ce est Lanceloz dou Lac, li chevaliers
de la meson le roi Artus qui plus est renomez de chevalerie. »
Quant il entendent que ce est Lanceloz dou Lac, lors sont il plus
30 correcié qu'il n'estoient devant, car trop lor poise durement de
ce qu'il s'est d'eus departiz si tost; trop le vosisent volen-
tiers avoir veü par loisir, et lui fait grant joie et grant
feste.

744. Quant li prison que cil del chastel tenoient furent amené
avant, li sires del chastel lor dist: « Seignor chevalier et vos
dames et demoiseles qui ceanz iestes en prison, et avez esté ensi
com vos savez, vos iestes delivré, ensi que vos vos en poez aler
5 quel part que vos voudrez, car nos ne vos retendrons plus. Vos
armes et vos chevaucheüres, tot autresi come eles estoient quant
vos fustes pris, vos les ravroiz; eles n'enpirerent onques puis
a mon escient de nule chose. » Quant li prison entendent ceste
novele, s'il sont lié et joiant durement, ce ne fait pas a mer-
53a] 10 veillier, car / bien sachiez vraiement qu'il ne cuidoient jamés
estre delivré.

Li chevaliers a la Cote Mautailliee, qui trop est liez de
ceste novele, demande a un chevalier qui devant li estoit: « Se
Diex vos doint bone aventure, sire chevaliers, dites moi qui fu
15 cil qui nos delivra, et qui ceste mauvese costume a delivree. »
Et il respont: « Sire, sachiez vraiement que ce est Lanceloz dou
Lac. Par li iestes vos tuit delivré, et il tot seus a fait tant
d'armes maintenant par devant nos qu'il a mené par force d'armes
sis chevaliers dusqu'a outrance, et aprés tot ce eüst il mort le
20 seignor de cest chastel a qui il se combati puis, se ne fust ce
qu'il li cria merci, et qu'il li promist qu'il vos deliverroit
toz et que ceste male costume qu'il avoit mise avant ne menten-
droit il plus orandroit qu'il se parti de ci. » « Et coment fu ce,
fait cil a la Cote Mautailliee, qu'il s'en ala si tost? Mout
25 fustes gent esbahie qui avec vos ne le retenistes por li faire
feste et honor. » « Or sachiez bien, fait li chevaliers, que se li
rois Artus proprement, qui est li guendres sires dou monde et li
plus puissanz, i fust venuz, ne l'en poïssiens nos plus doucement
prier ne plus bel que nos l'en priemes. Mes onques remenoir ne
30 vost por proiere que nos li feïssiens; ce nos poise mout chiere-
ment. » « Or me dites, fait li chevaliers a la Cote Mautailliee,
Lanceloz puet il estre mout esloigniez puis qu'il se departi de
ci? » « Certes, sire, fait li chevaliers, nenil. Je ne cuit mie
qu'il soit encores loig demie liue englesche. » « Et quel part
35 s'en ala il? » fait li chevaliers a la Cote Mautailliee. « Certes,

sire, fait il, il s'en ala tot le chemin, ausi com se il s'en vosist
aler vers Sorelois. » « En non Dieu, fait cil a la Cote Mautailliee,
[b]   de ce sui je mout / liez et joianz, car autresi veil je aler cele
part. Et por Dieu, itant me dites, quel escu porte Lanceloz, si
40   que je le puisse conoistre, se aventure me moine avec li. » Et
cil li devise tantost. Li chevaliers a la Cote Mautailliee tres-
saut toz de joie quant il entent ceste novele, car il reconoist
bien que c'estoit li chevaliers qui avec eus avoit chevauchié et a
qui la demoisele mesdisant avoit dites tantes vilenes paroles
45   et anieuses.

    745. Li chevalier deprisoné n'i font autre delaiement, enz pren-
ent lor armes et lor hernois que l'en lor aporte mentenant, tot
ensi enterinement com il l'avoient leanz aporté quant il furent
pris; et totes lor chevaucheüres autresi lor rendi l'en.

5   La demoisele mesdisant, qui mout prise la chevalerie de celi
a la Cote Mautailliee, car trop viguereusement et trop bien l'a-
voit veü defendre encontre les sis chevaliers, et tant i avoit
fait qu'ele le prisoit orandroit plus qu'ele ne soloit, quant el
est apareilliee et montee et si escuier sont monté, ele vient au
10   chevalier a la Cote Mautailliee qui ja estoit montez et disoit a
soi meïsmes que a cesti point n'atendroit il plus la demoisele,
car puis qu'il savoit quel part il devoit aler, il n'avoit cure de
dame ne de demoisele por mener en sa compaignie, la demoisele
s'en vient droit a li et li dit: « Sire, vos plest il que nos chevau-
15   chons? » « Demoisele, fait il, il me plest bien puis qu'il vos
plest. Et quant vos me daigniez apeler por vos tenir compaignie,
sachiez que je m'en tieg a plus vaillant. » Atant se metent a la
voie qu'il n'i font autre delaiement.

    746. Et quant il sont au plen venu, li chevaliers a la Cote Mau-
[c]   tailliee, qui savoit bien que c'estoit / Lanceloz qui avec eus
avoit esté et chevauchié ensemble avec eus et qui si durement
s'aloit vers eus celant, parole et dit a la demoisele: « Demoi-
5   sele, fait il, grant merveille est coment langue de demoisele em-
prent sor soi si grant hadement et si fol qu'ele dit onques vi-
lenie a chevalier qu'ele ne conoisse. » « Por quoi, fait ele, le
dites vos? L'avez vos dit por vos? » « En non Dieu, fait il, por
moi ne le di je mie, ençois le di por le meillor chevalier dou
10   monde a qui vos deïstes n'a encores mie granment de tens honte et
vilenie assez plus que l'en ne devroit dire a un garçon. Et certes,
se de voz vilenes paroles vos mescheoit encores durement, nus hom
ne vos en devroit plaindre. » « Quant fu, fait ele, cest parlement
que je tig au meillor chevalier dou monde? » « Dont ne vos sovient

15 il, fait cil a la Cote Mautailliee, del chevalier qui avec nos
chevaucha l'autre jor, celi qui faisoit porter son escu covert
d'une houce vermeille?» «De celi, fait ele, me sovient il bien.
Onques en tote ma vie je ne vi un si vilen chevalier com il est
ne si mesdisant. De la seue compaignie me gart Diex, car je ne
20 fui onques sanz corroz tant come je fui avec li. Mes por quoi le
m'avez vos mis avant?» «Por ce, fait li chevaliers a la Cote Mau-
tailliee, que je veil bien que vos sachiez que cil meïsmes de qui
vos alez mesdisant est li mieudres chevaliers dou monde.»

«En non Dieu, fait la demoisele, onques mes en tote vostre
25 vie ne deïstes parole ou il n'eüst plus de verité qu'en ceste.
Or sachiez que cil ne porroit estre, ne por Dieu ne por home, si
bons chevaliers come vos dites.» «Si m'eïst Diex, fait il, si est!
Ce est voirement li mieudres chevaliers dou monde.» «En non Dieu,
fait la demoisele, / male aventure ait donc Lanceloz dou Lac s'il
30 n'est mieudres chevaliers de cesti et plus cortois.» «Demoisele,
fait li chevaliers a la Cote Mautailliee, ce ne porroit estre que
nus hons fust tres bien cortois avec vos, car vos avez tot adés la
langue si apareilliee de dire vilenie et mal qu'il n'est nus si
amesurez que vos ne feïssiez torner a folie. De nule demoisele
35 dont je oïsse onques parler je n'oï dire que nule fust onques si
mesdisant come vos iestes. Or me dites, se Diex vos doint bone
aventure, vos porriez vos acorder en nule maniere a ce que Lance-
loz fust li mieudres chevaliers dou monde?» «Certes, fait la de-
moisele, m'acort bien a ce qu'il est orandroit li mieudres del
40 reaume de Logres. Mes se Tristanz, li niés le roi Marc de Cor-
noaille, i fust autresi com il est orandroit en Cornoaille ou en
la Petite Bretaigne, je diroie lors tot plenement qu'il i avroit
assez meillor que n'est Lanceloz dou Lac. Lanceloz sanz doute est
orandroit li mieudres chevaliers qui soit ou reaume de Logres.»
45 «Demoisele, fait il, donc puis je bien dire hardiement que vos avez
plus dite honte et vilenie que je n'oï onques mes dire a nul home
au meillor chevalier qui soit ou reaume de Logres, car bien sachiez
que li chevaliers d'ou nos avons orandroit ci parlé tant, cil mees-
mes qui faisoit porter son escu covert d'une houce vermeille et a
50 qui vos deïstes tant de honte et de vilenie que encor vos en so-
vient il bien, est Lanceloz proprement. Or esgardez coment vos
poez prisier et amer vostre langue qui mesdist a tel chevalier!
Et encore vos di je vraiement que c'est cil qui hui nos delivra
] de prison et qui a / ostee la male costume que li sires del Chas-
55 tel Uter avoit mise avant por les chevaliers erranz arester; et si
croi que vos le porroiz ja trover ça devant.»

747. Quant la demoisele entent ceste parole, el est tant durement esbahie qu'ele ne set qu'ele doit respondre. Ele se test sanz dire nul mot dou monde, et pense mout durement, et mout es dolente et correcie de ce qu'ele a parlé en tel maniere encontre si

5 bon chevalier. Or s'en repent mout durement, mes ce est a tart, ce li est avis. Volentiers tornast autre voie, s'ele poïst; mes ele ne puet mie tres bien, car ele metroit son cors en aventure s'ele voloit chevauchier sanz compaignie de chevalier, a ce que en cele contree areste l'en volentiers les demoiseles que l'en

10 troeve sanz conduit, car encor n'estoit pas seü par le païs que la costume del Chastel Uter fust failliee.

Li chevaliers a la Cote Mautailliee se haste mout durement de chevauchier, car ja vorroit avoir ataint Lancelot. Mout li tarde qu'il le voie. Et la demoisele li demande por quoi il se haste si

15 de chevauchier. « Demoisele, fait il, ne vos en merveilliez vos mie: il me tarde mout durement que je aie Lancelot ataint qui ci devant s'en vet. Il n'est mie loig granment de ci. Encores poez vooir les esclox des chevax. » La demoisele ne set mes qu'ele doie dire. Ele est esbahie si durement qu'ele n'a pooir de respondre.

20 Que vos diroie je? Tant ont chevauchié en tel maniere qu'il ataignent Lancelot qui avaloit la montaigne et venoit au plen. Et quant Lanceloz les ot venir, il se regarde. Et tot mentenant
[b] qu'il voit l'escu a la men / blanche, il conoist bien que c'est li chevaliers a la Cote Mautailliee, cil qui avoit emprises les

25 trois aventures des destroiz de Sorelois; et cele demoisele qui vient avec li est sanz faille la demoisele mesdisant, ce li semble. Lors s'areste et atent tant qu'il sont dusqu'a li venu. Lors les salue et dit que bien soient il venu. « Sire, fait cil a la Cote Mautailliee, Diex vos doint la bone aventure, et benooiz soit

30 Diex qui ceste part vos amena, car bien sachiez que de vostre venue avoie je mout grant mestier. » « En non Dieu, fait Lanceloz, je cuidoie que vos fussiez ja assez plus avant, et por ce me hastoie je de chevauchier, ca je vos cuidoie ça devant ataindre hui ou demen. » « Par sainte croiz, fait cil a la Cote Mautailliee, se

35 Diex ne vos eüst cest chemin amené, malement nos fust avenu, car bien sachiez que nos estiens mis en tel prison d'ou nos ne fussiens a piece mes delivré, se ne fust par Dieu et par vos. » « Come? fait Lanceloz, fustes vos donc pris puis que je me departi de vos? » « Sire, oïl, sanz faille. Cil dou Chastel Uter nos pristrent et

40 enprisonerent. »

Lors li comence a conter en quel maniere, et li conte tot en riant coment il fist la demoisele retenir, la ou il la pooit de-

livrer, et puis la cuida delivrer, mes il ne pot, enz furent pris
amedui ensemble. Et li conte totes les paroles que la demoisele
45 li avoit dites. Et de ce fait ot Lanceloz trop grant joie et
trop grant feste.
748. A chief de piece parole la demoisele et dit a Lancelot:
« Ha! sire, por Dieu, merci! Pardonez moi les vilenes paroles que
je vos ai dites n'a encores mie granment de tens. Or sachiez, sire,
que se je vos coneüsse autresi bien / come je fais orandroit,
5 mieuz vousise perdre la vie que parler a vos en tel maniere come
je parlai. » « Demoisele, fait Lanceloz, se vos me deïstes vilenie,
je le vos pardoig volentiers. Et sachiez qu'il ne m'en sovient ores
mie granment; et s'il m'en sovenoit ores bien, si m'en est il assez
petit. Mes or me dites, me conoissiez vos ensi come vos dites? »
10 « Sire, fait ele, oïl, voirement vos conois je bien: vos iestes
Lanceloz dou Lac. »
Quant il entent ceste parole, il besse la teste vers terre et
est ausi come correciez de ce qu'il est coneüz, si demande a la
demoisele: « Demoisele, qui vos dist mon non? » « Sire, fait ele,
15 cil chevaliers qui ci est le me dist orandroit, de que je fui tote
merveilleuse quant je soi que vos vos aliez celant en tel maniere. »
Et Lanceloz demande a celi a la Cote Mautailliee coment il avoit
seü son non. Et cil li respont: « Sire, or sachiez que cil del
Chastel Uter le sevent; ce ne sai je mie qui le lor dist. » Et
20 il respont que de ceste chose li poise il mout chierement. Aprés
redist: « Sire chevaliers, puis qu'il est ensi que vos savez mon
non, je vos pri que vos facez tant por la moie amor que vos a nului
ne le diez tant com vos soiez en ma compaignie, car je ne vorroie
que nus me coneüst en ceste voie tant com je me poïsse celer. » Et
25 cil li promet leaument que ja ne l'en descoverra, et ausi fait la
demoisele.
Et Lanceloz lor dist lors: « Or nos hastons de chevauchier
tant com nos porrons par reson et de faire grant jornee selonc ce
que nostre cheval le porront sofrir. Et savez vos por quoi je le
30 di? Je me parti hui matin de deus chevaliers qui compaignon sont
de la Table Reonde, / et s'en vont vers les destroiz de Sorelois
por achever ceste aventure meesmement por quoi nos alons orandroit
cele part. Je ne vorroie en nule maniere del monde que nos ne
venissiens la devant eus, et por ce di je que nos hastons le nostre
35 afaire selonc nostre pooir. » « Sire, fait cil a la Cote Mautailliee,
qu'en diroie? Je sui prez que je face des ores mes a vostre co-
mendement de tot ce qu'il apartient a moi de cest afaire. »
749. En tel maniere chevauche tant Lanceloz en cele compaignie

qu'il vindrent a l'entree de Sorelois; et lor avint si bien qu'il
lessierent derrier eus les deus compaignons d'ou nos avons autre
foiz parlé. Quant il furent venu trusqu'a la premiere entree de
5 Sorelois ou il avoit une porte qui tout adés estoit gardee de jorz
et de nuit que plusor chevalier ne poïssent entrer leanz ensemble,
et cele entree estoit par une tranchiee si estrete et si anieuse
qu'il n'i poïst en nule maniere entrer deus chevaliers d'un front;
et sor tot ce il avoit illec bone porte et fort que sergent gar-
10 doient. En tel maniere com je vos cont virent venir les deus che-
valiers armez de tiex armes ensi com il estoient avant qu'il eüs-
sent passé le passaige. Li sergent lesserent aler aval une porte
coleïce de fer qui mout fist grant noise au cheoir. Quant li dui
chevalier voient qu'il sont aresté par la porte colant que cil
15 de la tor ont lessié cheoir, et il voient qu'il ne pueent avant
aler, il ne sevent que il doient faire. Or sont il plus dolent et
[155a] plus correcié qu'il n'estoient devant. Il se tienent / tuit quoi,
come cil qui avant ne pooient aler, ce savoient il apertement.
    Au chief de piece vint uns sergenz a une des fenestres de la
20 tor et dist aus chevaliers: « Seignor chevalier, que demandez vos
et qu'alez vos querant? » Lanceloz respont tot premierement et dist:
« Amis, fait il, nos somes dui chevalier errant qui alons querant
aventures. Nos somes en ceste partie venu por veoir et por es-
prover se nos porriens mener a fin l'aventure des trois passaiges. »
25 « Coment, seignor! fait li sergenz, si estes por ce venu dui cheva-
lier ensemble? Or sachez tot certenement que dui chevalier en-
semble n'i poez vos entrer, car nos qui gardons ceste tor en se-
riens mort et honi se nos le sofrions. Ce ne vos di je mie que
nos ne sofrissiens bien que li uns de vos i entre, le quel que
30 vos voudroiz, et li autres remendra dehors et atendra tant que
nos aions veü coment cil le porra faire qui sera entrez dedenz. »
    750. Quant cil lor ot doné cest respons ensi com je vos ai conté,
li chevaliers a la Cote Mautailliee respont adonc et dist a Lance-
lot: « Ha! por Dieu, sire, s'il vos plest, tant me faites de bonté
et de cortoisie a ceste foiz que vos sofrez que je tot premierement
5 m'essaie a ceste aventure. Se je par moi la puis mener a fin, a
Dieu tan bien, et se je n'en ai pooir, adonc vos i porrez vos
metre. Je sai bien tot certenement que vos la metroiz bien a fin. »
« Or me dites, fait Lanceloz, et se vos ne la poez mener a fin, qui
le me fera savoir?—car ça dehors ne vorroie je mie demorer lon-
[b] 10 guement, se je pooie. » « Sire, fait cil a la Cote Mal/taillee, je
vos diré coment vos porrez estre certens de ceste chose. Je en
menrai avec moi un de vos escuiers, et en leu de celi je vos lesse-

rai un des miens. Coment qu'il m'aveigne puis, vostres escuiers
retornera a vos et vos acontera mon fait. » « Vos dites bien, fait
15 Lanceloz, et je m'i acort, car ce me semble bien resons. »
Lors parole a cez de la tor et dist: « Seignor, vos savez bien
por quoi nos somes ça venu. Et puis que la costume de ce chastel
est tele qu'il ne puet leanz entrer a une foiz que un chevalier, nos
nos somes entr'acordé entre moi et cest chevalier que je remendrai
20 ça dehors et il enterra leanz entre li et deus escuiers; et li uns
des escuiers retornera puis et nos savra a dire qu'il avra fait. »
« Sire, font li sergent, a ce nos acordons nos bien. Nos meesmes
envoierons avec le chevalier un de nos sergenz qui puis nos savra
aconter tot son fait. »
751. A ce se vont tuit acordent. Il evrent mentenant la porte.
Li chevaliers a la Cote Mautailliee entre dedenz entre li et deus
escuiers et la demoisele mesdisanz, et Lanceloz rement dehors entre
li et ses escuiers, auques correciez de ce qu'il ne pueent aler avec
5 li. Trop volentiers veïst coment il se contenra en cest afaire,
et se il porra cesti fait mener a fin ou non. Quant li sergent
voient que cil est outre passez, il referment la porte, et puis
dient a Lancelot: « Sire, nos ne cuidons mie que nos puissons hui-
més oïr noveles del fait a ce chevalier, mes par aventure demen si
10 ferons. Huimés vos alez reposer en une meson la aval qui est faite
por les chevaliers hebergier qui sont errant que aventure amoine
ceste part; et sachiez que la seroiz vos bien hebergiez / et aesiez
durement. Or vos en alez cele part et vos reposez anuit mes. » Et
Lanceloz lor demande lors: « Ou porrai je trover cele meson que
15 vos me dites? » « Sire, font il, la desoz en cele valee. » Donc li
enseignent cele part. « Sire, font il, dusques la n'a mie granment
de voie. »
Lanceloz s'en vet tot droit a la meson que cil li enseignent.
Et quant il est dusques la venuz, il descent et troeve que la me-
20 son estoit mout bien aesiee et mout bele et assez riche. Et sa-
chiez qu'il fu cele nuit serviz et aesiez a merveilles bien, car
une viele dame qui cele meson gardoit s'en entremist mout. Mes
atant lesse ores li contes a parler de Lancelot, et retorne au che-
valier a la Cote Mautailliee por deviser coment il li avint de
25 ceste aventure qu'il avoit sor li emprise.
752. Or dit li contes en ceste partie que quant li chevaliers a la
Cote Mautailliee se fu partiz de Lancelot, il chevaucha tote cele
entree entre li et sa compaignie tant qu'il vint a la large voie;
et lors pooit bien estre pres de none. Quant il comence a aprochier
5 del premier pont que li dui frere gardoient, il escote et ot soner

desus le pont un cor mout hautement, et sona cil cors en une tor
qui estoit fermee a l'entree dou pont. Et aprés ce ne demora mie
granment que de la tor issirent li dui frere, armé de totes armes

trop bien et trop richement et montez sor deus che/vax forz et
iniax. Et la ou il voient venir le chevalier a la Cote Mautailliee,
il li crïent: « Sire chevaliers, volez vos passer le pont? »
« Seignor, fait il, voirement le veil je passer. Je voudroie ja
estre de l'autre part dou pont. » « En non Dieu, dient li chevalier,
vos ne le poez passer, se vos ne le passez parmi nos. » « Et je le
passerai parmi vos, se Dieu plest, fait li chevaliers, puis que
autrement ne puet estre. »

　　Lors prent son escu et son glaive, et lesse corre aus deus
freres, et brise son glaive sor l'un, et le porte del cheval a
terre, navré mout durement d'une grant plaie qu'il li ot faite
enmi le piz. Et de celi meesmes poindre se hurte il a l'autre
frere. Il s'entrehurtent de totes lor forces si durement qu'il
s'entreportent a terre, les chevax sor les cors; mes autre mal
ne se font, car li hauberc les garentirent. Et neporquant si fe-
lenessement cheïrent qu'il sont ausi come tuit estordi del dur
cheoir. Mes a ce n'entendent il gaires; mout petit s'en sentent
adonc, enz se relievent mout vistement et metent les mens aus
espees.

　　753. Atant comencent l'asaut li dui chevalier encontre le seul,
si fort et si pesme et si criel que ce est merveilles a veoir.
Li dui chevalier s'esforcent mout de metre au desoz celi a la Cote
Mautailliee. Il l'asaillent mout aigrement, mes sachiez que aus
cos doner et recevoir ne le trevent il pas enfant ne aprentiz.
Mout se defent de grant aïr, et mout est vistes et legiers; mout
se set covrir sagement, et sagement les set asaillir. Se il sont
durement large de li cos doner, il est ausi larges del rendre.

Fort se combat et esvertue. Si fort se combat en totes / manieres
et si apertement que nus ne le veïst soi defendre que il ne li en
deüst grant pris doner. Mout l'asaillent fort li dui frere et il
se defendent a merveilles bien.

　　Et quant li estris a tant duré en tel maniere que nus ne veïst
tele bataille qui jugier en seüst la meilor partie, cil a la Cote
Maltaillee lor cort sus mout vistement, et cil sanz faille s'aloi-
ent mout durement esforçant de li metre a mort, se il poïssent.
Et cil qui nul bien ne lor veust, car bien reconoist qu'il ne
beent fors a sa mort, done a l'un un cop parmi le heaume de l'es-
pee si gros et si pesant que por le heaume ne rement que il ne li
face l'espee sentir dusques au test. Li chevaliers est de celi

cop si estordiz et si estonez qu'il n'a pooir qu'il se teigne en
estant, enz vole a terre toz estonez si qu'il ne set s'il est jorz
ou nuiz.

25 Quant li chevaliers a la Cote Mautailliee voit qu'il a ce
frere tasté de si pres, il lesse tot mentenant corre a l'autre plus
abandoneement qu'il ne faisoit devant, et li done desus le heaume
si grant cop com il puet amener d'en haut a la force de ses braz,
si qu'il n'a pooir que en estant se teigne, enz flatist a la terre
d'amedeus les genouz. Et quant il se voloit relever a quel que
30 poine come cil qui grant paour avoit de la mort, cil a la Cote
Mautailliee l'aert par le heaume et le tret a soi si durement qu'il
li arraiche de la teste fors et le giete en voie tant com il puet.
Lors se lance errantment a li et s'apareille de li coper la teste,
s'il estoit ensi que il ne se vosist tenir por outré. Mes li
35 autres freres qui premierement estoit cheoiz se relieve / au plus
vistement qu'il puet; et cil estoit assez bons chevaliers de sa
men. Et la ou il voit celi a la Cote Mautailliee qui tenoit son
frere desoz li et li voloit la teste coper, s'il poïst, il dist a
soi meïsmes que ceste mort ne soferra il pas; si se lance avant
40 et done a celi a la Cote Mautailliee de l'espee parmi le hyaume un
si grant cop qu'il le fait tot enbrunchier avant, et veust recov-
rer autre foiz; mes cil ne li lesse mie, enz saut errantment en
estant et lesse celi qui desoz li estoit. Lors recomence la meslee
tot de novel, et sachiez qu'ele avoit ja tant duré que cil a la
45 Cote Maltailliee avoit plaies petites et granz tant que se ment
chevalier qui adonc estoient au monde en eüssent autant il fussent
mort solement de la foison del sanc qu'il avoit perdu.

754. Que vos diroie je? Tant dura en tel maniere la bataille des
deus freres encontre celui a la Cote Mautailliee que li dui
chevalier recroient. Il ne pueent mes en avant; tant ont sofert
et enduré qu'il gisent ausi come mort de lasseté et de travail.
5 Et cil qui nul bien ne lor veust les vet menant a l'espee tant
qu'il se tienent por outré por paor de mort, car il voient bien
apertement que cil estoit toz apareilliez d'aus metre a mort s'il
ne faisoient outreement sa volenté; et por ce li otroient il le
passaige dou pont.
10 Quant li chevaliers a la Cote Mautailliee voit qu'il s'est
des deus freres delivrez en tel maniere, il n'i fait autre delaie-
ment, enz vient a son cheval et monte, et demande s'il a grant
voie dusques au pont ou Plenorius demeure. La demoisele prent
mentenant la response sor li et li dit: « Sire, petit i a. Nos i
15 serons / tost, se Dieu plest. Se vos de celi qui Plenorius est

apelez poez ausint venir a chief com vos avez fait de ces deus, je vos
promet leaument que li autre troi frere qui sont au tierz pont n'avront
ja encontre vos duree. » « Demoisele, fait il, or ne vos en esmaiez. Par
la foi que je doi a toz les chevaliers dou monde, se Diex m'en veust
20   aidier et aventure ne m'i nuist trop durement, je en cuit bien
venir a chief ausi come je ai fait de cez deus, a ce que je ne sui
encores mie mout traveilliez. » « En non Dieu, fait la demoisele,
que que vos diez, je voi bien que vos iestes durement traveilliez
et mout avez perdu de sanc. » « Demoisele, fait il, de ce ne me par-
25   lez vos onques ne por ce ne vos esmaiez mie, car se Diex me doint
bone aventure, je ne me sent de tot cest fait. » « Diex le veille! »
fait la demoisele.

755. Atant se metent au chemin quant il se sont apareillié, et
passent le pont. Et quant il ont le pont passé, li chevaliers
oste son heaume de sa teste por coillir le vent et l'air et vet
reprenant s'alaine tot en chevauchant. Tant ont chevauchié en
5   tel maniere qu'il sont venu dusqu'a celi pont que Plenorius gar-
doit. Et sachiez que Plenorius avoit ja oïes noveles que uns che-
valiers erranz estoit venuz au pont qui par sa proesce avoit les
deus freres menez a outrance par force de armes, et qu'il vendroit
a li tot mentenant. Mout s'estoit bien por ce apareilliez de ses
10   armes, car a la grant asprece et a la grant vitece que l'en li
avoit dit de celi, et coment il avoit tost le pont delivré de ses
deus freres, il pense bien qu'il n'est mie sanz grant proesce;
por ce s'estoit il mout bien apareilliez de totes les choses qu'il
[d]   veoit que a ceste / bataille li pooient avoir mestier.
15   Quant li chevaliers a la Cote Maltailliee aproche dou pont,
il voit que a l'entree dou pont par devers li avoit une tor bele
et riche, et faite auques novelement. Devant la tor estoit Pleno-
rius adonc toz montez. Et mentenant qu'il voit venir vers le pont
le chevalier a la Cote Mautailliee qui armez estoit, il reconoist
20   apertement que c'est li chevaliers encontre qui il se doit combatre.
Lors prent son escu et son glaive et s'apareille de la joste. Et
cil a la Cote Mautailliee, quant il choisist Plenorius si apa-
reillé de combatre, il prent mentenant son hyaume et le relace en
sa teste, et prent son escu et son glaive. Et la demoisele li
25   dist adonc: « Sire, fait ele, veez vos orandroit ce chevalier qui
cest pont garde? » « Demoisele, fait il, voirement le voi je bien. »
« Or sachiez, fait ele, tot vraiement que c'est uns des bons che-
valiers que vos pieça mes veïssiez. Or i parra que vos feroiz.
Se vos solement cesti pont poez delivrer, sachiez que li troi
30   frere qui sont a l'autre pont n'avront ja encontre vos duree. »

« Demoisele, fait li chevaliers a la Cote Mautailliee, je ne sai
que de cest fait avendra. En l'aventure de Dieu va tot. Se je
puis, je deliverrai le pont, et sachiez que je ne m'en fendrai
mie. »
756. Lors se met erranment avant. Et Plenorius li escrie: « Sire
chevaliers, je vos desfent cest passaige. Or soiez toz asseür que
vos ne le passeroiz tant come je le puisse defendre. » « Certes,
fait cil a la Cote Mautailliee, de ce vos croi je mout bien. Et
5 quant je voi que vos ne demandez se bataille non, a la bataille
iestes / venuz. Qui mieuz porra huimés faire, si face. »
Aprés cesti parlement lesse corre li uns vers l'autre sanz
autre delaiement faire. Et quant ce vient au paratendre, il
s'entrefierent de totes lor forces si durement qu'il s'entrepor-
10 tent a terre, les chevax sor les cors, et sont mout decassé et de-
brisié de celi cheoir et par le fes des armes dont il estoient chargié
et par la pesantesce des chevax qui sor les cors lor furent cheoit.
Li cheval se relevent tost, et inelement tornent en fuie, li uns
ça et li autres la. Et li chevalier qui cheoit furent, et qui estoient
15 amedui de grant force et de grant pooir, s'esforcent chascuns qui
mieuz mieuz de soi relever. Il n'i font pas longue demeure, qu'a
autre chose n'entendent; il se relievent mout vistement, debrisié
et estoné, li uns plus et li autres moins. Plenorius, qui n'estoit
pas tant traveilliez come cil a la Cote Mautailliee et estoit sains
20 et hetiez et reposez, se relieve mout tost et mout legierement, et
met la main a l'espee et s'apareille de la bataille. Cil a la Cote
Mautailliee se relieve aprés et ne demeure pas granment. Quant il
voit Plenorius apareillié de la bataille, il s'en apareille autre-
si, et met la men a l'espee et li cort sus mout vistement et ausi
25 asprement come s'il n'eüst hui cop feru.
757. En tel maniere comence la bataille devant la porte dou pont
mout criel et mout felenesse, car il n'i a celi des deus qui de
tot son pooir ne s'esforce de metre a mort son compaignon. Au
premier asaut mostre bien cil a la Cote Mautailliee qu'il est che-
5 valiers de grant force et de grant po/oir selonc l'aaige qu'il
avoit, car bien sachiez qu'il asaut Plenorius si asprement que
quant il reçoit les cos que cil li done, il dit bien a soi mees-
mes tot apertement que mauvesement apert que cil chevaliers se
fust huimés combatuz, car il est ausi noviax et ausi vistes aus
10 cops doner come s'il n'eüst hui cop feru.
Grant piece a duré li premiers asauz en tel maniere que l'en
ne poïst pas conoistre le poior des deus ne le meillor. Mout
s'esforce cil a la Cote Mautailliee, car il conoist bien tot a-

pertement aus cops qu'il a receüz que mout est Plenorius de grant
15 force et de grant pooir; et ja s'estoit tant combatuz que bien
aparoit a ses armes. Et dit bien vraiement qu'il ne cuidast pas
legierement trover un si bon chevalier come cist est; et bien
est aparant sa bonté quant aprés les deus chevaliers qu'il avoit
mené a outrance par force d'armes, se deffent encores si esforciee-
20 ment. C'est une des greignors merveilles qu'il veïst mes pieça
avenir. En tel maniere se combatent li dui chevalier de tot lor
pooir, et mentienent le premier asaut tant com il pueent. Se li
uns fiert bien, et li autres fiert mieuz; en grant rencune et
en grant engoisse est toz li plus forz d'ax deus. Et neporquant
25 tant se sont ja entr'esprové et entremené ça et la qu'il ne co-
noissent ne ne voient li quiex est li plus forz des deus ne li
quiex set plus del jeu de bataille.

758. Que vos diroie je? Tant moinent ce premier asaut come il
pueent. Et quant il se sont tant traveillié qu'il ne pueent mes
en avant, il le lessent par estovoir et se reposent, li uns ça et
li autres la; ne nul mot del monde ne dient, ne autre chose ne
[c] 5 font/ fors qu'il s'entreregardent. Quant il se sont grant piece
reposé, Plenorius, qui mout se merveille durement qui li chevaliers
puet estre encontre qui il se combat, car bien conoist en soi
meïsmes que c'est sanz faille li mieudres chevaliers et li plus
hardiz qu'il trovast mes puis qu'il vint a ce pont garder, et por
10 la grant bonté qu'il a en li trové le coneüst il trop volentiers
avant qu'il en feïssent mes plus, car il porroit bien estre tiex
qu'il ne se combatroit mie a li dusqu'a outrance, et tiex puet il
estre qu'il se combatra. Se ce est Lanceloz, li bons chevaliers,
il li lessera mentenant ceste bataille, car encontre li ne la por-
15 roit il mie au derrien parfornir, ce set il bien; et se c'est
Tristanz, li bons chevaliers, li niés le roi Marc de Cornoaille,
a celi ne se veust il prendre ne por mort ne por vie, car de com-
batre soi encontre Tristan ne porroit il recevoir se la mort non.
Encontre nul de ces deus ne se combatroit il en nule maniere dou
20 monde, por qu'il le seüst, mes a toz autres se combatroit il har-
diement.

Et por ce qu'il cuide bien sanz faille que cil chevaliers
soit li uns de ces deus—et por ce solement qu'il avoit celi jor
ses deus freres menez dusqu'a outrance et encore treve il en li si
25 grant pooir et si grant force—parole il lors a li et dit:
« Sire chevaliers, nos nos somes longuement combatu entre moi et
vos, et tant avons fait que vos conoissiez bien moi, et je vos.
Je sai bien que vos m'avez plus domaigié et traveillié que che-

valiers que je trovasse pieça mes. Et por la grant bonté que je
30 ai trovee en vos vouroie je, se il vos plesoit, que vos me deïs-
siez vostre non avant que nos en feïssiens plus.» Cil a la Cote
d] Maltailliee respont atant et dit au / chevalier: «Sire chevaliers,
sachiez que quant je vos avrai dit mon non que ja plus ne me co-
noistroiz que vos me conoissiez orandroit, car je ne sui encores
35 de nule renomee. Je ai non Bruns en mon droit non, mes cil de la
meson le roi Artus m'apelent le vallet a la Cote Mautailliee.
Encores n'a mie granment de tens que je fui chevaliers noviax.»
«En non Dieu, ce dit Plenorius, por la bone chevalerie que je
avoie trovee en vos, je cuidoie que vos fussiez Lanceloz dou Lac
40 ou Tristanz, le neveu le roi Marc de Conoaille! Mes quant vos
n'iestes li uns de cez deus, je n'ai huimés garde de vos. Or re-
començons nostre bataille.» «En non Dieu, danz chevaliers, fait
cil a la Cote Maltailliee, grant folie avez pensee quant vos cui-
diez que je fusse li uns de cez deus bons chevaliers! Se m'eïst
45 Diex, quant l'un de ces deus troverroiz combatant encontre vos,
je cuit que mauvesement duriez encontre li un seul asaut!»
     759. Atant recomencent la meslee qu'il n'i font autre delaiement.
Li uns cort sus a l'autre, l'espee en la men tote nue, et se vont
entredonant si granz cos com il pueent de lor braz. Granz est
la rencune des deus, et li fereïz des espees si merveilliex que li
5 uns ne va l'autre de nules riens espairnant. Grant est la bataille.
Tant se sont ja entredoné et entr'essaié que li uns conoist bien de
l'autre qu'il sont endui de grant pooir. Mes a celi point grieve
bien a celi a la Cote Mautailliee li fes des armes et la poine que
il avoit le jor soferte des deus freres qu'il avoit menez dusqu'a
10 outrance a l'autre pont.
58a]   Que vos diroie je? Tant come / il puet, il vet sofrant, come
cil qui de grant cuer estoit et de grant pooir, selonc l'aaige
qu'il avoit. Et quant il ne puet en avant, il se met dou tout au
sofrir, et se coevre de son escu. Et sachiez qu'il avoit ja mout
15 de plaies petites et granz, et par les plaies avoit il ja tant perdu
de sanc que merveilles estoit coment il se pooit en estant sostenir.
En tel maniere vait sofrant et endurant cil a la Cote Mautailliee
outre ce que mestiers ne li seroit. Et cil qui bons chevaliers es-
toit et de grant pooir, ne n'avoit mie celi jor tant fait d'armes
20 come li autres, le moine a l'espee ça et la, et tant le domaige
durement et li fait tant de sanc lessier, que cil pert dou tout
la force et le pooir et le sen. Tant est de sanc vuidiez si qu'il
chiet a terre toz envers, ausi com s'il fust morz, et est tiex ator-
nez qu'il ne set s'il est morz ou vis ne n'a pooir que il en face

25 plus. Encores sanz faille tenoit il s'espee en sa men, mes c'es-
toit mout povrement. Et sachiez que au cheoir qu'il fist ne dist
il nul mot dou monde, si que Plenorius, qui le regarde, cuide tot
vraiement qu'il soit morz. Si l'en poise mout chierement, car il
dit bien a soi meïsmes que cist est sanz faille uns des meillors
30 chevaliers et li plus forz qu'il onques mes trovast puis qu'il
vint premierement au pont garder. Quant il li a le heaume osté
et il voit qu'il n'est mie morz, il le fait desarmer au plus soef
qu'il onques puet, et puis le fait porter en la tor a ses sergenz;
et dit qu'il n'avra jamés granment de joie devant qu'il voie ce
[b] 35 chevalier gari, s'il est ensi que jamés puisse / garir. Il le
fait metre en une petite chambre coiement et seri et loig de gent,
et li fait ses plaies regarder a un viel chevalier qui leanz es-
toit; et le fist avec li demorer por li faire compaignie et por
ce que de plaies garir se savoit entremetre.

760. Quant la demoisele mesdisant voit ceste chose, por ce qu'ele
cuide certenement que cil a la Cote Mautailliee soit navrez a mort,
ele comence mout tendrement a plorer, et autresi font li escuier.
Cil en font duel merveillex; cil s'en vont avec li en la tor et
5 demeurent devant li. Et quant la demoisele voit que par cesti ne
se porra pas ceste aventure parfornir, ele dit a Plenorius mout
dolente: « Plenorius, huimés vos poez vos reposer, mes bien sa-
chiez vraiement que onques a nul jor de vostre vie ne vos fu si
granz mestiers d'estre bons chevaliers com il sera demen. » Quant
10 il entent ceste parole, il reconoist tot mentenant que demen le
covenra combatre encontre un autre chevalier, et se la demoisele
li dit voir, il a encor a faire a meillor chevalier que cil n'est
encontre qui il s'est combatuz orandroit. Totevoies por savoir en
aucune certeneté s'en vient il a la demoisele et li dit: « Demoi-
15 sele, se Diex vos doint bone aventure, dites moi s'il me covenra
demen combatre encontre un autre chevalier? » « Oïl, fait ele, se
m'eïst Diex. Demen ne troverrez vos pas le vallet a la Cote Mau-
tailliee. Autrement ira li afaires que vos ne cuidez! » « Demoi-
sele, ce dit Plenorius, je ne sai qui li chevaliers est qui a moi
20 se doit combatre, mes s'il estoit li mieudres chevaliers et li plus
forz qui soit orandroit en cest monde, si defendroie je le passaige
[c] dou / pont tant come je porroie. » « Tot ce croi je bien, fait la
demoisele, mes tant vos di je de ma part que vostre defense vos
porra assez moins aidier que vos ne cuidiez. » « Demoisele, ce dit
25 Plenorius, je ne sai coment cest afaire ira. Diex le set bien.
Li chevaliers me troverra ici quant il vendra. » « En non Dieu, fait
la demoisele, ce vos puet peser durement! »

Quant ele a dite ceste parole, ele s'en passe outre entre li et
ses escuiers qu'ele ne tient autre parlement a Plenorius, et tant
30 chevauche celi suer qu'ele vient la ou Lanceloz estoit. Cil qui
l'entree del destoit gardoient la lessent volentiers issir fors;
et avant qu'ele fust a eus venue savoient il ja les noveles de la
bataille, car lor mesaiges qu'il avoient envoié avec celi a la Cote
Mautailliee lor avoit conté tot le fet.

761. Quant la demoisele est venue a Lancelot, il li demande mente-
nant noveles de celi a la Cote Mautailliee. Et ele les dit teles
come ele les savoit, et li conte coment il s'estoit combatuz as deus
freres et les avoit menez a outrance par force d'armes. Aprés li
5 conte la bataille criel et felenesse de li et de Plenorius, et en
quel maniere ele fina. « En non Dieu, demoisele, fait Lanceloz, de
celi Plenorius d'ou vos alez ci parlant ai je ja bien oï parler
autre foiz, et grant bien en ai je oï dire. Or me dites, demoisele,
de quel corsaige est il? Est il granz chevaliers? » « Sire, fait ele,
10 oïl, granz est il sanz faille; bien ausi granz come vos iestes. »
Et Lanceloz ne dit lors plus, enz se repose leanz mout aese cele
nuit.

A l'endemen quant il ajorne il prent ses armes et monte et se
part de leanz, et / tant fait qu'il vient a la tor ou cil demoroi-
15 ent qui gardoient le passaige, ensi meesmes com je vos ai dit. Quant
il voient le chevalier qu'il avoient veü le jor devant, il li dient
por li gaber: « Sire chevaliers aventureus, bien alez querant la
folie! Qu'alez vos cerchant? Vos savez bien que vostres compainz
est morz, et que mort et pris ont ja esté tuit cil qui vienent ceste
20 part. Ne vos deüst il bien chastoier de cesti fait? En non Dieu,
se vos iestes sages, vos retornerez avant que pis ne vos en veigne. »
« Seignor, fait Lanceloz, se il vos plest, lessiez moi passer. Autre
chose ne vos demant. Quant je serai venuz dusqu'a Plenorius, s'il
me puet mener dusqu'a outrance, si m'i moint. Puis que je avré fait
25 mon pooir del passaige delivrer, je n'en devré estre blasmez. »

762. Atant li oevrent cil la porte et le lessent outre passer entre
li et sa compaignie. Et quant il a passé la porte, li uns des ser-
genz li dit: « A Plenorius vos comant, sire chevaliers! Cil savra
bien de vos penser encor anuit. » Lanceloz entent bien les paroles
5 que cil li vont disant, mes il n'i respont pas; il entent mout a
autre chose. Il s'en vet outre tout a cheval. Et quant il s'est
esloigniez de la tor, il demande a la demoisele: « Demoisele, cui-
diez vos que cil chevalier qui gardoient cest premier pont se pois-
sent hui combatre? » « Certes, sire, fait ele, je ne sai mie tres
10 bien, et neporquant je croi qu'il n'avront mes hui pooir de com-

batre, car cil a la Cote Mautailliee les greva hier tant durement
qu'il les mena a desconfiture, si que je ne cuit pas qu'il pendent
huimés escu a col. » « Certes, fait Lanceloz, d'eus ne me poise il
mie granment,/ mes de Plenorius me poise. Celi vousise je bien
15   trover sain et hetié por savoir s'il est si bons chevaliers come
l'en vet disant. Et je croi que je le troverré ja si lassé de la
jornee d'ier qu'il avra bien perdu la moitié de sa force quant il
a moi se combatra. » « En non Dieu, fait la demoisele, je vouroie
qu'il eüst encore la moitié moins de force, si en passeriez lors
20   plus legierement. »
      En tiex paroles chevauchent entre Lancelot et la demoisele
tant qu'il sont a ce premier pont venu que li dui frere gardoient.
Il savoient ja bien que combatre les covenoit, si lor anuiot mout,
car a celi point n'eüssent il mestier de combatre, car il estoient
25   encores si lassé de la jornee devant, come cil qui navré estoient
durement, si qu'a grant poines pooient il armes porter; et se il
poïssent par reson ceste bataille refuser, il la refusassent trop
volentiers a cesti point.
      763. Quant Lanceloz comence a aprochier del pont, il escoute et
ot un cor en la tour soner mout hautement; et tot mentenant issi-
rent li dui frere hors de la tor, armé de totes armes et bien monté
et richement. Et por ce qu'il sevent de voir que a combatre les
5   covient, s'apareillent il de ferir. Quant Lanceloz voit qu'il est
venuz en la bataille, il hurte mentenant cheval des esperons et
lesse corre aus deus freres, et fiert le premier qu'il encontre si
durement qu'il porte li et le cheval a la terre; et de cel poindre
meïsmes abat il l'autre. Et sachiez qu'il cheïrent endui si fe-
10   lenessement que totes les plaies qu'il avoient eües le jor devant
lor escreverent a senier.
Quant Lanceloz vo/it qu'il les a abatuz, il n'i fait autre
delaiement, enz descent de son cheval et met la men a l'espee, et
lor cort sus mout asprement; et fiert le premier qu'il ataint
15   parmi le heaume si durement que cil n'a pooir qu'il en estant se
teigne, enz flatist des deus genouz a terre, si estordi durement
qu'il ne set s'il est jorz ou nuiz. Et quant il se cuide relever,
il chiet mentenant adanz, car Lanceloz li done un autre cop ausi
pesant et ausi grief come li premiers avoit esté. Cil gist adenz
20   sor son escu si qu'il ne fait nul semblant de soi relever; et en
petit d'eure est la place tot entor li tente et vermeille de son
sanc, si que Lanceloz qui le regarde cuide bien qu'il doie morir
illec. Quant il se voit de celi delivré, il cort a l'autre men-
tenant, car ja s'en vorroit estre delivrez, et li done desor son

25 hyaume un si grant cop que cil s'en tient a trop chargié; et se
veust defendre, mes il ne puet, car il a afere a trop fort home.
S'il seüst vraiement qui cil estoit qui ensi l'aloit asaillant, il
n'i eüst ja cop feru, enz li eüst erranment la place delivree.
Que vos diroie je? La bataille des deus freres fu tantost
30 menee a fin, et en mout po d'eure, car il estoient si mal apa-
reillié de la jornee dedevant que Lanceloz ne troeve en eus de-
fense que l'en deüst de nule riens loer. Quant Lanceloz voit lor
contenement, il dist a la demoisele et a ses escuiers: « Alons de
ci. Je ai fait mal quant je mis onques men a cez deus chevaliers.
35 Montons! Nos n'avons ci que demorer. Cesti passaige nos porroi-
ent il mauvesement defendre a cesti point. Or tost! N'i fesons
autre demeure! »

[c]   764. Atant fu a Lancelot amenez les chevaus, si / lesse les deus
freres emi le chemin, tiex atornez qu'il avoient a celi point
meillor mestier de reposer que de combatre. De ceste chose est
mout la demoisele liee, car selonc ce qu'il li semble de Lancelot,
5   ele dit bien a soi meïsmes que par sa force et par sa bone che-
valerie metra il a bone fin ceste aventure; autrement ne puet
estre.
    Quant il ont passé le premier pont, il chevauchent tant qu'il
vienent a l'autre; et ce fu sanz faille un po aprés ore de prime.
10   Et sachiez que tot mentenant qu'il comencerent a aprochier le pont,
il oent un cor soner mout hautement, ausi come se ce fust de prise.
« Sire, ce dit la demoisele a Lancelot, par tens porroiz veoir Ple-
norius. » Et il dit que ce li plest mout; il voudroit ja que il
i fust venuz. La ou il parloient en tel maniere de Plenorius entre
15   Lancelot et la demoisele, atant ez vos Plenorius issir de la tor,
apareillié de totes armes et mout bien monté. Tot mentenant qu'il
voit Lancelot, il reconoist que c'est li chevaliers encontre qui il
le covient combatre. Lors s'apareille de la joste, car il voit que
a cesti point n'i covient il autre parlement. Et la demoisele dit
20   a Lancelot si tost come ele vit Plenorius: « Sire, fait ele, veez
vos cest chevalier? Or sachiez bien que c'est uns des meillors
chevaliers que vos veïssiez pieça mes. » « Demoisele, fait Lanceloz,
ce sai je bien. Or sachiez que de sa bonté ai je ja autre foiz oï
parler en aucuns leus. »
    765. Quant li chevalier s'entrevoient, il n'i font autre delaie-
ment, enz lesse corre li uns vers l'autre au ferir des esperons,
les glaives bessiez. Et quant ce vient au ferir ensemble, il
s'entredonent les greignors cops qu'il pueent. Et Lanceloz, qui
5   maint / grant cop avoit doné, s'esforce de tot son pooir, por ce

qu'il set bien que preudons est li chevaliers encontre qui il se
combat, si li done enmi le piz un si grant cop que cil n'a pooir
ne force qu'en sele se teigne, enz vole a terre mout felenessement.
Et Lanceloz, qui plus ne le regarde a celi point, s'en vet outre
10 por parfornir son poindre. Quant Plenorius se voit a terre il se
relieve mout vistement, iriez et dolenz de grant maniere, et dit
bien a soi meïsmes que ce n'est mie cop d'enfant que li chevaliers
li a doné. Il conoist bien a ceste enpointe tot plenement que de
grant force est li chevaliers a qui il a mentenant afaire. Or est
15 mestiers qu'il se desfende quant li besoinz en est venuz.

Et Lanceloz, quant il voit Plenorius a terre, il descent men-
tenant selonc la costume des chevaliers erranz, et baille son che-
val a un de ses escuiers. Lors met la men a l'espee por la ba-
taille comencier; autresi fait Plenorius. Au semblant qu'il vait
20 faisant ne mostre il mie qu'il ait doutance ne paor, enz s'adresce
mout hardiement vers Lancelot, l'espee en la men tote nue, et li
done desus le heaume le greignor cop qu'il onques puet. Mes de
tant li avint il bien que ceste bonté li fu tost rendue. Se il
done grant cop et pesant, il reçoit bien ausi grant ou greignor,
25 car il a afaire a tel home qui ment grant cop avoit doné.

766. Ensi comence la meslee grant et felenesse. Plenorius, qui
bien conoist aus cos qu'il vet recevant que cil chevaliers a qui
il se combat est bien chevaliers de haute bonté, s'esforce tant
com il puet, car bien conoist et voit que li besoinz en est venuz.
[160a] 5 La ou il / se vet combatant, ferant et covrant soi por les cos
que cil li vet donant pesmes et felons, dit il bien a soi meïsmes
que ores a il trové sanz faille le meillor chevalier et le plus
fort qu'il onques mes trovast. C'est neant de tot les chevaliers
a qui il se combatist onques mes avers li. Et Lanceloz de l'autre
10 part dit bien a soi meïsmes que Plenorius est sanz faille uns des
bons chevaliers et uns dé sages de bataille qu'il trovast pieça
mes.

Ensi se combatant li dui chevalier devant le pont mout aigre-
ment et mout felenessement. Plenorius se merveille mout fort qui
15 li chevaliers puet estre contre qui il se combat, car il conoist
bien tot plenement que au derrien ne porroit il encontre li durer,
se il se mentient si bien com il a encomencié; et ce est une
chose qui le met auques en doutance. Totevoies il se defent tant
bien et tant bel selonc le pooir et la force qu'il a que nus ne
20 l'en puisse blasmer, et tant mentient le premier asaut com il le
puet endurer et sofrir. Mes ce n'est mie longuement, car Lanceloz
le vet si durement hastant et li done tant cos d'une part et

d'autre que cil pert et force et alene, et vet ganchisant, ou il
veille ou non, aus cos que Lanceloz li vet donant. Et sachiez
25 que ençois que li premiers asauz remensist ot il tantes plaies
petites et granz, et tant ot de sanc perdu, que merveilles estoit
coment il pooit sostenir son escu et s'espee.

767. Quant il a tant le premier asaut mentenu qu'il voit qu'il ne
puet mes en avant en nule maniere dou monde et qu'il ert ja trop
[b] afebloiez, il se retret arrieres mout / espoentez durement, car
bien voit apertement qu'il est morz se Diex ou aventure ne le
5 giete de ceste bataille. Il a ja tant esprové le chevalier en-
contre qui il se combat qu'il voit bien que au derrien ne porroit
il durer en nule guise encontre li. Si se tret adonc arrieres, mes
non mie en semblance de chevalier vencu, mes en semblance de cheva-
lier qui encores ait volenté de combatre. Quant Lanceloz voit que
10 Plenorius avoit volenté de soi reposer, il le soeffre bien, et veust
qu'il recoevre force et alene, s'il le puet faire; et ceste cor-
toisie sanz faille faisoient volentiers li uns a l'autre des che-
valiers erranz.

Quant Plenorius s'est une grant piece reposez, il parole et
15 dit a Lancelot: « Sire chevaliers, nos nos somes ensemble combatu
une grant piece. A nos armes apert bien que nos n'avons mie gran-
ment esté oisous. Et ores por ce que je conois bien au grant es-
fort que je ai trové en vos que vos iestes sanz faille li mieudres
chevaliers et li plus puissanz que je trovasse pieça mes, vos veil
20 je proier que vos me diez vostre non avant que nos plus en faciens,
se il vos plest. » « Et por quoi volez vos mon non savoir? » fait
Lanceloz. « Por ce, fait Plenorius, que chascuns doit estre desi-
rant de conoistre bon chevalier quant il le troeve et de savoir
son non. » « Or sachiez, fait Lanceloz, que mon non ne poez vos
25 savoir devant que je aie ceste bataille menee a chief, se je a fin
la doi metre. » « Ha! sire, fet Plenorius, encor vos requier je
que vos me diez vostre non, et vos en pri par la foi que vos devez
a la riens ou monde que vos plus amez. » Quant Lanceloz entent que
li chevaliers le conjure si / durement, il en est correciez a mer-
30 veilles; et por ce que aprés ce qu'il l'avoit en tel maniere con-
juré il ne li celast mie son non, li dist il: « Sire chevaliers, je
ai non Lancelot dou Lac, et sachiez qu'il ne m'est mie bel quant
vos le savez. » « Se m'eïst Diex, dit li chevaliers, non est il a
moi! » « Por quoi? » fait Lanceloz. « Ce vos diré je bien, fait Ple-
35 norius. Or iestes vos bien correciez de ce que vos me deïstes
vostre non. Certes, encor sui je plus correciez de ce que je le
sai, car bien sachiez que vostres nons tant solement m'a orandroit

si confondu et tolu le cuer et la bone volenté que je devant avoie
de moi defendre que tuit li braz me vont cheant orandroit. La re-
40 conoissance de vostre non m'a mis greignor paour ou cuer que devant
ne faisoit vostre espee. Vostres nons et la grant renomee qui de
vos cort pres et loig, et le grant pris que chascuns vos done, si
m'a plus mort a cesti point que devant n'avoit fait tote vostre
chevalerie. Encores avoie je talent et volenté de combatre, mes
45 puis que je oi entendu le non de Lancelot dou Lac, je sui feruz de
la maçue qui ne me lesse la teste lever. »

« Coment? Plenorius, fait Lanceloz, si estes tant durement por
mon non espoentez? » « Sire, oïl, se Diex me conseut. Et sachiez que
tot fust il ensi que vos de ceste bataille eüssiez la meillor partie
50 et je la pire de trop, que je bien le conois, totevoies me donoit
mes cuers hardement de combatre encontre vos et me donoit espe-
rance et seürté que je venquisse ceste bataille par sens et par
[d]　amesurance; ne je n'avoie / mie volenté de faire por vos autre chose
que je suel faire por les autres chevaliers que aventure a aportez
55 a cest pont. Mes orandroit quant je reconois qui cil est encontre
qui je me combat, li cuers me dit tout plenement que ce est bien
poine perdue por moi. Mes cuers qui devant me metoit en esperance
me met orandroit en paor, et me dit que je soie toz seürs que je
seré de ceste bataille menez au desoz se je la tieg plus longue-
60 ment. Et quant mes cuers, qui en bonté me devroit tenir, me vet
faillant, que porroie je faire? Or sachiez qu'il n'avoit el monde
que deus chevaliers que je redoutasse: vos en iestes li uns, et
Tristanz de Cornoaille li autres. Nul autre qui soit ou monde je
ne doutoie. Et quant il est ensi avenu que je trové vos ai ci, et
65 je vos reconois, la reconoissance de vos me tost le cuer et la
force, et atorne tot le hardement que je avoie en coardie. » « En
non Dieu, Plenorius, fait Lanceloz, toz cil parlemenz ne vos vaut!
A combatre vos covient a moi. Ensi ne porriez vos mie eschaper. »
« Lanceloz, fait Plenorius, c'est neanz des ores mes que je a vos
70 me doie combatre puis que reconeü vos ai. Vostres nons m'a ci
fait restif et sanz cop ferir. » « C'est neant que vos me dites,
fait Lanceloz. Se vos a outré vos tenez quant vos ne l'iestes,
ce sera la greignor recreandise que chevaliers feïst onques mes. »
« Que vos diroie je? fait Plenorius. Ne por mort ne por vie je ne
75 me combatroie plus encontre vos. Ocirre me poez, s'il vos plest,
ou lessier vivre, car la bataille vois je ci refusant dou tout, et
[161a]　vos quit le / passaige. Je ne le garderai des ores mes plus, puis
qu'il est ensi avenu que je ai trové meillor chevalier de moi. »

Quant il a dite ceste parole, il n'i fait autre delaiement, mes

80 de si haut com il estoit se lesse cheoir as piez Lancelot, et se
met dou tout en sa menaie, ou Lanceloz veille ou non, qui dou tout
aloit refusant ceste honor.

768. Que vos diroie je? En tel guise et en tel maniere rement
adonc la bataille des deus chevaliers. Quant Lanceloz voit qu'il
a ensi le passaige delivré outreement, il monte tot mentenant sanz
autre delaiement faire, et puis dit a Plenorius: « Plenorius, que
5 ferez vos? Voudroiz vos ici remenoir? » « Si m'eïst Diex, sire,
fait il, nenil, enz m'en irai avec vos dusqu'au tierz pont por
veoir la bataille de vos et de mes trois freres. » Lors monte tot
mentenant.

Et Lanceloz, avant qu'il se parte dou pont, demande a Pleno-
10 rius coment cil a la Cote Mautailliee le fait et s'il est mout du-
rement navrez. « Sire, oïl, sanz faille, fait Plenorius, navrez est
il durement, mes tant vos sai ge bien a dire qu'il n'a nule plaie
mortel et tornera tost a garison, se Dieu plest. » « Or alons donc,
fait Lanceloz, a l'autre pont. » Lors passent le pont que Plenorius
15 avoit ment jor gardé.

769. Tant chevauchent en tel maniere qu'il sont venu dusqu'au der-
rien pont que li troi frere gardoient. Il savoient ja bien noveles
que uns chevaliers aventureus estoit venuz qui avoit aquité le pas-
saige des deus ponz, et avoit Plenorius mené a outrance et au desoz
5 par force d'armes. De ce/ste novele estoient il durement esbahi et
en orent la greignor merveille dou monde, et en furent ausi come tuit
espoenté, car uns vallez qui la bataille avoit veüe de Plenorius et
de Lancelot lor avoit dit que bien seüssent il certenement que puis
le tens Nector de Gaunes n'estoit venuz uns si bons chevaliers ne si
10 preuz d'armes com estoit cil que aventure avoit amenee a cesti point
es destroiz de Sorelois; car Plenorius, qui tant estoit bons cheva-
liers et si vaillanz come il meïsmes savoient vraiement, n'avoit eü
duree encontre li se petit non, et neporquant il s'estoit defenduz
encontre li tant com il pooit.

15 Quant li troi frere entendent ceste novele, sachiez por voir
qu'il ne sont mie tres bien aseür. Grant paour ont et grant dou-
tance, et d'autre part ce les vet auques asseürant ce qu'il sevent
que li chevaliers qui sor aus vient s'est hui combatuz premiere-
ment aus deus freres et puis a Plenorius. Il ne puet estre qu'il
20 ne soit de ces batailles si lassez et si traveilliez et si navrez
qu'il avra ja assez perdu de sa force et de son pooir quant il
vendra a eus; et il sont fres et reposé, come cil qui pieça ne
porterent armes ne ne ferirent cop d'espee. Legierement le por-
ront mener au desoz. A ce vont pensant li troi frere; c'est lor

25 greignor reconfort et lor greignor esperance par quoi il cuident
le chevalier metre a outrance. Il font mentenant aporter lor ar-
mes, et se font mentenant armer et apareillier au mieuz qu'il
pueent.

770. Et quant il sont armé, il montent mentenant et atendent Lan-
celot au pié dou pont, qui ne demora mie granment puis qu'il furent /

[c] armé et monté. Quant Lanceloz vit les trois freres qui ensi s'es-
toient aresté au pié dou pont, il reconoist mentenant que ce sont
5 cil encontre qui il se doit combatre. Lors s'apareille errant-
ment de la bataille, et prent son escu et son glaive et s'en vet
cele part le petit pas. Quant li troi frere voient venir Lancelot,
por ce qu'il conoissoient certenement qu'il sont venu a la meslee,
il li lessent corre, les glaives bessiez, sanz faire autre delaie-
10 ment, tant come il puent des chevax trere; et ausi fait Lanceloz.
Il lesse corre aus trois freres, et tot le premier qu'il ataint, il
le fiert si durement qu'il li fait les arçons voidier et le porte
dou cheval a terre, navré mout durement enmi le piz. Et de celi
poindre meïsmes abat il un autre mout crielment, mes autre mal ne
15 li fait, car li hauberz le garanti de celi cop. Et li tierz freres
fiert Lancelot sor son escu si qu'il fait son glaive voler en
pieces, mes de la sele ne le remue, car il n'estoit dou pooir ne
de la force qu'il le poïst faire. Et quant Lanceloz, qui encores
n'avoit mie son glaive brisié et qui encores n'ot mie son poindre
20 parforni, fist tant qu'il le parforni, et retorne por abatre le
tierz frere, car encores gisoient li autre dui a la terre. Et il
hurte cheval des esperons, et done au tierz frere si grant cop que
por l'escu ne por le haubert ne rement qu'il ne li mete parmi le
piz de son glaive le fer, si que del fer et del fust apert par der-
25 rieres grant piece. Cil qui se sent feruz a mort ne se puet tenir
es arçons, enz vole a terre et giete un plent mout doulerous au
parcheoir. Et Lanceloz, qui plus ne le regarde, s'en vet outre,
et li lesse le glaive ou cors./

[d] 771. Quant il ot son poindre parforni, il descent et baille son
cheval a garder a son escuier. Lors voit que li dui frere qu'il
avoit premierement abatuz s'estoient ja relevé et s'apareilloient
mout durement de la bataille, car bien veoient apertement que a
5 faire lor covenoit. Mes il erent d'autre part mout durement des-
conforté de ce qu'il voient que lor freres gisoit morz; et sanz
faille l'ame estoit ja del cors partie. Quant il sont apareillié
d'asaillir d'une part et d'autre, li dui frere vindrent grant erre
sor Lancelot, les espees nues es mens, et li donent desus le hyaume
10 uns si granz cops et si pesanz com il onques pueent. Mes onques

bonté ne firent qui lor fust si tost rendue com est ceste, car
Lanceloz qui ne les vet mie esparnant lor done uns cops si gros
et si pesanz qu'il se tienent a trop chargié dou recevoir. Il
n'ont mie granment essaiez les cops de l'espee Lancelot que chas-
15 cuns dit bien endroit soi que ce ne sont mie cop de chevalier que
cil lor done, enz est morz et destruction, et sont cil cop come
cop de fol qui tot confondent.

    Grant piece dure la bataille, car mout forment se defendent
li dui frere, et s'abandonent durement por defendre lor cors et
20 lor vies. Il se tienent tant com il puent, mes au derrien ne lor
vaut. Trop est Lanceloz de grant force et de grant pooir envers
eus; et se il se traveillast ausi durement de metre les a mort
com il faisoient de li s'il en eüssent le pooir, lor vies fussent
pieça finees.

    772. Que vos diroie je? Tant come il pueent se defendent. Et
quant il ne pueent en avant et il ont tant sofert qu'il sont ausi
come mort d'anui et de travail, il comencent a ganchir et a eschi-
[162a] ver les cops./ Il ne font mes nul semblant d'asaillir, enz mon-
5 strent bien des ores mes qu'il sont outré; et ce voit bien Lance-
loz tot apertement. Et quant Lanceloz voit et conoist que li dui
frere sont torné a desconfiture et qu'il ne se pueent desfendre des
ores mes, por ce qu'il ne les voudroit mie metre a mort tant com
il les poïst lessier par reson, il se tret un po arrieres et lor
10 dit: « Seignor, nos nos somes combatu en tel maniere com vos poez
veoir. Je voi bien tot apertement que vos iestes assez preudome
et bon chevalier, et que ce ne seroit mie legiere chose de vos
metre dusqu'a outrance ne dusqu'a mort. Et qui conoistroit vostre
proesce et vostre bonté ausi come je la conois, et puis venist au
15 desus de vos en aucune maniere, et lors vos meïst a mort, l'en li
devroit atorner a honte et a desonor, car certes trop fait grant
felonie qui bon chevalier met a mort por qu'il s'en puisse destor-
ner en aucune maniere. Por ce vos di je, seignor chevalier, que
aprés ce que je vostre frere ai mis a mort par tel mesaventure come
20 vos veïstes—ce me poise certes mout durement—et se il avenoit
par aucune aventure au derrien de ceste bataille que j'eüsse plus
force que vos, por ce ne vos voudroie je mie metre a mort, se je
pooie; avant me fendroie je en cest afaire. D'ou je vos di que
se vos tant por moi voliez faire que vos por outré vos tenissiez de
25 ceste bataille, je vos leroie atant et vos clameroie quite ceste
querele. Et se vos tant por moi ne volez faire ne ma requeste, je
croi bien que en la fin en venra la poior partie par devers vos;
et par aventure vos le voudriez faire tel ore que ce sera trop a

tart. »

30 A ceste / parole responent li dui frere et dient: « Sire cheva-
liers, nos avons bien oï et entendu ce que vos nos avez dit. De ce
que vos metez avant la mort de nostre frere nos donez vos talent
et hardement de mentenir la bataille, car certes, trop seroit de
povre cuer qui son frere verroit devant li mort et ne feroit son
35 pooir de li vengier. Qu'en diriens nos? Nos ne volons fors la ba-
taille, et ele finera en tel maniere que vos endeus nos ocirroiz,
ou nos vos metrons a la mort. » « Coment? seignor, fait Lanceloz,
se n'avrez autre conseil que cesti? A cesti point ne vos celerai
je mie ce que je pens et ce que je voi tot apertement de vostre
40 afaire; et si nel di je mie por ventance de moi, Diex le set, mes
por la verité metre avant. Or sachiez que je ai tant esprové de
vostre afaire que je sai tot certenement que vos n'avrez ja envers
moi duree, puis que je ferai mon pooir. Je di ces paroles por
vostre sauvement, Diex le set, et non mie por le mien. Et quant
45 je voi que vos ce ne volez faire por moi, je vos di bien que des
ores en avant vos gardez de moi, car je vos metré a la mort, se je
puis. » Et cil dient qu'il se garderont voirement de li au mieuz
qu'il porront.

773. Quant Plenorius, qui merveilleus duel demenoit por son frere
qu'il voit mort, entent cest plet, il se met mentenant avant et
dit a ses deus freres: « Ha! chevalier de povre sens et de povre
afere, coment est il ores avenu que vos avez ensi dou tout perdu
5 le sens, que vos veez vostre mort a l'uel et si ne la conoissiez? »
« Plenorius, ce dient li dui frere, coment veons nos nostre mort a
l'uel? » « Coment? fait il, gent maleuree, ne conoissiez vos tot
apertement que encontre cest chevalier ne porriez vos durer? Cer-
tes, il / vos avra ja mort en petit d'eure, se vos encontre li vos
10 movez. Gent esloigniee de tout sens, lessiez atant ceste bataille,
car autrement iestes vos mort, ne encontre li ne porriez vos durer
en nule maniere dou monde. »

Quant cil entendent le conseil que Plenorius lor done si har-
diement, il se treent un po arrieres et conseillent entr'eus qu'i
15 porront faire; et au derrien s'acordent a ce qu'il lesseront dou
tout ceste bataille, car il lor est avis que encontre Lancelot
ne porroient il en la fin durer selonc le pooir et la force qu'il
ont orandroit en li trovee. Et por ce lessent il la bataille, et
se metent dou tout en la menaie Lancelot.

774. Quant il voit qu'il a les trois passaiges delivrez en tel ma-
niere, il demande a Plenorius que il mout prisoit durement: « Ple-
norius, a il plus a faire en ceste aventure des destroiz de Sore-

lois que ce que je ai fait? Se plus i a a faire, je sui pres que
5 plus i face mentenant. » « Sire, ce dit Plenorius, or sachez bien
que tot ce qui apartient a ceste aventure vos l'avez mené a fin,
Dieu merci, d'ou je sui mout liez, se Diex me consaut, car a grant
honor nos torne et non mie a desonor quant si bons chevaliers com
vos iestes est venuz au desus de nos. Honte nos fust et vergoigne
10 grant se uns autres chevaliers qui ne fust de vostre renomee nos
eüs ensi desconfiz come vos avez; mes de vos est ensi come honor.
Et tenez, nos vos rendons les destroiz de Sorelois. Vos en por-
roiz des ores mes faire a vostre volenté, ausi bien come del
reaume de Benoïc. » Lors le revest des destroiz de Sorelois entre
15 li et ses deus freres.
    « Or me dites, fait Lanceloz, que nos ferons. » « Sire, ce dit
Plenorius, ce vos dirai je bien. Nos en irons au chastel qui est
ça devant, riches chastiax et biax et forz et bons, et illec de-
morroiz et feroiz semondre toz / cez de cest païs. Il i vendront
20 trop volentiers, ce sai je tot certenement. Quant il seront tuit
devant vos venu, vos porroiz puis cest païs ordoner a vostre vo-
lenté. Il est vostres, et vos le poez retenir por vos, se il vos
plest, et se por vos ne volez retenir, vos le porroiz doner a qui
que vous vodroiz qui de vos le teigne, ou metre, se il vos plest,
25 en la subjection le roi Artus. » « Or me dites, fait Lanceloz, en
quel chastel est en prison le roi Karadox Brief Braz? » « Sire,
fait Plenorius, el Chastel del Roi Chevalier. En cest chastel
meïsmes fu enprisonez Galeoz, li sires des Loigtiegnes Ysles. »
« Je vourroie, fait Lanceloz, qu'en le feïst venir avant et que il
30 fust mentenant delivrez. » « Sire, il sera delivrez, puis que vos
le volez, fait Plenorius. Mes or montons tot avant et nos en alons
a celi chastel que je vos di. Illec porroiz vos atirier vostre
volenté de cest païs et del roi Karados meesmes, et des autres
prisons que nos avons autresi. » « Or montons donc, fait Lanceloz,
35 puis que vos le volez. »
    775. Atant montent et s'en vont erranment dusqu'au chastel qui
estoit en une mout bele montaigne; et estoit apelez li Chastiax
Nector, por ce que por l'amor Nector de Gaunes l'avoit fait faire
Galehoz un petit aprés ce que Nector se fu partiz de Sorelois.
5 Et sachiez que cil chastiax estoit forz et riches et bien seanz de
totes choses. Quant il furent au chastel venu, et cil de leanz
sorent que Lanceloz venoit—car ja estoit coreüe ça et la la no-
vele de son non, et aloient tuit disant que Lanceloz avoit les
trois passaiges delivrez et toz les sis freres conquis par force
10 d'armes—et quant cil d'illec entor oïrent dire que Lanceloz es-

toit venuz au Chastel Nector, il comencerent tuit comunement a
venir cele part en grant haste por li veoir, car de sa biauté et
de sa bonté aloit toz li mondes parlant, et tuit li chevalier er-
[163a]   rant en tenoient / parlement en quelconques leu qu'il venissent.
15   Que vos diroie je? Trois jorz demora Lanceloz dedenz ce
chastel, et fist dedenz celi terme venir a li le chevalier a la
Cote Mautailliee por li tenir compaignie. Endementres vindrent
es destroiz de Sorelois Brandeliz et Kex d'Estax. Quant il oïrent
dire que l'aventure des trois ponz estoit menee a fin par un che-
20   valier de la meson le roi Artus, il distrent tot plenement
entr'ex que c'estoit sanz faille Lanceloz dou Lac qui cest fait
avoit mené a fin. Tant chevauchent puis li dui compaignon qu'il
vindrent au Chastel Nestor, et troverent illec Lancelot qui lor
fist joie et feste grant, come cil qui a merveilles fu liez de
25   lor venue. A celi terme delivra Lanceloz le roi Karadox de la
prison ou Plenorius l'avoit fait metre, et autres prisons fist il
ausi delivrer dont il avoit assez es uns chastiax et es autres de
celi païs.
        776. Quant il furent delivré en tel maniere com je vos cont, li
pueples dist a Lancelot: « Ha! sire, por Dieu et por pitié et por
le sauvement de nos, retenez por vos cesti païs qui riches est,
car por ceste seignorie nos tendrons nos trop bien paié. » « Seignor,
5   fait il, or sachiez bien qu'en cest païs n'a nule terre que je por
moi vousisse retenir. Je sui chevaliers erranz; por nule aven-
ture del monde je ne remendroie ne ci ne aillors. Mes quant vos
seignor demandez, je le vos donré volentiers, et par vostre los
meïsmes. Or dites que vos volez avoir. Se vos volez avoir vostre
10   chevalier a la Cote Mautailliee, vos l'avrez. Et se vos celi ne
volez avoir, prenez un des autres trois: ou Brandeliz ou Kex
d'Estax ou Plenorius. » Et il demandent Plenorius, et dient qu'il
ont tant esprové sa bone chevalerie et sa cortoisie et son sens
qu'il ne velent autre seignor avoir. Et Lanceloz lor dona volen-
15   tiers por seignor, et il le reçurent lieement. Et Plenorius jure
tot mentenant la fealté le roi Artus et le comandement, et dit
[b]   que jamés tant com il / vive ne soferra que en cest païs soit
costume mise qui de riens puisse grever encontre reson les che-
valiers erranz, ne ne feroient riens des illec en avant de chose
20   qui fust encontre l'onor de la Table Reonde. Quant Lanceloz ot
ensi atirié celi païs, il s'en parti tot mentenant, et lessa
illec le chevalier a la Cote Mautailliee qui navré estoit dure-
ment. Et Lanceloz chevaucha puis tant par ses jornees qu'il vint
a la meson le roi Artus, ou il fu receüz bel et richement. Mes

25 atant lesse li contes a parler de li et de tote sa compaignie,
et retorne a Tristan qui estoit en la Petite Bretaigne.

*   *   *

777. Ci dit li contes que quant Tristanz se fu descoverz a Kahe-
din qu'il amoit la roïne Yselt, il avint cele semene meesmes un
jor qu'il chevauchoient sor la mer entre li et Kahedin. Si com il
chevauchoient ensi il virent venir une demoisele et deus escuiers.
5 La demoisele chevauchoit mout richement, et se aucuns me demandoit
qui ele estoit, je diroie que ce estoit Brangain que Yselt en-
voiot a Tristan; et sachiez qu'ele avoit assez sofert poine en
celi voiaige. Quant Tristanz la voit venir entre li et sa com-
paignie, il set bien qu'il sont estrange, si les atant. Quant
10 Brangain, qui tote estoit envelopee, voit monseignor Tristan, ele
le conoist mentenant, si en est mout liee. Adont li crie: « Ha!
Tristanz, Tristanz! Diex soit a vos! » « Demoisele, dist il, Diex
vos doint bone aventure! Qui estes vos qui si bien me conoissiez? »
« Sire, fait ele, vos le savrez par tens, s'il vos plest. » Adonc se
15 desvelope. Et quant Tristanz la conoist, il est trop durement
liez. Donc l'acole tot en plorant, et Brangain pleure autresi.
Tristanz li demande mentenant coment sa dame le fait. « Sire, fait
ele, malement. Ma dame / n'ot onques puis joie qu'ele sot que vos
eüstes feme espousee, ne jamés n'avra devant ce qu'ele vos voie.
20 Et vez ci unes letres qu'ele vos envoie, et les lisiez; et bien
sachiez certenement que coment que Yselt de la Petite Bretaigne
soit en joie, la vostre Yselt de Cornoaille est en dolor. »
778. Tristanz prent les letres, et quant il voit le seel Yselt, il
le comence a besier tot en plorant. Il oevre les letres et les
comence a lire; et sachiez que les letres estoient granz et
plenes de paroles, et disoient en tel maniere:

5   Amis Tristanz, vos qui en tristece m'avez mise et en dolor, par
qui je ai perdu ma joie et jor et nuit, por qui je muir, por qui
je ai lessié moi et tot le monde, puis que je ne vos ai, riens ne
me ples. Amis, qui m'iestes laz, qui mon cuer avez tant enlacié
que vos aprés vos l'avez tret en la Petite Bretaigne, amis,
10   puis que mon cuer avez avec vos et bien le savez certenement, co-
ment fustes vos tiex que vos lessastes Yselt, la roïne, por
Yselt, la demoisele? Cist changes est mout mauvés qui en leu de
dame vraie et bien esprovee metiez une que vos ne conoissiez.

Amis Tristanz, cist changes m'ocit. Je en soeffre tot le mal
15 que nule chetive puet sofrir. Je maudi chascun jor plus de mil
foiz l'eure que je fui nee quant je aime celi qui ne m'aime mie.
Et quant je voi ce, je m'en preig au plorer et au duel faire.
A nule autre chose je ne m'en puis prendre, et ce poez vos
veoir tot apertement en mes letres qui une partie sont efaciees
20 de mes lermes; et par cest signe, se il plesoit a Dieu et a
vos, devriez vos avoir merci d'Yselt de Cornoaille, la vostre
chiere amie.

Que vos diroie je? Amis Tristanz, mes cuers est tant durement
esbahiz que je ne puis mie escrire la centisme parole que je /
[d] 25 voudroie escrire por vos mander. Et por ce vos proie je come
a celi qui m'iestes et morz et vie et qui m'iestes joie et do-
lor, a celi a qui je crie merci plus de cent mil foiz, et plus
assez de cuer que de bouche, amis, je vos pri en plorant et en
morant de la plus destroite mort dont onques roïne moreüst que
30 si tost come vos avrez leües mes letres, que je par Brangain vos
envoie en leu de mon cors, que vos veignoiz en Cornoaille visiter
Yselt, la roïne. Ne n'aiez pas paour dou roi Marc, car ja si
ne serai gardee que je ne face tant en aucune maniere que nos
parlerons ensemble. Amis, venez vos en seürement, et se vos
35 demorez point longuement, asseür soient tuit leal amant
que mar vit onques la roïne Yselt l'amor de Tristan.

779. Tiex paroles come je vos ai contees estoient escrites es
letres. Et quant Tristanz les a leües, il dist a Kahedin: « Alons
nos en. Il n'i a fors de l'aler en Cornoaille. » « Sire, fait Ke-
hedins, je sui toz apareilliez de fere vostre comandement. »
Adonc se retornent au chastel dont il estoient venu. Mes-
5 sires Tristanz fait hebergier Brangain en une des chambres le roi,
et comande que ele soit servie et honoree plus que ses cors mees-
mes, car ele l'avoit servi a son gré par maintes foiz, et si est,
ce dit, de Leonois, et li a aporté letres que il s'en revoist en
son païs; et il veust mener Kahedin avec lui. Et li rois, qui
10 neant ne savoit des aferes Tristan ne ne baoit a nul mal, quant
il entent ceste novele que Tristanz li devise, et cuide tot vraie-
ment que ce soit verité, li otroie volentiers le congié, et dit
qu'il preigne de son ostel toz cez qu'il amera miex et les moint
[164a] avec li, et se conteigne si com il afiert a sa / valor, et tant
15 face qu'il veigne honoreement en sa terre. Et Tristanz respont
que de toz cez de la Petite Bretaigne ne veust il nul mener avec
li fors solement Kahedin. Celi en veust il mener, car mout aime

sa compaignie. Li rois dit que ce veust il volentiers; si fait
servir et honorer por l'amor de Tristan la demoisele et les es-
20 cuiers de quanqu'il puet. Mes onques ne veïstes si grant joie
com Gorvenal fait a Brangain maintenant qu'il la vit. Et quant
il ot a cele demandé de la roïne Yselt l'estre et le contenement
et coment ele l'avoit fait puis que Tristanz departi de Cornoaille,
et cele l'en ot dit tote la verité, il respont pensis et dolenz:
25 « Brangain, fait il, mout nos en doit peser. Tot cest mal et tote
ceste dolor lor avint par nos et par nostre fol sens. Il comperent
nostre folie plus chierement que nos ne fesons; plus en est la
colpe nostre que lor. Assez en ont sofert dolor, et encores fe-
rons, se Diex nel fait. » Et il savoit ja bien que Tristanz n'a-
30 voit onques geü charnelment avec Yselt aus Blanches Mens.
    780. Et Tristanz apareille son erre; en mer se met quant il a
pris congié del roi et de sa feme et des barons de la Petite Bre-
taigne. Il en moine avec li Kahedin qu'il aime de tres grant amor,
et Gorvenal et Brangain, et les deus escuiers. Il en porte armes
5 bones et beles por li et por Kahedin, mes nul home il n'en moine
avec soi fors cez que je vos devis. En mer est Tristanz entrez a
tele compaignie. Bon tens ont et bel et aesié le premier jor,
mes au secont se change si merveilleusement qu'il n'i a celi qui
n'ait tote paor de morir, car uns orages les sorprent si fiers et
10 si espoentables que chascuns s'en plent endroit soi; et li mari-
nier meesmes en ont tote dotance. Tristanz est forment esmaiez,
car il voit sa mort devant soi, se un po de mescheance torne.
Brangain plore mout durement et li escuier se dementent. « Diex!
dit Kahedins, que ferons nos? Ici nos estoit morir a grant mar-
15 tire, ne ja proesce n'i ferons. » « Ha! Tristanz, ce dit Gorvenal,
ici n'a proesce mestier. Ici morrons, se Diex ne nos secort. »
Tristanz se test au plus qu'il puet, car il set bien que / son
dementement ne li puet adonc riens profiter. Li venz les moine
et la tempeste si durement qu'il sevent bien sanz dotance que de
20 Cornoaille ont il la voie perdue.
    781. Et quant il ont trois jorz erré en tel maniere, adonc lor
avint qu'il arriverent en la Grant Bretaigne, droit en la marche
de Norgales et del reaume de Logres; et fu auques pres de la
Forest d'Arvances ou Merlins avoit esté enfoïz toz vis par la De-
5 moisele dou Lac.
    Quant Tristanz voit qu'il sont a terre, il demande aus mari-
niers ou il sont arrivé. Il respondent et dient: « Nos somes, la
Dieu merci, arrivé en bone terre et seüre. Ci est la marche de
Norgales et del reaume de Logres, et vez ci la Forest d'Arvances

10 ou Merlins gist qui la Demoisele dou Lac mist en terre et l'ocist
par assez vil achoison et traïson. » « Diex! dit Tristanz, coment
pot ce estre que si saiges hons com fu Merlins pot estre deceüz
par une demoisele? Ja savoit il tant des oscuretez del monde et
puis fu deceüz si vilment! » « Sire, dient li marinier, ensi avint.
15 Et encores, qui voudroit cerchier ceste forest troverroit il le
leu ou il fu enclos. » « Ensi m'eïst Diex, dit Tristanz, se je por
sis jorz ou por dis solement chevauchier cuidasse trover le leu
ou gist Merlins, je preïsse orandroit mes armes et montasse et me
meïsse au chemin, ne jamés ne finasse d'errer dusques je fusse la. »
20 Et cil dient: « En aventure seroit del trover, car la forest est
tant grant et tant desvoiable que nus n'i avendroit jamés s'il
n'i avoit par maintes foiz esté, ou se aventure ne l'i aportoit. »
« Mesire Tristanz, dit Kehedins, fesons le bien. Ceste est la Fo-
rest d'Arvences qui tant est aventureuse, si com toz li mondes
25 tesmoigne, que nus chevaliers ne s'i met qui aventure n'i truisse.
Aventure et fortune nos i a aportez, si com vos savez. Or prenons
nos armes—ausi ne les portames nos pieça—si nos metons
dedenz entre moi et vos, et verrons se la forest est si aventu-
reuse com l'en vet disant. Nos mariniers et nostre compaignie nos
30 atendront bien deus jorz ou trois, et plus encores se mestiers est. »
[c] Et Tristanz si / s'acorde bien a ceste chose.
    Si s'en issent de la nef, et font traire lors chevax fors
et lor armes autresi. Et quant il sont armé et monté, Tristanz
lor dist: « Dusqu'a dis jorz nos atendez, que tant demorrons nos
35 enz que nos aventure ne truissons. Mes s'i avenoit que nos demoris-
siens plus, adonc vos en porriez vos en Cornoaille aler et atendre
nos droit au Chastel del Pas, car de ci nos en irons nos droit par
terre dusques la, ou par mer, ensi com nos porrons. » Et li
autre dient que ensi le feront il. Gorvenal s'en veust aler avec
40 Tristan, mes Tristanz dit que non fera a ceste foiz, car il ne
veust ores compaignie fors solement de Kahedin.
    782. Après ceste parole sanz autre delaiement se met Tristanz en
la forest entre li et Kahedin, et vont tant cerchant d'une part et
d'autre ensi com aventure les porte tot celi jor. Au soer jurent
chiex un hermite qui lor dona pain et eve, car autre chose n'avoit;
5 et il penserent de lor chevax ausi com il porent. Mout demanderent
celi soer des noveles de la forest et des aventures et des mer-
veilles qui i avenoient. Et il lor dist que assez estoit sanz
faille aventureuse la forest et merveilleuse, « mes d'aventure, fait
li preudons, qui i avenist a mon tens ne me pesa autant com il me
10 poise del roi Artus qui en ceste forest se mist ja a trois mois pas-

sez, si en est si avenu que onques puis ne s'en pot partir ne oissir,
enz vet forvoiant sus et jus de jor en jor, et revient ci a chief de
foiz. Et por la grant demeure que li rois fait en ceste forest est
toz li reaumes de Logres troblez trop malement, car tuit cuident
15 auques vraiement qu'il soit morz. » « Sire, ce dit Tristanz, et
quant li rois est si forvoiez com vos dites, por quoi ne l'avoiez
vos tant qu'il soit fors de ceste forest? » « Ce ne savroie je faire,
dit li preudons, car se je de ceste montaigne estoie esloigniez
troi liues englesches, jamés ne savroie reperier, se aventure ne
20 me ramenoit. » « Or me dites, sire, dit Tristanz, ou avez vos oï
dire que aventures soient plus legierement trovees en ceste forest? »
« Certes, fait li preudons, je ai oï dire que au Pin des Trois De-
moiseles ne vient nus qui aventure n'i / truist, por qu'il i
veille auques demorer. » « Et ou est li Pins des trois Demoiseles? »
25 dient il. « Ce ne vos sai je pas tres bien enseignier, dit li
preudons, car onques n'i fui que une sole foiz. Et neporquant je
sai bien qu'il n'a mie tresque la plus de quatre liues englesches. »
Et Tristanz dit qu'il ne sera jamés granment aese dusques il soit
venuz a celi pin ou tantes merveilles avienent.

783. A l'endemain quant il virent le jor bel et cler, il se par-
tirent de l'ermitaige et s'en vindrent tot contreval la montaigne;
et n'orent pas alé granment qu'il troverent un sentier auques es-
troit qui tornoit a destre et s'en aloit droitement el parfont de
5 la forest. « Or nos en poons aler ceste voie, dit Tristanz. Il ne
puet estre qu'ele ne nos moint en aucun recet pres ou loig ou nos
troverrons genz qui aucunes noveles nos diront tost de ce que nos
alons querant. » « Alons, sire », dit Kehedins.
Lors se metent ou chemin qu'il orent trové, et tant chevauche-
10 rent sanz ce qu'il ne troverent ne un ne autre qu'il vindrent de-
vant une fontaine en une valee. La fontaine estoit mout bele et
mout delitable, et devant la fontaine avoit un chevalier armé de
totes armes sanz compaignie. Ses escuz pendoit a un arbre, et ses
glaives estoit dreciez a l'arbre, et ses chevax estoit atachiez a
15 un arbre et estoit coverz d'une coverture negre, et ses armeüres
meesmes estoient totes noeres; et il s'estoit asis devant la
fontaine et pensoit mout durement.
Quant Tristanz voit le chevalier devant la fontaine, il conoist
bien tot mentenant qu'il est des chevaliers aventureus, si le mostre
20 a Kehedin. « Ha! sire, dit Kehedins, por Dieu, sofrez que je aie
la joste de cest chevalier errant. Je sai bien qu'il n'atent se
joste non; ausi est il le premier chevalier que nos avons trové
en ceste forest ne en ceste terre. » « Or oiez la joste, dit Tris-

tanz, puis que vos en iestes si desiranz. Si vos di je bien que
25   je l'amasse mieuz a mon oés que a vos.» Et cil l'en mercie mout
durement, et regarde a son cheval qu'il n'i faille riens, et puis
[165a]   crie au chevalier qui sor la fontene demoroit encores:/ «Or sus,
sire chevaliers! Montez tost et venez a moi joster.» Li cheva-
liers qui sor la fontene seoit, quant il entent celi qui a joste
30   l'apele, il lesse son penser et le regarde. Et quant il a les
armes avisiees de Tristan et de Kahedin, il conoist bien tot men-
tenant que cil ne sont mie de l'ostel le roi Artus. Et por ce
vient il a son cheval et monte plaignant et dolosant, et faisant
le greignor duel dou monde. Et quant il est de ses armes garniz
35   au mieuz qu'il puet, il s'adresce vers Kahedin par mi la forest
qui n'estoit pas illec endroit mout espesse, si le fiert si en-
goisseusement qu'il li pierce l'escu et le hauberc, et li fait el
costé senestre plaie grant et parfonde. Il l'enpoint bien, si le
porte del cheval a terre, et au retraire qu'il fait del glaive
40   Kehedins se pasme de la grant engoisse qu'il sent. Et cil s'en
passe outre qu'il nel deigne plus regarder. Et quant il a fait
son cop, il s'en retorne vers la fontaine et fait semblant qu'il
veille descendre.

784. Mes Tristanz, qui voit Kahedin a terre, dont il est mout
dolenz et mout correciez, ne se puet pas tenir atant qu'il ne
preigne aucune vengence de ceste honte, et por ce crie il au che-
valier de la fontaine: «Sire chevaliers, gardez vos de moi, car
5   se je vos puis faire anui, je le vos ferai, ce sachiez bien.»
Et cil ne respont a riens et fait semblant que riens ne li chaille,
et li torne la teste del cheval maintenant et s'en vient vers
Tristan au ferir des esperons et le fiert si engoisseusement
qu'il abat a terre et li et le cheval. Et quant il voit qu'il a
10   ce fait des deus chevaliers, il ne les regarde plus, enz vient a
la fontene et descent, et atache son cheval a un arbre et remet
jus ses armes. Mes Tristanz, quant il se voit a terre entre li
et Kehedin et par la men d'un sol chevalier, s'il est dolenz et
correciez, nus ne s'en doit merveillier, car ce ne cuidast il mie
15   trover legierement. Il prent son cheval et le baille a Kehedin a
garder et li dit: «Kehedins, ensi vet des aventures dou reaume
de Logres que nus n'i vient, tant soit boins, qui ausi bon n'i
truist encontre. Bien nos a mostré cil chevaliers qu'il set as-
sez de la lance; et se il de l'espee est ausi preuz, a desconfit /
[b]   20   nos en porrons tenir. Or ne sai qu'il m'en avendra, mes je sui
cil qui ne leroie por la meillor cité de Logres que je ne m'es-
saiasse a li a l'espee.»

Lors s'en vet vers le chevalier qui voloit ja oster ses armes,
et li dit: « Ne faites, sire chevaliers! Ne lessiez pas si tost les
armes! Por ce se vos m'avez abatu ne m'avez vos pas mené dusqu'a
outrance. Je vos apel a la bataille dez branz, et se vos illec me
poez a outrance mener, ja puis ne serez par moi achoisonez.» Li
chevaliers respont atant et dit: « Coment? Ne vos est il pas as-
sez ce que vos iestes abatuz?» « Nenil, ce dit Tristanz. Mout de
foiz avient que maint chevalier qui ne sont mie de mout grant pro-
esce abatent assez meillor chevalier qu'il ne sont. Et por ce que
je me dout de vostre chevalerie veil je savoir que vos poez faire
de l'espee.» Et cil respont: « Certes, ce vel je bien. Ja ceste
bataille ne remendra par devers moi tant com je puisse ferir
d'espee.»

785. Aprés ceste parole sanz autre delaiement lesse corre li uns
vers l'autre, les espees nues es mens, les escuz sor les testes.
Si s'entredonent si granz cops com il puent amener, si qu'il n'i
a celi d'els, tant soit preuz, qui toz ne soit en petit d'ore
chargiez et anuiez des cops doner et recevoir, car li uns et li
autres estoit de grant proesce. Et par la vistece et par le
grant cuer que chascuns a en soi ne recroient il de ferir ne de
maillier li uns sor l'autre, et par ce s'entremoinent il si as-
prement ençois que li premiers assauz remaigne que li escu sont
malmis et empirié durement et li heaume autresi, et li hauberc
derout et demaillié, si que tote la place est jonchiee des mailles
qui cheoites en sont. Et li cors des chevaliers sont empirié du-
rement, car il n'i a celi qui n'ait plaies plusors. Mes nus ne
veïst adonc lor proesce ne lor vistece qui a merveilles nel te-
nist. Et se Tristanz, qui auques a ja sofert de ceste bataille,
est esbahiz, nus ne s'en doit merveiller, car il a ja bien esprové
a cesti point aus cos doner et recevoir qu'il set bien que cist est
le meillor chevalier que il onques trovast. Mes neporquant il
ne li est pas avis qu'il puist au derrien durer a li, car il se
sentoit encores si vistes et si fres com s'il / ne se fust mie
granment combatuz. De l'autre chevalier ne vos di je pas autre-
tel, car il estoit navrez durement, car merveilles avoit sor li
feru mesire Tristanz.

Que vos diroie je? Tant feri li uns sor l'autre et tant a
chascuns enduré qu'il ne puent mes avant, car tant avoient so-
fert que a force lor estoit reposer por recovrer alaine et force
dont chascuns estoit desiranz endroit soi. Et quant ce fu chose
que li uns fu tret ensus de l'autre et il orent le premier assaut
lessié, il se comencent a regarder. Tristanz regarde le chevalier

30 qu'il prise trop durement, et por la grant bonté qu'il a en li
trovee et por la grant proesce a il dotance et paor que ce ne
soit li rois Artus meïsmes, ou Lanceloz dou Lac. Se c'est li
rois, il ne vodroit por riens dou monde qu'il se fust si longue-
ment combatuz a li; se c'est mesire Lanceloz, de celi ne li chaut
35 il mie tant, car a si bon chevalier com il est ne se vodroit pas
estre acointiez par autre maniere que par armes. Aprés li re-
chiet ou cuer que ce est Palamedes, li bons chevaliers a cui il
s'est ja esprovez par tantes foiz. Se c'est il, ceste bataille
ne puet estre menee a fin devant que li uns des deus soit morz.

786. Por estre fors de ceste doute et por savoir en la verité,
parole Tristanz et dit: « Danz chevaliers, tant nos somes combatu
entre moi et vos que bien nos somes entr'esprové. Vos savez bien
que je sai faire, et je conois bien que vos n'avez pas esté
5 ouisous puis que ceste bataille comença: a mon cors pert et a mes
armes. Mes totevoies por la bonté d'armes que je ai en vos trovee
savroie je volentiers qui vos iestes ençois que nos en feïssiens
plus, car tiex poez vos estre que cest bataille remendra atant,
et tiex poez vos estre que ceste bataille ne remendra dusqu'atant
10 que li uns soit menez dusqu'a mort ou dusqu'a recreantise. Por
ce vos pri je que vos me diez vostre non. » Li chevaliers respont
atant et dit: « Biau sire, se vos iestes desiranz de mon non sa-
voir, ausi sui je desiranz de savoir le vostre et conoistre vos,
car se Diex me conseut, je conois tot apertement que vos iestes
[d] 15 sanz faille tot le meillor chevalier que je / onques trovasse,
fors solement mesire Lancelot dou Lac. Et por la bonté que je ai
en vos trovee vos dirai je mon non. Je suis apelez Lamorat de
Gales; li rois Pellinor fu mes peres.

Quant Tristanz entent ceste novele, il en devient toz esba-
20 hiz, car il ne poïst mie croire que Lamoraz fust si bons chevaliers
de son aage come il estoit. Et maintenant li sovient dou cor
qu'il avoit envoié en Cornoaille por mal de li et por desonor.
Lors parole et dit: « Coment? Iestes vos donc celi qui en Cor-
noaille envoia le cor merveilleus por la desonor de Tristan?
25 Vos cuidastes Tristan honir, mes vez ci Tristan qui en prendra
le vengement. » « Coment? dit Lamorat, es tu donc ce Tristanz? »
« Oïl, » fait il. « Et que cuides tu de moi faire? » fait Lamorat.
« Je te cuit mener dusqu'a outrance, » ce dit Tristanz. « Et por-
roie je en nule maniere trover pes vers toi? » dit Lamorat.
30 « Nenil, » ce dit Tristanz. « Non? dit Lamorat. Si es devenuz
si crieus que l'en ne porroit en toi merci trover? » « A toi serai
je si criex, ce dit Tristanz, car tu as vers moi deservi que je

te face dou pis que je porrai. » « Or m'as tant dit, fait Lamorat,
que je conois que tu iés deleaus et mauvés, car tuit li chevalier
35 sont mauvés et deleal qui autre velent metre a mort puis qu'il
n'ont mort deservie; et tu sez bien que je n'ai pas mort deservie.
Et quant je voi en ceste chose ta deleauté si aperte, je sui cil
qui desormés ne te doute, car je conois que je sui leal chevaliers
et mentendrai ci ma leauté, et ta deleauté te nuira si durement
40 que tu seras honiz se tu estoies meillor chevalier la moitié que
tu n'iés. » Et lors se tret arrieres et fait semblant qu'il ne se
sente de riens de ce qu'il a fait. Lors dit a Tristan: « Or fai
dou pis que tu porras, car huimés ne te dot je riens! »
787. Tristanz, qui tant prisoit Lamorat qu'il ne prisoit autant
nul chevalier dou monde de son aaige, et il li avoit dites ces der-
rienes paroles por solement esmaier le, quant il entent et conoist
son grant corage, il se repent de ce qu'il li a dite cele parole.
a] 5 Lors pa/role autre foiz et dit: « Lamorat, mout te devroie haïr,
car tu me deïs ja honte et vilenie voiant les barons de Cornoaille,
et si ne l'avoie je pas deservi. Mes por ce que je ne vel pas
tel chose recorder, car ire et mautalenz le te fist faire, et por
ce que je t'asailli ici sanz reson, lerai je ceste bataille atant
10 por la bonté que je voi en toi, se tu t'en voloies tenir a outré. »
Et cil respont: « Tot ce ferai je volentiers por avoir ta bone vo-
lenté, si n'i avrai nule desonor se l'en set que je soie menez a
outrance par la men de si bon chevalier com tu iés, car tu iés de
si grant renomee par tout la ou chevalier errant pueent aler que
15 l'en ne parole orandroit granment ne ci ne aillors de chevalier
que je saiche fors de toi et de monseignor Lancelot dou Lac; et
por ce n'avrai je mie si grant desonor se l'en set que je soie
outrez par ta men. » Lors s'en vet vers Tristan et se voloit
agenoillier devant li. Mes Tristanz ne li soeffre mie, enz li
20 dit: « Ne place a Dieu que ceste honor reçoeve, car je ne l'ai
mie deservie, se Diex m'eïst, ne je nel disoie fors por espro-
ver se je te porroie mener a faire ma volenté. Si ai tant trové
a ceste foiz orguel encontre orguel et mesure encontre reson que
je te pris et lo, se Diex m'eïst, de chevalerie et de cortoisie
25 sor toz les chevaliers dou monde qui joene home soient. »
788. Atant rement ceste bataille. Il remetent lor espees el
fuerre, et ostent lor escuz et lor heaumes, et s'entrevont besier
et s'entrefont si grant joie com s'il fussent frere charnel. Ka-
hedins vient a cele joie, liez et joianz de ce que a concorde
5 estoient ensi venu, ca il avoit eü tel paor de Tristan endementres
que la bataille avoit duré qu'il vosist bien que cele pes fust

plus tost venue.

Tristanz demande a Lamorat: « Dites moi que vos fesiez sor
ceste fontaine et por quoi vos pensiez si durement. » Et cil res-
10   pont: « Volentiers le vos dirai. Il a bien trois mois passez que
li rois Artus se mist en ceste forest a tel eür que puis n'en pot
oissir ne puis nel vit hons de son ostel qui noveles en seüst

[b]   dire. Et por li trover se sont puis mis / en ceste forest des
meillors chevaliers de la Table Reonde qui vont cerchant ceste
15   forez de totes parz, ne riens ne troevent. Je meesmes me sui mis
en queste, et assez ai traveillé, ne riens n'ai fait qui me plese.
Hui matin encontrai une demoisele qui me dist qu'ele cuidoit bien
que li rois Artus fust morz. Et je li demandai por quoi ele le
cuidoit, et se ele en savoit riens, deïst le moi, por Dieu. Et
20   cele dist qu'ele ne m'en diroit riens, si s'en ala atant. Et je
remés, et descendi mentenant et m'asis sor la fontene, et pensoie
a ceste chose mout durement quant aventure vos aporta sor moi;
car il n'est si preudon ou monde qui de ceste chose ne dust estre
dolenz, por qu'il coneüst de riens le roi Artus. » Tristanz respont
25   a ceste chose et dit: « Et que porrons nos faire? Se je por poine
et por travail sofrir cuidasse jamés le roi delivrer de ceste fo-
rest, je ne m'en partisse devant que delivré l'eüsse. » « Si m'eïst
Diex, dit Lamorat, ja a passé deus mois et plus que je me mis por
li en ceste forest, ne puis ne trovai nul qui a dire m'en seüst
30   riens, fors ce que je vos ai conté. » « Et ceste forest, dit Tris-
tanz, est ele mout granz? » « Oïl, voir, dit Lamorat. Ele a
bien sis jornees de lonc et trois de lé; et avec ce est ele si des-
voiable que merveilles vos sembleroit se vos i chevauchiez longue-
ment. » « Or ne sai qu'il m'en avendra, dit Tristanz, mes de ceste
35   forest ne me partirai je jamés dusques je saiche aucune chose des
aventures que l'en i troeve. » « Et je vos pri, dit Lamoraz, que vos
sofrez que je vos face compaignie. » Et Tristanz respont que de
sa compaignie est il mout joianz et mout liez; si s'entr'acom-
paignent en tel maniere com je vos cont.

789. Quant Kehedins entent ceste chose, il dit: « Seignor, vos vos
en irez, et je remendrai, car je me sent navré durement. » Et
sanz faille, Lamorat l'avoit navré a la joste bien parfont.
Tristanz est mout iriez de ceste novele, car il amoit mout Kahe-
5   din; si li demande s'il est si durement navrez qu'il le coviegne
remenoir. Et cil respont que s'il troeve ou il puist sejorner
deus jorz ou trois, il ne se metra pas a la voie ne en aventure

[c]   dusques atant qu'il sache la verité de / ses plaies. Et Lamorat
respont adonc et dit: « En ceste forest assez pres de ci a un fo-

10 restier qui mout est mes amis. Se vos desque leanz estiez venuz,
assez i avriez bon demorer, qu'il est uns hons qui mout aime che-
valiers erranz. »
    A ce s'acordent li troi chevalier. Et quant il sont monté
et il se sont mis a la voie cele part ou Lamoraz lor enseigne
15 qu'il porront trover la meson au forestier, la ou il aloient par-
lant de mout de choses, Tristanz parole a Lamorat: « Dites moi,
fait il, a il ores mout des chevaliers de la Table Reonde en ceste
forest? » « Sire, oïl, dit Lamoraz. Sachiez vraiement que tuit li
meillor chevalier dou monde sont orandroit en ceste forest.
20 Mesire Lanceloz dou Lac i est et mesire Blioberis, et mout de bons
chevaliers del linaige le roi Ban; et del parenté le roi Artus
meesmes en i a il grant planté. Et tuit vont cerchant aventures
par ceste forest et querant le roi se trover le poissent. » « Ha!
dit Tristanz, itant me dites, des cinc neveuz le roi Artus qui
25 tuit sont chevalier si com l'en me fet entendant, li quiex est de
greignor renomee? » « Il sont, dit Lamorat, dui qui ont passé de
bonté de chevalerie les autres freres, et est li uns apelez
mesires Gauvens et li autre a non Gaheriez. Cil dui sont bon
chevalier sanz doutance, et sont assez li uns divers de l'autre,
30 car quant mesire Gauvens a faite sa chevalerie et il li en vient
bien, il n'en cele mie le fait, enz le raconte maintenant; li
autres le fait tout en autre maniere, car quant il avient qu'il
troeve aucune bele aventure, jamés n'en parlera se autres nel fait,
et ensi fait ses chevaleries si en repost que jamés n'en sera
35 parlé por qu'il le puist celer. Par ceste chose que je vos di
est mesire Gauvens de grant renomee, car ses chevaleries sont ra-
contees par tot. Et li autres test et cele ses bones oevres;
il n'est pas de si grant renomee por ce qu'il se cele de quan-
qu'il puet. Si vos di vraiement qu'il est assez meillor chevalier
40 que n'est mesire Gauven, car je me sui essaiez a l'espee et a l'un
et a l'autre. » « Or oi merveilles! dit Tristanz. Se Diex me con-
seut, je n'oï mes pieça parler de chevalier qui tant me pleüst com
fait Gaheriez. Certes, de grant bonté li vient qu'il se vet si
celant. Et de monseignor/Lancelot dou Lac, se Diex vos saut,
45 que vos en semble? Est il si tres bons chevaliers com l'en vet
disant? Vos le devriez bien savoir. » « Si m'eïst Diex, dit Lamo-
raz, bons chevaliers est il. Je ne croi qu'il oit si bon ou
monde. »
    790. En tel maniere chevauchent tant que ja estoit midis passez
et hore de none aprochoit mout vistement. Et lors vindrent a la
meson dou forestier dont Lamoraz lor avoit parlé, si les reçoit

mout lieement. Leanz demeurent celi jor et firent garder a lor
5   plaies et a lor bleceüres, car il n'i avoit nul des trois qui ne
fust navrez ou po ou grant. Il demeurent chiex le forestier deus
jorz et s'en departent au tierz jor. Kehedins remest leanz, car
il estoit si navrez qu'il ne poïst mie chevauchier a sa volenté.
Et Tristanz et Lamoraz, quant il se furent mis en voie, che-
10 vaucherent tant qu'il vindrent celi jor en une valee. Et lor
avint ensi qu'il troverent desoz une sicamor une fontene mout
bele et mout delitable. Il descendent por eus reposer, car li
chauz estoit levez granz et merveilleus. Et la ou il voloient
oster les seles et les froins por lor chevax lessier pestre, il
15 regardent et voient venir tote la valee une beste la plus diverse et
la plus merveilleuse dont il onques oïssent parler, car cele beste
avoit tot droitement piez ce cerf, cuisses et queue de lion, cors
de liepart; et issoit de li uns glatissemenz si granz com s'ele
eüst dedenz li dusqu'a vint brachez toz glatissanz. Que vos di-
20 roie je? De la beste issoient tant de voiz de brachez que de cez
voiz et de cele noise retentissoit tote la valee. Et quant ele
comença a aprochier de la fontene, Lamoraz dit a Tristan: « Mesire
Tristanz, oïstes vos onques parler de la beste glatissant? » « Ha!
dit Tristanz, oïl, sanz faille. C'est ceste beste qui ci vient.
25 Je l'entent bien au glatissement que ele moine. Onques mes ne vi
si merveilleus ne si diverse come ele est. » Por parole que li
chevalier dient entr'ex ne lesse la beste a venir a la fontene,
enz saut enz et boit tant com il li plest. Et quant ele a beü,
ele s'en revet si grant erre que a merveilles vos tornast de
30 s'inelesce. « Mesire Lamoraz, dit Tristanz, or après! Sivons
ceste beste por savoir se nos por/riens aprendre d'ou cil gla-
tissement vienent qui de li issent. » « Sire, vos dites trop bien,
dit Lamoraz. Montons! »
791. Lors montent et s'en vont après cele part ou il avoient veü
que la beste aloit. Si n'orent pas granment alé en tel maniere
qu'il se regardent et oent venir après eus un chevalier armé de
totes armes, et venoit cil si grant erre com se la foudre le cha-
5   çast; mes compaignie n'avoit il avec li nule. « Mesire Tristanz,
fait Lamoraz, veez vos ce chevalier qui ci vient? » « Voirement
le voi je bien, dit Tristanz. Il se haste mout de venir! Ne sai
quele achoison le moine a si grant haste. Savez vos qui il est? »
« Oïl bien, dit Lamoraz. Sachiez bien que il est le meillor che-
10 valier que je onques veïsse a mon escient, fors solement monseignor
Lancelot dou Lac. Trop l'ai oï prisier de chevalerie, mes por ce
que je ne l'ai pas coneü fors par oïr dire le vodrai je essaier a

cesti cop puis que aventure le m'a ci amené a point. » Lors crie
au chevalier quanque il puet: « Gardez vos de moi, sire chevaliers,
15   car a joster vos covient! » Si li adresce mentenant la teste del
cheval. Et quant li chevaliers voit qu'il est a la joste venuz
ne qu'il ne s'en puet par el partir, il s'adresce vers Lamorat et
le fiert si engoisement qu'il le porte del cheval a terre; mes
autre mal ne li fait, car li hauberz qu'il avoit ou dox estoit de
20   mout grant bonté, et ce le garantist de la mort.
    Quant li chevaliers voit qu'il s'est si delivrez de celi, il
s'adresce vers Tristan, et le trova en tel point qu'il ne s'estoit
encores pas apareilliez de la joste, et le fiert si durement qu'il
li pierce l'escu et le hauberc; et se li glaives fust volez en
25   pieces, bien le poïst avoir navré mortelement. Il l'enpoint bien
et le porte jus del cheval si que li coinz del heaume fiert a terre.
Et quant il a fait celi cop, il ne retorne mie, enz s'en vet outre
si grant erre aprés la beste com s'il veïst devant li la mort qui
le chaçast. Et Tristanz, qui fu abatuz en tel maniere com je vos
30   ai devisié, se relieve inelement com cil qui estoit de grant le-
giereté, et dit a Lamorat: « Lamoraz, que feron? Que diron?
Voirement sui je venuz a la terre aventureuse, en la terre ou sont
li bon chevalier! Mes je m'en doi plus plendre que loer, car co-
ment que autre chevalier soient bien aventureus,/ je sui mesche-
35   anz a merveilles. » « Sire, sire, dit Lamoraz, de ce ne vos corre-
ciez mie. Autrement ne fust pas cist rexnes apelez reenes aven-
tureus se ne fust por ce que nus n'i vient, tant soit preudon, qui
ne truist aventures beles et ledes. De ce ne vos merveilliez pas.
Se m'eïst Diex, se vos longuement demorez ou reaume de Logres,
40   assez troverrez soventes foiz de poiors chevaliers de vos qui a
terre vos metront. Mesire Lancelot dou Lac, qui est ores si bons
chevaliers, ai je veü cheoir par la men Hestor, son frere, qu'il
jostoient ensemble en ceste forest, qu'il ne s'entreconoissoient
pas. Por ce ne vos chaille de ceste joste, que s'il vos est ores
45   ensi avenu, une autre foiz revendra que vos vos vengerez. » « Or
me dites, fait Tristanz, savez vos qui est cil chevaliers? » « Si
m'eïst Diex, dit Lamoraz, de son nom ne savons nos riens, mes por
ce qu'il chace ceste beste acostumeement, l'apelons nos le Cheva-
lier a la Beste Glatissant. Par autre nom n'est il reconeüz. »
50   « Qui qu'il soit, dit Tristanz, je ne serai jamés granment aese
devant que je le conoisse mieuz. Or montons, si irons aprés,
car il ne puet estre que nos nel truissons ou pres ou loing. »
    792. Lors montent et se metent aprés le chevalier tote la voie
qu'il avoient avant veüe qu'il s'en estoit alez. Mes il n'o-

rent pas alé granment qu'il troverent une voie qui en deus se
partoit, et perdent iqui les esclox del cheval si netement
5 qu'il ne pueent veoir ne apercevoir la quele voie il avoient te-
nue. « Lamoraz, ce dit Tristanz, que porrons nos faire? Ici sui
je toz esbahiz, car je ne voi quel part nostres chevaliers est
alez. Nos en avons les esclox perduz. » « Vos dites voir, » ce
dit Lamoraz. « Or vos dirai, ce dit Tristanz, que nos ferons.
10 Vez ci deus voies: vos enterrez en l'une, en la quele que vos
mieuz voudrez, et je enterrai en l'autre. Se vos trovez avant le
chevalier que nos querons, dites li de ma part que s'il veust
avoir lox ne pris, veigne soi combatre a moi en la valee devant
la fontene ou la beste vint orandroit. Et se il ceste bataille
15 refuse, asseür soit il que Tristanz, li niés le roi Marc, ne le
tient pas a chevalier. Se je le truis avant de vos, ou que ce
soit, il ne puet remenoir que je ne me combate a li tant que li
uns de nos soit menez dusqu'a outrance. Mes por ce que je ne vo-
[c]   droie pas que nos demorissiens / trop longuement a querre le, car
20 mout ai aillors a fere, et que je veill que nos reveignons ensemble,
vos pri je que vos soiez d'ui en quart jor a la fontene ou nos
veïsmes hui la beste glatissant, et venez i entor ore de midi,
car a celi termine i serai je, se Diex me deffent d'encombrier. »
Et Lamorat dit qu'il i sera, s'il onques puet. Si se departent
25 maintenant li uns de l'autre, et s'entrecomandent a Dieu. Lamorat
se met a destre, et mesire Tristanz a senestre. Si se test orandroit
atant li contes de Tristan et parole de Lamorat.

*   *
*

793. En ceste partie dit li contes que quant Lamoraz se fu partiz
de monseignor Tristan, il chevauche tote la voie ou il estoit en-
trez dusque pres de vespres. Et lors encontra sanz doute un che-
valier armé de totes armes, qui en menoit avec li une mout bele
5 demoisele; mes encores fust ele plus bele se ne fust ce qu'ele
faisoit semblant de feme correciee et triste durement. Et li che-
valiers se penoit de reconforter la, mes son reconfort n'i valoit
riens, car ele disoit tot apertement que jamés ne se reconforte-
roit, enz s'ocirroit a ses mens maintenant qu'ele avroit leu.
10 Lamoraz entent l'estrif de la demoisele, et bien cuide que li che-
valiers l'en moint a force. Lors s'areste, et quant il sont venu
tresqu'a li, il ne salue pas le chevalier, enz salue la demoisele;
et cele li rent son salu mout correciee et mout triste. « Demoi-
sele, dit Lamoraz, que avez vos? Il ne me semble pas que cil che-

15 valiers vos en moint de vostre gré ne de vostre bone volenté, mes
a force. » « Certes, fait ele, vos dites voir. S'il estoit a ma
volenté, ja de ci en avant n'iroie un sol pas avec li. » « Et que-
le part vodriez vos aler, demoisele? » « Je iroie, fait ele, volen-
tiers cele part dont je sui venue, car je ai ça un mien frere les-
20 sié navré a mort, si com je cuit, que je verroie ou mort ou vif
mout volentiers, se je pooie. » « Par mon chief! dit Lamoraz, et
vos le verrez, se je puis, et vos / i menrai. » Et lors l'ahert
par le frein et dit: « Demoisele, vené vos en! »
      794. Et li autres chevaliers saut avant errant et dit: « Les-
siez la, dan chevaliers, car je l'ai de si loig amenee que je
ne la vos lerai pas si legierement com vos cuidiez. Et se Diex
5 me conseut, par ceste emprise que je voi que vos faites si le-
gierement, ne ne savez encontre qui, conois je bien que vos iestes
uns des plus fox chevaliers et uns des plus nices que je veïsse
pieça mes. » Et cil respont: « Sire, bien puet estre que je sui
plus nices que mestiers ne me seroit, mes plus cortoisement me
poïssiez mostrer ma niceté que par parole. Il n'apartient pas
10 a chevalier qu'il parost mout, mes il li covient bien qu'il face
assez et parost po. Et se Diex vos conseut, dites moi vostre non. »
Et cil respont mout orgeilleusement: « Je ai non Gauvens, niés sui
le roi Artus. » « Ha! mesire Gauvens, fait Lamoraz, bien soiez
vos venuz. Or sai je bien qu'i ne pué estre bataille entre nos
15 deus, et por deus choses: l'une si est por ce que li torz en est
vostre, car il n'est mie droiz que vos la demoisele en meignoiz
puis qu'il ne li plest; l'autre si est que vos iestes chevalier
dur et fort, et de si tres grant bonté et de si tres grant re-
nomee et de si tres grant cortoisie que je sai bien que vos por
20 si povre querele com est ceste ne vos combatriez encontre moi,
car je ne sui de nule renomee vers vos, si n'i aquerriez ne los
ne pris se vos a moi vos combatiez. » « Et qui estes vos? » fait
mesire Gauvens. « Je sui, fait il, Lamorat de Gales. Li rois
Pelinors fu mes peres. » « Ha! Lamoraz, fait mesire Gauvens,
25 vostre pere ocist le mien, por quoi lé filz le roi Loht n'ame-
ront ja les filz le roi Pellinor. Ja n'avra entr'eus pes ne amor,
ne je ne veil n'il ne sera ja, se Diex plest. Et por ce vos di
je que vos vos gardez de moi, car bien sachiez que ceste haine
que vos aviez a moi vos metra a mort, se je puis. »
30   Quant Lamoraz, qui mout estoit de grant cuer, entent ceste
parole, il dist par corroz: « Certes, mesire Gauvens, mout a en
vos moins de cortoisie que je ne cuidai, et mout i a plus de fe-
lonie et de vilenie que maint autre preudome ne cuident. Je vos

dotoie devant, et cuidoie, se / Diex me conseut, que vos fussiez
35 uns des plus leax chevaliers dou monde. Mes quant je voi vostre
deleauté si aperte que vos dites que vos me metrez a mort, se vos
poez, et si somes endui compaignon de la Table Reonde, que vos
bien savez, ja Diex ne m'eïst se je jamés vos dout. » « Or i parra,
fait mesire Gauvens, qui mieuz le fera! Puis que nos somes a la
40 meslee venu, gart chascuns sa teste por soi. »

795. Aprés ceste parole sanz plus dire lesse corre li uns a
l'autre et s'entrefierent es granz aleüres des chevax si durement
que endui li glaive volent en pieces; mes grant mal ne s'entre-
font, car de grant bonté estoient li hauberc qu'il avoient es
5 dox. Mesire Gauvens vole dou cheval a terre, tant dolenz et tant
correciez com nus plus. Et Lamoraz, qui a merveilles estoit cor-
tois et deboneres, quant il voit monseignor Gauven a terre, il ne
li corra mie sus, enz s'en vet droit au cheval monseignor Gauven,
si le prent et le ramoine et dit: « Montez, mesire Gauvens. Se
10 vos m'avez dit vilenie, vos iestes si sages que vos vos recorderez,
se Dieu plest, si m'amenderoiz adonc la vilenie que vos m'avez
dite. » Mesire Gauvens se test, et prent son cheval et monte.
Et quant il est montez, il dit a Lamorat: « Vos m'avez abatu.
Mes ja por ce ne soiez plus orgueilleus ne plus ne vos en pri-
15 siez, que nos veons tote jor que li peor chevalier abatent les
meillors. » « Sire, bien puet estre, dit Lamoraz. Ce sai je bien
que je ne sui pas si bons chevaliers com vos iestes. » « Nos nos
somes entreessaié aus lances, fait mesire Gauvens, or nos es-
saions aus espees. » « Non ferai ores, dit Lamoraz. De tant com
20 je en ai fait me repent je, car je me sui mesfez dou serement de
la Table Reonde. » Mesire Gauvens, quant il entent ceste parole,
il s'en part et s'en vet tot un sentier por ce qu'il voit bien que
la nuiz aproche durement.

Et Lamoraz, quant il en voit aler monseignor Gauven, il re-
25 garde tot entor soi com cil qui cuidoit que encores fust la de-
moisele dedevant li. Mes non estoit, car ele s'en estoit alee
fuiant grant erre des lors qu'ele vit qu'il s'apareillierent a
joster. Lamoraz la / quiert pres et loig, et quant il ne la puet
trover, il se remet en la voie qu'il aloit devant; mes mout se
30 merveille ou ele puet estre alee.

796. Tant a chevauchié que la nuit li sorvient noire et oscure,
si qu'a force le covient remenoir lez une chapele gaste et si
decheoite que pres que li mur estoient gasté et versé a terre.
Il descent, que totevoies li estoit il avis qu'il se porra illec
5 mieux reposer s'il venoit plue ne mal tens qu'il ne feroit en leu

qu'il voie la. Et quant il a osté le frein a son cheval et il
l'a alaschié et puis lessé aler quel part qu'il veust, et si oste
maintenant son heaume et s'espee et se coche sor son escu, et co-
mence mentenant a penser. La ou il pensoit et se voloit endormir
com cil qui estoit assez las et traveilliez, atant ez vos cele part
venir un chevalier armé de totes armes. Il descendi tres devant
la chapele; et quant il fu descenduz, il fist autant de son che-
val come avoit fait Lamoraz, et puis le lessa aler parmi la forest
quel part qu'il vost. Aprés osta ses armes et se cocha a l'entree
de la chapele par defors por avoir le seren de la nuit.

Lamorat, qui tot apertement le voit, le regarde totevoies,
et mot ne dit. Et cil qui mentenant fu cochiez comence a penser;
et quant il ot grant piece pensé, il comence a plorer mout durement.
Et quant il a bien longuement ploré, si merveilleusement que nus
ne l'oïst qui toz n'en fust esbahiz, il se test et pense. Quant
il s'est grant piece tenuz coiz, il recomence son duel assez
greignor que devant; et quant il a grant piece son duel mené, il
comence ses mens a batre ensemble et ferir son vis et son piz.
Aprés dit tant doulanz et tant iriez qu'a po li cuers ne li part
ou ventre: « Hé! Amor, fause chose et deleal, plaine d'anui et
de contraire, replenie de duel et de lermes et de plors, garnie
et de traïson et de deleauté et d'envie, destruction et essil,
gastement de cors, plene de honte et de vergoigne et de desonor,
racine de tote amertume et de tote poverté et de tote misere,
plene de fausses covenances / et de fauses promesses, car ja ne
diras verité, qui tojorz prenz et riens puis ne soz, qui mez a
mort celi qui plus te sert, qui feras morir a honte et a desonor
celi qui plus te sert et mieuz s'acorde a toi! Hé! Amors, qui
m'as trahi si vilenement de quanque tu m'a promis, ne m'as rendu
riens, car quant je m'abandonai a toi, tu me replenis de totes
les doçors dou monde et me meïs en esperance d'avoir quanque je
desireroie et d'avoir ce que je mieuz amoie que moi meesmes. Ce
me promeïs tu, mes riens n'en ai eü; ne joie, ne bien, ne delit
nen avrai ja, si com je voi apertement, fors que la mort. Ensi
m'as tu trahi, Amor, ensi m'as sorpris, ensi m'as enlacié que je
ne puis mon cuer oster de cele que je sai bien que ja n'en ravrai
ma pensee. Et quant tu en tel point m'as mis que tu en la mort
m'as enbatu et mon cuer mis en plors et en lermes, je ne me pleig
de riens dou monde fors de toi qui ensi m'as engignié et deceü.
Nul mal gré ne sai fors a toi de cele que je aim et ele ne m'eme
de riens, ne de li ne di je fors bien et honor. Non fait riens de
cest monde: nus n'en mesdit, nus ne la blasme, et ce est bien

droiz, car se ele estoit mise en espreve de devisier sa bonté et
sa valor, il n'a el monde chevalier tant soit mesdisanz qui de li
50   osast mesdire riens, car sanz faille ce est la dame des dames, la
roïne des roïnes. C'est ma dolor, c'est ma mort; autre victoire
ne autre gloire n'avrai je sanz doute de s'amor fors que morir.
Ha! las, dolenz Meleaganz, chevaliers mescheanz et mesaventureus,
tant com tu te recordes de sa biauté, bien puez dire vraiement
55   que tu portes avec toi le mireor de ta mort. » Quant il a dite
ceste parole, il se test et comence a penser; si se tient si coi
et si mat com s'il fust morz.

797.   Et Lamorat, qui totes ces paroles avoit oïes, et qui mout se
merveilloit qui cil chevaliers pooit estre et qui puet estre la
dame que il tant loe, se test et escote por savoir se il diroit
plus. Et li chevaliers, qui Meleaganz estoit apelez, estoit filz
5   le roi Bademaguz de Gorre, et estoit de son aaige bons chevaliers
a merveilles, et mout feïst a loer de chevalerie se ne fust ce
qu'il estoit trop felons. Quant il s'est grant piece teüz, il
[d]   reco/mence et dit: « Hé! ma dame Genevre, dame des dames dou monde,
roïne des roïnes terrienes, la merveille de totes biautez, pleüst
10   a celi qui est sires de tot le monde que je vos eüsse en ma
baillie el reaume de Gorre ne plus n'eüsse de toz lez deliz ter-
riens, certes je me tendroie a mieuz paiez de vos solement avoir
que je ne feroie de tot le reaume de Logres. » Quant li chevaliers
a dite ceste parole, il s'endort, ne se s'aperçoit mie que Lamo-
15   raz soit si pres de li com il estoit, ne qu'il eüst riens oï de ce
qu'il avoit dit.

Lamorat, qui escoté l'ot et qui bien ot entendu aus paroles
qu'il avoit dites qu'il aime la roïne Genevre de tot son cuer,
se merveille trop qui il puet estre qui ensi haut osa metre son
20   cuer s'il n'est trop bons chevaliers. « Et neporquant, coment
qu'il soit de sa chevalerie, je cuit tant conoistre Lancelot et
tant savoir de son estre que s'il avoit oï dire a cesti les mer-
veilles qu'il a dites, il ne leroit por tot le monde qu'il ne
l'oceïst. » Mout pensa Lamoraz cele nuit aus paroles que Melea-
25   ganz avoit dites, et le tient a fol et a nice.

798.   Au matin com li jorz comença a esclarcir, il comença a re-
garder Meleagant por savoir s'il le poïst de riens conoistre, mes
il ne le set tant regarder que de riens le reconoisse. Et Melea-
ganz dormoit encores ausi fermement com s'il n'eüst de tote la
5   nuit dormi. Quant il a ses armes avisiees, il prent les soes;
et quant il s'est armez, il vient a son cheval, la ou il le
troeve, si l'apareille, et monte et se met a la voie, querant qui

noveles li sache dire del chevalier a la Beste Glatissant. Il
n'ot mie granment alé que aventure l'aporta en une valee. Et
10 lors encontra un chevalier tot sol qui venoit mout grant erre,
et estoit mout bien armez d'unes armeüres mi parties, l'une moitié
blanche et l'autre noere. Et li chevaliers estoit durement granz,
et seoit sor un cheval noer, et venoit auques grant erre parmi la
valee. Et la ou il voit venir Lamorat, il li crie: « Gardez vos de
15 moi, sire chevaliers! A joster vos covient. » Si besse mentenant
son glaive. Quant Lamoraz voit qu'a joster li covient, dont il
169a] n'avoit ores mie mout / grant desir, car assez avoit aillors a
faire, mes por ce qu'il set bien qu'a mauvestié et a coardise li
seroit tenu se la joste refusoit, besse il le glaive et lesse
20 corre au chevalier au ferir des esperons. Et li chevaliers, qui
li venoit si grant erre com se la foudre la chaçast, le fiert si
engoisseusement qu'il li fait une mout grant plaie enmi le piz,
et porte a terre lui et son cheval tot en un mont; et fu Lamoraz
mout decassez de celi cheoir et dou fes des armes qui auques
25 l'ont grevé, et dou cheval qui li fu cheoiz sor le cors. Et li
chevaliers qui ensi l'ot abatu, quant il le voit a terre, il nel
regarde plus, enz s'en vet outre, le glaive bessié qui encores
estoit toz entiers. Et Lamorat, quant il l'en voit ensi aler, re-
saut sus mout vistement, honteus et mout correciez de ceste aven-
30 ture, si s'escrie: « Ne vos en alez pas atant, sire chevaliers,
mes retornez! Je sui prez de la bataille. N'acoilliez lox ne
pris por neant! » Li chevaliers nel regarde onques plus, enz s'en
vet grant erre parmi la valee.

799. Lamorat, quant il l'en voit ensi aler, il est trop iriez de
ce que si tost li est eschapez. Si revient a son cheval et monte,
et pense que se il le cuidast ataindre, il alast aprés; mes aprés
ce repense qu'il n'ira mie, car il a aillors a fere.
5 Lors se remet a la voie et s'en vet tot le chemin qui aloit
devant. Si n'ot mie granment alé qu'il encontra deus chevaliers
armez de totes armes qui li demandent: « Encontrastes vos le roi
Artus? » « Ne sai, fait il, se Diex m'eïst. Je n'encontrai hui
fors un chevalier armé d'unes armes mi parties de blanc et de
10 noir. Fu ce li rois Artus? » « Oïl, font il, sanz doute. Puet il
estre granment esloigniez? » « Certes, dit Lamoraz, se ses chevax
ne li est failliz, il puet ja estre bien loig, car il s'en aloit
mout grant erre. Et neporquant, se je cuidasse que ce fust il,
il ne me fust mie eschapez si legierement com il fist, enz li
15 tenisse compaignie tant com je poïsse. Je ai ja grant tens de-
moré en ceste forest por li querre, et quant Diex m'avoit otroié

que je trove la voie, et aprés l'ai si tost perdu, bien puis dire
vraiement que fortune m'est contraire en ceste queste et que a
poine m'i porroit bien avenir. » « Iestes vos de son ostel? » dient
20 li chevalier. « Oïl, fait il, sanz faille. » « Et coment avez vos
[b] non? » « Je ai non, fait il, Lamoraz de Gale. » « A vos,/ font il,
ne demandons nos riens, que nos ne vos alons mie querant. » « Et
que alez vos querant? » fait il. « Nos querons, font il, Lancelot
dou Lac, le chevalier dou monde qui plus nos a mesfait, et certes,
25 se Diex le nos fesoit cheoir entre noz mains par aucune aventure,
nos vengeriens la mort de nostre frere charnel qu'il nos ocist
n'a pas trois jorz. » « Se m'eïst Diex, dit Lamoraz, vos avez em-
prise la plus fole guerre et la plus perilleuse a vostre oés que
vos onques poïssiez emprendre, car certes, se messires Lanceloz
30 dou Lac savoit ores que vos li vosissiez mal, et il trovast en
aucune place tiex dis com vos iestes, si m'eïst Diex, il vos
ocirroit toz que ja un sol n'en eschaperoit. » « Vos en dites trop,
font il. Il est bons, mes il n'est pas de la bonté qu'il poïst
nos deus conquerre. » « Vos poez ores dire vos granz ventances,
35 dit Lamoraz, car vos veez ores bien qu'il n'est mie ci. Mes,
par mon chief, s'il i fust, ja hardement n'eüssiez de ce dire.
Et je vos lo bien que vos lessiez a dire tiex paroles, car vos sa-
vez bien que la greignor partie de son linaige est ores en ceste
forest, et se auquuns de ce linaige ooïst par aventure que vos
40 alesoiz menaçant monseignor Lancelot, je vos di vraiement que vos
en seriez tart a repentir. »
    800. La ou il estoient en tiex paroles, Lamoraz regarde et voit
venir tot le font de la valee Lancelot armé de totes armes, ne il
n'avoit en sa compaignie fors un sol escuier; et il venoit tot le
petit pas. Lamoraz, tantost com il aperçoit l'escu, il conoist
5 que c'est mesire Lanceloz qui ça vient. Et lors dist aus deus
chevaliers: « Dont iestes vos, se Diex vos gart? » « Nos somes, font
il, de Gales, de pres dou Chastel de Fortune. » « Certes, dit La-
moraz, se vos dou Chastel de Fortune iestes, Fortune est assez
pres de vos, mé c'est por vostre mal et por vostre mescheance!
10 Veez vos ce chevalier qui ça vient? » « Oïl, font il, nos le veons
bien. » « Or sachiez, fait Lamoraz, que c'est le meillor chevalier
del monde: c'est mesire Lanceloz que vos alez querant. Trové
l'avez! Or i parra que vos ferez. »
    Quant il entendent que c'est mesire Lanceloz del Lac, il sont
15 si fort espoenté qu'il n'i a celi qui se moeve, enz bessent les
glaives. Et Lamoraz s'en comence a rire et lor dit: « Or i pert
que je disoie voir, que ja ne seriez tiex que vos en comencesoiz

bataille contre monseignor Lancelot. » Et lors se part d'ax, et
s'en vet encontre monseignor Lancelot et le salue de si loig com
20 il cuide qu'il le puisse / entendre. Et mesire Lanceloz, qui bien
le reconut par son escu et qui trop le prisoit, li rent son salu,
et s'areste; et fait li uns a l'autre mout grant joie. « Mesire
Lamoraz, fait Lanceloz, savez vos nules noveles que je ne saiche? »
« Sire, oïl, dit Lamoraz. Mesire Tristanz, li bons chevaliers, li
25 niés au roi Marc de Cornoaille, d'ou tantes bones noveles sont ja
venues a cort, est en ceste forest. Je me parti hier de li; et
sachiez qu'il vos desire trop a veoir.» Mesire Lanceloz est trop
liez de ces noveles, si respont: « Bien soit il venuz! Si m'eïst
Diex, c'est li chevaliers ou monde que je onques ne veïsse que je
30 plus prise et lo, et je ai raison, car il est ores de greignor
renomee que nul preudome que je saiche. Se Diex me conseut, je
le desir plus a veoir que home qui soit el monde. » « Se m'eïst
Diex, dit Lamoraz, je ne sai pas ou vos le puissoiz orandroit
trover, mes se vos a tel jor et a tel ore estiez a tele fontene,
35 vos i porriez trover et li et moi, car par tele maniere departimes
nos hier que nos i vendrien a tel hore. » Et lors li devise la fon-
tene et le jor. « Et je vos di, fait Lanceloz, que je serai la a
cele hore, se trop grant essoine ne me tient. Mes, por Dieu, itant
me dites, est il si biax com l'en vet disant? » « De sa biauté,
40 fait Lamoraz, ne fait a parler, que je vos di qu'il est toz li
plus biax chevaliers que vos onques veïssiez, ne en tote la Table
Reonde qui gaires soit greignor de li. » « Hé! Diex, fait Lanceloz,
tant desir que je le voie! »
    « Or me dites, fait Lamoraz, dou Chevalier a la Beste Glatis-
45 sant me savriez vos a dire noveles? » « Nenil, certes, fait Lance-
loz. Plus a d'un mois que je nel vi. Mes or me dites se del roi
me savez a dire nule certeneté? » « Oïl, » fait il. Et puis li conte
ce que il en cuide et ce que li dui chevalier l'en firent enten-
dant, et li devise coment il l'avoit abatu. « En non Dieu! fait
50 Lanceloz, encor apert a vostre hyaume qui est toz terreus. Mes
quel part volez vos aler? » « Je iroie, fait il, volentiers la ou
je cuideroie trover le Chevalier a la Beste Glatissant. Je le
vois querant, et ausi fait mesire Tristanz. » « Et por quoi le que-
rez vos? » dit Lanceloz. « Por ce, fait Lamoraz, qu'il nos abati
55 et s'en ala aprés ausi fuiant com se la foudre le chaçast. Mesire
Tristanz, qui fu sorpris a cele joste, fu un po iriez de ce que li
chevaliers s'en parti sanz plus faire en tel / maniere. Or le vet
querant, car il se veust a li combatre, ne jamés ne finera devant
qu'il se soit essaiez contre li. » « Or me dites, fait Lanceloz,

60 et monseignor Tristan essaiastes vos onques ne au glaive ne a l'es-
pee? » « Oïl, certes, fait Lamoraz. De l'espee fiert il si bien
qu'il n'a ou monde son pareil, se vos n'iestes; et por Dieu, se
aventure vos aporte ensemble, onques de bataille ne l'enhastissiez,
car certes il ne porroit estre, se venoit aus cops ferir, que vos
65 n'i perdissoiz amdui. » « De sa bataille, fait Lanceloz, me garde
Diex! De nule autre ne doteroie je fors que de cele, mes de cele
me garderai je tant com je porrai, car je sai bien que nul preu
ne m'en porroit venir. »

801. La ou il parloient en tel maniere, Lamoraz regarde et voit
venir vers eus Meleagant, celi qu'il avoit lessié dormant. Il le
conoist bien aus armes et a l'escu, et il se comence maintenant a
sozrire, et regarde Lancelot, et pense que se il savoit ores totes
5   les paroles que Meleaganz avoit dites, mal li seroit avenu. Lors
dist a Lancelot: « Sire, savez vos qui est cil chevaliers qui ça
vient? » « Oïl bien, fait Lanceloz. C'est un chevalier qui est
apelez Meleaganz, et est filz le roi Bademaguz de Gorre, et est
bons chevaliers de son aaige. » « Je ne sai riens de sa chevalerie,
10 dit Lamoraz, mes je sai bien qu'il est uns des plus fox chevaliers
que je onques veïsse, car il s'est entremis de la plus fole em-
prise d'ou chevaliers s'entremeïst onques mes, s'il ne fust de
greignor afaire qu'il n'est. » « Et quele emprise est ce? » fait
Lanceloz. « Ce ne vos dirai je ores mie, dit Lamoraz, qu'il ne vos
15 en apartient riens. » « Or somes nos donc au departir, fait Lance-
loz, car vos vos en irez ceste part et je m'en irai ceste autre.
Mes por Dieu, se vos veez avant de moi monseignor Tristan, saluez
le moi, et bien li dites de par moi que c'est li homs que je plus
desir a veoir.

802. Atant fine lor parlemenz. Mesire Lanceloz s'en vet d'une
part et Lamoraz d'autre. Mes il n'ot mie granment alé que Mele-
aganz le consuit qui auques aloit grant erre. Il le salue et
s'areste, et Lamoraz li rent son salu assez cortoisement. « Sire,
5   fait Meleaganz, dont iestes vos? » Et Lamoraz li respont: « Je
[170a] sui de Gales, uns chevaliers assez deseritez, et ne sui / enco-
res de nule renomee, car sanz faille puis que je fui primes che-
valiers n'ai encores a mon avis chose faite d'ou je doie avoir
renomee ne pris. » « En non Dieu, fait Meleaganz, maint chevalier
10 sont de bien grant fait et de grant oevre qui ne sont mie de mout
grant renomee! Por ce ne vos devez vos mie desprisier por ce
se vos iestes de petite renomee, car encores porroit vostre reno-
mee croistre et amender. Et neporquant, se Diex vos saut, vos
qui dites qui estes de si povre renomee, coment avez vos non? »

15 « Certes, dit il, cil qui me conoissent m'apelent Lamorat de Ga-
les. » « Lamoraz! fet Meleaganz. Vos fustes filz le roi Pelli-
nor de Listenois. » « Vos dites voir, » fait Lamoraz. « Par Sainte
Croiz! dit Meleaganz. Coment que vos vos ailliez ores mespri-
sant, je ai tant oï bien dire de vos et tant vos ai oï prisier
20 aus uns et aus autres que vos iestes uns des chevaliers ou monde
a qui je me combatroie plus a enviz dusques aus testes tranchier.
Or voi je vostre cortoisie et conois: de tant com vos plus vos
desprisiez, de tant croistra plus vostres lox. Vos iestes biax
chevaliers et joenes et sages et envoisiez, et amez par amors:
25 tant sai ge de vostre estre. Vos iestes gentis hom et filz de
roi, et je autresi. Et avez ja auques cerchié des aventures dou
reaume de Logres, et tant avez veü et apris qu'il ne puet estre
que vos ne conoissiez des hautes dames les quiex sont moins beles
et les quiex sont plus prisiees de biauté; por quoi je vos pri par
30 la foi que vos devez a cele que vos plus amez en cest monde que vos
me diez a vostre escient la quele es plus bele de totes les dames
qui a la seignorie dou reaume de Logres apartienent. »

803. Lamorat, qui tant amoit par amor que nus chevaliers ne poïst
plus grantment amer, et amoit la roïne d'Orcanie, dont il morut
puis par la men monseignor Gauven meïsmes qui asez deleaument et
asez vilenement l'ocist, quant il entent que cil le conjure si
5 durement de par cele qu'il aime de tot son cuer, il ne se puet
tenir qu'il ne respoigne et dit: « Vos m'avez conjuré d'une chose
d'ou je ne sui mie tres bien certens, car tant beles dames apar-
tienent au reaume de Logres que mout me seroit greveuse / chose
et doutable a eslire la plus bele. Et neporquant selonc mon avis
10 vos respondrai je, ne ne m'en blasmez mie se je le vos di, que
je ne vos dirai riens qui ne me semble verité: de totes les da-
mes qui au reaume de Logres apartienent me semble plus bele dame
la roïne d'Orcanie. »

« Si m'eïst Diex, dit Meleaganz, or avez vos dite la greignor
15 folie que onques chevaliers de vostre sens deïst. Cele n'est bele,
ne onques bele ne fu, ne jamés bele ne sera! Mes qui de biauté de
dame veust parler, si parost de ma dame la roïne Genevre, qui est
dame des dames, et la biauté de totes les biautez. » Lamoraz,
quant il ot mesprisier ce qu'il amoit de tot son cuer, il sospire
20 de parfont, com cil qui a poines le puet escoter. Et quant il pa-
role, il respont: « Sire, vos iestes cortois chevaliers, mes vos
n'iestes mie si cortois com vos deüssiez estre qui alez mesprisant
les dames que vos ne conoissiez mie tres bien par aventure. De
ma dame la roïne Genevre ne diroie je se bien non ne chose qui a

25 s'onor ne li tornast, car je la doi honorer et en parole et en
fait selonc mon pooir com la plus haute dame del monde. Mes sauve
l'onor de li et la seignorie, je oserai ben mostrer encontre un
asi bon chevalier com vos iestes que ma dame la roïne d'Orcanie
est ausi bele com ma dame la roïne Genevre. » « Par Sainte Croiz!
30 fait Meleaganz, a la bataille iestes venuz, se vos avez hardement
de deffendre, car je ai tant veü et de l'une et de l'autre n'a en-
cores granment de tens que je sui prez que a vos me combate que
ma dame la roïne Genevre doit autant estre prisiee de biauté sor
la roïne d'Orcanie com doit estre prisiee la lune de clarté sor
35 une des estoeles. De la biauté a la roïne d'Orcanie ne seroit ja
parlé la ou tuit li fol et li saige s'acorderoient plenement a la
biauté la roïne Genevre. »
     Lamoraz qui mout est correciez de ces paroles respont adonc:
« Amis, fait il, tu qui me hastes de bataille, ameroies tu tant la
40 bataille de moi a avoir? » « Oïl, certes fait il, por cele querele
ou je seüsse que li droiz fust par devers moi et li torz par de-
vers toi. Adonc me combatroie je seürement, nes encontre le
[c]   meillor chevalier del monde, car je sai bien / que li droiz
m'eideroit par tot et me feroit venir au desus de mon adversaire. »
45 « Et se je disoie, fait Lamoraz, que ma dame la roïne d'Orcanie est
plus bele que ma dame la roïne Genevre, t'en oseroies tu a moi
combatre? » « A toi? fait Meleaganz. Oïl, se m'eïst Diex, a toi et
a monseignor Lancelot dou Lac m'oseroie je bien combatre por ceste
querele deresnier, et vos en cuideroie ambedeus rendre morz ou re-
50 creanz en un jor. » « En non Dieu, dit Lamoraz, or iés donc venuz
a la bataille, puis que tu ne demandes se bataille non, car je me
combatrai por ma dame d'Orcanie, et tu por la roïne Genevre. »
« Or soit beneoite l'ore, fait Meleaganz, que cil jorz ajorna, car
nule si grant honor ne me poïst avenir por chose del monde com de
55 combatre moi por la plus haute dame del monde et por la plus bele.
Et certes, de ceste emprise que tu me fez encontre la plus haute
dame des dames et encontre ce qu'il n'a de biauté sa pareil el
monde, seras tu honiz a cesti point, et se sai bien que tu iés
meillor chevalier de moi. »
     804. Aprés cesti parlement sanz plus de delaier lesse corre li
uns vers l'autre, les glaives bessiez, les escuz joinz devant lor
piz, et s'entrevienent es granz aleüres des chevax, et s'entre-
fierent si engoisseusement que li glaive volent en pieces. Et il
5 s'entrehurtent des cors et des viseges aprés le froisseïz des
lances si durement qu'il s'entreportent a terre, si dequassé et si
dehurté qu'il eüssent greignor besoig de reposer que de bataille

mener. Mes ce qu'il estoient endui jovencel de grox cuer et de
grant emprise, et avoient ceste chose comenciee non mie par haine
10 que li uns eüst vers l'autre mes por esprover l'un l'autre et por
conoistre li quiex estoit meillors chevaliers, se redrecent il en
lor estant au plus tost qu'il pueent. Li cheval s'en vont fuiant
ça et la. Et quant il se sentent delivré de lor glaives, il me-
tent mens aus espees et s'entrecorent sus sanz parole dire, et
15 s'entredonent parmi les escuz et parmi les heaumes si granz cops
com il pueent amener d'en haut a la force des braz. Et sachez
que qui les veïst prover l'un encontre l'autre / coment il estoi-
ent legier, coment il s'entreferoient menu et sovent, membrer li
poïst de deus bons jovenciax; ne nus ne les veïst adonc qui bien
20 ne deïst que voirement estoient il bon chevalier de lor aaige.
Mes sanz faille ce grevoit mout a Lamorat qu'il estoit navrez et
avoit mout perdu del sanc par la plaie que li rois Artus li avoit
fait ou piz a cele ore qu'il l'avoit abatu, si com nos vos avons
devisié; et neporquant il ne s'en sentoit mie mout, com cil qui
25 estoit chauz et iriez.
    Que vos diroie je? Grant est la bataille entre Meleagant et
Lamorat. Meleaganz s'esforce de ferir, car bien voit que li be-
soinz en est venuz, car Lamoraz nel vet de riens esparnant, enz li
done sovent desus le hyaume si grant cop qu'il se tient trop char-
30 giez dou recevoir. De Meleagant vos repuis je bien dire qu'il
fiert si fort de l'espee que Lamoraz en est toz esbahiz, et sanz
doute s'i cuidast si grant bonté en Meleagant com il i voit, il
n'eüst hui encontre li bataille comenciee por ceste querele.
Mes puis que la chose est a tant venue que li plus sains et li
35 plus forz i a ja assez lessié del sanc, li afaires ne puet mes
remenoir que plus n'en soit encores fait.
    805. La ou il se combatoient en tel maniere, et il avoient ja tant
sofert que il paroit a lor armeüres et a lor cors qu'il estoient de
grant proesce, atant ez vos sor eus venir monseignor Lancelot dou
Lac qui estoit retornez avec Blioberis qui li avoit dites noveles
5 de monseignor Tristan. Il dui estoient assemblé, et quant il voi-
ent la bataille des deus chevaliers, il se retornent cele part por
savoir qui il sont. Mes quant Lamoraz voit venir monseignor Lan-
celot dou Lac, celi qu'il savoit bien qu'il amoit la roïne Genevre
de tot son cuer et plus que soi meesmes, il n'est pas bien aese,
10 car il set bien que se Lanceloz puet savoir por quoi ceste ba-
taille comença ne por quele querele, il s'en voudra tot maintenant
combatre encontre Lamorat, ne ne porra sofrir que Meleaganz de-
resne ceste querele; et c'est une chose qui trop le desconforte,

car de combatre soi encontre monseignor Lancelot dou Lac ne li
15 porroit il nul bien venir, de ce est il toz certens.

[171a]   Quant il pensoit a ceste chose en tel maniere com je vos cont,
et il se / combatoit encores toz jorz encontre Meleagant, atant ez
vos sor eus venir monseignor Lancelot dou Lac qui mout bien les
conoist maintenant qu'il les voit; si se merveille trop durement
20 d'ou cest corroz et cest mautalent est entr'eus venuz si tost.
Et por ce qu'il ne vodroit pas que ceste bataille durast plus
longuement, se met il devant eus et lor dit: « Lessiez ceste ba-
taille dusqu'a tant que vos me oiez devisié por quoi ele comença,
et se la querele est tele qu'il doie pes avoir, je l'i metrai;
25 se non, vos la porroiz mener a fin. »

806. Quant Lamoraz ot ces noveles, il est si esbahiz qu'il ne set
qu'il doie dire, car or voit il bien que a combatre li covient en-
contre le chevalier ou monde que il plus doute, s'il ne se veust
tenir a outŕe. Et Meleaganz parole et dit: « Sire, puis que vos
5 volez oïr la querele por quoi nos nos combatons, je la vos dirai,
que ja n'en mentirai de riens, et lors si savrez li quiex a le
tort et li quiex le droit. » Et maintenant li comence a conter
coment il entrerent en paroles de biauté de dames, et totes les
choses qui entr'ex avoient esté dites conta il si netement qu'il
10 n'en lessa riens a son escient.

Quant Lanceloz entent que Lamoraz avoit parlé en tel maniere
encontre la roïne Genevre, sa dame, qu'il aime plus que soi mees-
mes, il est touz desvez de maltalent, car il ne li estoit pas avis
que nus chevaliers, tant fust plens de fol hardement, deüst parler,
15 ne a geu ne a certes, encontre sa dame. Lors descent de son che-
val et le baille a Blioberis a garder. Et cil li demande: « Sire,
por quoi estes vos descenduz? » « Ne vos chaille, fait Lanceloz.
De ce ne vos apartient riens. Bien verroiz por quoi je l'ai fait! »
Et lors s'en vient vers Lamorat et li dit: « Vassax, mout iestes
20 fox qui encontre si haute dame qui est la plus vaillant dou monde
avez pris estrif. Cil chevaliers qui a vos se combat ne vos puet
prover de vostre folie, mes je vos en proverai. » Lors enbrace
l'escu et met la men a l'espee, et dit a Meleagant: « Trahez vos
ensus, sire chevalier, et me lessiez ceste bataille! Je l'avré
25 tost menee a fin. » « Coment? sire chevaliers, fait Meleaganz,
me volez vos donc tolir ma bataille? Certes, ce n'est mie cor-
toisie que vos me faites qui sor moi vos embatez en ceste querele.
Or m'est il avis que vos me prisiez mout petit et que vos ne cui-
[b]   diez mie que je puisse ceste chose / mener a fin sanz vostre se-
30 cors. Certes, ce est orguel grant et grant sorcuidance! » « Ne vos

chaille, fait Lanceloz, mes ceste bataille me lessiez! » « Se m'eïst
Diex, fait Meleaganz, non ferai de ma volenté, enz vos desfent tres
bien que vos n'i entrez. » Et il dit que ja por li n'en lessera
riens a fere puis que il s'i est mis. Si cort sus a Lamorat et li
35   done grandime cop par sus le heaume.

807. Et Lamoraz, qui nul home del monde ne dotoit fors monseignor
Lancelot, quant il se voit si entrepris, s'il a doute ne m'en mer-
veil, a ce qu'il se sentoit ja navré et grevé durement. « Mesire
Lanceloz! mesire Lanceloz! fait il, vos faites mal qui m'asailliez,
5   et sanz reson! N'avoie pas assez a fere encontre Meleagant, se vos
ne li estes en aide? Biau sire, s'il vos plest, lessiez nos ceste
bataille mener a fin, et puis a celi qui vointra si vos combatez,
s'il vos plest. » Et Meleaganz resaut d'autre part et dit: « Mesire
Lanceloz, je vos pri que vos me lessiez ma bataille. Sachiez que
10   je en vendrai mout bien a chief sanz vos. Onques ne vos en entre-
metez! » Il est correciez de ceste parole, si respont iriez et do-
lenz: « Certes, sire chevaliers, il est mieuz droiz que je la ba-
taille moine a chief que vos, car ele est de si haute querele, et
vos n'iestes encores ne si preuz ne si vaillanz que de si haute
15   chose vos doiez entremetre. A moi la lessiez qui en savré venir
a chief, et mieuz le feré que vos ne ferez. Si m'avez ores fait
dire vilenie, car chevaliers ne se doit prisier, mes corroz et ire
le me fet dire. »

Quant Meleaganz entent ceste parole, il ne s'en ose plus entre-
20   metre, car il conoissoit Lancelot de si grox cuer qu'il savoit bien
que s'il le meïst en corroz, il nel poïst pas legierement apaier.
Et Lanceloz se retret autre foiz vers Lamorat. Et quant cil le
voit venir sor li l'espee dreciee contremont, il ne l'ose pas
atendre, enz ganchist et dist: « Mesire Lanceloz, vos ne faites
25   mie cortoisie qui ensi m'asailliez, et sanz reson. Sachiez que se
cist aferes est racontez a la cort le roi Artus, vos en seroiz plus
blasmez et avileniz que de chose que vos feïssiez onques. De tant
solement com vos en avez orandroit fait iestes vos parjures, car
autresi sui je compaignon de la Table Reonde com vos iestes, et
30   puis que je en sui compaignon, vos ne devez metre men sor moi por
aventure qui aviegne, se vos ne me trovez en oevre de traïson. »

808. Quant Blioberis entent ceste parole, il se met avant,/ car
il pense bien se ceste chose estoit seüe a cort, mesire Lanceloz
en seroit blasmez; et li rois meesmes en porroit cheoir en male
voidie de sa feme. Por ce se met il entredeus et dit a Lance-
5   lot: « Sire, lessiez ceste bataille atant! Vos ne vos poez com-
batre encontre monseignor Lamorat que vos ne vos mesfaciez trop

durement a ce que vos iestes endui compaignon de la Table Reonde.
S'il a dit de ma dame la roïne Genevre qu'ele n'est mie la plus
bele dame dou monde, il a dit sa volenté. Se il dist folie, la
vengence n'est pas a vos a prendre, et se vos i fesiez greignor
force d'un autre, tost i porroient fole gent a mal penser. Por
ce vos pri je que vos lessiez ceste bataille atant, et se Lamo-
raz a mal dit, il meesmes se porpensera et l'amendera par aventure
a ma dame la roïne. »

Mesire Lanceloz, qui conoissoit bien que Blioberis estoit uns
des plus saiges chevaliers de tot de linaige le roi Ban et uns
des meillors, quant il voit qu'il li deffent ceste bataille, il
se retret un po arrieres et dit a Lamorat: « Se je a vos me vo-
loie combatre, vos nel devez a mal tenir, car vos savez bien que
je doi vengier a mon pooir en quel que leu que je soie la honte
de monseignor le roi Artus et de ma dame la roïne Genevre; et
vos ausi le devez faire. Por ce nel tenez a mal de ce que je
mis men en vos. » Et cil dit qu'il li pardone bien por qu'il le
lest atant ester. Et Meleaganz resaut adonc avant et dit: « La-
moraz, se mesire Lanceloz vos quite la bataille qu'il avoit vers
vos emprise, por ce ne vos en quit je mie, enz vos rapel a la ba-
taille par ces meesmes covenances qui entre nos deus sont. Je sui
prest de prover que ma dame la roïne Genevre est plus bele que la
roïne d'Orcanie. » Et Lamoraz, qui trop redote Lancelot com cil
qui aucune chose savoit de s'amor, n'ose riens dire encontre la
roïne Genevre, car il savoit bien qu'il reseroit maintenant a la
meslee de Lancelot, et por ce respont il: « Meleaganz, Meleaganz,
qu'en diriez? Se je dis ma folie, je l'ai chierement comparee:
a mon cors pert et a mes armes. Et puis que ma folie m'estoit a
reconoistre, non mie por dotance que je aie de vos mes por l'amor
monseignor Lancelot qui ci est, de cui je ne voudroie avoir male
volenté en nule maniere, je di que ma dame la roïne Genevre est
plus bele que ma dame la roïne d'Orcanie. Or m'en lessiez atant
ester. » Et cil dit qu'il ne demande plus./

Atant ont finé lor parlement. Il remetent lor espees es
fuerres et vont tant querant lor chevax ça et la qu'il les troe-
vent, et montent. Lanceloz et Blioberis s'en vont d'une part, et
Meleaganz d'autre, et Lamoraz de la tierce. Si lesse ores li
contes a parler d'eus toz, et si retorne a monseignor Tristan por
conter de ses aventures, car grant piece s'en est teüz.

*   *

*

809. Or dit li contes que quant mesire Tristanz se fu partiz de
Lamorat ensi com je vos ai devisié, il chevaucha tot le jor entier
sanz aventure trover qui a conter face. La nuit jut entre deus
roches, ou il n'ot a boire n'a mengier, ne ses chevax autresi, fors
5 que de l'erbe. Au matin, quant il vit qu'il fu ajorné, il se re-
mist en son chemin, et chevaucha parmi la forest dusques vers ore
de prime. Et lors li avint qu'il encontra Kex le Senechal qui che-
vauchoit toz seus. Il le salue, car bien conoissoit qu'il estoit
chevaliers erranz, et cil li rent son salu assez bel. « Biau sire,
10 fait mesire Tristanz, me savriez vos a dire nules noveles del Che-
valier a la Beste Glatissant? » « Certes, fait mesire Kex, je ne sai
pas ou il est orandroit, mes neporquant je le vi ier ou il chaçoit
sa beste si esforcieement com s'il la deüst maintenant prendre.
Mes por quoi le demandez vos? » « Ce li savré je bien a dire, fait
15 Tristanz, se je le pooie trover. » « Dont iestes vos? » fait Kex. Il
li dit qu'il est de Cornoaille. « Et conoissiez Tristan, le neveu
le roi Marc? » fait Kex. « Oïl bien, fait Tristanz. Je l'ai veü
mout de foiz. » « Or me redites, se Diex vos saut, quant vos iestes
de Cornoaille, quele aventure vos aporta ça? » Et il respont: « Je
20 sui uns chevaliers de povre pris qui encores ne sui de nule renomee,
si me vig esprover ou reaume de Logres por savoir se je porroie ja
riens valoir. » A cest mot se comença Kex a sozrire mout durement,
et dist: « Certes, quant vos de Cornoaille iestes estrez, se vos
ja bons chevaliers estiez, ce seroit la greignor merveille dou
25 monde, car onques de Cornoaille n'oissi bons chevaliers fors sole-
172a] ment Tristanz, li biax, enz sont tuit par / nature en cele contree
si mauvés et si coart que de poiors n'a nul el monde. » « Bien puet
estre, ce dit Tristanz. De tant doevent il estre plus dolent. »
Assez vont parlant de maintes choses entre Tristan et Keu le
30 Senechal, et tant que Tristanz demande son non; et cil ne li en
cele riens. Et maintenant que Tristanz ot de li parler, il set
bien qu'il est uns des poiors chevaliers de la Table Reonde et des
plus max parliers; ne Kex ne li demande onques son non, car riens
ne le prisoit por ce que de par Cornoaille se reclamoit.
810. Tant ont alé parlant en tel maniere d'unes choses et d'au-
tres qu'il vindrent a une eve grant et corant et parfonde dure-
ment, et si roide que nus n'i passast sanz pont qu'il ne fust en
aventure de perir. « Mesire Kex, dit Tristanz, ou porrons nos pas-
5 ser? » Et il respont: « Se Diex m'eïst, je ne le sé pas tres bien,
et neporquant je croi que par deçà oit un pont. » « Donc alons cele
part, fait Tristanz, car ci ne loeroie je pas que nos nos meïssiens,
car ceste eve est perilleuse durement. » Kex comence a rire, com cil

qui bien cuide que il ait ce dit par coardise; si ne se puet tenir
10   qu'il ne die: « Sire chevaliers de Cornoaille, se vos en tiex pas-
saiges ne vos volez aucune foiz embatre, sachiez que les aventures
dou reaume de Logres porriez vos mauvesement sivre. Mes certes,
je vos conois a tel, puis que de Cornoaille iestes, que ja ne vos
i embatroiz! Et vos avez droit, par mon chief, que vos en istriez
15   mauvesement, se vos vo i estiez mis. » Tristanz se test que mot ne
dist, et atent leu qu'il le puisse gaber a certes.

Tant ont alé entre eus deus tote la riviere qu'il vindrent a
un pont mout bel et mout riche par ou l'en passoit l'eve. De
l'autre part de l'eve avoit un chevalier au chief dou pont, armé de
20   totes armes et monté sor un grant destrier, et crie quanque il puet
aus chevaliers quant il les voit aprochier dou pont: « Je vos des-
fent le passaige! Ne vos i metez mie, se vos ne vos volez a moi
combatre. » Quant Kex entent ceste parole, il dist a Tristan: « Si-
re chevaliers de Cornoaille qui volez savoir se vos ja porriez riens
25   valoir, or iestes venuz a l'espreve. Vez ce bataille qui vos atent!
Se vos bataille alez querant, metez vos avant et vos alez combatre
au chevalier qui la bataille demande;/ et je demorré par deça por
veoir coment vos avendra de vostre premiere chevalerie. »

Tristans respont adonc et dist: « Sire, or ne feré je pas.
30   Mout seroie fox et sorcuidiez se je sor chevalier de la Table
Reonde enprenoie chevalerie. Vos irez avant qui estes chevaliers
esprovez, et je remendré par deça. S'il vos en vient bien, ce veil
je mout; se vos en venez au desoz, je me metrai aprés vos et m'en
irai au chevalier combatre. Et se il me meschiet aprés si bon che-
35   valier com vos iestes, je n'en devroie ja estre blasmez. » « Or es-
coutez, fait Keu, ne venistes vos en cest païs por esprover se vos
ja porriez riens valoir? » « Oïl certes, » ce dit Tristanz. « Et
veez ci l'espreve! fait Kex. Vez ci le chevalier, armé et apareillié
de la joste, si com vos veez. Que feroiz vos? » « Je vos leré avant
40   aler, fait Tristanz, por ce que je sai que vos iestes meillor che-
valier de moi. » « Et se je ici ne fusse, fait Kex, que feïssiez
vos? Ne vossissez vos passer? » « Oïl certes, ce dit Tristanz,
dou passer feïsse je mon pooir, et se remenoir me covenist par
deci, sachiez qu'il ne m'en fust point de bel. »

811. Quant Kex voit qu'il ne veust outre passer, il cuide bien
qu'il le face par coardie, si ne se puet tenir qu'il ne die: « Cer-
tes, voirement iestes vos des chevaliers de Cornoaille! » Et lors
lesse corre par sus le pont au chevalier qui l'atendoit, et le
5   fiert si engoisseusement qu'il li perça l'escu et le hauberc, et
li fait une grant plaie ou costé senestre, et l'empoint si dure-

[b]

ment qu'il l'emporte dou cheval a terre. Et quant il voit qu'il a
fait cesti cop, il se retorne vers monseignor Tristan et li comence
a crier: « Or poez passer aseür, sire chevaliers de Cornoaille,
10 car cest passaige vos ai je delivré. » Tristanz, qui bien vosist
que la honte et le domaige en fust tornee sor Keu, se met sor le
pont et passe outre. Et quant il est a li venuz, il li dist:
« Certes, mesire Kex, mout l'avez bien fait. »
     Lors se remetent ensemble tot le chemin par desus la riviere,
15 et chevauchent une ore avant et autre arriere por savoir s'il pois-
sent trover aucune aventure. Au soir entor ore de vespres mesire
Kex demande a Tristan: « Savez vos ou nos puissiens huimés heber-
gier? » « Coment le porroie je savoir, fait Tristanz, qui onques
mes ne fui en ceste terre? » « Ou jeüstes vos anuit? » fait
20 Kex. « Certes, fait Tristanz, je jui en une roche ou il n'avoit
ne que boire ne que / mangier. Je ne manjai ne ersoir ne
ne hier ne hui. » « En non Dieu, fait Kex, trop avez jeüné. Or
tornons ceste part, si irons gesir en la meson d'un forestier qui
mout bien me conoist. Je cuit qu'il nos fera anuit grant feste. »
     812. Lors s'en vont cele part au plus droit que Kex set, et vin-
drent la a l'anuitier. Si vos di que li sires de leanz reçut Keu
mout bel et mout richement, car bien le conoissoit. Et quant il
l'ot desarmé et Tristan autresi, il dist a Keu: « Ceanz a deus
5 chevaliers de vos compaignons qui anuit vindrent. » « Et savez vos
coment il ont non? » « Oïl bien, fait li ostes. Li uns est apelez
Tor, li filz Arés, et li autres a non Brandeliz. » Et la ou il
disoit tiex paroles, atant ez vos qu'il issent d'une chambre. Et
quant il voient Keu le Senechal, il li acorent les braz tenduz et
10 li font joie merveilleuse, et li demandent coment il li est.
« Bien, fait il, la Dieu merci. » « Et savez vos, font il, nules
noveles de ce que nos alons querant? » « Certes, fait il, nenil.
Je ne puis trover home ne feme qui noveles me saiche a dire dou
roi. » « Ha! Diex, font il, ce que sera? Arons nos ensi perdu
15 par cele mesaventure le plus preudome del monde? » « Nenil, fait
Kex, se Dieu plest, enz en orrons prochenement bones noveles. »
     Lors demandent a Kex: « Qui est cil chevaliers la? Vint il
leanz avec vos? » « Oïl, sanz faille, fait Kex. Entre moi et li
avons hui chevauchié le plus dou jor ensemble. Il est de Corno-
20 aille. » « De Cornoaille? fait Tor, li filz Arés. Donc ne porroit
il estre bon chevalier! » Et Kex comence a rire et dist: « Certes,
non est il, enz est li plus failliz que je onques veïsse jor de
mon aige. » « De ce nel devroit nus blasmer, fait Brandeliz, car
tuit cil de son païs sont mauvés, d'ou ce seroit la greignor mer-

25 veille dou monde s'il pooit riens valoir. » Ensi blasment et des-
pisent Tristan et dient que grant pechié fist Diex qui si biau
cors li dona por estre si mauvés. Et Kex lor comence a conter tot
ce qu'i avoit dit et respondu au pont passer, et il s'en comencent
a rire encores plus qu'il ne faisoient devant, et dient: « Ja ne
30 troverra l'en autre chose en chevalier de Cornoaille! » Ha! Diex,
s'il seüssent que ce fust li niés le roi Mac, il ne li deïssent
tiex paroles por riens dou monde, enz le servissent et honorassent
de quanqu'il poïssent. Il ne font mie si com il doevent, enz sont
[d] deceü mout malement; bien s'en apercevront / aprés. Tristanz es-
35 cote ce qu'il dient. Il les entent mout bien, mes il ne fait mie
semblant qu'il l'en soit a riens; ne non estoit il. Neporquant,
se il onques puet et il en voie son point, il lor fera une tele
honte que bien se vengera de totes ces paroles qu'i dient ores.

Cele nuit s'envoisent assez et parolent de mout de choses,
40 et plus dou roi Artus que de autre aventure, car plus lor tochoit
cele chose au cuer que nule autre. Il furent cele nuit servi et
aesié de toz les biens que li ostes de leanz pooit avoir. Mout
regarderent Tristan et mout en parlerent. Et Brandeliz en dist:
« Qu'en diriez vos? Si voirement m'eïst Diex, s'il estoit ausi
45 bons chevaliers com il est biax, en tot l'ost le roi Artus n'aroit
ja meillor chevalier de li. Par Sainte Croiz, s'il ne fust sole-
ment de Cornoaille, je cuidasse bien qu'il ne poïst faillir a estre
preudoms! Mes ce qu'il est de cele nacion d'ou nus bons chevaliers
ne vient, me fait cuider qu'il ne porroit estre preudoms. »
50 En tex paroles trespassa partie de la nuit. Et quant l'ore
de cochier est venue, il se cochent dusqu'a l'endemain, com cil
qui estoient assez traveillié.

813. A l'endemain quant li jorz apert il se vestent et apareillent,
et prenent lor armes, et demandent congié a lor oste et s'en par-
tent de leanz. Li troi compaignon vont un chemin, et Tristanz
vet un autre. Et Kex dit a ses compaignons: « Cist chemins par ou
5 li chevaliers de Cornoaille s'en vet se ferra ja en cesti. Faisons
bien: hastons nos un po de chevauchier, si que nos li soions au
devant. Et quant il s'aprochera de nos, je ferai semblant de jos-
ter a li, et l'apelerai de bataille. Et vos verroiz maintenant
qu'il lessera ses armes cheoir! Et s'il bee qu'il vaille jamés
10 riens, il ne me refusera mie la joste; et par ce le porrons es-
prover. » Et il s'acordent bien a ceste chose.

Lors se hastent d'aler un po plus tost qu'il ne fesoient de-
vant. Et quant il sont venu la ou li chemin s'asemblent, Kex lor
dist: « Or demorons ici un po, car nos le verrons ja venir tote

15 cele voie. » Et il s'aresterent maintenant, si n'i orent mie gran-
ment demoré qu'il voient venir monseignor Tristan tot sol, et pen-
soit durement, et venoit le petit pas de son cheval; ne il ne se
prenoit encores mie garde de l'agait que Kex li avoit basti. Et
Kex, tot maintenant qu'il le voit venir pres de li, li escrie:
20 « Sire chevaliers de Cornoaille, a joster vos covient, et gardez
[173a] vos de moi, car je vos desfi! » Il besse / son glaive et embrace
l'escu, et fait semblant qu'il veille la joste; et si n'en avoit
il nul talent, mes il le fait por li solement essaier.

814. Quant mesire Tristanz voit qu'il est a la joste venuz, il
n'est pas granment esmaiez: plus l'en est bel qu'il ne l'en
poise. Il s'apareille de joster. Et quant Kex voit ceste chose,
il dit a ses compaignons: « Que ferai je? Cist est apareilliez
5 de la joste! » « Coment qu'il en doie avenir, lessiez li corre,
fait Brandeliz, si verrons coment il le fera. » « Volentiers,
certes, » fait Kex. Lors lesse corre a monseignor Tristan tant
com il puet del cheval trere, et le fiert si durement qu'il fait
son glaive voler en pieces, mes autre mal ne li fait. Et Tris-
10 tanz, qui mout bien feroit de lance et qui maint grant cop avoit
doné, le fiert si engoisseusement qu'il li pierce l'escu et le
hauberc, et li met el costé senestre le fer de son glaive bien
en parfont. Il l'enpoint bien, si l'emporte del cheval a terre
mout felenessement; et au cheoir que Kex fait se pasme il de
15 l'engoisse qu'il sent. Et Tristanz s'en passe outre, et retret
a li son glaive tot entier que onques ne regarde plus Keu. Et
quant Brandeliz voit Keu a terre, il lesse corre a Tristan tant
com il puet del cheval trere. Et Tristanz, qui par li s'en vient
ne riens nel dote, le fiert si qu'il l'abat a terre; mes autre
20 mal ne li fait, car mout bons estoit li hauberz qu'il avoit ou
doz.

Quant Tor, li filz Arés, voit ceste chose et ceste aventure,
il dit a soi meesmes: « Ha! las, deceü avons esté. Cist n'est
mie des chevaliers de Cornoaille ensi com Kex nos a fait enten-
25 dant, enz est sanz faille aucuns preudoms qui ensi se vet celant.
Or covient que je me mete en aventure de ceste joste, car coment
qu'il m'en doie avenir, se je ne fesoie mon pooir de vengier mes
compaignons, a mauvestié le me devroit l'en tenir. » Lors crie a
Tristan qui ja s'en aloit tote sa voie: « Tornez ça, sires cheva-
30 liers, cel escu, si josterons ensemble. Autrement ne poez vos
partir de moi, puis que vos avez mes compaignons abatuz. » Et
quant Tristanz entent ceste novele et il voit que a joster li co-
vient, il s'adresce vers Tor, le fil Arés, et le fiert si durement

qu'il le porte a terre, le cheval sor le cors; et fu cil mout de-
35   brisiez de celi cheoir, car li chevax l'ot grevé durement. Et
quant il ot fait ces trois cops et il se voit delivré, il s'en /
[b]   vet outre que onques nul d'eus ne regarde, et rit a soi meïsmes de
ce que si bel les a desbaretez; et hurte le cheval des esperons et
s'en vet grant erre, qu'il ne vodroit mie qu'il venissent aprés li
40   et qu'il l'aconsuissent ne qu'il le meïssent en paroles.

815. En tele maniere s'en vet mesire Tristanz, pensant a ce
qu'il est avenu des trois compaignons. Mes cil qui avoient esté
abatu en tel maniere com vos avez oï, et qui se voient desconfit par
un sol chevalier, n'en sont pas aese, enz sont si mat et si entrepris
5   qu'il vodroient estre mort. Il se relevent si com il pueent. Et
Brandeliz demande a Kex coment il se sent, et il li dit qu'il est
durement navrez. « Et porriez vos chevauchier? » fait Brandeliz.
Et Kex respont qu'il chevauchera dusques a aucun recet, car sejor-
ner le covendra illec, que navrez se sent durement. « En non Dieu!
10   fait Tor, li filz Arés, il m'abati si felenessement qu'a po qu'il ne
m'a tot cassé et debrisié a ce que mes chevax me cheï dou tout sor
le cors. » Et Brandeliz redist: « Domaige n'ai je pas eü granment,
mes il me porta si tost a terre que je ne soi onques devant que je
me senti abatu. Et sachiez qu'i n'est mie des mauvés chevaliers
15   de Cornoaille, enz est aucuns preudoms bien bons chevalier qui
s'est mis en ceste queste entre nos por delivrer le roi Artus,
se aventure l'en voloit aidier, et vait faisant ses chevaleries au
plus coiment qu'i puet, ne ne veust que l'en le conoisse. » « En
non Dieu, fait Tor, li filz Arés, je croi bien que vos dites
20   voir! Se il ne fust de si grant proesce, ja de nos trois ne se
fust si bel delivrez. Or aie je dahez se jamés ai granment de repos
devant que je sache qui il est, se je le puis savoir ne par li ne
par autre. » Autretel dit Brandeliz; et autretel ne dist mie Kex,
qui trop se sentoit navrez, enz dit que d'aler aprés li n'a il
25   nule volenté: a toz cez d'enfer rent li et sa compaignie, qu'il
ne li est pas bel de sa venue. Il s'en retornera chiex son oste,
et demorra illec tant qu'il soit bien gariz. Ensi navrez com il
est ne porroit il mie granment chevauchier qu'il ne fust en peril
de mor.
30   Lors vont tantost prendre lor chevax qui estoient aresté en
une praerie, et mesire Kex monte mout engoisex et mout destroiz,
si s'en retorne la ou il avoit la nuit jeü. Et sachez que de cele
[c]   plaie / que mesire Tristanz li avoit fait en tel maniere com vos
avez oï le covint il a sejorner un mois ou plus enz qu'il poïst
35   chevauchier.

816. Et li dui compaignon, qui se furent mis a la voie aprés
Tristan, se sont tant hasté de chevauchier qu'il l'ont aconseü
en une valee devant une fontaine ou il estoit descenduz por boire
et por reposer. Quant il les voit vers li venir, il les re-
5 conoist bien, si li poise mout de ce qu'il l'ont atent a cesti
point, car il ne vosist mie qu'il le coneüssent ores de riens.
Et neporquant, puis qu'il l'ont ensi ataint, s'il li demandent
de son estre, il ne se celera pas vers eus. Et se il meslee
requierent, il ne lor faudra mie tant com il puisse ferir d'es-
10 pee. Por ce qu'il ne set por quele achoison il sont aprés li
venu, ou por pes ou por gerre, replace il son heaume au plus tost
qu'il puet, et vient a son cheval, si monte, et prent son escu
et son glaive. Et Brandeliz, qui mout savoit et bons chevaliers
estoit, crie a monseignor Tristan: « Ha! sire, remetez jus ces
15 armes, que eles ne vos ont ci mestier. Nos ne somes pas aprés
vos venu por meslee, mes descendez, s'il vos plest, et aesiez
vos ensi com vos faisiez devant, et nos meesmes vos ferons com-
paignie. » Et il dit qu'il ne descendra mie puis qu'il est mon-
tez, enz se metra en sa voie. « Ha! sire, fait Brandeliz, nos
20 avons mout vers vos meserré qui sanz reson vos asausimes. Mes
il vos est si avenu que de nostre tort nos est la honte avenue,
et a vos l'onor de vostre droit. Nos vos prions que vos le nos
pardonez. » Et il dit qu'il lor pardone bien. « Sire, s'il vos
plesoit, fait Brandeliz, nos vos feriens compaignie. » Et il res-
25 pont: « Biau seignor, vos merciz, mes ne vos poist. Je ne veil
ores avoir a cesti point compaignie ne de vos ne d'autre, enz
m'en irai toz seus en une moie besoigne ou je ne quier compaignie
mener. Si vos comenderé a Dieu. » « Ha! sire, fait Brandeliz,
itant faites por nos por honor et por cortoisie que vos nos diez
30 qui vos iestes. » Et il respont: « Un chevalier d'estrange terre
sui qui vig novelement en ceste terre. » Et il responent: « Sire,
chevaliers iestes vos, ce savons nos bien, assez meillor que
nos ne cuidiens essoir. Mes, por Dieu, vostre non nos dites, si
nos en irons atant, puis que nostre compaignie ne vos ples. » Et
35 il respont maintenant: « Je le vos dirai, puis que vos iestes de-
sirant de savoir le. Je sui Tristanz, li niés le roi Marc de
Cornoaille. »
      Et quant / il oent ceste parole, il en sont trop lié, et
s'umelient mout vers li, et dient: « Sire, mout somes lié de ce
40 que nos vos avons trové en ceste maniere. Se nostre compaignie
ne vos plest, nos vos comanderons a Dieu qui vos conduie. » « Et
Diex vos conduie autresi, » fait il. Si se departent a cest mot.

Mes au departir demande Tristanz se il sevent nules noveles dou
Chevalier a la Beste Glatissant. « Sire, font il, il a ja plus de qua-
45 rante jorz que nos ne veïsmes ne li ne sa beste. » Et quant il en-
tent qu'il n'aprendra nules noveles par ces deus, il se remet en
sa voie, et li dui s'en revont d'autre part.

817. Ensi s'en vet mesire Tristanz toz seus sanz compaignie. Il
ne troeve qui li saiche a dire noveles dou roi Artus ne dou Che-
valier a la Beste Glatissant. Celi jor qu'il se fu departiz de
Brandeliz et de Tor, le fil Arés, li avint la ou il chevauchoit
5   entor hore de midi qu'il encontra une demoisele chevauchant tote
sole, et ploroit mout tendrement, ne mot ne disoit. Mesire Tris-
tanz, quant il voit la demoisele plorer, il set bien que ce n'est
mie sanz aucune achoison. Et quant il aproche de li, il la salue,
et cele li rent son salu tot en plorant. « Demoisele, fait il,
10 por quoi plorez vos? » « Por ce, fait ele, que je ne m'en puis
tenir. Et se je plor, ce n'est mie merveille, car je sole ne
devroie mie plorer de cesti domaige, mes toz li mondes en devroit
plorer autresi com je fais, car en ceste dolor dont je plor parti-
ra toz li mondes qui hui avendra. » « Ha! demoisele, fait Tristanz,
15 quant ceste dolor est si granz que toz li mondes en doit estre
dolenz ausi com vos iestes orandroit, je vos pri que vos me diez
quele dolor est ceste, car certes je i metrai tot le conseil que
je i porrai metre. » « Ha! fait ele, vos n'iestes pas de la bonté
ne de la valor que vos conseil i poïssiez metre. Mes s'il pleüst
20 a Dieu que je eüsse trové monseignor Lancelot dou Lac ausi com je
vos ai trové, je sai de voir qu'il feïst bien que cest grant do-
maige remensist, et que tote chevalerie demorast en joie et en
bone aventure qui en cest jor cherra en tenebres et en dolor, et
solement por la mort d'un home. »

25   Quant il entent ceste parole, il est assez plus engoisseus de
[174a]   savoir que ce puet / estre qu'il n'estoit devant. « Ha! fait il,
franche demoisele, por Dieu et por sainte charité, dites moi ou
cest grant domaige doit hui en cest jor avenir por la mort d'un
sol home; et sachiez que se ce est si pres que je i puisse venir
30 a tens, et li cors d'un sol chevalier puet cest domaige destorner,
sachez que je le destornerai. » « En non Dieu, fait ele, vos vos
ventez de mout grant chose! Mes coment avez vos non? » « De mon
non, fait il, ne vos chaille, mes se vos savez ou cil granz do-
maiges doit hui avenir et nos i puisons revenir a tens, retornez
35 et me menez la; et sachiez que puis que li besoinz est si granz,
se vos m'i volez mener et Diex nos i amoine a point, je ferai tant,
ou je morrai, que bien vaudra mon secors le secors monseignor Lan-

celot del lac. Ceste esperance ai je en Nostre Seignor. »

818. La demoisele regarde Tristan, si le voit de si bele estature
et si bien portant ses armes et si bel que bien li est avis qu'il
doie bien valoir a besoig un bon chevalier. Et il li redit trop
engoisseus: « Ha! demoisele, menez me la ou cil granz domaiges
5   doit avenir. » « En non Dieu, fait ele, je vos i menrai, puis que
je voi que vos en iestes si engoisseus. Mes je le fais a mout
grant doute, car bien sachiez, se vos i morez et je puis estre
aperceüe que vos i soiez alez par moi, l'en m'ocirra tot mainte-
nant. » « De ce, fait il, ne vos esmaiez. Je vos promet sor quan-
10 que je tieg de Dieu et de chevalerie que vos n'avez garde, se
l'en ne vos ocist en traïson ou s'il ne sont plus de sis cheva-
lier. Mes encontre sis vos promet gié bien a garantir sor ma vie. »
« Et je me metrai, fait ele, en aventure, et retornerai por espe-
rance de vos et por seürté. Mes por Dieu, itant me dites se vos
15 iestes de l'ostel le roi Artus et compaignon de la Table Reonde. »
« Si m'eïst Diex, fait il, nenil. Onques la Table Reonde ne vi,
ne le roi Artus, que je saiche. » « Non? fait ele. En non Dieu,
merveilles me dites. Et quant vos n'iestes de cel ostel, quel
20 bonté poez vos en vos sentir ne savoir qui osez ceste chose em-
prendre si hardiement? » Et il respont: « Demoisele, n'aiez do-
tance. Sachiez que / tuit li bon chevalier ne sont pas en l'os-
tel dou roi Artus. » « Bien puet estre, fait ele, mes totevoies
ne sera ja chevaliers de tres grant pris s'il n'est de cesti os-
25 tel. »

Lors se metent a la voie et s'en retornent grant erre tot le
chemin que la demoisele estoit venue. Et ele se haste mout de
chevauchier, et il autresi.

819. Tant ont alé qu'il vindrent pres d'une grant tor qui seoit
sor une riviere; et devant cele tor avoit une praarie assez bele,
close de murs de totes parz. La tor estoit fort a merveilles.
Et quant il se sont mis en la praerie, la demoisele regarde de-
5   vant la tor ou il avoit un des plus biax pins del monde. Et de-
soz le pig avoit deus chevaliers armez qui tenoient un chevalier
desoz eus, et li ostoient le heaume de la teste. Et une demoisele
estoit illec qui tenoit une espee tranchant, et voloit au cheva-
lier tranchier la teste. Quant la demoisele qui avec Tristan
10 estoit venue aperçoit ceste chose, ele dit a Tristan: « Or tost,
fait ele, frans chevaliers! Va tost, si delivre ce chevalier
que cil autre dui chevalier tienent soz eus, et velent que cele
demoisele meesmes que tu voiz là li cope la teste. Saches vraie-
ment que ce est li rois Artus! Et por la grant dote que je avoie

15 de li fesoie je tel duel com vos veïstes. »

Quant Tristanz entent la novele, il dit: « Ha! Diex, benooiz
soies tu quant tu m'as mis en point de conquerre si grant honor
com est ceste. Greignor honor ne poïsse je en nule maniere con-
querre que de delivrer de la mort le plus preudome del monde. »
20 Et lors hurte cheval des esperons, et crie aus chevaliers qui le
roi tenoient: « Lessiez le tost, ou vos iestes mort, mauvés che-
valier recreant et failli! » Et il avoient ja osté le roi le
heaume de la teste, et li voloient abatre la coiffe de fer. Et
la demoisele tenoit encores l'espee tote nue; et c'estoit l'es-
25 pee meesmes le roi dont ele li voloit coper la teste. Et li dui
chevalier, quant il voient sor eus venir Tristan si monté com il
estoit, le glaive bessié por eus ferir, et qu'il les menace de
mort, il ne sont pas tres bien aseür ne aese, si s'en velent foïr
en la tor. Mes il ne pueent, car Tristanz lor vient au devant qui
[c] 30 en fiert l'un / si durement qu'il li met le glaive parmi le cors,
et l'abat mort a terre. Et il met la men a l'espee et cort sus
a l'autre, et le fiert dou piz dou cheval si durement qu'il le
porte a terre, et li vet par desus le cors tout a cheval tantes
foiz que tot le debrise. Et la demoisele qui l'espee tenoit,
35 quant ele voit ceste chose, ele s'en veust fouir vers la tor et
entrer dedenz. Atant ez vos l'autre demoisele acorant quanque
ele puet qui crie a Tristan a plene voiz: « Ha! sire chevaliers,
prenez cele demoisele, car s'ele nos eschape, nos somes mort, et
quanque vos avez fait est neanz. » Il lesse maintenant le cheva-
40 lier qu'il defoloit aus piez de son cheval, et cort a la demoi-
sele, et la prent par le braz et li dit: « Par Sainte Croiz, vos
ne m'eschaperez pas ensi! Je savrai avant qui vos iestes et por
quoi vos voliez ocirre le roi Artus. » « Ha! merci, fait ele,
frans chevaliers, lesse m'en aler par covenant que si granz biens
45 t'en vendra que onques si granz biens ne t'avint de chose que tu
feïsses com il te fera de moi se tu m'en lesses aler. » « Si m'eïst
Diex, fait il, ce ne ferai je mie! Vos ne me poez eschaper. »

820. A ces paroles qu'il disoient atant, ez vos le roi Artus
venir cele part. Et il arrache a la demoisele l'espee que ele
tenoit encores en sa men, et li dit: « Par Sainte Croiz, vos
iestes morte! Vos m'aviez mis a dolor et a martire, et puis me
5 voliez ocirre de ceste meesmes espee d'ou il vos estoit a morir. »
« Ha! frans rois, fait ele, merci! Ne m'oci mie, mes lesse moi
vivre. Certes, ce te sera grant honte et grant desonor se tu
m'ociz, car je sui une demoisele de chetif sens et de povre afere,
et tu iés li plus hauz homs del siecle et li plus puissanz. » Et

10 li rois, qui estoit correciez, respont par ire: « Ce n'a mestier!
A morir te covient ici. » Si hauce l'espee et li cope le chief,
et li cors chiet a terre. Et li rois s'en revient par le cheva-
lier que Tristanz avoit tant defolé aus piez de son cheval; et il
se voloit ja relever a quel que poine, car totevoies fuïst il vo-
15 lentiers la mort, se il poïst. Mes il ne puet, car li rois s'en
vient par li qui li soulieve le pan del hauberc, et li met l'es-
pee dedenz le cors. Et cil s'estent mentenant, com cil qui sen-
toit pres dou cuer l'engoisse de la mort.

Et quant il voit que c'est alee chose de li, il s'en vient
20 a Tristan, car il le vou/dra mercier de ce qu'il l'a ensi delivré
de mort. Tristanz descent tout mentenant qu'il voit le roi venir
vers li, et se humilie mout. Et por ce qu'il doute encores un po
que ce ne soit li rois Artus li demande il: « Sire, iestes vos li
rois Artus? » « Oïl, fait il, sachiez de voir que vos avez a cest
25 point delivré le roi Artus de mort. Or savez vos qui je sui. Or
vos pri je que vos me diez qui vos iestes, se vos iestes de mon
ostel ou de autre leu. » Et il respont: « Sire, je sui uns cheva-
liers estranges. Onques mes sanz faille ne fui en leu ou vos
fussiez. » « Et coment avez vos non? fait li rois. Je vel vostre
30 non savoir por ce que je saiche de qui je me porrai loer quant je
vendrai a Kamaalot, et que je vos i face honorer se aventure vos
i aporte. » Et il ne set qu'il doie faire, car trop volentiers se
celast et se departist del roi en tel maniere que li rois ne
seüst a celi point par qui il eüst esté delivré. Et li rois li
35 redit autre foiz: « Dites moi vostre non. » « Sire, fait il, s'il
vos plest, je vos pri que vos vos sofrez a ceste foiz de savoir
mon non. Assez tost le savrez! Ja si ne me porrai vers vos celer
que prochenement ne sachiez la verité de mon estre. Et je vos
pri qu'il ne vos poist se je ne me veil a cest point vers vos des-
40 covrir. » « Ha! fait li rois, puis que vostre non ne me volez dire,
de tant me faites certen, s'il vos plest, se vos iestes del reaume
de Logres. » « Sire, nenil, sanz faille. Mes or me dites, vodroiz
vos ici demorer ou aler en autre leu? » « Ici ne demorroie je en
nule maniere, fait li rois, car il n'a leu ou monde que je si hee si
45 mortelment com je fais cesti. Veez la mon cheval a cele oreille
de cele forest. Alez le querre, s'il vos plest. » Et il dit que
ce fera il volentiers.

Lors monte sor son cheval, et tant fait que au cheval le roi
vient, et qu'il le prent et li amoine. Li rois monte, et quant il
50 a pris son hyaume et son escu et son glaive qui devant l'entree de
la tor estoit dreciez a un arbre, il se part d'illec, et demande

a Tristan quel part il voudra aler. « Sire, fait il, je vos ferai
compaignie, s'il vos plest, tant que vos soiez venuz a recet et
que vos avez trové des compaignons de vostre ostel. » « Ce veil
55 je bien, dit li rois, car de vostre compaignie ne me puet venir
se bien non. » Lors se metent a la voie, parlant de mout de
choses.

821. Et la demoisele qui Tristan avoit amené, quant ele voit
[175a] que li rois se part de la tor sains / et hetiez, ele descent et
prent la teste de la demoisele que li rois avoit ocise, et la pent
a l'arçon de sa sele par les crins qui assez estoient biax. Et
5 puis remonte ensi com ele puet, et s'en vet grant erre d'autre
part, et dit que puis que ceste joie est avenue que li rois est
delivrez de mort ensi com ele a veü, ele ne finera mes, ne hui
ne demen, de chevauchier; et a toz cez qu'ele enconterra, ele
racontera ceste joie, et lor fera asavoir ceste aventure, et lor
10 mosterra la teste de la demoisele enchanterresse qui par ses en-
chantemenz avoit retenu le roi Artus en la forest de Darvences.

Ensi s'en vet la demoisele, liee et joiouse de ce que par
si bele aventure a Diex secoureü le reaume de Logres, qui fust
tornez a povreté et a dolor se li rois Artus fust ocis.

822. Et li rois Artus et Tristanz, qui se furent mis el chemin,
vont parlant de maintes aventures, et tant que Tristanz dit au
roi: « Sire, fait il, mout me mervel d'une chose que vos feïstes
hui. » « Que fu ce? dit li rois. Dites le moi! » « Sire, je me mer-
5 veil coment vos eüstes cuer ne volenté d'ocirre la demoisele que
vos oceïstes, car il n'apartient pas a si preudome n'a si haut
home com vos iestes qu'il deüst nule demoisele del monde ocirre. »
« Vos dites bien, fait li rois, et cortoisie seroit ce que nus che-
valiers dou monde meïst men en demoisele. Mes quant ire et cor-
10 roz esmuet cuer d'ome, il fait sovent mentes choses qu'il ne
devroit mie faire. Si nel di je mie por ceste demoisele que je
ai ocis, enz le di por autres, car se je en autre demoisele me-
toie men, je mesferoie trop durement; mes sanz faille de ceste
ocirre ne me mesfis je de riens, car ele l'avoit trop bien deser-
15 vi, et trop grant mal en pooit avenir se je ne la meïsse a mort.

Aucun de mon ostel l'ont oï dire et le sevent bien qu'il
n'a mie plus de trois mois granment que je estoie en Kamaalot un
jor entre mes barons, et aliens parlant d'une bataille qui avoit
esté en la Forest de Kamaalot d'un chevalier de la Table Reonde
20 et d'un chevalier estrange. Et il estoit ensi avenu que li che-
valiers estranges ocist celi de la Table Reonde qui de mon li-
naige estoit. Et la demoisele vint adonc devant nos et dist:

« Vos parlez de Saliel, qui le chevalier a ceste semene ocis. Et
quant il est ensi avenu que uns chevaliers estranges a ocis / un
25 chevalier del parenté le roi Artus, ne vengence n'en est prise,
bien puet dire li rois que s'onor aville durement, et que ses
linaiges empire, et qu'il ne regnera des ores mes mie longuement. »
Quant je oï ceste parole, je fui auques troblez et dis mainte-
nant: « Demoisele, se vos nos saviez enseignier ou nos porriens
30 trover le chevalier estrange, encores seroit vengiee la mort au
chevalier de la Table Reonde. » La demoisele respondi adonc et
dist: « S'il avoit ceanz si hardi chevalier qui sor li osast
emprendre ceste vengence et venir aprés moi, je li mosterroie
dedenz trois jorz celi chevalier que vos demandez, par covenant que
35 cil qui la vengence prendroit sor li m'en donast la teste, car
sanz faille il n'est riens ou monde que je tant hee com je fais
celi qui le compaignon de la Table Reonde ocist; et se je la
teste en avoie, je me tendroie a trop beneüree. »
Quant la demoisele nos ot dite ceste parole, je sailli avant
40 et dis que je emprenoie la bataille sor moi. Si demandai mes
armes errranment et me fis armer, et me parti de Kamaalot en tel
maniere que je ne vox que uns ne autres me feïst compaignie. Ele
me tint sanz faille covenant de mostrer moi le chevalier, car ele
me mena droitement la ou il estoit; et me combati a li, et tant
45 fis que je l'ocis, et en dona la teste a la demoisele por ce que
en covenant li avoie. Et ele la reçut a mout grant joie.
823. Quant je oi tot ce fait, la demoisele me dist: « Rois Artus,
or voi je bien et conois que tu iés bons chevaliers et hardiz.
Or le fai bien: vien t'en aprés moi dusqu'en la Forest de Dar-
vances, et quant nos serons la, je te creant que je te ferai veoir
5 une aventure d'ou tu seras liez a merveilles et d'ou tu conquerras
lox et pris, se tu la puez mener a fin. Et encores je te promet
plus, que tu n'as garde de ton cors. » Quant je oï ce qu'ele m'en
disoit, je dis que je iroie volentiers, meesmement por veoir la
tombe Merlin que je n'avoie onques veüe, car mout volentiers la
10 veïsse, s'il fust ensi que je veoir la poïsse. Et por ce me mis
je a la voie avec la demoisele.
Quant nos eümes tant chevauchié que nos fumes venu dusqu'a
la tor ou vos me trovastes ores, la demoisele me fist leanz des-
cendre. Et quant ele m'ot mené en sa chambre, ele me mist en mon
15 duet un anelet par si grant force que tant com je l'eüsse / sor
moi, je ne poïsse amer ne dame ne demoisele fors li solement, ne
penser a riens dou monde granment fors a li. Ensi m'ot la demoi-
sele enchanté que je remés del tout a li et obliai la roïne Ge-

nevre et totes les autres dames por li, que d'eles ne me sovenoit
20 mes, ne plus que se je onques ne les eüsse veües. Chascun soer
me metoit gesir avec li, et faisoit de moi quanque il li plesoit.
A l'endemen me metoie en la forest por cerchier aventures et por
trover chevaleries, et tot ce sofroit ele bien. Et sachiez que
je estoie si forz enchantez que quant je encontroie les chevaliers
25 de mon ostel que je bien conoissoie, je n'avoie hardement des
atendre, enz les fuioie tot ausi com s'il me vosissent ocirre.
Il ne me reconoissoient nules foiz, car je avoie toz jorz mes
armes changiees; et je les reconoissoie bien, mes je en avoie
ausi grant doute com je eüsse de la foudre se je la veïsse devant
30 moi venir et descendre. Chascun jor chevauchoie par ceste forest,
et chascun soer me covenoit venir po s'en faloit. Ensi m'avoit
la demoisele trahi, car par son enchantement m'avoit ele fait
oblier tot le monde si que de riens ne me sovenoit fors que de li
tant solement.

824. Hui matin m'avint que la ou je aloie parmi ceste forest si
enchantez com je vos cont, une demisele m'encontra, ne sai qui
ele fu, se Diex m'eïst, fors tant que ele me dist que ele estoit
a la Demoisele dou Lac. Et quant ele me reconut, ele comença a
5 plorer trop durement; si prist erranment l'anelet que je portoie
en mon duet et le gita en l'eve. Et maintenant que je fui de
l'anelet delivrez, je revins en mon sens et me recordé bien coment
la demoisele m'avoit deceü et engignié. Et cele qui ensi m'avoit
delivré me dist adonc: « Rois Artus, sez tu ores que tu feras?
10 Tu voiz ores que tu iés fors de l'enchantement a cele qui tant
t'a tenu en ceste forest. Ele a si grant amor en toi que ja ne
remendra por chose que je aie ores fait qu'ele ne t'enchante
autre foiz encores plus que tu n'estoies orandroit. Por ce co-
vient il que tu faces de li ce que je te dirai, ou tu iés morz et
15 je honie. Tu iés morz, car ele te fera pis qu'ele ne fist onques;
et moi honira ele par ses enchantemenz, car ele savra bien que je
[d] t'ai de sa / men delivré. » Je respondi maintenant a la demoisele:
« Demoisele, je voi bien que tu m'as delivré. Des ores mes conois
je bien que a po que cele m'a honi qui ensi m'avoit enchanté.
20 Onques ne l'amai se a force non, ençois la hé plus que demoisele
qui soit ou monde; et por ce en ferai je quanque vos me devi-
seroiz por sauver moi et vos. » Et je li creantai come rois. Ele
me dist erranment: « Dont vos comant je que vos li copez le chief,
et que autre raençon n'en preigniez. » Et je li creantai que si
25 le feroie je.

Lors parti de la demoisele atant et vig droit a la tor ou

vos me trovastes. Et quant li dui frere a la demoisele, qui mout
estoient bon chevalier et de grant proesce, sorent que je la es-
toie venuz por la demoisele metre a mort, il issirent fors, armé
de totes armes, et assemblerent a moi, et je a eus deus. Tant
m'i combati com je poi, mes sanz faille au derrien m'eüssent il
ocis, si com vos poïstes veoir; et la demoisele meesmes, qui
tant m'avoit amé, me voloit tranchier la teste por ce que je es-
toie por sa mort venuz. Mes, la Dieu merci, vos venistes si a
point que vos me delivrastes par vostre proesce, et tant i feïs-
tes que toz li reaumes vos en doit grant gré savoir, et je encores
plus que tuit li autre. Or vos ai devisié coment je vig en ceste
forest et par quele aventure. »

825. La ou il parloient en tel maniere entre le roi et Tristan,
il lor avint chose qu'il encontrerent Estor des Mares, frere Lan-
celot dou Lac; et chevauchoit armez de totes armes sanz com-
paignie nule. Li rois le reconoist mout bien tot mentenant qu'il
le voit, mes Estor ne reconoist de riens ne li ne Tristan. « Sire
chevaliers, fait li rois a Tristan, conoissiez vos cest chevalier
qui ci vient? » « Certes, sire, ce dit Tristanz, je nel conois mie. »
« Or sachiez, dit li rois, que c'est uns des meillors josteors del
monde, et si est si gentis hons com filz de roi, et est freres au
meillor chevalier del monde, ce est monseignor Lancelot dou Lac. » La
ou il parloient en tel maniere d'Estor, Hestor, qui nus n'en co-
noissoit, s'areste enmi le chemin et s'apareille de joster, et
crie quanqu'il puet: « Seignor chevalier, a il nul de vos qui
veille joste? » « Or poez veoir, fait li rois. Certes, tot ce pen-
soie je bien, que de cesti ne nos porriens nos / partir sanz joste. »
« Ha! sire, fait Tristanz au roi, je vos pri que vos ceste joste
me doigniez. Cist est del parenté ou il n'a se preudomes non,
et por ce vos pri je que vos me lessiez essaier encontre li. »
« Si m'eïst Diex, ce dit li rois, se je ceste joste poïsse destorner
par reson, je la destornasse volentiers, car je me dout de chascun
de vos deus. Mes je nel puis faire selonc la costume del reaume
de Logres, et por ce la vos otroi je outre ma volenté. » « Sire,
fait Tristanz, granz merciz. »

Lors lessent corre li uns vers l'autre et s'entrevienent si
grant erre com il puent des chevax trere. Hestor brise son
glaive, mes il ne puet monseignor Tristan remuer de la sele. Et
cil qui plus estoit forz et de greignor pooir le fiert si engois-
seusement qu'il li pierce l'escu et le hauberc, et li fait el
braz senestre plaie grant; et se li glaives ne fust brisiez, do-
maigé et empirié del cors le poïst avoir durement. Il l'enpoint

bien com cil qui estoit de grant force, si le porte del cheval a
terre; et il retret a li son glaive, ne nel regarde plus puis
qu'il le voit abatu, et s'en revient par le roi Artus et li dit:
« Sire, je vos comant a Dieu. Je m'en vois, que je ne puis ci de-
35   morer. Mesire Hestor qui ci est vos fera compaignie. » Lors hurte
le cheval des esperons, et s'en vet d'autre part si grant erre
com il puet del cheval trere, si qu'il esloigne le roi en po d'eure
tant que li rois nel voit ne ne set qu'il est devenuz.
     826. Et quant il en a del tout perdue la veüe, il s'en vient a
Hestor qui ja estoit relevez, et voloit prendre son cheval qui
s'estoit arestez entre deus arbres. Li rois s'avence et prent le
cheval par les regnes, et l'amoine a Hestor et li dit: « Tenez,
5   sire chevaliers, et montez, et nos en irons entre moi et vos, car
je n'é or autre compaignie, ce me semble, que la vostre. » Hestor
entent bien ceste parole, mes il ne cuidoit mie que ce fust li
rois Artus. Il monte et demande ou li chevaliers est alez qui
abatu l'a. « Se m'eïst Diex, fait li rois, ne sai, mes il s'en
10   va si grant erre com se toz li monz le chaçast por sa mort. » « Or
oi merveilles, fait Hestor, qu'il s'en vet et nus nou chace. »
     « Se m'eïst Diex, dit li rois, nos avons hui ensemble chevauchié,
[b]   et assez li deman/dai de son estre, mes onques ne m'en vost riens
dire. Et coment vos sentez vos? Itant me dites. Vos a il nul
15   mal fait a ceste joste? » « Nenil, la Dieu merci, » fait Hestor.
« Ce m'est mout bel, dit li rois. De vostre domaige fusse je do-
lenz et iriez. » « Et qui estes vos, dit Hestor, qui de mon do-
maige fussiez iriez? » Et li rois comence a sozrire, et dit:
« Hestor, a vos ne me porroie je celer, car vos iestes un de cez
20   de la Table Reonde que je mieuz aim et que je mieuz pris. Je sui
li rois Artus que vos alez querant. » Hestor est toz esbahiz de
ceste novele et dit: « Coment? sire, iestes vos donc monseignor
li rois Artus? » « Je sui, fait il, li rois Artus. Voirement le
sachiez vos. » Si oste son heaume maintenant por ce que cil le
25   conoisse mieuz.
     Quant Hestor le voit a descovert, il le conoist, si saut jus
del cheval tot ensi navré com il estoit, et li vet le pié besier.
« Ha! sire, fait il, vos soiez li bien venuz! Coment vos est?
Iestes vos bien sens et hetiez? » « Oïl, fait il, la Dieu merci.
30   Or montez, Hestor, si nos en irons ensemble, et me conterez des
noveles de nos compaignons d'ou je sui mout desiranz de savoir
en aucune chose. » Hestor monte et demande au roi quel part il
voudra chevauchier. « Certes, fait li rois, ceste forest m'a mout
anuié, car je i ai assez plus demoré que je ne vossisse, por ce si

35 m'en istrai fors au plus tost que je porrai. » « En non Dieu, fait
Hestor, je ne cuit pas qu'il ait en tot le reaume de Logres un
chevalier de mon aaige qui mieuz saiche ceste forest que je sai;
por quoi je di que je vos en conduirai fors o l'eide de Dieu
assez tost. Or n'i a fors del chevauchier. »

827. Lors se metent en la voie tot ensi com Hestor, qui bien
savoit la forest, s'en veust aler. Hestor dit au roi: « Sire,
por Dieu, qui est li chevaliers que je trovai ores avec vos? »
« Se m'eïst Diex, Hestor, biax amis, fait li rois, je ne sai. As-
5   sez li demandai de son estre, mes il ne m'en vost riens dire ne
descovrir; et si savoit bien que je estoie li rois Artus. Mes
certes, tant vos os je bien dire qu'il est uns des bons chevaliers
de cest monde, et tant fist por moi cesti jor qu'il me delivra de
la mort. » Et lors li comence a conter qu'il avoit fait por li et
10 coment il l'avoit rescous de mort qui si li estoit apareillié.
« Si m'eïst Diex, sire, dit Hestor, bien vos en devez loer, et toz
li mondes / autresi; ne je ne porroie croire en nule maniere
qu'il ne fust de vostre ostel et qu'il ne s'alast ensi celant por
fere ses chevaleries covertement. » « Or sachiez, fait li rois, que
15 de mon ostel n'est il mie. » « Donc me merveil je, fait Hestor,
trop durement qui il est. »

Ensi parlent tote jor chevauchant parmi la forest, et lor
avint ensi qu'il n'encontrerent celi jor ne un ne autre qui nove-
les lor seüst dire des compaignons de la Table Reonde. Mout de-
20 mande li rois celi jor de Lancelot dou Lac et de ces del parenté
le roi Ban. Et Hestor li en conta ce qu'il en savoit, ne il n'en
pooit conter se toz biens non, car il n'i avoit nul de celi parenté
qui chevaliers fust qui ne fust trop preuz. Cil parentez sanz
faille estoit si graciex de bone chevalerie que toz li mondes en
25 avoit envie.

Cele nuit herbergierent chiex un chevalier viel qui trop du-
rement fu liez de la venue le roi Artus quant il le conut. Et
quant il vit que Estor fu si navrez ou braz, il dit qu'il se mer-
veilloit coment il avoit tant chevauchié celi jor aprés ce qu'il
30 avoit esté navrez. Por cele plaie demora leanz deus jorz par le
conseil dou preudome. Li rois qui mout ama Hestor i demora por
fere li compaignie.

828. Celi jor qu'il s'en voloit aler avint que aventure aporta
leanz Brandeliz. Quant li rois le vit venir, il le reconut main-
tenant, si li cort a l'encontre, liez et joianz de sa venue, car
sanz faille, il estoit preuzdoms et bons chevaliers de sa men.
5   Quant il vit son seignor, s'il en fu liez, ce ne fait pas a de-

mander. Il descent et se desarme, et li rois meesmes li aide.
Et quant il est desarmez, il comence a sozrire, et puis dit au
roi: « Sire, vos iestes delivrez, la Dieu merci. Mes savez vos
par qui? » « Certes, nenil, dit li rois. Et quant vos m'en avez
10 mis en parole, je sai bien que vos en savez la verité. Fustes
vos ce, se Diex vos eïst? » « Certes, fait il, nenil. Je ne sui
ne de la bonté ne de la proesce que je le poïsse faire. Un trop
meillor chevalier que je ne sui vos delivra. » « Et qui est il?
ce dit li rois. Se Diex vos eïst, dites le moi, se vos le savez;
15 et je le vos comant sor le serement que vos me feïstes le jor que
vos devenistes compainz de la Table Reonde. » « Sire, fait il,
puis que je voi que vos iestes si engoisseus del savoir, je nel
vos celerai plus, enz le vos dirai. Sachiez vraiement que mesire
Tristanz, li niés le roi Marc de Cornoaille, vos delivra. » /
[d] 20   Quant li rois entent ceste parole, il se test une grant
piece ausi com toz esbahiz. Et quant il parole, il dit: « Coment?
dit il, est donc Tristanz, li bons chevaliers, en ceste terre, de
qui toz li mondes parole? » « Oïl, certes, fait Brandeliz, se il
ne s'en est partiz novelement, il i est. » Et lors comence a
25 conter ce qu'il avoit veü de li et coment il en estoit avenu a li
et a ses compaignons. « Diex, fait li rois, com sui trahiz quant
Tristanz, li plus bons chevaliers dou monde et qui tant avoit
fait por moi, m'est eschapez en tel maniere, et si l'oi avec moi
ne nel conui ne nel reting, ne nule honor ne li fis del grant
30 servise qu'il m'avoit fait! Diex, tant m'est mesavenu! Ha!
Lanceloz dou Lac, tant seras tu correciez quant tu saras que li
chevaliers que tu tant desiroies a veoir a esté entre nos, ne
nel retenimes. Certes, tu n'oïs pieça mes noveles d'ou tu fusses
autant dolenz com tu seras de ceste. Hé! Brandeliz, or me redi,
35 sez tu de li autres noveles? Cuides tu que nos le poissiens
trover, se nos retorniens por li querre? » « Sire, nenil. Je vos
di sanz faille que vos nel troverriez mie, car Lamoraz me dist
que Tristanz s'en estoit retornez vers la mer entre li et Kahe-
din, un sien compaignon qui est filz au roi de la Petite Bre-
40 taigne. » « Quant ensi l'avons eü entre nos, fait li rois, et puis
l'avons si tost perdu, assez en devons estre dolent. Et quant
nos nel porriens trover por chose que nos feïssiens, del querre
seroit grant folie. »
    De ces noveles que Brandeliz aporta en tel maniere de mon-
45 seignor Tristan fu li rois mout pensis. Il se mist a l'endemen
au chemin a tel compaignie com Hestor et Brandeliz li porent
faire, et tant chevauchent en tel maniere par lor jornees qu'il

vindrent a Kamaalot. Et sachiez que tuit cil de Kamaalot savoi-
ent ja que li rois Artus estoit delivrez, car les noveles estoi-
50 ent ja venues a cort des le jor devant. Et bien disoient tuit
comunement que Tristanz, li niés le roi Marc, l'avoit delivré,
d'ou cil de leanz estoient si lié qu'il ne poïssent estre plus.
Mes atant lesse ores li contes a parler del roi et de sa com-
paignie, et retorne a Tristan./

* * *

77a] 829. En ceste partie dit li contes que quant Tristans se fu par-
tiz dou roi Artus qu'il avoit delivré en tel maniere com je vos
ai ja devisié, il li fu avis que ores se porroit il bien retorner
a Kehedin, mes tout avant vendroit il la ou il avoit doné terme
5 a Lamorat. Ensi com il le dist, le fist, car il trova sanz doute
Lamorat la ou il le devoit atendre. Quant Lamorat le voit venir,
il li vient a l'encontre toz a pié et li dist: « Mesire Tristanz,
bien veignoiz! » Et il li rent son salu. « Or me dites, fait La-
moraz, savez vos nules noveles? » « Oïl, fait Tristanz, sachiez de
10 voir que li rois Artus est delivrez et qu'il s'en vet vers Kamaa-
lot entre li et Estor de Mares. Je le vi et parlai a li. » « Diex!
fait Lamoraz, com ci a tres bone novele. Mesire Tristanz, coment
fu il delivrez? Itant me dites, s'il vos plest. » Et il li veust
celer por ce qu'il l'avoit fait, et neporquant tant le prie Lamo-
15 rat qu'il li conte la verité. Et il est trop joianz de ces nove-
les. « Mesire Lamorat, ce dit Tristanz, puis que je voi, la Dieu
merci, que j'ai auques mené a fin ce por quoi je ving en ceste
forest, je m'en irai droit cele part ou vos veïstes que nos les-
siemes Keedin navré, et vos en iroiz vers Kamaalot, car ici ne
20 vel je plus demorer a ceste foiz puis que li rois Artus est de-
livrez. Si vos comanderai a Dieu. Mes itant faites por moi par
la foi que vos devez a tote chevalerie que maintenant que vos
verrez monseignor Lancelot del Lac que vos le saluez de par moi,
et li dites que bien sache il vraiement qu'il est li chevaliers
25 ou monde que je plus volentiers verroie et de qui j'ameroie mieuz
l'acointance. » « Coment! sire, dit Lamorat, il a si po de terme
que vos venistes en la compaignie des chevaliers de la Table
Reonde, et puis nos volez si tost lessier? » « Il covient, ce dit
Tristanz, que je m'en aille sanz delai ou reaume de Cornoaille,
30 et por ce ne puis je a ceste foiz entre vos plus demorer, si vos
comant a Nostre Seignor. »/

[b]   830. Atant se part li uns de l'autre. Mesire Tristanz se vet cele
part ou il avoit lessié Kehedin navré, et le trove si amendé qu'il
pooit auques chevauchier. Kehedins fu auques liez de sa venue, si
li requiert et prie qu'il li die de ses noveles et de ses aven-
5   tures qu'il avoit trovees. Et il si fait sanz faille qu'il ne
l'en cele riens, et li conte coment il avoit le roi Artus delivré,
et des autres choses qui avenues li estoient. « Ha! Tristanz, fait
Kehedins, mout sui liez de ces noveles. Sachiez que plus croistra
vostre renomee de ceste aventure que vos avez si bien menee a fin
10   qu'il ne fist de quanque vos avez fait en tote vostre vie. Be-
nooiz soit Diex que cele part vos amena a cesti point. Or porrons
nos bien retorner a la mer quant vos plera, que Dieu merci bien
l'avez fait. » « Et poez vos encores chevauchier? » fait Tristanz.
« Oïl, fait Kehedins, de ce soiez tot asseür. »
15   A l'endemain se mist Tristanz a la voie entre li et Kehedin,
et tant firent qu'a la mer vindrent, et troverent lor nef qui en-
cores les atendoit. Ele s'en fust ja departie sanz doute, mes ele
n'avoit point de vent. Quant cil de leanz voient Tristan et Ke-
hedin retorner, s'il orent joie, nel demandez. Il lor saillent a
20   l'encontre et les reçoevent joousement, et les desarment, et lor
demandent se il sont sain. « Oïl, font il, la Dieu merci. » Et lors
lor avint si bien que celi jor meïsmes qu'il furent au port retorné
orent il si bon vent qu'il partirent de la terre; et au tierz jor aprés
arriverent tres devant Tintaiol. Quant il sont venu a terre, il
25   monterent maintenant qu'il orent fait lor chevax apareillier. Et quant
il sont monté, Tristanz demande a Brangein: « Ou irons nos? Vez ci
Tintaiol. Aucune foiz i fui je plus aese que ne sui ores. » « Or ne vos
esmaiez, fait ele. Encores porroit avenir que vos avrez joie et
deduit de ce que vos plus desirez. » « Ha! Diex, fait il, quant
30   ert li termes? » « Nos n'irons pas, fait ele, a Tintaiol, car je ne
vel mie que vos vos enbatez en la force au roi Marc fors par le
conseil a la roïne Yselt. » « Et ou irons nos donc? » fait il. « Nos
irons, fait ele, au chastel Dinas, le Senechal. Se nos i trovons
Dinas, asseür poons estre que nos serons tres bien venu; et se
35   nos ne l'i trovons, si i a il assez qui nos i fera feste et joie. »
« Vos dites bien, » fait il.
831. Lors s'en vont, et sachiez qu'il fu auques nuiz avant qu'il
[c]   venissent a Tintaiol; et lor avint si bien qu'il troverent / leanz
Dinas qui sejornoit por ce qu'il avoit esté un po deshetiez. Quant
il voit Brangein devant li, il est tant liez que nus plus, si li
5   saut et acole et enbrace. « Brengein, fait il, que me diroiz?
Avez vos encore apris nules noveles de Tristan? » « Desirez vos mout

a veoir Tristan? » fait Brengein. « Oïl, fait il, se Diex me conseut,
car je sai auques de sa vie, si sai vraiment qu'il vit a dolor et
a martire, ne qu'il n'ot onques granment de bien puis qu'il se de-
parti de Cornoaille. Et c'est une chose d'ou trop me poise, car
ce estoit le chevalier ou monde qui charnelment ne m'apartenist
que je plus amoie. » « Voudriez vos ores, fait Brengain, se Diex
vos saut, qu'il fust en cest chastel? » « Se m'eïst Diex, fait il,
je l'aim de si grant amor que s'il estoit en cest chastel oran-
droit, et li rois Mars fust la fors a tout son ost, je ameroie
mieuz perdre tant de terre com je tieg dou roi Marc que mesire
Tristanz eüst domaige par defaute de m'eide. » « Voire? fait ele.
Or sachiez vraiement qu'il est ceanz. » « Ha! fait il, vos me gabez.
Diex vosist qu'il fust ceanz! » « Par Sainte Croiz! je le vos mos-
trai prochenement. Venez avec moi, car il est la fors en ces
jardins, por ce qu'il ne voloit que nus le veïst ceanz entrer
fors que vos solement. » « Benoites soient ces noveles! fait Dinas.
Or tost a li, que jamés n'avrai bien ne joie devant que je le
voie. »

832. Lors s'en vont droit a Tristan. Et quant Dinas le voit, il
l'acole et bese, et si le moine en sa tor en une chambre mout
bele et mout riche, et li dit: « Mesire Tristanz, vos poez ceanz
demorer tant com vos plera, que je me met en vostre menaie, et mon
cors et mon chatel, a faire vostre comandement outreement. » « Di-
nas, fait il, vostre merci. Onques certes en tote Cornoaille ne
trové home qui tant m'amast com vos avez tojorz fait. Encores
vos en rendrai je gerredon. » « Sire, la vostre grant merci, » ce
dit Dinas. « Or seroit mestiers, ce dit Tristanz, que l'en feïst savoir
a ma dame Yseut que je sui en cest païs. » « Sire, ce ferons nos
bien. Vos vos reposeriez ceanz une piece, et entre moi et Kehe-
din irons a cort, si parlerai endementires a ma dame la roïne. »
« Vos dites bien, » fait Tristanz.

Dinas et Kehedins s'en vont a cort. Li rois Mars reçoit
mout bel et mout hono/reement Kehedin, car il cuidoit de verité
qu'il fust uns chevaliers erranz; et mout resembloit home de
grant valor. Celi jor ou l'endemain vit Kehedins la roïne Yseut;
et tele fu sa fortune que maintenant qu'il la vit l'ama il si du-
rement et si merveilleusement qu'il n'en pot puis son cuer oster
devant la mort.

833. Dinas dit tot celeement a la roïne que mesire Tristanz es-
toit venuz en Cornoaille. Quant ele entent ceste parole, ele est
trop liee et trop joiouse, si enseigne maintenant a Dinas coment
Tristanz venra a li; et il le fait tout ensi com ele li enseigne.

5   Aprés ce ne demora gaires que Tristanz vint a la cort le roi
Marc et s'en vet dusqu'a la roïne si celeement que nus ne s'en
aperçoit, ne li rois Mars ne autres. Ensi repere mesire Tristanz
a sa joie, et est avec la roïne tot a sa volenté. Et il conte
la roïne l'afaire de Kehedin, et qui il est et por quoi il vint
10 en Cornoaille a ceste foiz.
     Ensi a sa joie pleniere mesire Tristanz. Mes ce n'a mie Ke-
hedins. Il aime de si grant amor madame Yseut que quant il voit
certenement qu'il ne la porra avoir, il en acouche au lit mala-
des, et enpire de jor en jor. Il muert d'amors. Qu'en diroie
15 je? Quant mesire Tristanz a madame Yseut, de l'autre monde ne li
chaut, de Kehedin ne li sovient qu'il amena en Cornoaille por li
mostrer la bele Yseut. Il a tout mis en obliance. Il ne set mie
la grant poine et la grant dolor que Kehedins vet endurant por
les amors de madame Yseut, et ne set pas coment il muert, coment
20 il langist et travaille, et coment il soeffre destroite fin et
engoisseuse. Il vet disant nuit et jor que mar vit Iseut, mar
vint onques en Cornoaille por finer sa vie a martire. Bien puet
dire se il ne ment c'onques mes si mesaventureuse compaignie ne
trova come ceste de mesire Tristan li est. Mar vit Tristan, mar
25 vit Yseut, car cil dui le metront a mort.
     Mesires Tristanz est envoisieement avec madame Yseut en la
tor a grant joie et a grant feste et solaz. Onque mes nul jor,
ce li semble, n'ot si bon tens com il a orandroit; et il vet
[178a]   chantant avec madame Iseut et deduisant soi en tel guise / come
30 amant se doevent deduire. Mes cest deduit et ceste joie et cist
solaz compere mout chierement Kehedins. Se mesire Tristanz chante,
Kehedins pleure; mesire Tristanz n'a mie tant de bien que Kehe-
dins n'oit a sa part plus de dolor et plus de poine. Ha! Diex,
com il se vet pleignant, com il sospire de parfont! Il maudit
35 l'aventure qui onques le fist venir en Cornoaille. Il est mes si
afobloiez et si enpiriez de totes choses, si megres, si pales, si
vains que il dit bien a soi meïsmes que des ore mes ne porroit il
plus endurer: morz est il, il le conoist bien.
     834. La ou il estoit en tel dolor por les amors de madame Yseut
qu'il ne savoit quel conseil il deüst prendre de soi, il fait un
brief sanz grant demeure, et le mande a madame Yseut au plus coie-
ment que il puet. Et sachiez qu'il avoit escrit en ce brief coment
5   il avoit grant dolor et coment il amoit destretement madame
Yseult, et coment il estoit morz sanz faille s'ele n'avoit de li
merci. Or li mandast par cortoisie ce qu'ele li voudroit mander,
car aprés la response seroit son fait tout afiné: ou il morroit

maintenant, ou il garroit tantost.

10 Quant la roïne vit le brief et ele l'ot leü, et ele conut
que cil l'amoit si merveilleusement, ele en devint tote esbahie,
car ele ne cuidast pas legierement que cil se meïst en tel es-
preve, au moins por l'amor de monseignor Tristan. Totevoies,
por ce qu'ele savoit que mesire Tristanz amoit Kehedin de tot son
15 cuer et qu'il fust trop correciez s'il moreüst par tele aventure,
ele dist a soi meïsmes que por reconforter Kehedin et por li os-
ter de ceste dolor fera ele unes letres de faus reconfort, et li
prometra tel chose que ja a nul jor ne li sodra. Quant il sera
gariz, adonc li fera ele apertement reconoistre sa folie, et tant
20 fera, si come ele cuide, qu'il s'en retornera en la Petite Bre-
teigne, ne jamés en Cornoaille ne reperera.

Par cele entencion com je vos cont, non par autre, plus por
l'amor de mesire Tristan que por l'amor de Kehedin, fist la roïne
Yseut un brief, et li mande qu'il se reconfort et garisse si com il
25 veust / avoir s'amor, et bien seüst il qu'ele metroit puis en ceste
amor tel consel que Kehedins s'en tendroit a reconfortez; n'eüst
poour ne doutance qu'ele nou lesseroit mie morir.

835. Quant Kehedins, qui por l'amor madame Yseut estoit ensi
come a la mort, vit les letres que madame Yseut li mandoit, il cuidoit
bien par verité que la chose deüst ensi aler come madame Yseut li
prometoit en ces letres, et qu'il venist a fin de ses amors en tel
5 maniere com amant ont a costume de venir a fin de lor amor; si se
comence a reconforter mout durement. Et de la grant joie qu'il a de
ceste novele dit il a soi meïsmes: « Certes, or ne me pleng je mie de
dolor que je aie sofert por amor, puis que ma dame me promet
qu'ele avra merci de moi et qu'ele metra consel a ma maladie. Ga-
10 riz sui! Or ne porroit estre nus chevaliers plus beneürez que je
sui, ne mieuz cheanz de moi, car totes bones cheances me sont ave-
nues a cesti point. » Par tel faux reconfort, que la roïne dona en
tel maniere a Kehedin por l'amor de monseignor Tristan, torna si
Kehedins a garison qu'il gari toz et respassa, et devint si biax
15 et si genz com il avoit devant esté quant il vint au comencement
en Cornoaille.

Que vos diroie je? Kehedins gari et respassa por solement
avoir les avis madame Yseut. Se ne fust cil fax reconforz que la
roïne li dona, il fust ja morz et mis en terre. Mes la chose
20 n'est pas ensi a ceste foiz, qu'il vet a la cort quant il li
plest. Li rois Mars, qui grant bien li veust, le reçoit mout cor-
toisement totevoies, et le moine avec li meïsmes por mostrer li
madame Yseut. Ou que li rois aille joer, il moine avec li Kehe-

din. Kehedins a si la grace dou roi qu'il puet veoir la roïne
25 totes lé foiz qu'il veust. Il n'a leanz si hardi qu'il li contre-
die l'uis de la chambre la roïne. Il voit la roïne quant il li
plest, et autresi voit il monseignor Tristan. Il se solace et joe
avec eus, ne il n'a tant de hardement que il semoigne la roïne de
ce qu'ele li avoit promis. Il n'en ose tenir parole, car il la
30 redote durement.

   836. En cele seson que Kehedins reperoit droitement si abandonee-
[c] ment avec mesire / Tristan et avec la roïne Yseut que nus ne l'en
faisoit contredit avint chose sanz faille que mesire Tristanz tro-
va un jor les letres que la roïne avoit envoiees a Kehedin. Kahe-
5 dins les avoit leanz aportees. Quant mesire Tristanz ot les letres
trovees, et il les ot leües et releües, onques en sa vie n'avoit
esté tant correciez qu'il ne fust encores plus a celi point, car
maintenant qu'il vit les letres il cuida tot vraiement que la roïne
l'eüst lessié por Kehedin et qu'ele amast Kehedin de tot son cuer.
10 Mesire Tristanz ne set qu'il doie faire. Il art toz de duel et
d'ire. A po qu'il n'enraige de maltalent. Il pense; et quant
il a grant piece pensé a ceste chose, il ne set quel conseil il
i doie metre fors tant qu'il dit a soi meïsmes qu'il ocirra Ke-
hedin qui les amors de madame Yseut li a tolues. Il li a fait
15 tel felonie que greignor ne li poïst faire. Or est mestier qu'il li en
rende gerredon si merveilleus que des ores mes ne s'entremete
Kehedins de faire nule felonie envers si bon chevalier com est
Tristan de Leonois. Sor Kehedin torne son duel et l'achoison de
totes choses. A li se prendra il dou tout. Or puet Kehedins bien
20 dire seürement qu'il n'a poior anemi en cest monde qu'est mesire
Tristanz. Morz est se mesire Tristanz l'ataint bien. Or se gart
bien Kehedin, que sa vie est en aventure. Contre mesire Tristan ne
porroit il durer, se mesires Tristanz le vient ateignant, ensi dolenz,
ensi pensis, com cil qui vraiement cuide qu'il ait perdu madame
25 Yseut par Kahedin.

   837. Un jor avint qe Kahedins aloit pensant a ses amors, et estoit
entrez d'une chambre en autre por parler a Tristan, ne ne se gaitoit
de lui. Et quant Tristans le voit venir, il n'i fet autre delaiement,
ainz lesse corre a Kahedin, l'espee en la main tote nue, et li dist:
5 « Kahedin, je vos desfi. »
   Quant Kahedins, qui pieça conoissoit le pooir de mesire Tris-
tan et bien conoissoit que encontre li ne porroit il durer a force
en nule maniere, voit vers li venir mesire Tristan l'espee nue,
por ce qu'il se sent desarmé, il n'a pas tant de hardement que il
10 l'atende, enz torne en fuie. « Ha! Kehedins, fait mesire Tristanz,

vostre fuie ne vos vaut. Certes, a morir vos estoit; de ce ne
poez eschaper. » Quant Kehedins ot la menace que mesire Tristanz
li aloit faisant, il n'est pas tres bien aseür, enz conoist tot
certenement qu'il est morz se mesire Tristanz l'ataint un sol cop.
15 Et por ce s'enfuit il tant com il puet, et vient droit a une fe-
nestre qui desor un jardin ovroit; et cele fenestre estoit haute
de terre plus de deus lances. Et sachiez que / a celi point jooit
en celi jardin meïsmes li rois Mars aus eschas encontre la roïne
Yseut, et a ce jeu regarder avoit assez des chevaliers de Cornoaille.
20 Kahedins vient a la fenestre, et si est si forz espoentez qu'il ne
vet onques regardant combien el est haute de terre, enz se lance
tout contreval; et li avint si bien qu'il cheï pres dou roi Marc.
        Mesire Tristanz, qui aprés li venoit toz enragiez de malta-
lent, se voloit aprés li lancier la aval. Mes quant il voit le
25 roi Marc qui desoz estoit et la roïne Yseut et de ces de Corno-
aille qui le jeu regardoient, il s'areste maintenant, et se tret
arrieres que li rois ne le puisse veoir. Se Kehedins, qui laïs
aval est cheüz, lor dit aucunes noveles de li, mesire Tristanz
se puet tenir en la tour en si fort leu que se li rois Mars le
30 voloit prendre, il ne le porroit mie tost faire a ce que trop est
forz la tour, et ordonee en si for leu que il seus la porroit def-
fendre une grant piece encontre grant gent. Totevoies li est il
avis qu'il vaut mieuz que li rois Mars ne le voie pas que ce qu'il
le veïst. Et neporquant, por ce qu'il ne set pas tres bien qu'il
35 avendra de cest afaire, se li rois set a cest point la verité de
sa venue ou non, prent il armes bones et beles, les meillors que
il troeve leanz, et s'arme au mieuz qu'il puet; et dit a soi
meïsmes que se li rois le fait asaillir en aucune maniere et cil
de Cornoaille li voloient sus venir a force, il nou troverront
40 pas desgarni, s'il onques puet.
        838. Li rois Mars, qui avec la roïne jooit, si com je vos ai dit,
quant il voit cheoir Kehedin des fenestres, il est toz esbahiz,
et saut sus et s'en vient a li; et ausi font tuit li autre qui
la estoient. Et trovent que encores estoit Kahedins si estordiz
5   qu'il ne savoit ou il estoit; et neporquant il revient a chief
de piece d'estordison et oevre les iex. Et li rois li demande:
« Coment vos sentez vos? Iestes vos mout bleciez? » « Sire, fait
il, la Dieu merci, je n'ai nul mal. » « Et coment cheïstes vos?
fait li rois. Dormiez vos? » Et la roïne saut avant tot mainte-
10 nant et dit si que cil de la place le porent entendre mout bien:
« Sire, il ne puet estre autrement. Kehedins sanz faille estoit
endormiz. » Quant Kehedins entent la response de la roïne, il n'a

[*179a*] pas tant de har/demant qu'il la contredie de riens, enz dit au
roi: « Sire, ma dame vos en dit tote la verité. » « En non Dieu,
15 fait li rois, merveilles est que vos n'iestes forment bleciez,
car vos cheïstes de mout haut, et bien vos en est avenu. Or vos
gardez une autre foiz de vos endormir en tel leu. » « Sire, fait
il, si ferai je. »
     Li rois se retrest au jeu, et autresi fait la roïne. Et la
20 roïne sanz faille avoit ensi ceste parole mise avant por ce
qu'ele avoit doute que Kehedins ne deïst autre chose. Et ele pen-
soit bien que Tristanz s'estoit correciez a li por aucune achoison,
et qu'il li avoit fait faire ce saut; si en fu mout espoentee, car
ele doute que Kehedins ne die au roi que mesire Tristanz est leanz
25 en la tour. Se li rois le puet savoir, il est si fel et si cri-
eus que maintenant ocirra la roïne, ne mesire Tristanz n'avroit
puis pooir d'eschaper. Por ceste chose est la roïne mout pensive
et mout a malese assez plus que li rois Mars ne cuide qui encontre
li joe. Et Kehedins, si correciez et si dolenz com il estoit,
30 pense d'autre part qu'il fera de ceste chose; et il pense bien
que se il fait savoir au roi que mesire Tristanz soit lasus en la
tor, il set bien que mesire Tristanz est morz et pris sanz faille.
Il ne porra puis eschaper par nule aventure dou monde qu'il ne
soit destruiz. Mes d'autre part, quant il regarde a cesti fait,
35 il conoist tot apertement que se mesire Tristanz est seüz, que la
roïne est morte et honie, et ce ne voudroit il por nule aventure
dou monde, car il l'amoit plus que tot le siecle, ne que soi
meïsmes, car il pense bien que li rois se prendroit a li tot pre-
mierement. De ceste chose vet il ensi disant a soi meïsmes que
40 mieuz li vient que il s'en tese que ce qu'il en face nule parole.
S'il en dit riens, il a puis dou tot failli a sa dame et a la
bone promesse qu'ele li a faite. Par ceste achoison que je vos
cont ne sot pas encores li rois Mars que mesire Tristanz fust en
Cornoaille, enz cuidoit bien certenement qu'il fust avenu tot en-
45 si com Kehedins afermoit.

     839. Et mesire Tristanz qui lasus demeure toz armez et toz apa-
reilliez por soi deffendre se nus le vient asaillir, et sospire
[*b*] mout sovent et se lamente a soi meïsmes; / et regarde totevoies
les letres que la roïne avoit escrites de ses propres mains. Et
5 c'es une chose qui met son cuer en si grant dolor et en si grant
ire qu'il voudroit estre morz, si seroit adonc sa dolor finee.
     Le suer, quant il comence a avesprir, et la roïne s'en vient
lasus assez espoentément, car totevoies ot ele paor que Kahedins
ne feïst savoir en aucune maniere au roi que mesire Tristanz es-

10 toit en la tor, quant ele voit monseignor Tristan armé, ele de-
vient tote esbahie et li demande: « Qu'est ce, mesire Tristanz?
Por quoi iestes vos armez? De quoi avez vos paor? » Et il res-
pont, correciez si durement qu'a po qu'il n'enrage de duel:
« Dame, por quoi avez vos honi le plus leal amant dou monde qui
15 onques ne tricha vers amors ne ne fausa en nule guise? Dame, je
ne sai que dire. Je ai perdu et sen et pooir, et totes iceles
bontez que vos aviez en moi mises. Je sui confonduz a cest point
si merveilleusement que nus ne me poïst en nule maniere plus con-
fondre que je sui confonduz, ne nus ne m'a si confondu se vos
20 non. Vos solement m'avez mis a mort et osté de la grant leesce
ou vos meïsmes me meïstes, ne nul autre. Je sui l'arbre que vos
plantastes et garnistes de bon fruit et de totes autres bontez,
mes a cest point m'avez tot raempli de duel et d'ire et de cor-
roz. Dame, coment puet avenir que la roïne Yseult de Cornoaille
25 faussast d'amors a monseignor Tristan? Dame, quant ensi est ave-
nu que vos d'amor m'avez fausé, je ne quier plus vivre des ore
mes, enz vel morir. Morir vel, c'est tout mon desir, c'est ma
greignor volenté. Et por ce que ma greignor dolor soit finee,
et briefment, m'ocirrai je a mes deus mains. »

840. Quant la roïne entent cest plet et ele voit son chier ami
qui de duel enrage et forsene, s'ele est dolente et correciee, ce
fait cil qu'ele aime par amor. Ele se voloit escuser et raconter
li la verité de ceste chose, mes cil qui tant est correciez qu'il
5 vodroit ja estre morz ne soeffre pas qu'ele s'escondie, enz res-
pont tot apertement: « Ma dame, que porriez dire? Vostre escuser
ne vos vaut. Vez ci le brief, vez ci les letres que vos feïstes
de vos mains, et le mandastes a Kehedin. Ceste chose vos en
preve si apertement / que vostre escuser ne vos vaudra, car vos
10 mains si vos ont provee de cest bief que je mar vi, qui me done la
mort et m'ocist et me aqueure. Et se vos de vos propres mains ne
l'eüssiez fait, je ne creïsse qu'il fust se fable non et mençonge
que vos Tristan eüssiez lessié por Kehedin. Mes puis qu'il est
voirs que por mon pechié et por mon destorbier avez lessié Tris-
15 tan por Kehedin, Tristanz s'en part atant tant dolenz et tant
correciez, tant iriez et tant a malaise que je di bien hardiement
qu'il n'a orandroit en cest monde nul plus dolent chevalier de
moi. Tristanz s'en vet a grant dolor; Kehedins rement avec vos
qui des ores mes sera en joie. Vos l'avez trait de mort a vie;
20 et Tristan, qui tant soliez amer com je recort, avez mené de vie
a mort. Et de cesti fait poez vos dire seürement que vos avez
mis a destrucion le meillor chevalier dou monde, s'il poïst

vivre par aage. »

Quant il a dite ceste parole, il prent s'espee et s'en ist
25 fors de la chambre, et dit: « Dame, je vos comant a Dieu, et sa-
chiez de verité que jamés ne serez veüe de chevalier qui tant vos
aime. » Lors s'en vient ou palés ou li rois Mars estoit adonc et
avoit avec li grant compaignie de ces de Cornoaille. Et mesire
Tristanz estoit desguisiez a celi point por les armes qu'il por-
30 toit si que nus qui adonc le veïst ne le conut de riens; mes
totevoies se merveillent il qui il puet estre. Neporquant il ne
l'arestent pas, enz le lessent aler parmi eus por ce qu'il cui-
dent bien qu'il soit de lor mesnie. Et mesire Tristanz s'en vet
en la cort aval, et monte sor le premier cheval qu'il trove, et
35 s'en vet parmi Tintaiol si grant erre com se toz li mondes le
chaçast. Mes onques ne veïst si duel faire a home com il fait
totevoies.

841. La ou il s'en aloit en tel maniere tel duel faisant, et il
estoit ja fors de la cité, il avint chose qu'il encontra Guiglain,
le fil monseignor Gauven; et cil Guiglains avoit celi an esté
noviaus chevaliers. Il estoit sanz faille bons chevaliers, et mout
5 volentiers cerchoit aventures pres et loig, ausi com faisoit ses
peres. Et por aventures trover et por merveilles veoir estoit il
venuz ou reaume de Cornoaille. Quant il voit de Tintaiol issir
[d] monseignor Tristan que nus nel veïst / adonc qui nou tenist a la
greignor merveille dou monde, mes por ce que tot sol aloit, Giglain
10 vait a li tot erranment et le prent au froin dou cheval, et li
dit: « Sire chevaliers, je vos pri par cortoisie et par franchise,
en tel maniere com chevaliers puet prier autre, que vos me diez
l'achoison de vostre dolor, que je sai bien que si grant duel com
vos alez demenant ne faites vos mie sanz mout grant achoison. Et
15 je vos promet que tot le consel que je i porrai metre por vostre
dolor apaisier, je l'i metrai. » Mesire Tristanz, qui trop estoit
correciez, respont au chevalier et li dit: « Sire chevaliers, les-
siez moi et ne me destorbez ici por vos paroles, que ce ne seroit
pas cortoisie. Or sachiez bien, et je le vos di, qu'il n'a cheva-
20 lier en cest monde nul qui poïst metre conseil a mermer ma
dolor fors que un conseil: ce seroit de mon cuer metre a mort.
Je ne voudroie pas que je trovasse autre conseil fors de mort, car
riens ne me plest fors morir; por quoi je vos pri, sire, tant que
je puis, que vos plus ne me detenez, mes lessiez moi aler ma voie,
25 que je vos di bien que a vos ne a nul autre chevalier dou monde ne
diroie je l'achoison de ma dolor. » « En non Dieu, fait mesire Giglain,
je voi bien que petit prisiez et moi et toz les chevaliers dou

monde com vos ceste chose ne diriez a nul. J'ai maint chevaliers
trovez puis que je portai premiers armes, mes je puis bien dire
30   tot por voir que si orgeillox chevalier com vos iestes ne trovai
je pieça mes. Mes por ce se vos iestes plus orgeilleus d'autre
ne remendra il que je ne saiche l'achoison de vostre dolor, ou
vos vos combatrez a moi. » « Sire chevaliers, fait mesire Tristanz,
or sachiez de voir, puis que vos me faites si tres grant outraige
35   com est cesti que je voi ci, se vos estiez ausi bons chevaliers
com est mesire Lanceloz dou Lac que l'en tient au meillor cheva-
lier del monde, si me combatroie je avant a vos que je riens vos
en deïsse. » « Ce vel je bien, ce dit Giglain. Je le vel mieuz
savoir a force que en autre maniere. » Adonc s'entredesfient.

842. En tel maniere com je vos ai devisié vindrent li dui cheva-
lier a la meslee. Mesire Tristanz n'avoit a celi point n'escu
ne lance, mes de totes autres armes estoit il bien garniz. Quant
80a]   il conoist que sanz bataille ne se / puet de Giglain partir, il
5   met la men a l'espee dont il avoit ja maint grant cop doné, et
s'apareille de ferir maintenant que cil vendra. Et Giglain, qui
nel conoist mie et qui point nou doute, se dresce a li tant com
il puet dou cheval trere et tient le glaive aloignié et lesse
corre, et le fiert enmi le piz si grant cop qu'il fait le glaive
10   voler en pieces. Autre mal ne fait a mesire Tristan, car le
hauberc qu'il avoit ou dos le garanti a cele foiz.

Quant mesire Tristanz se sent ensi ferir, il est plus corre-
ciez qu'il n'estoit devant, si s'adresce a Giglain qui outre s'en
voloit aler porfaire son poindre, et li done parmi le heaume
15   un si grant cop qu'il abat quanqu'il en ataint. Li cos fu granz
et feruz par grant ire et par grant force, car mesire Tristanz
est durement iriez. Et l'espee li glace aval por ce que cil
sailli un po arrieres, si ataint le cheval parmi le col et le
tranche tout outre mout legierement; et mesire Tristanz estoit
20   chevaliers de grant pooir. Li chevaus trebuche morz a terre, et
li chevaliers vole d'autre part, mes il n'est pas granment ble-
ciez, car il ne fu pas bien atainz. Et mesire Tristanz remet
l'espee en son fuerre. Quant il voit qu'il est delivres, il se
remet a chemin et s'en vient vers la forest, si grant duel fai-
25   sant que nus ne l'oïst qui ne le tenist a trop grant merveille.

843. Li rois Mars estoit aus fenestres de son palés quant cil
cops fu feruz en tel maniere, et il ot bien veü que Giglain avoit
aresté mesire Tristan et coment mesire Tristanz s'en estoit de-
livrez par un sol cop. Li palés estoit assez pres d'ilec, si
5   qu'il l'ot auques veü apertement, et voit que mesire Tristanz

s'en vet vers la forest, et que Giglain estoit remés enmi le che-
min tot a pié. Il apele un sien vallet qui estoit devant li, et
li dit: « Va tost de ci et moine un de mes chevax a ce chevalier
qui est remés a pié et le fai monter, et li prie de ma part qu'il
10   viegne a moi, si savrai adonc por quele achoison il avoit aresté
ce chevalier qui la s'en vet. »
    Ensi com li rois le comande le fait li vallez maintenant,
car il monte sanz targier et moine a Giglain, qui estoit encores
[b]   toz estordiz del grant cop / qu'il avoit receü, un bon cheval.
15   Et li vallez li dit maintenant: « Sire, mesires li rois Mars vos
salue et vos envoie cest cheval por le vostre qui morz est et
ocis, si com il meïsmes le vit bien. Montez et le venez veoir,
qu'il vos en prie mout. » Giglain ne fait autre delai, enz monte
sanz plus atargier, et mercie le roi de ce present. Et li escuiers,
20   qui vit son hyaume et le cheval qui gisoit morz, et tout avoit
esté par un sol cop, est toz esbahiz de ceste chose, si ne se puet
tenir qu'il ne parost et die: « En non Dieu, sire chevaliers,
apertement fustes feruz, et cest cop ne fu mie d'enfant! S'il
vos eüst bien ataint, ce fust chose finee de vos, et a ce que je
25   voi di je tot apertement que cil ne seroit pas bien senez qui
atendroit le cop dou chevalier qui si durement fiert, puis qu'il
le coneüst. Mes quel querele avoit il entre vos? » Et Giglain,
qui encores estoit ausi com toz estordiz del cop, ne respont nul
mot dou monde, enz s'en vet tout droit vers la cité, et demande
30   au vallet ou il porra le roi trover. Et cil li respont: « En son
palés entre les barons. » Giglain se met adonc a la voie tot a
cheval parmi Tintaiol tant qu'il est ou palés venuz, si descent.
    844. Quant il est devant le roi venuz, il le salue. Et li rois
li rent son salu mout cortoisement et le reçoit mout bel, et le
fait aseoir avec les autres chevaliers; mes avant sanz faille
l'ot il fait desarmer de tote ses armes. Li rois fait devant li
5   venir le hyaume, et quant il l'a auques regardé, il comence a
penser, et puis parole a chief de piece et dit que de bone main a
esté feruz li chevaliers. Et l'escuer se met avant et dit au roi:
« Sire, encore i a il plus que vos ne savez mie: sachiez que de
ce cop meïsmes trancha il le cheval par devant les espaules tout
10   a un cop sanz arester. » « Sire chevaliers, fait li rois Mars,
nos dit verité li vallez? » « Sire, respont Giglain, oïl. Il ne
vos en ment de riens. Li cops fu tiex, se Diex m'eïst, que en-
core en sui je toz merveilleus. » « Par mon chief, fait li rois,
li cos fu granz et pesanz, ne ne vint mie de main d'enfant. Je
15   di bien apertement et vel que tuit cil de ceanz le saichent que

Tristanz, mes niés, fist le cop. Il a demoré entre nos sanz
dote. Malement nos somes gardé quant entre / nos demoroit ensi,
et n'en saviens noveles. Et totevoies, sire chevaliers, itant
me dites, por quel achoison comença la meslee de vos deus?»
20 Et il li conte mot a mot, qu'il ne li va riens celant. Et quant
li rois Mars entent que mesire Tristanz s'en vet en tel maniere,
qu'il s'est partiz par maltalent de la roïne Yselt et qu'ele s'est
a li correciee por aucune achoison, c'est une chose dont il est
mout liez et joianz. Il voudroit bien que la roïne li vosist
25 autant de mal com il voudroit a monseignor Tristan; adonc se
porroit il de li vengier en aucune maniere et li metre a mort.
Li rois est liez de ce corroz, mes il est d'autre par iriez mout
durement de ce que mesire Tristanz a esté en Tintaiol, et il ne
le savoit. Il ne puet estre, ensi com il meïsmes pense en son
30 coraige qu'il n'oit parlé a la roïne priveement. Mout est honiz
et avilliez de cesti fait li rois Mars. Il ne set mes qu'il doie
faire, car il cuidoit de verité que la roïne fust si bien gardee
que mesire Tristanz en nule maniere ne poïst la venir que li rois
Mars ne le seüst. Et quant il est venuz parmi totes les gardes
35 qu'il avoit mises, il ne set mes qu'il doie faire. Il ne voit mes
en quel maniere sa garde li puisse valoir quant mesire Tristanz
i pot venir parmi totes les gardes qu'il avoit mises.

Mout est li rois Mars correciez, et plus encores qu'il ne
fust por l'amor de la roïne Yseut, qu'il set bien que se mesire
40 Tristanz s'est partiz de li par maltalent qu'ele en sera corre-
ciee durement et a malaise; et tuit cil qui entor li estoient
s'aperçoevent bien tot maintenant qu'il estoit iriez durement,
et nus ne li osoit mot dire ne reconforter de riens, que mout
est dolenz et tristes, car bien voit tot apertement que mesire
45 Tristanz a esté avec la roïne Yselt, et c'est la chose qui l'o-
cist et qui le fait vif enragier, car trop amoit la roïne de
grant amor.

845. Et Audret, qui a li parole plus seürement que nul autre
chevalier de Cornoaille, quant il le voit si durement correcié,
vint a li et li dist por reconforter le aucun po: « Sire, por
quoi aïriez vos meesmes? Se mesire Tristanz a esté entre nos et
5 nos n'en saviens mot, nos n'en devons estre blasmé, car tant
vienent en vostre ostel chevalier privé et estrange que bien en
puet uns ve/nir entre les autres que ja ne sera coneüz, puis
qu'il se veille celer. Se vos a mesire Tristan volez mal, bien
tost vos en poez vengier, car il n'est mie loig de nos. Il ne
10 vos puet eschaper en nule gise se vos après li mandez dis cheva-

liers. Il le prendroient a vive force, qu'il ne se porroit ja
desfendre. Et quant il le vos avront pris et amené, si le porrez
faire morir de quel que mort que vos voudrez. C'est mon conseil;
je ne voi pas en quel guise vos vos puissiez mieuz vengier de
15 monseignor Tristan. »
       Quant li rois ot ceste novele, il comence a sozrire de mal-
talent. Et quant il parle au chief de piece, il dist: « Audret,
tost avez pris monseignor Tristan! Tristanz est enfant devenu
por prendre si legierement com vos contez! Par Sainte Croiz, je
20 ne cuit mie que por tote la terre de Cornoaille vossissiez estre
entre mesire Tristan a tout dis des meillors chevaliers qui i
soient, et fuissiez tuit armé, par covenant que vos ne poïssiez
torner en fuie quant vos voudriez, puis que mesire Tristanz est
bien armez de totes armes et montez sor le cheval, et il tient en
25 son poig l'espee. Que doute il? Il ne dote ne roi ne conte; il
ne doute home vivant. Et por quoi le vos celeroie je? Je vos di
tot apertement que Tristanz est l'ome ou monde que je hé plus mor-
telment, et se je vos en disoie autre chose, je mentiroie malement.
Qui orandroit vodroit tout le monde cerchier, je ne cuit pas qu'il
30 i poïst trover un si bon chevalier com est Tristanz, se ce n'est
Lanceloz dou Lac, li filz au roi Ban de Benoïc. Cil est orandroit
tenuz por le meillor chevalier dou monde, et se Diex me conseut,
je ne cuit pas qu'il oit en li si grant bonté de chevalerie com
il a en Tristanz, mon neveu. Et que diroie je? Pechié fu et male
35 aventure, plus por moi que por autre, que tel corroz et tel ren-
cune vint onques entre moi et monseignor Tristan, car, se Diex me
conseult, se mesire Tristanz eüst en moi si grant amor et il m'a-
moit ausi com il faisoit celi jor qu'il ocist Morholt d'Irlande
por aquiter le treüaige de Cornoaille, et por la grant bonté de
40 li et por la haute chevalerie que Diex li a doné plus qu'a nul
autre home, por voir cuidasse avoir en ma subjection tot le monde
[181a]   solement por li, et je li / cuidasse bien doner la corone de tot
le monde a mon vivant. Or gardez que je ai perdu en la descorde
de nos deus. Il en est povres chevaliers, et je en sui le roi
45 mescheant. En celi jor me vint bien tote meschance desus que je
prig Yseult por moillier, por qui achoison sorvint la descorde
entre nos, ensi com vos savez. »
       846. Aprés icesti parlement que li rois tint en tel maniere de
mesire Tristan n'i ot nul si hardi qui puis parost de mesire
Tristan, fors qu'il s'acordent bien leanz a ce que li rois en a
dit. Audrez se test qu'il n'en dit riens, et li poise mout dure-
5 ment de ce qu'il tint onques parole de Tristan a cele foiz, car

il muert de duel et d'envie de ce que li rois avoit fait si
grant deviserie de Tristan. Et sachiez qu'il n'avoit home ou
monde a qui il vosist si grant mal com il faisoit a mesire Tris-
tan; et si estoit il son cosin germain. Et cele haine n'estoit
pas avant venue por ce que mesire Tristanz l'eüst deservie, enz
le haoit Audrez par envie de ce qu'il veoit que chascuns looit
monseignor Tristan de chevalerie et de totes autres bontez.

Por ceste parole que li rois a dite de monseignor Tristan
fu maintenant conté par Tintaiol que la roïne et mesire Tristanz
avoient parlé ensemble, et sanz le seü dou roi Marc. Cil de Tin-
taiol vont veoir a grant presse le cop qu'il avoit fait dou che-
val, et dient quant il l'ont veü que voirement fu ce mesire Tris-
tanz qui par la passa.

847. Et la ou il aloient regardant a si grant presse le cheval,
atant ez vos venir la demoisele mesaigiere, cele qui Palamedes
avoit envoié en Cornoaille. Et sachiez que Tristanz aloit
totevoies vers la forest, plorant et dolosant si estrangement
que c'estoit merveille. Et la demoisele chevauchoit sanz com-
paignie; et sachez qu'ele venoit tout droit a celi point dou
reaume de Logres en Cornoaille, et encores n'avoit pas trois jorz
passez qu'ele estoit entree en celi païs. Et se aucuns me deman-
doit por quoi ele estoit venue en Cornoaille et que ele aloit
que/rant, je diroie qu'encor n'avoit pas granment de tens que no-
veles estoient venues que Tristanz sanz faille estoit partiz de
la Petite Bretaigne, ne ne savoient ou il estoit alez. Et por ce
que Palamedes cuidoit mieuz que mesire Tristanz fust venuz en Cor-
noaille que en autre leu avoit il mandé en mesaige cele demoisele
por savoir et por espier se mesire Tristanz i est venuz ensi com
l'en le vet disant. Se mesire Tristanz est en Cornoaille et Pala-
medes le puet savoir certenement, Palamedes se metra au chemin et
s'en vendra en Cornoaille que ja nou lessera; por promesse qu'il
eüst fait aucune foiz a madame Yseut ne lera qu'il en Cornoaille
n'aille.

Et veritez ert sanz faille qu'il avoit ja promis a madame
Yselt un jor qu'il se devoit combatre a mesire Tristan qu'il ne
venroit jamés en Cornoaille tant com il i seüst Yselt. Ensi fist
cele bataille departir a sauvement de mesire Tristan a ce qu'ele
savoit que Palamedes estoit si bons chevaliers qu'a poines le por-
roit mesire Tristanz mener jusqu'a outrance. Adonc fist la roïne
departir cele bataille come cele qui se doutoit de mesire Tristan
trop durement, car bien veoit que de trop haute proesce estoit
Palamedes; et li dist que sor l'amor qu'il avoit en li qu'il s'en

30 iroit tot maintenant, ne jamés en Cornoaille ne repereroit tant
com il i seüst la roïne Yseut. En tel maniere fu departie cele
bataille que mesire Tristanz avoit encomenciee contre Palamedes;
ensi la fist remenoir la roïne Yseut par son sens. Palamedes se
parti maintenant de Cornoaille et s'en vin ou reaume de Logres.
35 Et qui la verité voudra savoir de cesti conte, si preigne l'Estoire
de mesire Tristan que mesire Luces dou Chastel de Gaut fist assez
bele et cointement. En celi livre que mesire Luces fist de mesire
Tristan porra il veoir tot apertement la covenance que Palamedes
avoit a la roïne Yselt, car plus ne vos en devis, por ce qu'a mon
40 livre n'apartient Palamedes mie mout.
848. Palamedes, sanz faille, ce dit la nostre estoire, se recor-
doit mout bien de cele covenance, mes il avoit si grox cuer en-
vers monseignor Tristan et tant le haoit de mortel haine qu'il
disoit qu'il covenoit qu'il se venist combatre a li en quel que
5 leu qu'il le seüst, fust en Cornoaille ou en autre leu. Et encor
disoit il que il vorroit mieuz morir prochenement, s'a morir ve-
[c] noit, que / vivre longuement en si destroete vie et en si engois-
seuse com il aloit sofrant et jor et nuit.
Por ceste chose que je vos ai devisié avoit Palamedes mandé
10 ceste demoisele en Cornoaille, car s'il estoit ensi qu'ele poïst
mesire Tristan trover, ele s'en revendroit a li tot maintenant
por la novele conter, et il se metroit tantost a la voie et ven-
droit en Cornoaille sanz plus targier. Por ceste chose estoit
cele demoisele venue en Cornoaille au plus priveement qu'ele pot;
15 et ele issoit adonc de la forest quant ele encontra monseignor
Tristan. Et ele aloit tout droit a Tintaiol, car en la meson le
roi Marc cuidot ele bien oïr noveles de monseignor Tristan plus
tost que en autre leu.
849. A celi point qu'ele encontra monseignor Tristan si grant
duel faisant que nus nel veïst qui nou tenist a grant merveille,
ele s'areste come feme esbahie. Mesire Tristanz, qui ne la voit pas,
com cil qui n'entent fors qu'a son duel faire, s'en passe outre
5 que mot ne li dit. La demoisele qui ce voit et qui le tient a
grant merveille n'es pas adonc si esbahie qu'ele ne li die: « Diex
vos conduie, sire chevaliers, et vos envoit joie, qu'il m'est avis
que c'est la chose d'ou vos avriez greignor mestier. » Mesires
Tristanz n'entent riens de ce que dit la demoisele, enz s'en vet
10 outre son chemin, et son duel demenant tant forment que c'est
merveille. « En non Dieu, fait la demoisele, or puis je bien dire
seürement que greignor merveille de cesti ne vi je pieça mes, ne
plus dolent chevalier ne plus correcié de cesti ne vi je onques.

Or est mestier, se Diex me conseut, que je saiche qui il est, se
15 je onques puis, por quel chose il vet demenant si grant duel.
» Lors retorne la demoisele et tant fait qu'ele ataint mesire
Tristan a l'entree de la forest; et il s'estoit un po arestez,
et demenoit totevoies son duel si grant que ce estoit merveille.
Et la demoisele vint delez li, et li dist auques en bas: « Sire,
20 Diex vos doint joie et bone aventure, qu'il m'est avis que vos en
avez greignor mestier que de nule autre chose qui soit. » Et
mesire Tristanz, qui encore ne s'estoit pas aperceüz de la demoi-
sele, entent / ce qu'ele li ot dit, regarde delez soi, et quant
il la voit, il li dit: « Demoisele, bone aventure vos veigne, et
25 Diex me doint aucun reconfort. Mes je sai bien qu'il n'en a ta-
lent dou faire, ne que je jamés n'avrai joie ne solaz tant com je
vive. » « Sire chevaliers, fait la demoisele, por Dieu ne vos des-
confortez si durement, car il n'est nul si grant duel que aucune
foiz ne preigne fin. Si fera le vostre, se Dieu plest, car sa-
30 chiez que greignor ne le puet l'en demener com est celi que vos
avez comencié. Por Dieu, sire chevaliers, je vos pri que vos me
diez qui vos iestes et vostre non. » « Demoisele, je vos dirai
mon non, puis que vos en iestes desiranz. J'ai non li maleureus,
li chaitis mescheanz, qui plus est dolenz et triste que demoisele
35 veïst onques. Je sui li dolenz chevaliers qui n'ot onques se do-
lor non. C'est mes nons, ce sachiez vos. Or ne vos dirai autre
non, car autre non ne sai de moi. Huimés vos en poez aler, car
autres noveles n'en porterez de moi. » « Itant me dites, s'il
vos plest, fait la demoisele, avant que je me parte de vos: me
40 savez vos dire noveles de mesire Tristan, le neveu le roi Marc? »
   850. Quant mesire Tristanz entant ceste parole, il se areste et
regarde la demoisele mieuz qu'il ne faisot devant, et reconoist
adont que c'est demoisele mesagiere; si cuide adonc que mesire
Lanceloz l'i ait mandee por savoir aucune chose de son estre.
5 « Demoisele, dit mesire Tristanz, qui noveles me demandez de mesire
Tristan, se Diex vos doint bone aventure, dites moi qui vos iestes;
et sachiez que aprés vos asenerai je de ce que vos me demandé au
mieuz que je savrai. » « Or sachiez, fait ele, que je sui une de-
moisele mesaigiere qui novelement sui venue en ceste terre del
10 reaume de Logres. Por quoi je vig ne qui me manda ne diroie je
ne a vos ne a autre. » « Demoisele, fait mesire Tristanz, itant me
dites, s'il vos plest, se ce fu chevalier qui ça vos envoia. » « Ce
vos dirai je bien sanz faille, puis que vos le volez savoir. Or
sachiez que ce fu un tel chevalier que je cuit qu'il n'ait oran-
15 droit son parel el monde. » Quant il entent ceste parole, il cui-

[*182a*] de tot vraiement que ce soit mesire Lanceloz. « Demoi/sele, fait
il, je sai bien qui fu cil qui ça vos manda. » « En non Dieu, fait
ele, se vos le savez, c'est une grant merveille, car je ne cuit
qu'il ait home ou monde qui le saiche fors celi qui ça me manda
20 et je solement. » « Je sai bien, fait il, mesire Lanceloz vos en-
voia ça. » « En non Dieu, fait ele, vos porriez mieuz dire, car
sachiez qu'il ne m'i envoia pas, ne je ne vi onques monseignor
Lancelot a mon escient. » « Ha! ce respont mesire Tristanz, ma de-
moisele, tant m'avez dit que puis que mesire Lanceloz ne fu cil
25 qui ça vos manda, je sai bien qui fu cil qui en Cornoaille vos en-
voia: ce fu Palamedes, sanz faille. » « Ce fu, fait ele, Palamedes
ou autre. Ja par moi n'en savrez a ceste foiz autre chose que dit
vos en ai. Mes, por Dieu, de ce d'ou je vos demant me dites se vos
riens en savez. »
30   Quant mesire Tristanz entant ce que la demoisele li vait de-
mandant, il sospire de cuer parfont et li respont au chief de
piece: « Demoisele, or sachiez de voir que mesire Tristanz est
morz. » « Morz? fait ele. Sainte Marie! Et quant morut il? »
« Il n'a mie trois jorz qu'il mourut, » fait mesire Tristanz. « Et
35 coment morut il? fait ele, biau sire. Le savez vos? » « Nus ne le
set, fait il, mieuz de moi, car je estoie en cele place ou mesire
Tristanz fu feruz a mort. » « Biau sire, fait la demoisele, et qui
fu cil qui le feri? » « Demoisele, fait il, Kehedins l'ocist, sanz
faille, et a un sol cop le gita mort. Mar vit onques mesire Tris-
40 tanz fause amor, et mal ama si leaument qu'il en est morz a grant
dolor. Atant vos en poez aler et dire ceste novele en toz les
leus ou vos vodrez, car bien sachiez qu'il en est ensi avenu com
je vos ai dit. » Et quant il a ensi parlé, il s'en vet outre
grant erre, et comence son duel greignor qu'il n'avoit fait de-
45 vant.
       851. Quant la demoisele voit ceste chose, ele nou met plus en
paroles, enz s'en retorne tot le grant chemin de la forest, et
s'en va droit vers Tintaiol, car mout li tarde durement qu'ele
soit dusque la venue por savoir se c'est veritez que mesire Tris-
5 tanz soit morz ensi com cil li a fait entendant; qu'ele ne set
qu'ele en doie dire.
       Atant se part la demoisele et vient le droit chemin vers
[*b*] Tintaiol. Et quant / ele vient pres de la cité, ele regarde ces
qui estoient venu veoir le cop dou cheval que avoit fait mesire
10 Tristanz. Et ele se tret aprés et regarde que c'estoit que cil
regardoient. Et quant ele voit le cop qui si avoit esté mer-
veilleus, ele demande qui cil fu qui tel cop avoit feru. « De-

moisele, font il, or sachiez que ce fust le meillor chevalier
dou monde. » « Et qui fu il? » fait la demoisele. Et il dient que
15 ce fu mesire Tristanz, le neveu le roi Marc de Cornoaille. Oran-
droit le fist, et orandroit s'en va vers cele forest. » « Or me
dites, fait ele, queles armes il porte. » « Demoisele, nos ne sa-
von, car nos nou veïmes pas quant il se parti de Tintaiol. Mes
nos cuidons bien qu'il ne portast point d'escu ne de glaive nul,
20 et sachiez qu'il chevauchoit sor un cheval tot noer, si com nos
a fait entendant li rois Mars qui le vit. » Et quant la demoisele
ot parler del cheval noer, ele conoist tot apertement que ce fu
mesire Tristanz qui a li parla orandroit et qui tel duel aloit
demenant; por la grant tristor qu'il a, a il fait entendant la
25 demoisele que Tristanz est morz.

La demoisele quant ele entent ceste novele ne set qu'ele
doie dire ne faire. S'ele pert mesire Tristan qu'ele ne saiche
qu'il deviegne, mauvesement porra dire a Palamedes certenes no-
veles de li. Totevoies, por ce qu'il est tart et ele ne set pas
30 tres bien le païs, dit ele qu'ele demorra dedenz Tintaiol, et le
matin se metra a la voie et tant cerchera puis mesire Tristan
qu'ele le troverra. Adont ne le lessera por nule aventure devant
qu'ele voie tot apertement a quel fin il venra de cest duel qu'il
a enpris. S'il en muert par aventure, ce sera granz biens a Pala-
35 medes; s'il s'en vet reconfortant, ele savra bien dire le voir
a Palamedes quant ele sera a li venue. Por ce dit ele a soi
meïsmes que le matin se metra a la voie aprés mesire Tristan.
Ja ne fera demeure a Tintaiol, enz savra certenement que mesire
Tristanz fera de cest fait et a quel fin il en vendra. A ce
40 pense la demoisele qui entent coment ele puis faire son mesaige
en tel maniere que Palamedes ne l'en puisse reprendre quant ele
vendra a li arriere. Ele s'en entra dedenz Tintaiol por reposer
leanz cele nuit, et se heberge / en la meson d'un vavassor assez
gentil home qui assez bien la reçut en son ostel, et mout l'onora
45 cele nuit quant il sot qu'ele estoit dou reaume de Logres; et il
meïsmes en avoit esté nez. Mes atant lesse ore li contes a parler
de la demoisele et dou vavassor et del roi Marc et de tote sa
compaignie, et retorne a monseignor Tristan por conter aucune
chose de son estre et del grant duel qu'il demoine.

852. Quant mesire Tristanz, ce dit li contes, se fu partiz de la
demoisele mesaigiere, il s'en ala tot son chemin. Et quant il fu
venuz en la forest auques espesse, il descent tant iriez qu'a po
qu'il n'enraige, et sospire de cuer parfont. Il plaint et pleure
5 et gemist fort, et quant il a grant piece esté devant son cheval

en son estant, il dit en lermoiant: « Ha! Diex, por quoi fui je
nez por user ma vie et mon tens en tel dolor et en tel martire
com je ai dusqu'a ici mené? Ha! Diex, fu il onques chevaliers ne
hons qui tant sofrist poine et travail com je ai sofert por les
10   amors ma dame Yseut? Et ore en ai tel gerredon que m'a dou tout
gerpi, et retenu Kahedin! Diex! d'ou li vint cesti coraige?
Qu'en diroie? Morz sui, sanz faille. Yseut m'ocist d'une part;
amor ne me veust point de bien. Yseut et amor, sanz doutance,
feront ma vie fenir. Je sui de doble mal feruz mortelment. »
15   Quant il se fu grant piece dementez, plorant et lermoiant
mout tendrement, il se desarma, et giete son heaume d'une part et
s'espee d'autre, et dit a soi meïsmes que jamés a jor de sa vie
armes ne portera, ne jamés autre chose ne fera fors mener duel;
et de celi fera il tant qu'il covient qu'il en muire prochenement.
20   Riens ne li plest fors que la morz, car en autre maniere, si com
il dit, ne porroit il asoagier sa dolor se par morir non. Mout
est dolenz et iriez mesire Tristanz. Il vet demenant un tel duel
[d]   et un si grant / dementeïz que nus nou veïst adonc qui nel tenist
a forsené. Il bret et crie si haut que la forest en retentist et
25   pres et loig. Il se maudit et se vet toz esgratinant, et crie
si haut com il puet: « Morz venez! Por quoi demorez vos tant?
Voiz ci Tristan, le chetif, qui te prie de tot son cuer que tu le
preignes, si sera sa dolor finee qui en autre maniere trover fin
ne puet. Ha! morz, haste toi de venir. Oste moi de ceste dolor
30   ou j'ai assez plus demoré que mestier ne me fust sanz faille. »
Grant duel et grant dementeïz demoine mesire Tristanz en tel guise
com je vos ai dit. Il bret et crie a si grant force que la voiz
en va auques loig.

    853. Uns chevaliers sol qui chevauchoit a ce point tot le
grant chemin de la forest, et estoit montez sor bon cheval
et armez de totes armes, et venoit tot droit a Tintaiol, et
n'avoit avec li escuier ne vallet, dame ne demoisele, mes il che-
5   vauchoit tot sol au rai de la lune qui ja estoit levee et qui
auques luisoit clerement—et ce li done grant confort de sa
voie—quant il oï la voiz de monseignor Tristan qui si grant
duel aloit demenant, il s'areste enmi le chemin por mieuz entendre
que ce est. Et quant il l'a auques escoté, il conoist tot aperte-
10   ment que ce est hom qui se demente, selonc ce qu'il en vet cui-
dant. Bien li fu avis sanz doutance qu'il ait d'aïe grant mes-
tier. Lors comence a penser que il fera, se il ira veoir celi
qui se demente, ou il s'en ira sa voie vers Tintaiol. Au derrien
s'acorde il qu'il ira veoir que ce est et por quoi cil hons se

15 complaint si destroitement. Et lors retorne la teste de son che-
val vers celi qui se complaint.

Quant il est dusque la venuz, il voit que mesire Tristanz
s'estoit asis desoz un arbre et demenoit encores son duel ausi
grant et ausi merveilleus com il avoit fait autre foiz. Li cheva-
20 liers regarde grant piece mesire Tristan por savoir s'il le poïst
conoistre avant qu'il le veille arenier. Il voit bien tot aperte-
ment la ou mesire Tristan se seoit que c'estoit uns des granz
chevaliers que il pieça veïst; mes tant ne le set il regarder
qu'il le puisse reconoistre. Lors se met un po plus avant, tot
*183a] 25 ensi / a cheval com il estoit, et dit si haut que mesire Tristanz
le puet bien entendre: « Diex vos saut, sire chevaliers, et vos
envoit joie en confort, qu'il m'est avis que de ces deus choses
avez vos greignor mestier que de nule autre. » Mesire Tristanz
dresce la teste quant il ot que li chevaliers le salue, mes mout
30 est iriez durement de ce que li chevaliers l'a trové en tel ma-
niere. Il vosist estre en tel leu ou nus nel veïst jamés por
finer sa vie a dolor et en plor plus tost. Il li respont a chief
de piece mout dolenz et mout correciez, non mie si cortoisement
com il soloit respondre: « Que volez, sire chevaliers? Que de-
35 mandez? Que querez? Quele achoison vos porte ceste part? »
« Sire, le grant dué que je oï de loig que vos meniez me fist
ceste part venir por savoir que ce pooit estre; car bien sachez
de verité que nus n'orroit de loig si grant duel com vos alez
demenant qui nel tenist a grant merveille. » « Danz chevaliers,
40 ce dit mesire Tristanz, se je vois grant duel demenant, nus ne
s'en devroit merveiller, puis qu'il seüst le mien afaire. Sa-
chiez que de mon duel est l'achoison si merveilleuse que mon
duel ne porroit remenoir en nule maniere del monde devant la
mort. Mon duel si est sanz reconfort. Jamés mon duel ne
45 prendra fin dusqu'a cele ore que mes cuers faudra dou tout. Or
vos ai dit quel est mon duel, si vos en poez aler quant il vos
plera, car autre chose n'en porterez de moi ne ores ne autre
foiz. »

854. Quant li chevaliers entent ceste parole, il a assez greignor
pitié de monseignor Tristan qu'il n'avoit devant, car bien co-
noist que trop grant ire et trop grant corroz, et le grant duel
qu'il a, li face ceste parole dire. Por veoir totevoies s'il le
5 porroit d'aucune chose conforter li dit il: « Ha! sire chevaliers,
por Dieu et por franchise, n'enprenez si grant duel sor vos, car
tost en porriez morir; et se vos de duel moriez, onques mes nus
chevaliers dou monde ne fist greignor recreantise, car greignor defaute

de cuer ne puis je en nul home veoir que soi lessier morir de duel. »

10 « Sire chevaliers, fait mesire Tristanz, vos palez de saine teste.
Po savez selonc ce que je voi que ce est que au cuer me toche. Vos
[b] ne sentez / pas ce que je sent. Se vos le sentissiez, vos pale-
soiz autrement. Diex par sa pitié vos deffende que vos ne sen-
tez le mal qui pres dou cuer me toche. Assez avons parlé, mes

15 c'est d'estrange manière, que vos iestes, la Dieu merci, sains
et hetiez et liez et bax com chevaliers doit estre. Je sui do-
lenz et correciez et ai tote tristor au cuer, et d'autre part
li max me tient qui ne me faudra dusqu'a la mort. Por Dieu,
alez vos en de ci, et me lessiez mon duel mener. Ce solement

20 que je vos voi ci m'anuie mout et me fait contraire. Alez vos
en! Que Diex vos doint bone aventure! »

Quant li chevaliers oï cest plet, il comence a plorer si
fort qu'il n'a pooir de respondre ne de dire mot, si que mesire
Tristanz entent bien qu'il pleure mout durement. A ce point

25 comence a souzrire mesire Tristanz et respont: « Danz chevaliers,
por Dieu, je voi vos plorer, je ris. Mes de voir le sachiez que
je fis ja le ris et la joie de ce d'ou vos alez ores plorant.
Le vostre pleur si vient de pitié et de noblesce, mes Diex set
bien d'ou li miens vient. Vos plorez por pitié de moi: en cesti

30 plor n'a mie trop grant achoison. Cest plor n'a mie bon fonde-
ment, mes le mien plor est si fondez qu'il n'a cure de nul mal
tens. Riens ne li puet faire confort fors que la mort. »

855. Li chevaliers reconoist bien quant il entent ceste parole
que mesire Tristanz est uns des plus saiges chevaliers qu'il tro-
vast pieça mes. Et lors dit a soi meïsmes qu'il descendra. Mesire
Tristanz li saut a l'encontre mout vistement et li dit: « Sire

5 chevaliers, je vos pri que vos ne descendoiz mie; mes se vos des-
cendre volez, en autre leu le poez faire. Lessiez moi ester et
faire mon duel en ce leu ou vos me trovastes. Et se vos avez tel
envie de remenoir en cesti leu que vos ne vos en puissez sofrir,
je monterai maintenant sor mon cheval qui ci est, et vos remenrez.

10 Et je m'en irai en autre leu, et demorerai illec toz seus, car
bien sachiez qu'il n'est compaignie qui orandroit me plese. »
« Ha! por Dieu, fait li chevaliers, ne vos movez! Avant me so-
ferroie je de descendre que je vos feïsse de ce departir por anui
de moi. Je vos promet que je ne descendrai mie. » « Donc ne me

[c] 15 movrai je de ci, » fait / mesire Tristanz. Et li chevaliers s'a-
reste adonc et dit que illec ne descendra il huimés, puis
que au chevalier ne plest.

Au chief de piece parole li chevaliers a monseignor Tristan:

« Sire chevaliers, por Dieu, qu'est ice que vos l'achoison de
20 vostre dolor ne volez dire, ne reconfort ne prendriez por parole
que je vos deïsse, enz est vostre proposement atornez a ce que vos
volez morir de duel, ne autre fin ne volez prendre, ne autre con-
seil de vos meïsmes? Por ce di je que c'est une des granz mer-
veilles d'ou je oïsse onques parler que vos avez sor vos enpris
25 de duel faire si asprement. Quant je me partirai de vos, je ne
vos verrai a piece mes, si com je cuit, non par aventure jamés;
d'ou je vos pri tant com chevaliers porroit prier autre que vos
me deïssiez vostre non, et sachiez que je ne vi onques mes che-
valier d'ou je desirasse autant a savoir l'estre de li com je fais
30 de vos. Mes por ce que je sai de vos meïsmes que je ne porroie
riens savoir a ceste foiz de vostre dolor por quoi el est, ne vos
en vel je riens demander. Se vos solement vostre non me volez
dire, je m'en tendrai a trop bien paiez; autre chose ne vos de-
mant. »

856. Quant mesire Tristanz entent que li chevaliers li va par-
lant si resnablement, il s'amoloie vers li. Il conoist bien que ce
qu'il dit, dit il de trop bone volenté. Lors respont et dit:
« Sire chevaliers, je voi bien que vos vos merveilliez de mon
5 estre plus que de chose que vos veïssiez pieça mes, et je vos
respont a ce et di que je ne me merveil mie moins de vos, mes
plus assez. Et certes, li miens faiz est tiex et plains de si
grant merveille que quant il sera racontez par le monde aprés
ma mort, tuit cil qui en orront parler et savront de moi la no-
10 vele diront tot plenement que onques au tens le roi Artus ne fu
si grant merveille com fu cele qui de moi avint, et de moi ira
la complainte par tot le monde tant com li siecles durra; ne des
ores mes n'orra parler nus bons chevaliers de ma mort a cui il
en sera point de bel. Et sachiez qu'il ne pesera mie moins a
15 mes anemis que a mes amis. »

Quant li chevaliers ot cest plait, il respont tot mainte-
nant a monseignor Tristan et dit: « Sire, que vos diroie je?
Si vraiement m'eïst Diex,/ de tant com je oi plus vos paroles,
de tant sui je plus desiranz de savoir qui vos iestes. Por Dieu
20 et por gentillesce de vos, dites moi vostre non, s'il est ensi
que vos le doiez dire a nul estrange chevalier. » « Se Diex vos
doint bone aventure, fait mesire Tristanz, qui estes vos qui tant de-
sirez a savoir mon non? Dites moi premierement le vostre, et
aprés, quant je vos conoistrai mieuz que je ne fais ores, si vos
25 dirai le nostre, tieus porriez vos estre; et tiex porriez vos
estre que je nel vos diroie en nule maniere. » Li chevaliers res-

pont et dit: « Or sachiez, sire, que se sai vostre non ausi tost
com vos savrez le mien, je le savroie maintenant. Je vos di le
mien, puis que savoir le volez. Or sachiez que je ai non Fregus. »

30   Cil Fregus, sanz faille, estoit bons chevaliers, preuz et
hardiz a merveilles, et avoit esté compaignon de monseignor Tris-
tan en cele seson que mesire Tristanz fu menez au feu et la roïne
Yselt, quant li rois Mars lé vost endeus destruire. Et qui cesti
fait voudra savoir plus apertement que je ne devis, coment il
35   avoit esté compainz de mesire'Tristan et com grant bien mesire
Tristanz li voloit, lise l'Estoire de mesire Tristan; illec porra
il veoir tot apertement ceste chose com ce fu.

857. Quant mesire Tristanz entent que c'est Fregus qui a li pa-
role, uns des chevaliers ou monde en qui il avoit trové greignor
franchise et greignor cortoisie tan com il avoient esté com-
paignon ensemble, il chiet arrieres toz envers. Del grant duel
5   et de la grant ire qu'il a au cuer ne li puet il doner response
bone ne malvese. Totevoies au chief de piece il se dresce en son
estant et giete un sospir de cuer parfont, et respont mout
tendrement en plorant: « Mesire Frigus, biaus amis, vos soiez li
tres bien venuz. Or sachiez que vos iestes uns des homes dou
10   monde que je desiroie plus a veoir a cesti point. Grant tens a
que je ne vos vi mes. Trop sui liez de vostre venue. Benooiz
soit Diex qui a cesti point vos a ça mené. Et qu'en diroie je?
Puis que je vos voi devant moi, si chier ami et si leal com vos
me fustes toz jorz tant com nos fumes ensemble, je ne puis avoir
[184a] 15   volenté, ne mes cuers ne le / soffre, que je plus me celasse en-
vers vos. Je ne vos puis autre chose dire. Je sui Tristanz, li
vostres amis, li plus maleüreus chevaliers qui onques jor portast
escu. Je sui Tristanz qui mar fu nez, qui de male ore vit Iseut,
car j'en morrai devant mon terme. Je sui Tristanz, qui onques
20   n'ot se tristor non. En tristor ai ma vie usee, et en tristor et
en dolor vois ma vie usant et finant. Grant pechié et grant do-
lor fu quant je fui nez por avoir vie se engoisseuse com je ai. »
Et quant il a dite ceste parole, il comence son duel si merveil-
leus com il demenoit avant.

25   Quant Frigus ot que c'est mesire Tristanz qui vait demenant
si grant duel, le chevalier ou monde a qui il avoit greignor amor
et en qui il avoit trové greignor cortoisie et greignor debonereté,
il n'i fait nul autre delaiement, enz giete son escu en voie
et son glaive autresi, et oste son heaume de sa teste et le giete
30   arrieres. Et quant il a ce fait, il saut jus dou cheval et s'en
vet droit a monseignor Tristan et li bese sa jambe qu'il avoit

encores armee, et comence a plorer si fort que nus ne le veïst
qu'il deïst qu'il plorast de faintise; et sachiez qu'il estoit
si durement iriez qu'il n'avoit pooir de parler. Au chief de
35 piece quant il pot mot dire il dit tot en plorant: « Ha! sire,
qu'est ce que vos faites? Por quoi vos metez vos a dolor? Por
quoi vos alez si gastant? Por Dieu et por vostre franchise, dites
moi d'ou ceste dolor vos vient. Dites le moi, par covenant que
je i metrai conseil a vostre honor, se nul autre chevalier de mon
40 afaire i puet metre conseil. »

858. Mesire Tristanz, qui tant est correciez qu'a po qu'il ne
creve de duel, quant il entent ceste parole, il respont ausi com
il puet: « Frigus, fait il, biax douz amis, sachiez que vos iestes
uns des homes ou monde que je aim de greignor amor et ou je me
5 fiai ja plus, et encores me fi je et fierai dusqu'a la fin; et
por ce vos dirai ce que vos me demandez. Sachiez que ce duel que
je ai m'est avenu del fait de ma dame Yselt, que je ai tant amé
com vos savez, et por qui je ai tant sofert et travail et poine
et dolor qu'il n'est ores en cest monde a mon escient un sol che-
10 valier qui / tant poïst sofrir por la soe amor maintenir. Mes or
m'en est si avenu que j'en sui venuz a la mort por si malvese
achoison com je vos conterai. »

Et quant il a dite ceste parole, il se retret de son proposse-
ment et de ce qu'il avoit en volenté, et dit: « Frigus, biax douz
15 amis, je me repent de ce que je vos voloie dire. Je avoie folie
en pensee et vilenie voloie faire trop grant, plus por moi que
por autre, qui voloie dire vilenie de ma dame Yselt que j'ai amee
de tot mon cuer sor totes les mortiex choses. Ne place a Dieu
que je le die! Mieuz voudroie perdre la teste que je deïsse en-
20 contre li mal. S'ele a mal fait et chose qu'ele ne deüst, et ele
a mespris contre moi, je li pardoig de bon talent. Encores par
aventure se repentira ele, plus por la bonté de li que por bien
que je aie en moi. Je les ores a parler de li qu'en nule ma-
niere je n'en diroie vilenie. Je plendrai le mal que je port
25 et tant mentendrai la complainte que ma dolor penra fin en au-
cune maniere. » « Ha! sire, por Dieu, fait Fregus, dites moi d'ou
cest duel vos vient, et sachiez que je i metrai conseil en au-
cune maniere. » « Fregus, fait il, que diriez vos? Autre chose
n'en poez savoir a ceste foiz fors que cest duel me vient por
30 Yselt; et sachiez qu'il me toche si asprement dedenz le cuer
qu'il n'en porroit jamés issir devant la mort. Plus ne me de-
mandez de mon estre, que je plus ne vos en diré. Se vos sor ceste
chose que je vos ai ci contee poez metre aucun conseil qui bon

soit, ce me plest bien. » « Biaus douz amis, ce dit Frigus, a ce
35 que je ai de vos oï et entendu, je conois bien que vos iestes
irez outre mesure. Aprés, quant vos me faites entendant que vos
ne me direz autre chose que dit m'avez, c'est une chose d'ou je
sui correciez outre mesure, car por ce que vos ne me contez vostre
afaire tout, je ne sai coment je vos puisse conseillier sor ceste
40 chose. Et je vos promet, fait Frigus, que je ferai demain avant
ore de prime tant que l'en m'en dira tote la verité, car je vos
di bien que je m'en irai de ci a madame Yselt, qui me veust si
grant bien, la soe merci, non mie por bonté qui en moi soi, mes por
sa franchise solement, que je ne cuit mie / qu'ele me cele riens
45 de cest afaire. Adonc savrai je conseillier et vos et li, ce
que je ne puis pas orandroit faire. »

[c]

   Mesires Tristanz se test qu'il ne dit mot quant il entent
cest parlement. Il voudroit ja que Fregus fust devant Yseut por
conter li la tristor que mesire Tristanz demoine ensi com il
50 meïsmes a veü apertement. Fregus met mesire Tristan en paroles
de mout de choses, mes mesire Tristanz ne li respont riens, enz
pense totevoies et sospire soventes foiz de cuer parfont. Onques
puis de tote la nuit ne respondi un sol mot, ne autre chose ne
fist fors que penser a cele qu'il onques n'oblie. Il n'i dormi
55 ne po ne grant, enz pensa toz jorz en tel maniere com je vos di.
Ne Fregus, qui sor li estoit enbatuz ensi com li contes a devisié,
n'ot tant de hardement qu'il en paroles le meïst, puis qu'il vit
qu'il ne li voloit respondre. Mes de tant fist il grant bien a
Tristan que il lessa son duel a mener por li. Autrement l'eüst
60 il maintenu tote la nuit en tel maniere com il l'avoit encomencié.
Mes por ce que Frigus ne li atornast cest fait a trop grant mal
s'en retret il au mieuz qu'il puet.

   859. A l'endemain quant il ajorne et cil oisel comencent a
chanter de leus en leus par la forest, Frigus dit a Tristan:
« Sire, je m'en vel de ci aler a Tintaiol, si verrai madame la
roïne Yseut et parlerai a li ensi com vos m'avez comandé. Et
5 sachiez que je retornerai au plus tost que je porrai. Por Dieu
et por franchise itant faites por ma proiere, s'il vos plest,
et je vos en pri trop durement por l'amor que vos avez a moi,
que vos m'atendez ci hui tote jor. Et sachiez que vos me ravrez
hui en cest jor ici. Et si vos di plus, car je vos promet que
10 vos raporterai certenes noveles de madame la roïne Yseut, teles
d'ou vos avrez joie et confort. » « Fregus, fait Tristanz, je sai
bien que vos m'amez de grant amor, si n'est ores pas de novel mes
de pieça. Puis que vos avez volenté d'aler en Tintaiol, alez vos

en de par Dieu, et a ma dame portez saluz de par moi, et dites li
15 qu'ele poïst plus franchement avoir ovré envers Tristan qu'ele ne
fist. Je croi a mon escient que vos me porrez ci trover, se vos
volez revenir. » Et Fregus li creante leaument qu'il n'avra gran-
ment / de repos devant ce qu'il soit a li revenuz.

Adont vient erranment a son cheval, et monte, si s'en part
20 atant et s'en vient au grant chemin qui n'estoit mie trop loig
d'illec ou Tristanz estoit.

860. Tristans remaint qui son duel a recomencié tot maintenant
que Frigus s'en part. Fregus s'en vet auques grant erre tot le
grant chemin de la forest. Et en ce qu'il vouloit de la forest
issir, il li avint qu'il encontra la demoisele mesaigiere que
5 Palamedes avoit envoiee en Cornoaille, ensi com li contes a ja
devisié ça arrieres. Quant ele voit Fregus venir, ele s'aresta
enmi le chemin et tant l'atent qu'il est dusqu'a li venuz. Dont
le salue, et il li rent son salu au plus bel qu'il le set faire,
et puis li demande: « Demoisele, qui estes vos? » « Sire fait ele,
10 je sui une demoisele estrange qui vois en une moie besoigne. Mes
por Dieu, d'un chevalier que je vois querant me savriez vos a dire
noveles? » « Demoisele, fait il, qui est cil chevaliers que vos
alez querant? » « C'est, fait ele, uns chevaliers qui chevauche
un cheval noer, et qui se parti ersoir de Tintaiol et vint anuit
15 en ceste forest, ce sai je bien. Se vos le veïstes en aucun leu,
por Dieu dites le moi, car mout ai grant besoig de li trover. »
« Demoisele, fait Fregus, quel escu porte li chevaliers? » « Sire,
fait ele, quant je le vi, il ne portoit ne glaive ne escu, de ce
sui je bien remembranz. »

20 Et lors s'aperçoit Fergus que ce est Tristanz que la demoisele
va querant. Si cuide adonc por voir que ce soit aucune des de-
moiseles de la roïne Yseut, et bien cuide que la roïne Yseut
l'oit envoiee en la forest por trover Tristan; et de ceste cho-
se seroit Fregus trop liez et trop joianz, s'il estoit ensi. Por
25 ce qu'il li est bien avis que la demoisele soit des demoiseles a
la roïne Yseut dit il a soi meïsmes qu'il l'asenera de Tristan
trover au mieuz qu'il porra. Et lors li dit: « Demoisele, se
Diex vos doint bone aventure, savez vos qui li chevaliers est que
vos demandez et que vos alez querant? » « Por quoi, fait ele, le
30 dites vos? » « Por ce, fait il, que je cuit bien savoir qui il est.
Je croi bien que ce soit Tristanz que vos alez querant, et croi
que madame Yseut, la roïne, vos en/voie a li. » « Qui que me mant
en son mesaige, fait la demoisele, sachiez que c'est mesire Tris-
tanz que je vois querant. Por Dieu, se vos savez ou il est, se le

35 me dites, car j'é mout grant besoig de li trover. » « En non Dieu,
fait il, je vos asenerai si bien que vos le troverrez assez le-
gierement.

Et lors la moine au ruisel d'une fontaine qui devant eus es-
toit non mie loig, et si li dist: « Vos en irez tout contremont
40 cest ruissel dusqu'au leu ou la fontaine sort, et sachiez que la
troverrez vos monseignor Tristan, s'il ne s'en est partiz puis
orandroit que je vig de la. Or vos ai bien assenee de ce que vos
alez querant. Or me redites ce que je vos demanderai. Troverroie
le roi Marc a Tintaiol quant je i serai venuz? » « Nenil, de voir
45 le sachez. Li rois ala hui matin en chace en la Forest de l'Es-
pinoie. Il ne vost pas aler ou Morroiz por ce qu'il set bien que
Tristanz i est orandroit, et tuit si home li donerent cesti con-
sel. »

861. Atant se part li uns de l'autre qu'il n'i font autre delaie-
ment. Fergus s'en vet le droit chemin vers Tintaiol, com cil qui
mout a grant volenté de parler a madame Yseut. La demoisele se
met en la forest en tel maniere com Fergus li avoit enseignié,
5 et tant fait qu'ele vient au leu droit ou Tristanz estoit, tant
correciez qu'a po qu'il ne morroit de duel. Il se pleignoit et
doulousoit si durement que nus ne le veïst adonc qu'il nou te-
nist a grant merveille. Quant la demoisele le vit, ele descent
maintenant au plus coiement qu'ele puet, et atache son cheval a
10 un arbre. Et puis s'en vient devant Tristan, et voit qu'il pen-
soit si durement qu'il n'entendoit a riens fors a ce solement
d'ou son corroz li vient. La demoisele est devant li une grant
piece, mes il ne la voit mie, ne ele ne li ose dire mot qu'il ne
se corroçast. Il plaint et pleure au chief de piece, et sospire
15 soventes foiz, et detort ses mains. Et quant il a esté une grant
piece en tel maniere sanz dire mot, il dit trop correciez dure-
ment: « Haro! Diex, com je sui morz! Fu onques mes nus hons si
vilainement trahiz com je fui a ceste foiz? » Et quant il a dite
[b]   ceste parole, il se test,/ et recomence a penser.
20   Quant la demoisele voit qu'il est si durement en malaise,
ele se met un po avant por parler a li et por veoir s'ele le por-
roit remuer de ceste dolereuse pensee qui trop li grieve, ce voit
ele bien. Et sachiez qu'ele estoit adonc si pres de li que bien
le poïst prendre par la main, se il vosist, ne encores ne la veoit
25 il mie. Et quant ele l'a grant piece regardé de si pres, ele dit
a soi meïsmes voirement est cesti tot le plus bel chevalier et le
mieuz taillié de membres qu'ele veïst mes en tote sa vie. Et se-
lonc ce qu'ele cuide, il ne li est pas avis que des que Diex fist

premierement home, qu'il feïst un si bel chevalier com est cesti.
30 Mes a son semblant li tost grant partie de sa biauté ce qu'il
estoit si embrus, et li granz corroz qu'il avoit au cuer. Se ne
fust le grant panser qui le tient et ce qu'il avoit le vis sale
et moillié et taint des lermes qui des ieuz li chaoient espesse-
ment, ele dit bien et juge selonc ce qu'ele voit que cist est
35 trop le plus bel chevalier que Diex feïst onques mes. Mout li
poise et anuie de cest pensé qui si le tient enbronc et pensif.
862. Mout regarde ententivement la demoisele mesire Tristan.
Mout est dolente et correciee qu'ele le voit si triste. Et por
ce que trop volentiers li donast aucune achoison de li esleescier
li dit ele: « Sire, Diex vos saut!» Mesire Tristanz, qui ne pen-
5   soit pas adonc a gas, n'entent mie la demoisele, car mout avoit
son cuer aillors. Il ne respont ne ce ne quoi, enz pense ausi
com il faisoit devant. Et la demoisele li redit adonc plus haut:
« Sire chevaliers, Diex vos gart! » Mesire Tristanz n'entent a
riens que la demoisele li die, car trop avoit son pensé en autre
10 leu. Il ne se muet ne ne regarde, ne plus que s'il fust un home
mort, enz pense adés et vet sospirant a chief de piece mout du-
rement. « Sire Diex, fait la demoisele, que porrai je faire? Cest
chevalier pense tant ardantment que je croi, se Diex me saut,
qu'il morra de cest penser, se il n'en est ostez en aucune ma-
15 niere. » Et lors prent monseignor Tristan par la main au plus soef
qu'ele puet, car mout a grant paor et grant doute / qu'il ne se
corroce a li. « Sire, fait la demoisele, lessiez vostre penser
atant, s'il vos plest. Assez avez pensé. De cest penser ne vos
porroit des ore mes venir se mal non, ce voi je bien. »
20   Et mesire Tristanz tressaut adonc tot ausi come home qui
s'esveille; et au remuer qu'il fait, il giete un sospir de par-
font, com home engoisseus durement, et regarde la demoisele iriez
et correciez a desmesure, car mout li anuie ce que la demoisele
l'avoit remué de son pensé. Et neporquant quant il voit que
25 c'est demoisele qui devant li est venue, il se merveille qu'elè
veust et qui l'avoit illec aportee et qui l'i avoit mandee. Se
ce fust chevaliers ou escuiers qui ensi l'eüst osté de son pen-
ser et remué com avoit fait cele demoisele, il s'en correçast
durement, mes por ce qu'ele est demoisele il n'en ose parler
30 fors qu'il li dit: « Ha! demoisele, mal avez fait qui de mon
penser m'avez remué. Je le vossisse ja avoir mené a fin en au-
cune maniere, ou fust par mort ou fust par vie. Moi ne chaut
granment le quel venist avant, car autant aime ge des ore mes
l'un come je fais l'autre. » « Ha! sire, fait la demoisele, mal

35 faites qui ensi pensez. Je voi bien apertement que cest penser
vos grieve tant que bien vos metroit a la mort, se vos plus le
menteniez. Por ce vos lo je que cesti penser lessiez, et metez
vostre cuer en autre chose, car certes il n'apartient a nul
preudome qu'il mete son cuer en tel penser qui morir le face vil-
40 ment. Greignor recreantise ne greignor neanté ne puet home faire
que de li ocirre en tel maniere. » « Demoisele, fait mesires Tris-
tanz, j'ai bien entendu ce que vos m'avez dit, et bien voi et co-
nois que vos le dites por mon bien. Mes ce que me vaut? Nul amo-
nestement ne nule parole que l'en me poïst des ore mes dire ne m'i
45 porroit jamés valoir. Cest pensé qui au cuer me tient est si fort
enbatuz en moi qu'il n'en porra jamés issir devant la mort. Se
Diex vos doint bone aventure, alez vos en et tenez vostre chemin,
et je remendrai en cesti leu et retornerai a mon / penser, et le
finerai, se Dieu plest, en quel que maniere que ce soit. »

863. Quant la demoisele ot cesti plet, ele comence a plorer mout
tendrement; et mesire Tristanz se remet maintenant en son penser
ensi com il estoit devant. « Sire Diex! fait la demoisele, ce que
sera? Ne porrai je cest chevalier remuer de ceste engoisseuse
5 pensee qui le tient en si grant destroit? Certes, si ferai, se
Dieu plest! » Et lors se met autre foiz devant, et prent mon-
seignor Tristan par la main et li dit: « Ha! sire, por Dieu, merci!
Lessiez desormés cest pensé. Trop l'avez longuement maintenu. »
« Demoisele, fait mesire Tristanz, se Diex m'eïst, vos faites mal.
10 Vos volez faire de moi ce que Diex meïsmes n'en veust mie faire.
Cuidiez vos, se Diex vos conseut, que Diex veille que je jamés
aie confort? Non, voir de voir le sachiez vos. Por ce vos pri
je, tant com chevaliers puet demoisele prier, que vos me lessiez
ester atant, et me lessiez mon duel mener. » « Ha! merci, frans
15 chevaliers, fait la demoisele, por Dieu, ne vos ociez mie en tel
maniere, enz aiez merci de vos meïsmes. » « Demoisele, fait mesi-
re Tristanz, je voi bien tot apertement que je ne porroie a vos
durer! » Et lors saut sus et vient a son cheval et monte, et s'en
vet parmi la forest une autre voie en tel leu ou il cuide bien
20 que la demoisele ne le puisse trover.

864. Tant a mesire Tristanz alé en tel maniere qu'il est venuz
devant une tor ou il avoit une fontaine mout bele et mout envoi-
siee. Et sachiez que devant cele tor s'estoit ja combatuz me-
sire Tristanz a Palamedes por l'amor de madame Yseut a celi point
5 que Palamedes en menoit la roïne Yselt de la meson le roi Marc,
ensi com mesire Luces dou Gaut devise en son livre. Et qui ce
voudra veoir apertement, si preigne la grant Estoire de mesire

Tristan, car illec devise mesire Luces dou Gaut mot a mot coment
mesire Tristanz se combati a Palamedes, et coment la roïne Yselt,
qui toute paor avoit de mesire Tristan, departi sagement la ba-
taille et envoia Palamedes ou reaume de Logres.

Quant mesire Tristanz vint devant la tour ou il avoit ja
autre foiz esté et demoré / trois jorz entiers aprés cele ba-
taille de li et de Palamedes, tout maintenant qu'il voit la tor,
il li sovient de cele bataille. « Ha! fait il, Palamedes, bon
chevalier preu et hardi, tot le meillor et le plus fort encontre qui je me
combatisse onques, voiz ci le leu et la place ou nos nos combatimes
ensemble. Ici me mostras tu bien grant partie de ta bonté. Mieuz me
fust adonc avenu se je fusse morz en ceste bataille par la men d'un
si bon chevalier com tu iés que jamés ne m'avendra. Honor me
fust, mes desonor m'est ores grant, qu'il me covient de duel mo-
rir. Je di bien que ce est mescheance tote la greignor qui onques
mes avenist a chevalier. Palamedes, je que t'en diroie? Or
saiches vraiement que onques a nul jor de ma vie n'oi mes
si grant joie ne si grant leesce que j'oi quant ma dame fu ci de-
livree de tes mains. Ici se parcompli ma joie si plenierement
que onques a nul jor devant n'avoie seü si parfetement qui es-
toit joie. Mes en cest leu le soi je sanz faille. Et por ce que
joie me fu, si com il m'est avis, plus parcomplie en cest leu que
en nul autre, di je que en cest leu finerai je mon duel, et mes
cors i prendra le derrien repos et le derrien travail. »

865. Lors descent mesire Tristanz sanz faire autre delaiement, et
oste a son cheval le froin et la sele, et le lesse par la forest
aler quel part qu'il veust. Il dit bien que des ores mes ne mon-
tera il sor cheval. Et lors oste ses chauces de fer qu'il avoit
encores. Et quant il voit qu'il est dou tout desarmez, il s'en
vient droit a la fontene et s'asiet illec, et comence adonc son
duel ausi grant et ausi merveilleus com il avoit fait autre foiz;
et sachiez bien que tuit si regrait estoient adonc a Palamedes et
et a la roïne Yselt. Ces deus aloit adés ramentevant; d'autres
ne tenoit parlement. Onques celi jor ne manja, ne n'avoit fait
le jor devant. Il ne cesse onques de son duel ne ne recroit. Il
en fait tant que je me merveil coment il le puet sofrir.

Au soer quant li solauz comença a torner a declin, atant ez
vos la demoisele venir cele part, cele meesmes demoisele qui au
matin avoit a li parlé./ Puis qu'il se fu departiz de li, ele
l'avoit çà et là cerchié en totes les places ou ele le cuidoit
trover. Onques mes de chose qu'ele veïst ne fu tant dolente com
de ce qu'ele ne pooit monseignor Tristan reconforter. Ele en a

si grant pitié et si grant dolor a son cuer qu'ele dit onques mes
20   si grant dolor ne fu com de cest chevalier s'il muert si com il
a comencié.

Quant el est dusqu'a li venue et ele le voit, ele descent tot
maintenant, et est mout durement liee et joiouse de ce que ensi
l'a trové. Et quant ele est descendue et ele a son cheval atachié
25   a un arbre, ele vient a monseignor Tristan et li dit: « Sire,
bon soer vos doint Diex, et vos envoit confort, car ce seroit
la chose d'ou vos avriez greignor mestier, ce m'est avis. » Me-
sires Tristanz dresce la teste quant il entent la demoisele, et
quant il conoist que c'estoit la demoisele qui s'estoit tant tra-
30   veilliee de li reconforter, s'ele poïst, il li respont: « Demoi-
sele, bone aventure vos doint Diex. » « Sire, fait ele, por Dieu
et por le sauvement de vos meesmes, lessiez ester cesti duel que
vos avez encomencié. Vos en avez tant fait que toz li mondes vos
en devroit blasmer. » « Demoisele, fait mesire Tristanz, autre foiz
35   vos ai je ja dit que cesti duel que fais n'est pas duel que je
puisse lessier tant com j'avroie la vie ou cors. Cest duel ne
porroit prendre fin tan com je vesquisse. Nule priere n'i vau-
droit riens ne nul amonestement. Ce vos dis je ja autre foiz,
et encor le vos di je por ce que atant m'en lessiez ester et que
40   vos plus ne m'en parlez. Encores vos di je une autre chose: or
sachiez bien que se uns chevaliers m'avoit tant remué de mon pensé
com vos avez, je l'en feïsse repentir si chierement que jamés ne
m'en tenist plet. Mes ce ne ferai je pas a vos por ce que vos iestes
demoisele, et por se vos pri que atant me lessiez ester et que
45   plus ne parlez a moi. » « Sire, fait ele, et je le ferai, puis
que vostre volentez est tele. Huimés ne vos en dirai riens. Or
remenez! Que Diex vos envoit meillor conseil que vos n'avez. »

Lors s'en vient a son palefroi et monte, et s'en vet heber-
gier a la tor qui pres d'illec estoit. En cele tor demoroit une /
[c] 50   veve dame, gentil dame et de bon afaire, qui la demoisele reçut
mout bel en son ostel et la heberja mout bien cele nuit.

866. En tel maniere com je vos di demena mesire Tristanz son
duel huit jors entiers si plenierement que onques une sole ore ne
le lessa, se ne fu en dormant. De tot celi terme ne manja ne ne
but. Si ne remest il mie por ce qu'il n'eüst assez a mangier de-
5   vant li, car la demoisele qui trop grant pitié en avoit l'en apor-
ta. Et sachiez que tant com li jorz duroit estoit ele adés de-
vant li por savoir s'ele le poïst reconforter, mes tout ce ne li
valoit riens, car il n'en lessoit onques son duel, et tant en fe-
soit que la demoisele se merveilloit estrangement ou il pooit

10 prendre tant de lermes com il gitoit fors de ses ieuz. De ce se
merveilla auques la demoisele, mes encores se merveille ele plus
d'une chose qui avint a monseignor Tristan: a l'uitisme jor quant
la demoisele le vint veoir, ele trova que tote la char de li es-
toit si noere et si bloe com s'il eüst esté batuz en un tornoie-
15 ment. Et lors en ot ele assez greignor pitié qu'ele n'avoit eü
devant, car donc cuida ele bien por voir qu'il deüst tot mainte-
nant morir, ne ele ne se voloit de li partir devant ce qu'ele
veïst apertement a quel fin il venroit de ceste chose, si qu'ele
en seüst la verité conter a Palamedes.

867. Le soer devant sanz faille li estoit avenu que la ou ele aloit
parmi les chambres de la tor avec la dame, ele trova en une des
chambres de la tor une harpe qui avoit esté de mesire Tristan.
La demoisele qui de la harpe savoit auques la prist tot mainte-
5 nant qu'ele la vit, et la comence a soner assez doucement. « Ha!
demoisele, fait la dame, se vos autant seüssiez de la harpe com
celi en savoit de qui ceste fu, bien porriez dire seürement qu'il
n'avroit demoisele ou monde qui tant en seüst com vos savriez. »
« Ha! dame, fait la demoisele, qui fu donc cil de qui ele fu? »
10 « Enondieu! fait la dame, ele fu de monseignor Tristan, le neveu
le roi Marc de Cornoaille. Je l'oï ja ceanz harper avec ma/dame
la roïne Yselt. » « Coment, dame, fait la demoisele, set donc tant
mesire Tristanz de la harpe? » « Oïl, certes, fait la dame. Tuit
cil qui orandroit soient au monde n'en sevent pas tant com il toz
15 seus set. Et se vos ausi l'aviez oï com je l'oï ja, vos vos acor-
deriez maintenant a ce que je di. »

Quant la demoisele entent ceste parole, ele pense maintenant
que portera la harpe dusqu'a mesire Tristan et harpera devant li
por savoir s'ele le porroit reconforter d'aucune chose et s'ele
20 li porroit faire oblier ses granz dolors. Tout ensi come ele le
pense celi soer le fist ele a l'endemain, et ce fu tot droit a
l'uitisme jor. Et quant ele fu venue a monseignor Tristan a tote
la harpe, adonc le trova ele si taint et si changié com je vos
ai dit; ce ne sai je dont ce venoit ne por quele achoison, car
25 li contes nou devise mie, mes ensi li nerci tote la char cele
nuit. Et sachiez que nus del monde ne savoit iqui monseignor
Tristan fors il solement et la demoisele qui ensi li tenoit com-
paignie chascun jor et qui volentiers le reconfortast, s'ele
poïst.

868. A l'otisme jor, si com je vos di, quant ele fu devant li
venue, ele s'asiet droit devant li, et prent la harpe maintenant
et la comence a atremper au plus docement qu'ele set. Mesire

Tristanz tot maintenant qu'il oï le son de la harpe il lesse son
5   duel, et comence adonc a regarder la demoisele qui harpoit, si
li dist: « Demoisele, dites un lai, se Diex vos doint bone aven-
ture. » « Sire, fait ele, volentiers, se Diex m'eïst. Et sachiez
se vos por lai vos devez reconforter, toz vos reconforterez, car
je ne croi que nus chevaliers feïst onques lai que je ne saiche. »
10 « Or comenciez donc, fait il, si orrai se vos savez nus des lais
que je fis jadis. » « Certes, fait ele, je ne croi que vos feïssiez
onques que trois lais, et ces trois sai je bien. » « En non Dieu!
fait il, vos dites verité. Voirement ne fis je onques que trois
lais. Or les sonez, se Diex vos saut, demoisele, si orrai coment
15 vos les savez. » Et ele en comence maintenant un, cestui qu'il
avoit fait dedenz la nacele quant il se fist metre en mer por ce
[187a] qu'il / ne pooit garir en Cornoaille. L'autre lai avoit il fait
en la mer meïsmes, a celi point qu'il conut premierement madame
Yselt par le boivre amorous, ensi com chevaliers doit conoistre
20 dame. L'autre lai avoit il fait ou Morroiz, quant madame Yselt
demora tant avec li en la forest. Et le premier lai avoit il a-
pelé Lai de Plor, le secont le Boire Pesant, et le tierz avoit
apelé Deduit d'Amor.

869. Quant ele ot le premerain lai finé, mesires Tristanz li
dist: « Por Dieu, ma demoisele, auques bien savez cest lai. Mes
savez vos coment il a non? » « Sire, oïl bien, fait ele. L'en
l'apele Lai de Plor. » « Certes, fait il, demoisele, vos dites
5   voir, car c'est meïsmes non li donai je, et mout i oit bone achoi-
son por quoi je l'apelai ensi. Or dites le Boevre Pesant, si
l'orron. La troveroiz vos meillor chant et plus delitable a oïr
que n'est cestui. Pleüst ores a Nostre Seignor que je fusse si
gais et si envoisiez com j'estoie a celi point que je le fis.
10 Ha! Diex, com mon tens est changié puis celi terme. » Et quant il
a dite ceste parole, il comence a plorer mout tendrement. Et la
demoisele, qui volentiers le reconfortast s'ele poïst, comence
le secont lai. Et quant ele l'a parfiné, ele dit a monseignor
Tristan: « Sire, que vos semble de moi? Ai je bien vostre lai har-
15 pé? » « Oïl, fait il, se m'eïst Diex, assez bien en savez le chant
et le dit. Or comenciez le tierz. » « Volentiers, fait ele, par
covent que vos harperez aprés un lai. » « Harper! fait il. Biau
Sire Diex! je en ai ores si po de talent. Puis que mon cuer ne
s'i acorde, coment le porroie je faire? » « Je vos en pri, fait ele,
20 tant com demoisele puet prier a chevalier. » « Et je le ferai, fait
il, por vostre priere. Et vos comenciez avant vostre tierz lai. »
« Volentiers, » fait la demoisele.

Dont comence tout maintenant celi lai qui est apelez Deduit
d'Amor, et mout s'estudie durement dou bien harper et dou soner
25 cointement, por ce que a mesire Tristan pleüst. Et quant ele l'a
finé, si bien et si bel que nus ne la deüst blasmer, ele dit a
mesire Tristan: « Sire, que vos semble de mon harper? Ai je bien
b] cesti lai feni? » « Oïl, fait il, se Diex / m'eïst. Vos le comen-
çastes mout bien, et mieuz l'avez encores feni. Je ne cuidoie que
30 nule demoisele en seüst si bien le chant com vos le savez. » « Ai
je fait encore, dist la demoisele, chose qui vos plese? » « Se
m'eïst Diex, fait il, oïl. » « Or vos pri je donc que vos a moi
vos aquitoiz de la promesse que orandroit me feïstes. » Et il res-
pont adonc et dit: « Demoisele, grevable chose est que vos me re-
35 querez. Ce seroit trop grant desreson se je jamés me deduisoie.
Et neporquant, puis que je le vos ai promis, je le ferai, mes ce ne
sera pas huimés. Demain matin sanz doute se vos volez ici venir
me porroiz oïr harper, et devant lors ne vos dirai riens, mes a-
donc si ferai sanz faille. » Et quant il a dite ceste parole, il
40 se test, et comence mout durement a penser; et sachiez que de tot
le jor puis ne dist il parole nule que la demoisele poïst entendre.

Au suer quant la nuit fu venue, la demoisele s'en depart et
s'en vient droit a la tor ou ele demoroit chascune nuit, ensi com
je vos ai dit. Ne la dame de leanz ne savoit tant demander ou ele
45 aloit chascun jor qu'ele l'en vousist riens dire.

870. A l'endemain quant il ajorne, la demoisele, qui n'avoit pas
oblié la parole et la promesse que mesire Tristanz li avoit faite,
se lieve et se met a la voie, et tant fait qu'ele vient a mon-
seignor Tristan, qui encores estoit devant la fontaine ensi com
5 il soloit. Et maintenant qu'ele est devant li venue, elle li ore
bon jor et bone aventure, et il si fait autresint a li. « Demoi-
sele, fait mesire Tristanz, or sui je toz apareilliez de moi aqui-
ter envers vos de la promesse que je vos fis ersoir. » « Sire, fait
ele, granz merciz. » Et il prent maintenant la harpe et la comence
10 a acorder si bien et si bel com il le savoit faire. Et quant il
l'a tant bien acordee com il vit qu'il estoit besoig au chant
qu'il voloit dire, il dist a la demoisele: « Demoisele, oïstes
vos onques parler dou Lai Mortal? » « Sire, je non, fait ele; se
m'eïst Diex, onques mes parler n'en oï. » « Ce n'est mie merveille,
15 ma demoisele, fait il, quant il ne fu onques chantez se de moi
non. Je l'ai fait anuit tot novel de la moie dolor et de ma mort.
Et por ce que je l'ai fait encontre mon definement, l'ai / je apelé
Lai Mortel; de la chose li trai je non. »

Et quant il a dite ceste parole, il comence a plorer mout

20 tendrement, et tot en plorant il comença a soner la harpe si dou-
cement que nus ne l'oïst adonc qui bien ne deïst que plus douce
melodie ne poïst l'en oïr. Et en cel plorer comence son lai en
tel maniere:

| I | Ja fis chançonetes et lais,
Mes a cest point totes les lais.
Je fais ci mon derïan laiz.
Amors m'ocist. N'est ce biaus laiz? |

| II | Ci fais ma derrïene plente
Puis que je voi ma vie estainte
Et mar char de grant dolor tainte;
En chantant en fais ma complainte. |

| III | N'est pas de joie que je chant,
Enz comenz en dolor mon chant.
Trop m'est amor fiere et tranchant
Qui si se vet de moi venchant. |

| IV | D'Yselt que j'avoie servi
Tant que tot m'estoie aservi
Me plaig. La soe amor mar vi.
Je muir, ne point nel deservi. |

| V | Cil chevalier aventureus
Qui d'amors sont mieuz eüreus
Que Tristan, li maleüreus,
Ne sont pas d'amors dolereus. |

| VI | Mes j'en sui dolereus enfin,
Car en dolor ma vie en fin.
En amor comenz et defin.
Je muir por amer de cuer fin. |

| VII | Cil autre vont d'amors chantant.
Je plor et me vois ventant
C'onques jor n'ama nus hons tant
Com fist Tristanz. Or muer por tant. |

| VIII | Mort et amor me font finer,
Ma joie en dolor definer.
Avant jor me font terminer,
Le col me font mes acliner. |

IX

Ha! las, je muir. Nus ne me plaint.
La moie mort nus ne complaint.
Totes mes proesces estaint
La morz qui ci m'a ataint.

X

Assez ai fui et couru,
Mes nus est qui m'ait secouru.
Mort et amor m'ont acouru.
Ainc tel mal n'ot d'Inde Porru.

[d]

XI

Ha! Lancelot, biaus douz amis,/
A vos vel je que soi tramis
Cist lais. Amor a mort m'a mis.
Il ne m'avoit pas ce promis.

XII

D'amors m'est ensi avenu
Com de celi qui a tenu
En son seig le serpent tout nu,
Et puis en est a mort venu.

XIII

En mon seig ai norri toz jorz
Amors. Adés i fist sejorz.
Mes or m'ocit, non darz d'aubour.
Mal loier ai de mon labour.

XIV

Ce n'est pas la haute Genevre
Qui m'ocist, ne n'est mal de fievre,
Ençois m'ocist Yselt l'enrievre,
C'est cele ou ne gist pas le lievre.

XV

Que blasme di je et quel reprouche
Contre amour qui si dur me touche?
De si felon venin m'entosche
Qu'il me clorra par tens la bouche.

XVI

Encontre une petite fuelle
Mostre amors son pooir. Diex velle
Qu'aprés ma mort amors s'en duelle,
Qui por po de vent seche et muelle.

XVII

Diex! com povre chevalerie
Fait amors qui un mort gerrie.
Ma biauté, ma force est perie.
Morz sui. Est por ce amors garie?

XVIII   Mout fait amors povre gaaig
En ma mort ne en mon mahaig.
Amors set bien pas ne me faig.
J'estuve ou derrïen baig.

XIX   Tot est ma force descreüe.
Dolor sor dolor m'est creüe.
Engoisse m'est adés creüe.
. Tristanz corne la recreüe.

XX   Amors m'ont mis en mal reclus,
De dur argument m'ont oclus.
Amors m'ocit. Puet ele plus?
Diex face de moi le sorplus.

XXI   Adieu, Yselt! Adieu, amor!
Ja de vos ne ferai clamor.
Por bien amer a mort demeur.
Je n'ai mes nule autre cremeur.

XXII   En ma derrïene arramie
Vois priant ma douce anemie
Ysel, qui ja me fu amie,
Qu'aprés ma mort ne m'oblit mie.

XXIII   Iselt, amie, a Dieu soiez,
Cist est Tristanz, li desvoiez,
Qui a sa mort fust envoiez,/
Se par Yselt fust avoiez.

[188a]

XXIV   Mes puis que Ysel me defaut
Touz biens, tote joie me faut.
La morz me vient trop en sorsaut.
Je sent son derrïen asaut.

XXV   J'ai ja fornie maint chace;
Or sui chaciez: la mort me chace.
Je muir, bien apert a ma face.
Dou pis qu'el puet or mes me face.

XXVI   J'amai plus que nul hom mortal,
Encore am plus que nus; por tal
Voi je de ma mort le portal.
En moi fine le Lai Mortal.

XXVII   Cuer et sens, veüe et oreille
Et l'ame qui tout adés veille
Mis en amer, por c'est merveille
Que li lyons muert par l'oëille.

XXVIII   Et vos toz qui passez la voie,
Venez ça: chascuns de vos voie
S'il est dolor fors que la moie.
C'est Tristan qui la mort esmoie.

XXIX   Chant et plor tot en un moment
Font de moi le definement.
Je chant et plour. Diex qui ne ment
Penst ores de mon sauvement.

871. Quant il avoit son lai finé de dit et de chant en tel ma-
niere com je vos ai devisié, si bel, si doucement que nus ne l'en
poïst blasmer, il se test tout maintenant que plus ne dit; et re-
comence son duel ausi grant com il avoit fait autre foiz, et dist:
5 « Diex, que vois je ci atandant? Por quoi ne m'ocie je mainte-
nant? Si fust adonc a un sol cop ma dolor finee. » Et en ce qu'il
disoit cele parole, il se dresce en son estant et regarde tout
entor li por savoir s'il poïst espee trover dom il s'oceïst. Et
quant il voit qu'il ne le puet faire, il li vient au cuer une si
10 grant rage et une si grant forsenerie en la teste qu'il en pert
tout le sens et le memoire si plenement qu'il ne set qu'il fait.
Il ne set mes s'il est Tristanz ou non. Il ne li sovient mes de
madame Yselt ne dou roi Marc, ne de riens qu'il onques feïst. Il
va courant par le Morrois, une ore ça et l'autre ore la, criant et
15 breant come beste forsenee. Et par ce le pert la demoisele en petit
d'ore, si qu'ele ne set quel part il est alez, dont el est mout
dolente et mout correciee. Assez le quiert et pres / et loig, mes
neanz est qu'ele le truist, se aventure ne li done trop grant eür
de li trover.
20 Et quant ele l'a bien cerchié parmi le Morroois quinze jorz
entiers, et ele voit qu'ele ne le trovera, ele dit a soi meïsmes
que des ores mes s'en retornera ele ou reaume de Logres a Pala-
medes, et li contera ces noveles de mesire Tristan; et puis en
face a sa volenté ou de demorer ou reaume de Logres ou de venir
25 en Cornoaille.
872. Tout ensi com la demoisele le dist adonc le fist ele a l'en-
demain, car ele se parti de la tour et tant fist qu'ele vint a la

mer, et se fist passer ou reaume de Logres au plus inelement
qu'ele pot. Quant ele fu la venue, ele erra puis tant par ses
5   jornees qu'ele trova Palamedes auques pres de Kamaalot. Et quant
il vit la demoisele, sachiez qu'il en fu liez et joianz a mer-
veilles. Il l'acole par maintes foiz, et descent devant une me-
son gaste qui estoit delez le chemin en une grant plene. Et
quant il sont amedui descendu, il la tret a une part et s'asiet
10   desoz un arbre, et puis li dit: « Ha! demoisele, por Dieu, dites
moi noveles de la rose et de la biauté dou monde. Dites moi no-
veles de cele qui sers je sui quitement. Coment le fait ele,
et coment li est il? Avroit ele por nule aventure dou monde mer-
ci de celi qui por li languist et jor et nuit? Ha! Diex, com fui
15   durement mescheanz celi jor que je l'avoie en ma baillie tot quite-
ment et puis la perdi por si povre achoison et si tost. Certes,
bien deüsse estre morz des celi jor que je fis si estrange perte.
Et de Tristan, mon anemi, par qui je pert a mon avis tot mon deduit
et tote ma joie, queles noveles m'aportez vos? De celi puis je
20   bien dire qu'il m'a fait tot le mal que ai. Il fu nez por ma
mort sanz faille, que ja par autre ne morrai fors par le porchaz
de Tristan. Mar fu onques Tristan por moi tant bel chevalier com
il est, car sa biauté et sa valor me giete fors de m'esperance. »
Et quant il a dite ceste parole, il besse la teste vers terre,
25   et li oel li comencent a lermoier por le grant duel qu'il a au cuer.

873. Quant il a dites totes ces paroles et il est dou tout acoisiez,
la demoisele comence adonc a parler et li dist: « Sire, vos savez
[c]   bien por quele achoison vos me manda/stes en Cornoaille. Et sa-
chiez que quant je fui la venue, je fis vostre comandemant au
5   mieuz que je poi; et si nel fis pas si bien que mieuz ne vossisse
avoir fait. Je vi mesire Tristan en Cornoaille tant dolent et
tant correcié que je ne cuit pas c'onques mes chevaliers fust plus
durement correciez. De madame la roïne Yselt dont vos me parlez
vos di je bien que je n'oi pooir de veoir, ne je ne la vi point,
10   ce vos fais je bien asavoir. Et se vos me demandez coment ce fu
que je ne la vi puis que je fui en la meson dou roi Marc, je vos
en respondroie la verité. »
Et lors li comence a conter coment mesire Tristanz s'estoit
mis dedenz Tintaiol en la mestre tour, et coment il estoit avec
15   madame Yselt. Aprés avint par aventure que corroz vint entre ma-
dame la roïne et mesire Tristan. Adonc se parti mesire Tristanz
de Tintaiol tant correciez qu'a po qu'il n'enrajot de duel. Et
lors li conte coment il encontra Giglain, le fil de monseignor
Gauven, qui l'aresnoit et voloit savoir a force par quele achoison il

20 demenoit si grant duel, et coment mesire Tristanz se delivra de li
par un sol cop, et coment cil de Tintaiol regarderent le cop a
merveilles. Aprés conte a Palamedes coment ele encontra mon-
seignor Tristan a l'entree de la forest, et com grant duel il de-
menoit, et la response qu'il li fist, et coment il se departi de
25 li. Aprés li conte tout mot a mot le grant duel et le grant plor
que mesire Tristanz demena uit jorz, ne dedenz ce terme ne manja
ne ne but, ne riens ne fist fors duel mener. Aprés conte coment
il se comença a reconforter par le son de la harpe, et coment ele
harpa les trois lais que il avoit faiz. Aprés conte coment il
30 fist le Lai Mortal, si bien dit et si sotilment, si douce com-
plainte et si bele que en tote sa vie mes n'oï si beles paroles.
Et quant il ot le lai harpé si plesanment que nule si douce melo-
die ne poïst l'en oïr ou monde, et il l'ot dou tout parforni, il
mist la harpe devant li a la terre et comença a penser. Quant il
35 ot grant piece pensé, il s'en ala, si que ele onques puis ne le pot
veoir ne ne pot en leu venir ou ele en poïst oïr noveles ne boines
ne mauveses.

d]   874. « Mesire Palamedes, fait la demoisele, tot ce que je vos / ai
conté de monseignor Tristan sai je tout veritablement, car j'en vi
la greignor partie, et l'autre sai ge certenement. » « Demoisele,
fait Palamedes, se Diex vos doint bone aventure, itant me dites,
5 que cuidez vos a vostre escient qu'il soit avenu de mesire Tris-
tan? » « Si m'eïst Diex, fait la demoisele, je le croi mieuz mort
que vif. » « Or sachiez, fait Palamedes, et n'en doutez de riens,
que se mesire Tristanz est finez, c'est grant domaige, car s'il
poïst longuement vivre, a ce qu'il avoit comencié, il passast de
10 totes bontez et de totes proesces toz les chevaliers qui de nostre
tens aient esté et qui encor i soient. Trop est, si m'eïst Diex,
grant dolor de sa mort. Et quant ensi est avenu, je n'avrai
jamés granment de repos devant que je soie venuz en Cornoaille,
si verra la ma dame Yselt por qui amor je vois languisant et jor
15 et nuit; et savrai certeneté de mesire Tristan, s'il est morz
ou vis.
Mes or me dites, demoisele, puis que vos de monseignor Tris-
tan vos partistes ensi com vos contez, seüstes vos puis nules no-
veles de ma dame Yselt, coment ele se contenoit et s'ele est bien
20 sene et hetie? » « Certes, fait ele, puis que vos de ce me demandez,
je vos en dirai tot le voir, selonc ce qu'il me fu conté d'une
demoisele meïsmes qui venoit droit de Tintaiol et qui savoit bien
certenement les noveles de la cort. Cele demoisele me conta que
la roïne Yselt gisoit au lit trop durement malade, et puis que

25 mesire Tristanz se fu partiz de Tintaiol, ele n'avoit fait fors
    duel mener assiduelment. Et mout de genz de son ostel cuidoient
    bien qu'ele deüst morir de cest duel, car trop l'avoit enpris co-
    ralment. Ces noveles que je vos cont me dist cele demoisele, et
    uns escuiers autresi qui de cele part venoit me raconta ce meïsmes.
30 Et por ce croi je bien que ce soit verité que madame la roïne soit
    malade ensi com je vos conte; si sachiez que ce est por le duel
    de mesire Tristan: il n'a nule autre achoison en sa maladie. »
    « Demoisele, je vos di une autre chose d'ou je me sui pris garde en
    vos paroles meïsmes que vos n'avez pas regardé, si com je croi.
35 Je conois par les paroles que mesire Tristanz vos dist quant il

[189a]   vos dist que Kehedins, li filz le roi Hoel de la Pe/tite Bretaigne,
    l'avoit ocis d'un sol cop, que Kehedins mist cest corroz entre li
    et ma dame Yselt. Tristanz en est a mort sanz faille, et ma dame
    la roïne, selonc ce que vos me dites, en est en peril et en aven-
40 ture de morir. Et quant vos fustes a Tintaiol, demandastes vos
    qui fu cil Kahedins? » « Ne vos ai je dit, fait la demoisele, que
    ce fu Kahedins, li fiuz le roi Hoel de la Petite Bretaigne? »
    875. « Demoisele, fait Palamedes, vos avez fait vostre voiaje en
    Cornoaille. Or est mestier que i face le mien. » « Sire, fait ele,
    quant vos irez, Diex vos i envoit joie et bone aventure, si com
    vos meïsmes le voudriez. » « Ensi soit! fait il. Demoisele, fait
5   Palamedes, bien avez fait vostre mesaige et sagement. Des ores
    mes porrez aler a vostre repere, car tant avez fait en ceste voie
    que je sui vostres chevaliers et serai mes tant com je vivrai. »
    « Sire, dit ele, moutes merciz. » Et lors monte sanz faire autre
    delaiement, et se met au chemin vers un chastel qui sien estoit;
10 et estoit assez pres d'illec.
    Aprés ceste novele que la demoisele ot ensi aportee de mon-
    seignor Tristan a Palamedes et de madame la roïne Yselt, demora Pala-
    medes cinc jorz ou reaume de Logres. Aprés se mist au chemin en
    la compaignie d'un sol escuier. Bien estoit armez et montez sor
15 bon destrier fort et inel; et enmena avec li la demoisele qui le
    mesaige avoit aportee de monseignor Tristan, ensi com vos avez oï,
    por ce totevoies qu'ele le seüst mener ou leu ou mesire Tristanz
    avoit esté et demoré. Quant il se fu mis au chemin, il s'en vient
    a la mer tout droit, et entra en une nef et se fist passer en
20 Cornoaille. Et sachiez quant il se vit en Cornoaille, il en fu
    liez a grant merveille. Mes atant lesse ore li contes a parler
    de li, et retorne a parler de madame la roïne Yselt et de Kahedin./

*
  *   *
  *

876. En ceste partie dit li contes que quant mesire Tristanz se
fu partiz de la roïne Yselt, si correciez et si destroiz com je
vos ai conté, la roïne, qui tant l'amoit qu'ele n'amoit riens ter-
riene autant come ele faisoit li, nes soi meïsmes, quant ele le
5   vit departir de li par si grant corroz et par si grant ire, ce ne
doit nus demander que corrouz d'amours senefie cil qui le set.
« Lasse! fait ele, que ferai je? Quant j'ai perdu monseignor Tris-
tan, mon chier ami, et par si malvese achoison, je ne demant a
Dieu fors que la mort. Ha! Kahedin, durement m'as destruite. Je
10   sui par toi trahie et morte, car je ai par toi perdu mesire Tris-
tan que je amoie plus que mon cors. Diex! tant m'estoit bien ave-
nu que je avoie mon chier ami avec moi qui poïst ceanz demorer toz
jorz mes que nus ne l'i seüst, et or l'ai si dou tout perdu! Ha!
Kahedin, maudite soit l'ore que tu onques venis en Cornoaille. Ta
15   venue m'a mise a mort. » La roïne, qui tant est iriee et dolente
qu'a po que n'enraige d'ire, ne set qu'ele doie faire. Ele n'i
trove autre confort fors que de soi laidir et maudire.
    La ou la roïne demenoit tel duel, atant ez vos Brangien venir
qui n'en est mie trop joianz quant ele li voit mener si grant duel.
20   Et quant la roïne la voit, ele s'escrie maintenant come feme des-
vee et forsenee: « Brangien, je sui morte et honie, je sui au desouz!
Tristanz s'en vet, mon chier ami. Je qu'en dirioe, Brangien? Se
m'eïst Diex, se je le pert en tel maniere, je m'ocirrai a mes deus
mains. Ja autre conseil ne prendrai de moi. » « Ha! por Dieu, merci,
25   ma dame, fait Brangien. Ne vos correciez si fort, mes dites moi
quel chose vos avez; et se je i puis metre conseil, je l'i metrai. »
    877. Et la roïne s'asiet adonc, et comence a esgratiner son vis
et sa face. Et quant ele parole au chief de piece, tant dolente
et tant correcie qu'a po qu'ele n'enrage de duel et d'ire, respont
a Brangien: « Brangien, que vos dirioe je? Vos sovient il des let-
5   res que / Kehedins, li filz le roi Hoel de la Petite Bretaigne, me
manda, qui tant m'amoit qu'il en gisoit au lit ausi come a la
mort? Je reçui les letres et les lui, et a vos meïsmes les mostrai
je. Assez m'en fusse correciee, si com vos meïsmes seütes, si
qu'a domaige li poïst torner de son cors, mes je le lessai por
10   l'amor de mesire Tristan que je amoie et aime encores plus que tot
l'autre remenant dou monde, por ce que je conoissoie certenement
que monseignor Tristanz li voloit trop grant bien et qu'il eüst
trop grant duel se Kehedins moreüst en cest païs. Por ce qu'il
amené l'avoit le confortai je par ces letres que je vos dis que
je meïsmes feroie; et je les fis auques par vostre conseil. De
15   ces letres que je ensi fis por ce que je ne voloie veoir le cor-

roz de monseignor Tristan, mon chier ami, sui je si morte et des-
truite et si menee a dolor pardurable que jamés a nul jor de ma
vie n'avrai joie. Monseignor Tristanz par mon pechié et par ma
dolor, je ne sai par quele mesaventure, a hui trové iceli brief.

20   Et quant il le vit, il cuida por voir que je l'eüsse fait por ce
que je amasse Kahedin, dont il me dist qu'il estoit morz et honiz,
et qu'il n'avroit jamés joie ne leesce a nul jor dou monde quant
je por Kehedin l'avoie lessié. Adonc se parti de moi en tel ma-
niere com home forsené. Lasse, je sai por voir qu'il m'aime tant

25   et de si grant amor qu'il morra d'ire et de dolor por achoison de
cestui fait, car il cuida de verité par les letres que il trova
que je soie corpable de cesti fait. Il en morra, et je sai bien
ce. Mes aprés, se m'eïst Diex, m'en vel ocirre. » Et quant ele
a dite ceste parole, ele comence a faire un si grant duel com

30   s'ele veïst devant li mort mesire Tristan meïsmes.

878. Quant Brangein voit la grant doulor que la roïne demoine
ensi, ele en est iriee a merveilles, car sanz doute ele amoit sa
dame de tot son cuer. « Ma dame, fait ele, por Dieu, merci! Ne vos
tormentez si durement, ne vos ociez ensi! Se mesire Tristanz

5   s'en est de ci alez, nos le troverons en aucune maniere. Or soiez
bien aseür, ma dame, que je n'avrai jamés granment de repos de-
[d]   vant ce / que je avrai veü monseignor Tristan. Je sai bien tout
vraiement qu'il ne se partira mie dou Morroiz, ne je ne le porrai
mie granment querre que je ne le truisse. Et que vos en diroie

10   je, ma dame chiere? Je me metrai demain matin a la voie, et m'en
irai droit ou Morroiz, et tant chevaucherai droit par la forest
entre moi et un mien frere que je troverrai mesire Tristan et li
conterai tote la verité de cesti fait, et por quel entencion vos
feïstes ce brief. Il est tant saiges et tant preuz et tant cor-

15   tois de totes choses, et tant m'a ja provee de plusors afaires,
que je sai bien qu'il me crera de tot ce que je li dirai. Or, ma
dame chiere, por ce vos devez vos reconforter et non pas esmaier
si durement, car bien sachiez de voir que maintenant que je mesire
Tristan avrai trové, tost sera faite ceste pes et cest grant cor-

20   roz apaiez, a ce que li corroz de vos et de li ne puet mie longue-
ment durer. »

879. Quant la roïne entent ceste parole que Brangien li dit, ele
se conforte mout et rapaie de sa dolor. Et quant ele parole au
chief de piece, ele respont: « Brangien, fait ele, que vos diroie
je? Tout cest mal et ceste dolor que je vois sofrant nuit et jor

5   por les amors de mesire Tristan me feïstes vos entre vos et Gover-
nal, bien le savez, a celi jor que nos estiens en la mer et que

vos donastes a moi et a mesire Tristan le boire amourous. Vos
iestes l'enticement de ceste maladie et de ceste dolor, et plus
en devez estre encolpee que nos meïsmes ne devons, car ja mesire
10 Tristanz n'amast Yselt ne Yselt n'amast Tristan se ne fust le
boire amourous que vos nos donastes par vostre povre sens et par
vostre mesconoissance. Or donc quant nos sofron par vos ceste
poine et ceste doulour, pensez de nos deus en tel guise que nostre
dolor soit asoagiee ou po ou grant par vostre fait. Et se vos ce
15 ne poez faire, il n'a mes autre confort fors que je meïsmes m'o-
cie. Et se Diex me conseut, je le feroie avant que je longuement
sofrisse si grant poine et si grant travail com j'ai dusque ci
30a] sofert por amor. Et se je m'o/cioie por amor, je ne seroie pas la
premiere qui ja le fist. Didon de Cartaige s'ocist por l'amor.
20 Eneas de Troie, et maintes autres plus gentils femes que cele ne
fu se sont ja mises a mort d'ou les enciens estoires nos font
mencion. Or donc quant je vois recordant ce que je ai sofert por
amours, je di por voir et non mie faintement que je me veil mieuz
metre a mort que sofrir tout adés cest mal et ceste poine; por
25 quoi je di que se vos ne poez metre conseil en ma dolor alegier,
je meïsmes la vel finer, et par mes mains.

Or dou penser, se vos poez, en totes manieres coment vos tro-
verez monseignor Tristan, et se vos ne le poez a moi faire venir,
totevoies le reconfortez et l'ostez de ceste folie ou il a mis son
30 cuer; car s'il a piece mes n'estoit avec moi et je seüsse qu'il
fust sains et hetiez, totevoies me reconforteroie je et oublieroie
la greignor partie de mes doulours. Mes se je savoie qu'il fust
adés correciez et si dolenz com il estoit quant il se departi de
moi, donc seroit il plus noiant de moi. Je ne seroie jamés liee.
35 Or tost, Brangien, por Dieu, chevauchiez demen bien matin vers le
Morroiz, et tant chevauchiez par la forest et pres et loig que vos
trovez monseignor Tristan, mon chier ami. Se vos le trovez, bien
sachiez que je sui garie; et s'il aloit autrement, onques n'aten-
dez de moi confort fors que la mort, car je meïsmes, si m'eïst
40 Diex, me metrai a mort a mes deus mains, car mieuz me voudroie
ocirre que languir ensi longuement. » « Ma dame, ce dit Brangien,
or ne vos desconfortez si durement, car sachiez bien que se mesire
Tristanz doit estre trovez par nule demoisele ou Morroiz, je l'i
troverrai. » « Diex le veille! » fait la roïne.

880. La ou eles parloient ensi entre la roïne et Brangien, corre-
ciees entr'eles deus de grant maniere, atant ez vos venir entr'eus
le roi Marc. Quant la roïne sent que li rois vient, ele se re-
fraint de son duel et auques se rapaia par semblant, et non mie par

5 volenté. La volenté ne se remue qu'ele ne soit dolente outre me-
sure, tant qu'a po qu'ele n'enraige. Mes son semblant n'est mie
[b] tel, car se / aucuns ne seüst le grant duel qu'ele avoit au cuer
la veïst a celi point, il ne poïst mie cuidier qu'ele fust si mer-
veilleusement iriee com ele estoit. Ele estoit sanz faille assez
10 saige dame de son aage, et por ce se set ele si bien covrir et
celer quant ele voit sor li venir le roi Marc qui ne se pot aper-
cevoir s'ele estoit dolente et correciee.

Quant li rois Mars entra leanz, tout fust il dolenz et iriez
outre mesure de ce qu'il savoit vraiement que mesire Tristanz
15 avoit esté avec la roïne, si n'en fait il mie trop grant semblant,
car sachiez qu'il amoit la roïne de si grant amor qu'il ne se
poïst acorder en nule maniere por fait ne por parole que l'en li
deïst qu'il la meïst a honte ne a desonor. Il savoit por voir
que mesire Tristanz avoit esté avec li a celi point; il en estoit
20 correciez tant com nul autre home poïst estre; mes por ce qu'il
amoit la roïne non mie granment moins de soi ne osoit il faire
autre chose.

Quant la roïne le voit venir, ele se dresce contre li et le
salue. Et il li rent son salu mout acontement, ne il n'ose mie
25 dire ce qu'il pense. « Dame, fait il, coment vos est? » « Sire,
fait ele, bien, Dieu merci et la vostre. » Et il ne li dit adonc
plus fors que tant: « Dame, seez vos. » Puis s'en vet outre, plo-
rant mout durement et gemissant por ce qu'il set que mesire Tris-
tanz a esté leanz. Se il le tenist a celi point, il dit bien a
30 soi meïsmes que il s'en venjast. Et que vos diroie je? Li rois
Mars se sofre atant de celi fait qu'il adonc n'en dit riens a la
roïne. La roïne est tant a malaise durement et tant dolente et
tant correciee dou departement de mesire Tristan qu'ele ne dort
cele nuit se petit non.

881. A l'endemain quant il ajorne, li rois Mars s'en vet chacier
a grant compaignie de barons et de chevaliers. Il ne vet mie ou
Morroiz por ce qu'il set de voir que mesire Tristanz i est, a ce
qu'il conoist de grant piece la grant bonté et la haute proesce
5 de li. Il set bien tout vraiement que se mesire Tristanz le te-
noit au plen et il ne se pooit deffendre par autrui que par soi,
malement iroit son afaire. Por ce qu'il set de voir que de me-
sire Tristan trover ne li porroit venir se domaige non, ou de li
[c] ou de ses homes, vet il / chacier en la forest, non pas ou Morroiz
10 mes en la Forest de l'Espinoie.

Brangien, qui ne met pas en oubli ce qu'ele avoit promis a
sa dame la roïne, monte bien matin et vait fors de Tintaiol, et

prie Dieu ce qu'ele puet qu'il li doint monseignor Tristan trover.
Quant ele fu fors de Tintaiol, ele chevauche droit vers la Forest
15 dou Morroiz. Et ençois qu'ele fust venue dusqu'a la forest, il
li avint ensi qu'ele encontra Ferguz, armé de totes armes cove-
nables a chevalier. Il chevauche sanz compaignie, et s'en aloit
droit a madame la roïne Yselt, por cele achoison com li contes a
devisié ça arrieres. Tout maintenant qu'il voit Brangien, il la
20 reconoist, car maintes autres foiz l'avoit veüe. Donc s'areste
quant il l'encontre et li dit: « Demoisele, bien veignez vos. »
Et ele s'areste autresint por ce qu'ele pense bien que li cheva-
liers l'oit coneüe; et ele nel reconoist de riens, et totevoies
ele li rent son salu mout cortoisement. « Ha! demoisele, fait
25 Fergus, or sachiez tout vraiement que vos iestes une des demoi-
seles dou monde que je plus desiroie a veoir. Por Dieu, coment
le fait madame la roïne Yselt? » « Sire chevaliers, fait ele, qui
estes vos qui si me conoissiez bien et alez demandant en tel ma-
niere de ma dame la roïne Yselt? » « Brangien, fait Fergus, que
30 vos diroie je? Ici ne m'a mestier celee. Encontre vos ne me
porroie je celer. Or sachiez que je sui Fergus. Je fui ja com-
paignon de mesire Tristan, ensi com vos meïsmes savez. Encor vos
en puet il bien recorder, car je demourai avec mesire Tristan
meïsmes dedenz Tintaiol plus de demi an antier. »
    882. Quant Brangien ot parler Fergus, de qui ele savoit por voir
qu'il amoit mesire Tristan ne gaires moins que soi, ele en est
joiouse a merveilles. « Mesire Fergus, fait Brangien, vos soiez li
tres bien venuz. Or sachiez que de vos trover et de parler a vos
5 estoie je desirant a merveilles. Je voi bien que vos venez de la
Forest dou Morroiz. Por Dieu, veïstes vos mesire Tristan? » « Cer-
tes, fait il, ma demoisele, je l'i vi, voirement le sachiez, et
si l'ai lessié ça devant dejoste une fontaine. Et sachiez qu'il
me mande en mesaige a madame la roïne Yselt. Por Dieu, ma franche
10 demoisele, vos qui pouez parler a ma dame totes les ores qu'il /
vos plest, retornez dusqu'a Tintaiol et tant faites par vostre
franchise que je puisse conter a madame la roïne Yselt le mesaige
que l'en m'a chargié. »
    De ceste novele est Brangien liez et joanz a merveilles.
15 « Mesire Fergus, fait ele, por ce que je ne sai pas tres bien se
vos iestes celi Fergus qui jadis fustes compainz de mesire Tris-
tan, je vos pri, s'il vos plest, que vos ostez vostre heaume, si
verrai adonc se vos iestes celi Fergus d'ou nos avon parlé. »
« Ma demoisele, dit il, puis que vos doutez que je ne soie cil
20 que vos cuidiez, je ferai vostre comandement. » Et lors oste son

hyaume de sa teste. Et quant Brangien le voit apertement, ele
dit: « Certes, sire, voirement iestes vos Fergus. Or ferai je la
vostre requeste au mieuz que je porrai. Mes por Dieu, itant me
dites, que fait mesire Tristan? » « Brangien, fait Fergus, a vos
25   nou celerai je pas. Or sachiez bien que a jor de vostre vie ne
veïstes chevalier plus dolent qu'est mesire Tristanz. Tant sole-
ment faites par vostre cortoisie et par vostre franchise que je
puisse parler a madame la roïne Yselt; a cele conterai je tot
apertement por quoi je sui ceste part mandez. » « Fergus, fait
30   Brangien, or sachiez qu'a ma dame la roïne vos ferai je bien par-
ler, et assez tost, se Diex nos desfent d'encombrier. »
       883. Atant se met Brangien au retorner, et cele le fait seüre-
ment, car ele savoit bien que li rois Mars estoit alez chacier.
Et quant il sont venu dusque dedenz Tintaiol, Brangien moine Fer-
gus en la meson d'un sien acointe, et li comande de par la roïne
5   Yselt qu'il le serve et honore de tot son pooir, autant com se
c'estoit le cors del roi meïsmes. Ne Brangien n'osoit mie si
tost Fergus mener a cort par doutance qu'ele ne trovast aucun
qui le racontast au roi Marc; et d'autre part ele vouloit avant
parler a la roïne Yselt que ele menast Fregus avant. Fregus re-
10   maint chieus le preudome qui l'onore durement et sert por la
proiere de Brangien et por acomplir le comandement qu'ele li
avoit fait tant asprement. Il voloit Fergus desarmer, mes il ne
li lesse; il dit qu'il ne se desarmera devant qu'il voie retorner
la demoisele, et li preudoms s'en test atant puis qu'il voit /
[191a] 15   la volenté dou chevalier. Brangien s'en vient droit ou palés,
et descent de son palefroi enmi la court, et tant est venue de
chambre en chambre qu'ele vint la ou la roïne estoit qui encor
demenoit son duel por le departement de monseignor Tristan qu'ele
ne pooit oublier.
20   Quant la roïne Yselt voit venir Brangien, toz li cuers li
tressaut de joie. Auques se reconforte adonc, car bien li est avis
que Brangien ne fust pas si tost retornee s'ele n'aportast aucunes
bones noveles. La roïne qui en son lit gisoit se lieve mout inele-
ment, liee et joiouse a grant merveille, et dist: « Demoisele
25   Brangien, bien soiez vos venue. Por quoi iestes vos si tost re-
tornee? Il m'est avis que ce n'est pas sanz achoison. Auques
m'avez faite rejoïr de vostre retour. Diex veille que vos bones
noveles nos aportez. » « Dame, ce dit Brangien, les noveles que
vos aport vos conterai je maintenant. Quant je me fui hui matin
30   departie de Tintaiol et je m'en entroie en la Forest dou Morroiz
por savoir se Diex me vosist otroier tant de bone aventure que je

monseignor Tristan poïsse trover, adonc m'avint sanz faille que
je trovai Fergus qui venoit droit de mesire Tristan, et mesire
Tristanz l'envoie a vos, et vos aporte paroles de sa part. Or

35 donc, ma dame, por ce que Fergus ne savoit en quel maniere il
poïst parler a vos si tost com par mon porchaz, me fist il retor-
ner avec li a Tintaiol. Je l'ai fait orandroit descendre en la
meson d'un mien ami, et illec m'atendra tant que je li dirai
vostre respons. Or gardez en quel maniere il porra plus legiere-

40 ment parler a vos, car il en est mout desiranz. »
    Quant la roïne ot cest mesaige, ele en est liee et joianz a
grant merveille. « Ha! fait ele, bien soit il venuz. Or tost,
Brangien, faites le ça venir a moi hardiement et totevoies au plus
tost que vos porroiz en tel guise qu'il n'i soit reconeüs. » « Ma

45 dame, fait Brangien, sachiez que je le ferai au mieuz que je porrai. »
    884. Brangien se part tot maintenant de la roïne, si n'i fait
nul delaiement devant ce qu'el est venue en l'ostel ou Fergus es-
toit. « Mesire Fergus, fait Brangien, la roïne, / ma dame, me mande

*b] a vos. Veignoiz parler a li! Desarmez vos et vos afublez, si

5 vendroiz devant li plus cortoisement. » Ensi com Brangien l'en-
seigne le fait Fergus. Il se desarme et prent un mantel mout
riche que Brangien li ot aporté; et quant il s'est afublez, il
monte sor un palefroi que li ostes li fist amener, et s'en vient
tout droit a la cort. Et li avint adonc si bien qu'il n'avoit en

10 tot le palés chevalier: il estoient tuit alé deduire et esbatre
vers la forest, et au matin en avoit avec li mené li rois la plus
grant partie quant il ala chacier. Fergus s'en vient a la roïne,
car il ne troeve home leanz qui li contredie l'entree. La roïne,
qui mout grant bien li voloit, le reçut bel et le fait dejoste li

15 seoir, et li comence maintenant a demander noveles de monseignor
Tristan. « Se m'eïst Diex, ma dame, fait il, de monseignor Tris-
tan vos puis je bien dire par verité que onques en tote ma vie ne
vi un chevalier tant durement dolent et corecié com je le lessai
orandroit. » Et lors li comence a conter la grant dolor et le

20 grant plor et le grant demanteïz que mesire Tristanz a demené tote
la nuit si merveilleusement c'onques n'avoit pris repos. « Et bien
sachiez, ma dame, fait Fergus, que s'il n'est tost reconfortez de
ceste dolor, il ne puet eschaper sanz mort. »
    Quant la roïne entent et ot que mesire Tristanz demoine tel

25 duel, ele en plore des ieuz de la teste mout tendrement. Et au
chief de piece respont a Fergus mout plorant et dist: « Fergus,
biax amis, or sachiez que se mesire Tristanz fust si saiges con
je cuidoie qu'il fust, ja cest duel n'eüst encomencié. Il moine

duel, et je remoine duel autresi; en tel maniere uson nostre vie
30 en doulour et en plour. Tout adés mauvesement vait notre afaire.
Or donc, mesire Fergus, por ce que vos ne savez pas d'ou cest
grant duel li est venu si soudainement, je le vos dirai orandroit. »
    885. Adonc li comence a conter mot a mot trestot le fait de Ka-
hedin, et en quele guise ele fist le brief por le sauvement de
Kahedin, car autrement estoit il mort. « Mesire Tristanz trova
puis celi brief, ne sai par quel mesaventure. Et quant il vit le
5 brief, il cuida tot vraiement que ce fust veritez que je amasse
Kahedin. Mesire Fergus, fait la roïne, de cest fait est mesire
[c]   Tristanz correciez / ensi com vos veez. Mes por Dieu, coment puet
il cuidier que je lessasse l'amor de li, qui bien est le plus bel
chevalier dou monde et le meillor et le plus gracieus de totes
10 choses, et me preïsse a Kehedin! Certes, trop feïsse mauvés
change se je vossisse lessier l'or et detenir le plonc a ma part.
Certes, autant com l'or vaut mieuz dou plonc, autant vaut mieuz
mesire Tristanz de Kahedin en totes choses. Il pensa, si m'eïst
Diex, trop male folie, et qu'il puet trop malement comparer; et
15 je ausi d'autre part, qui plus l'aim que je ne fais tout l'autre
monde, me sentirai de la folie, car s'il en muert, si m'eïst Diex,
je m'ocirrai a mes deus mains. Por ce vos pri je, mesire Fergus,
que se vos savez ou il est, que vos retornez maintenant a li, et
li dites de par moi qu'il ne lest en nule maniere dou monde qu'il
20 ne reviegne a Tintaiol. Quant il i sera venuz, je ferai bien
tant en aucune maniere que nos porrons parler ensemble. Or tost,
por Dieu, mesire Fergus, ne faites ci delaiement. » « Volentiers,
fait il, ma dame, se Diex me saut. Or sachiez que mout me targe
que je soie la venuz ou je le lessai. Jamés n'avrai granment de
25 repos devant ce que je le revoie. » « Moultes merciz, mesire Fer-
gus, fait la roïne. Or tost, por Dieu, sire, hastez ceste be-
soigne tant que vos porrez. »
    Fergus se part de la roïne por faire cest comandement, et en-
moine avec li Brangien qui mieuz savra a mesire Tristan devisier
30 la verité de cest fait et coment ce estoit avenu, car nule autre
demoisele nou savoit. Quant Fergus est revenuz en la meson de
son oste, il oste son mantel et prent ses armes, et s'arma ausi
bien et ausi bel com il estoit devant quant il vint leanz, et se
met au chemin entre li et demoisele Brangien.
    886. Quant il sont issu de Tintaiol, il chevauchent tant sanz
atargier qu'il sont venu dusqu'au Morroiz; si trovent adonc le
ru de la fontaine ou il avoit lessié mesire Tristan au matin.
Tant ont alé qu'il vienent au leu droit ou il avoit mesire Tris-

5 tan lessié la matinee. Mesire Tristanz s'en estoit ja partiz
grant piece avoit por les paroles de la demoisele mesaigiere de
[d] Palamedes qu'e/le li avoit dites, ensi com je vos ai conté ça
arrieres. Et por ce ne l'ont il pas trové sor la fontene ou il
demoré avoit la nuit. Sanz faille il troverent son hauberc et
10 son heaume. Tantost que Brangien vit le heaume, ele le reconut,
ca maint jor l'avoit ja veü en la chambre dou roi Marc, car sanz
faille ce estoit li hyaumes dou roi Marc meïsmes. « Fergus, fait
Brangien, je conois bien aus enseignes de cest heaume que mesire
Tristanz a ci esté. Sire Diex, ou est il alez? Mort somes se
15 nos ne le trovons. » « Demoisele, ce dit Fergus, or ne vos es-
maiez si fort. Sachiez que nos le troverrons prochenement, se
nostres pechiez nel nos tost. »
       Lors comencent a aler par la forest ça et la, amont et aval,
a destre et a senestre, pres et loig, mes tiex est la mescheance
20 por eus qu'il ne le pueent trover. Assez le quistrent, mes tout
cest querre ne lor vaut; il ne lor fait nul bien. Il ne vienent
onques en leu ou mesire Tristanz demeure. Et qu'en diroie je?
Tant le quierent que tuit s'en lassent. Bien le quierent vint
jorz entiers. Or gisent ça, or gisent la; or vont gisant par
25 hermitaiges et or par mesons de randuz. Et en toz les leus ou
il vienent il demandent noveles de monseignor Tristan, mes il ne
pueent home trover ne feme qui de lor demande les sache de riens
asener. Et se la Forest dou Morroiz fust petite, il n'i eüssent
mie tant demoré por monseignor Tristan querre, mes ele avoit bien
30 de lonc cinc granz jornees et trois de lé. Et por ce demorerent
il tant a li querre, car totevoies le cuidoient il tant querre
qu'il le trovassent au derrien en aucune maniere.
       887. Que vos diroie je? Tant demorerent en cele queste Fergus
et Brangien que Palamedes, li bons chevaliers, fu ja venuz en
Cornoaille, et estoit venuz ou Morroiz; et chevauchoit adonc
tot le grant chemin de la forest au plus droit qu'il onques pooit
5 vers la cité de Tintaiol. La ou il s'en aloit en tel maniere
entre li et son escuier et la demoisele par le Morroiz au plus
priveement et au plus celeement qu'il pooit en guise de chevalier
192a] errant qui alast querant aventures, il li avint adonc / qu'il en-
contra Fergus et Brangien qui encores queroient mesire Tristan.
10 Quant Palamedes voit Fergus, armé de totes armes covenables a
chevalier et qui en son conduit moine Brangien, il ne conoist ne
l'un ne l'autre, enz cuide por voir que cil soit chevaliers er-
ranz qui aille querant aventures; et plus le cuide por la demoi-
sele qu'il menoit en son conduit qu'il ne fait por autre chose.

15 Lors s'areste enmi le chemin et prent son glaive que ses escuiers
portoit et son escu autresi et s'apareille de la joste, et crie
a Fergus tant com il puet: « Sire chevaliers, volez vos joster? »
Fergus, qui trop est dolent et correciez de monseignor Tristan
qu'il ne puet trover, n'avoit a celi point volenté de joste ne de
20 meslee, si respont a Palamedes: « Sire chevaliers, je ne veil
ores vostre joste. En autre leu la poez querre, se vos avoir la
volez, car a moi avez vos failli a ceste foiz. » Et lors rebaille
Palamedes a son escuier son escu et son glaive, et dit puis que li
chevaliers refuse la joste qu'il ne l'en puet par reson esforcier.

25 Fergus s'en vient a Palamedes et le salue mout bel et mout
cortoisement, et Palamedes li rent son salu a la maniere et en la
guise de chevalier errant. Et quant il sont ensemble venu, Fergus
parole tot premierement a li et li dit: « Sire chevaliers, qui
estes vos? » « Biau sire, fait Palamedes, je sui un chevalier es-
30 trange qui vois querant les aventures en une contree et en autre
ensi com chevalier errant doivent faire. » « Por Dieu, fait Fergus,
se vos savez nules noveles de mesire Tristan, le neveu le roi
Marc, si le nos dites. Nos l'avons ja quis longuement tant que
assez en somes lassé et traveillié, ne encores ne venismes nos
35 en leu ou l'en nos en seüst a dire noveles ne bones ne mauveses. »
« Sire chevaliers, fait Palamedes, qui estes vos qui mesire Tristan
alez querant et qui tant iestes desiranz de li trover? » « Sire,
fait Fergus, ne vos chaut qui je soie, mes se vos noveles en sa-
vez, dites les moi, s'il vos plest, si m'avrez donc apaiez. »

888. Palamedes comence Brangien a regarder, si li est bien avis
qu'il l'a autre foiz veüe, mes il ne li puet certenement sovenir
ou ce fu. « Demoisele, fait Palamedes, por quoi le vos celeroie
je? Il m'est bien avis que je vos ai autre foiz veüe, mes, se Diex
[b] 5 me saut,/ il ne me puet sovenir ou ce fu. Je vos pri par cortoi-
sie, s'il vos plest, que vos me diez vostre non. Et savez vos
por quoi je le vos demant? Vos poez estre tel demoisele que je
vos assanerai de monseignor Tristan que vos alez querant, et tele
porriez vos estre que je ne vos en diroie riens. Et sachiez, ma
10 demoisele, que je cuit plus savoir de l'estre de monseignor Tris-
tan que chevaliers qui soit en Cornoaille. »
Quant Brangien entent ceste novele, ele est plus liee et plus
joiouse qu'ele n'estoit devant, car bien cuide que cil li doie
dire teles noveles de monseignor Tristan qui bones li soient.
15 « Sire chevaliers, fait Brangien, or sachiez ja ne remendra por
dire mon non que je ne saiche noveles de mesire Tristan teles com
vos savez. Or sachiez que je ai non Brangien. » Quant Palamedes

ot que c'est Brangien, la demoisele ou monde que la roïne Yselt
aime plus, ensi com il meïsmes set bien, il en est trop durement
20 liez et joianz de ce que ensi l'a trovee; a ceste se fera il co-
noistre, si com il dit, car il ne puet estre que ceste ne die a
la roïne Yselt noveles de li. « Brangien, dit Palamedes, vos soiez
la tres bien venue, come saige demoisele que vos iestes. Or sa-
chiez vraiement que vos iestes une des demoiseles dou monde que je
25 plus desiroie a veoir. Que vos diroie je, ma demoisele? Tiex
chevaliers com je sui, je sui vostres en totes les manieres que
chevaliers puet faire servise a demoisele a l'onor de li. » « Sire,
fait ele, moutes merciz de l'ofre que vos ci me faites; et sachiez
que je vos en rendroie gerredon, se je venoie en leu que faire le
30 poïsse. » « Moltes merciz, fait il, ma demoisele. » « Sire, por Dieu,
dit Brangien, dites nos noveles de monseignor Tristan, se vos les
savez, car c'est ores une chose por quoi nos nos somes ja tra-
veillié plus de vint jorz entiers. » « Brangien, fait Palamedes,
puis que je voi que vos iestes tant desiranz d'oïr noveles de mon-
35 seignor Tristan, sachiez que je vos en asenerai de tot ce que je
porrai. Vez ci une demoisele qui avec monseignor Tristan sejorna
set jorz entiers, et plus encores, puis celi jor qu'il se parti de
Tintaiol. Ceste vos en savra bien a dire vraies noveles de tant
com ele en vit. »
40   « Ha! gentil demoisele, fait Brangien, fustes vos donc tant
avec monseignor Tristan com cist chevaliers dit puis qu'il se de-
] parti de Tintaiol? » « Certes,/ demoisele, oïl, fait cele, et li
chevaliers ne vos dit de ceste chose se verité non. » « Demoisele,
fait Fergus, il m'est avis que je vos encontrai a l'entre de ceste
45 forest quant je aloie a Tintaiol, et vos en veniez. Et fu un jor
auques matin, et me demandastes adonc noveles de mesire Tristan,
et je vos dis coment vos le porriez trover. » « En non Dieu, sire,
fait la demoisele, vos dites verité. Ce fui je a qui vos par-
lastes, et vos ne me conoissiez pas malvesement. Et je autresi
50 vos conois bien a cest escu que vos portez, car vos le portiez
adonc sanz faille. Vos m'enseignastes en quele maniere je por-
roie monseignor Tristan trover sanz querre longuement, et je le
trovai maintenant tout ensi com vos me deïstes, et le trovai en
ce leu meïsmes. » « Demoisele, ce dit Brangien, puis que vos conois-
55 siez le chevalier ensi com vos dites, et li chevaliers conoist vos
por le fait de monseignor Tristan, et vos ensi vos entr'acordez a
une parole, or sui je mout plus liee que je n'estoie devant, car
je croi bien que vos ne nos diroiz noveles de monseignor Tristan
se voires non. » « En non Dieu, fait la demoisele, se Palamedes,

60 cest seignor qui ci est, me comande que je vos en die ce que je
de li vi avenir, je vos en dirai si le voir que ja ne vos en
mentirai de mot. » « Demoisele, fait Palamedes, je vos pri que vos
en diez ce que vos en veïstes. » « Sire, volentiers, fait la de-
moisele. Mes or chevauchons tot avant dusqu'a une fontaine qui
65 ça devant est non mie loig. Quant nos serons dusques la venu, si
vos conterai adonc tot ce que vos me demandez. » Et il s'acor-
dent tuit a ceste parole.

889. Atant se metent a la voie qu'il n'i font nul autre delai.
Mout est Brangien esbahie de ce qu'ele a en tel maniere encontré
Palamedes et qu'ele l'a oï nomer a la demoisele si epertement.
Ele avoit ja oï parler a maint chevalier et a mainte demoisele de
5 Palamedes, et trop durement l'avoit oï loer et prisier de haute
chevalerie, et bien savoit certenement qu'il amoit la roïne Yselt
de tot son cuer, et qu'il avoit ja fait maint grant fait et
mainte haute chevalerie por l'amor de li. Or se merveille mout
durement quele aventure l'a aporté en Cornoaille, car bien li avoit
[d] 10 la roïne Yselt conté aucune foiz priveement com sagement / ele avoit
departi la bataille de li et de monseignor Tristan. Por ce se
merveille Brangien orandroit de Palamedes qui tant aime la roïne
Yselt coment il ot hardement de venir en Cornoaille et de fausser
le covenant qu'il avoit a la roïne.

15 A tout ce vait pensant Brangien, mes ele n'en fait nule sem-
blant, enz chevauche totevoies par la forest avec sa compaignie
parlant d'autres choses que de mesire Tristan. Ele se test de ce
qu'ele plus desire a savoir, et tient parlement d'autre chose. Ele
vait demandant noveles de la meson le roi Artus et de la roïne
20 Genevre, et de Lancelot dou Lac. Et Palamedes, qui volentiers li
feïst a plesir de tot ce qu'il poïst faire por servir la a gré, li
vait contant dou mieuz qu'il set ses noveles qu'ele li demande.
Il li conte dou roi Artus et de la roïne Genevre. Il li done grant
los et grant pris de cortoisie, de valor, de sens et de grant pro-
25 esce au roi Artus, et dit bien tot apertement qu'il a passé de
totes graces toz les rois et les gentis homes qui soient orandroit
ou monde. Il seus mentient chevalerie en la grant hautesce ou ele
est. De la roïne Genevre dit il bien que c'est la plus bele dame
et la plus vaillant qu'il onques veïst ou reaume de Logres. De
30 Lancelot, le fil dou roi Ban, aferme il bien por voir que c'est
sanz faille tot le meillor chevalier et le plus puissant d'armes
qui soit orandroit en tot cest monde, et qui voudroit prendre le
meillor des bons, il prendroit cesti et non autre.

890. Tant ont alé en tel maniere qu'il sont venu aprés ore de

none devant la tour ou Palamedes s'estoit combatuz encontre mon-
seignor Tristan. Quant Palamedes voit la tour, il la reconoist,
et dit a soi meïsmes que en cele place se combatié il jadis en-
contre monseignor Tristan devant la roïne Yselt. Brangien la re-
conoist ausi, car puis que cele bataille avoit esté, li avoit ma-
dame Yselt meïsmes mostré la tour et conté coment li dui cheva-
lier s'estoient illec combatu por la soe amour. Mes por ce que
Brangien pensoit mout a celi point a autre chose, n'en / tient
ele adonc nule parole. La demoisele qui bien savoit la voie,
com cele qui tant i avoit demoré avec monseignor Tristan com je
vos ai conté, ne vait pas a la tor, enz s'en va droit a la fon-
taine. Et quant il sont dusques la venu, ele dist a Brangien:
« Demoisele, en cesti leu meïsmes ou nos somes orandroit et desoz
cel arbre, la demora mesire Tristanz set jorz entiers et plus
si entierement que onques ne s'en remua, ne onques ne fina de
duel mener, ne onques son duel ne failli en tout celi terme que
je vos di. »
    Et lors lor comence a conter tout mot a mot le grant duel
qu'il avoit fait, et coment ele vint puis devant li a tote la
harpe et le cuida reconforter aucun po, mes reconforter ne se vo-
loit por chose qu'ele li deïst. Totevoies fist ele tant que il
li promist que il li harperoit un lai, et fist cele nuit le Lai
Mortal, et de chant et de dit, et le harpa a l'endemain devant li.
Aprés lor conte tot apertement coment il perdi dou tout en tout le
sens et la memoire por le grant duel qu'il avoit au cuer, et s'en-
fui en tel maniere c'onques puis ne sot qu'il devint, ne trover
ne le pot puis en nul leu ou ele venist; et ensi le perdi dou
tout.
    891. Quant Brangien entent ceste parole, ele pleure mout tendre-
ment et mout en demoine grant duel, et bien fait semblant apert
que trop en soit correciee. Quant ele parole au chief de piece,
ele respont a la demoisele tot en plorant: « Demoisele, il m'est
bien avis aus paroles que vos me dites que mesire Tristanz est
morz sanz dotance; et s'il n'est morz, a il dou tout perdu le
sens. » « Certes, ce dit la demoisele, vos dites verité. Nepor-
quant je croi mieuz qu'il soit morz que en vie. » « Se m'eïst
Diex, ce dit Brangien, se mesire Tristanz est morz, trop est do-
lereuse perte! Certes, jamés a nostre vivant un si bon chevalier
ne morra com il estoit. S'il est vis, Diex li aïst; et s'il est
morz, Diex ait merci de s'arme. Je me sui assez traveilliee entre
moi et cest chevalier por li querre, ne encor n'ai je trové cheva-
lier ne dame ne demoisele qui nos seüst a dire si certenes no-

[b]   15   veles de monseignor Tristan com vos sa/vez. Je conois bien en
moi meïsmes qu'a piece mes ne troverrai qui tant m'en sache dire
com vos savez; por quoi je lesserai atant ceste queste, et m'en
retornerai a ma dame droit a Tintaiol. Se mesire Tristanz est
morz, ce poise moi; et s'il est vis, Diex li doint bone aventure.
20   Je vos comant a Nostre Seignor, car ci ne remendrai je plus. »
« Demoisele Brangien, fait Fergus, volez vos sanz faille re-
torner a Tintaiol? » « Oïl, sire, fait ele. Aprés ceste novele
que cele demoisele a contee de monseignor Tristan ne m'en metroie
je plus en queste, car il m'est avis que je perdroie tote ma poine.
25   Si me poise mout durement quant il est ensi avenu. Por ce m'en
vel je retorner; et a vos meïsmes, qui tant avez traveillié
por mesire Tristan querre, loeroie je en droit consel que vos
avec moi retornez dusqu'a Tintaiol, et illec vos reposeroiz dis
jorz ou un mois entier aprés cest travail que vos avez ores en-
30   duré. » « Demoisele, ce dit Fergus, or sachiez por voir que jamés
a jor de ma vie n'enterrai en Tintaiol devant ce que je aie veü
mesire Tristan. Et sachiez que par totes ces noveles que ceste
demoisele a contees, qui assez sont anieuses et vilaines, ne re-
maint que mon cuer ne me die certenement que mesire Tristanz n'est
35   pas morz, enz est encores en vie. Et certes, por ce que mon cuer
s'aseüre si durement en sa vie, me remetrai je arrieres en la
queste de mesire Tristan en tel maniere que jamés dou Morroiz
n'istrai devant que je saiche plus certenes noveles ou de sa mort
ou de sa vie que ceste demoisele ne nos a conté. Et certes, avant
40   i metroie je tote ma vie que je ne saiche de sa fin aucune droite
certeneté. Vos qui alez a Tintaiol, je vos pri tant com cheva-
liers puet prier a demoisele, que saluez ma dame la roïne Yselt
de par Fergus, son chevalier, et li diroiz de par moi qu'il n'a
orandroit en cest monde un chevalier tant dolent com je sui de
45   son corroz. Tant diroiz a ma dame de par moi, s'il vos plest. »
Et Brangien dit que ce li dira ele mout bien.
892. Et la ou il estoient au departir, la demoisele de Palamedes
dist a Brangien: « Demoisele, s'il vos plesoit, je croi que en-
cores vos porroie je bien mostrer la harpe d'ou mesire Tristanz
[c]   harpa le Lai Mortal dont / je vos ai conté. » « Ha! por Dieu, de-
5   moisele, fait Brangien, iceste harpe me mostrez, car trop la de-
sir a veoir. Je la cuit porter en tel leu ou ele ne sera mie
petit amee de cele a cui je la donrai. » Atant s'en vont a la
tour ou la demoisele avoit lessié la harpe des lors que mesire
Tristanz ot finé son lai. La demoisele mostre a Brangien la
10   harpe, et cele la reconut tout maintenant qu'ele la vit, car autre

foiz sanz faille l'avoit ele veü es mens de monseignor Tristan.
Si prie puis Brangien tant a la dame de leanz qu'ele li lesse
porter la harpe dusqu'a Tintaiol.

Atant se met Brangien a la voie, et pleure mout au departir
15 qu'ele fait de Fregus, car douce compaignie et bone avoit adés
trové en li. Fregus s'en vet d'une part, et Brangien s'en revet
d'autre. Palamedes remaint en la tor entre li et sa compaignie
et demora leanz cele nuit. Et sachiez qu'il fu aesé de quanques
la dame de leanz pot avoir. Brangien s'en vet droit a Tintaiol,
20 mes il fu bien nuit oscure quant ele i vint, et ele s'en vient
droit ou palés au plus celeement qu'ele puet, et se met avec les
autres demoiseles de la roïne qui mout la reçoevent bel et mout
l'onorent et mout sont liees et joianz de sa venue, por ce qu'eles
savoient bien que la roïne en avroit grant joie. Et eles vossissent
25 bien que la roïne eüst aucun reconfort ou au moins aucune
achoison de reconfort, car eles voient apertement qu'ele estoit
tant desconfortee et tant iriee tot adés que eles se merveilloient
coment ele pooit vivre a tel plor et a tel dolor com ele menoit
tout adés. Et sachiez que au roi Marc meïsmes, qui savoit certene-
30 ment por quele achoison la roïne demenoit duel tout adés, en pe-
soit mout durement. Il vosist mout volentiers qu'ele se reconfor-
tast en autre maniere qu'ele ne faisoit, a ce qu'il l'amoit de si
tres grant amor que nus chevaliers ne poïst tant amer sa moillier
que li rois Mars ne amast autant la seüe ou plus, et por ce li
35 pesoit il mout de ce qu'il la trovoit adés si dolente et si corre-
ciee./

893. A l'endemain quant il ajorne li rois Mars, qui plus se de-
litoit assiduelment en chace que nul gentil home qui fust a celi
tens ou monde, monte tot maintenant par matin et vet chacier ou
bois. Il ne vait pas en la grant Forest dou Morroiz, car tote-
5 voies avoit il paor de monseignor Tristan; et neporquant auques
en estoit plus aseür qu'il ne soloit, por ce que nus n'estoit en-
cores venuz avant qui de li aportast noveles a cort. Li rois qui
savoit tout vraiement que ce fu mesire Tristanz qui avoit fait le
grant cop de l'espee ne set qu'il doie dire de ce que il n'ot par-
10 ler de mesire Tristan ne aus uns ne aus autres. Il dit une hore
qu'il est morz, et autre hore dit qu'il est partiz de Cornoaille.

Et quant Audrez ot que li rois en vet ensi tenant son parle-
ment, il li respont: « Sire, or sachez que mesire Tristanz n'est
mie morz. Il ne poïst estre que nos n'en seüssiens aucune chose;
15 et s'il fust de Cornoaille partiz, novele vos en fust venue. »
« Qu'en cuidez vos donc? » fait li rois. « Sire, fait Audret, or

sachiez qu'il est dedenz Cornoaille et gist malades en aucun leu. »
Teles paroles aloient disant de mesire Tristan par mout de foiz
devant le roi Marc meïsmes.

894. Celi matin que je vos di ala li rois Marz a la chace mout
envoisiement a grant compaignie de son ostel. Quant il s'est par-
tiz de Tintaiol, Brangien n'i atent donc plus, enz s'en vet droete-
ment a la roïne, et troeve qu'ele estoit ja levee, et avoit faites
5 departir totes ses demoiseles de leanz por recomencier son duel
qu'ele moine chascun jor; et il li pesoit mout durement quant
aucune de ses demoiseles s'apercevoit de son duel. Quant ele voit
Brangien venir, ele en devient liee et joiouse a grant merveille.
« Brangien, fait ele, bien soiez vos venue! Quel que noveles que
10 vos aportoiz, soient bones ou mauveses, trop ai grant joie de
vostre venue; et vos dirai tot avant reson por quoi, avant que
vos me diez de vos noveles. Se vos noveles m'aportez que mesire
Tristanz soit sains et hetiez et qu'il / doie ça revenir, recon-
fortee sui maintenant. Totes oblierai mes dolors. Mes s'il est
15 ensi avenu que vos de sa mort m'aportesoiz noveles, je m'en pren-
droie a tel confort com je prendre m'en porroie des ores mes; et
Diex set bien que je ferai avant lonc terme. Vos avez assez de-
moré, por quoi je di que ce ne fu mie sanz achoison. Or vos co-
mant je maintenant sor la foi que vos avez a moi que vos m'en
20 diez ce que vos en avez apris, ne ne m'en alez riens delaiant,
car de celer moi cesti fait me porriez vos tost metre a la mort. »

Quant Brangien ot ceste parole, ele comence a sospirer de
cuer parfont, car grant paor a et grant doute que sa dame ne
se mete a mort por les noveles qu'ele aporte. Totevoies a grant
25 dotance li comence ele a conter les noveles que la demoisele de
Palamedes li avoit contees, la grant dolor et la grant poine que
mesire Tristanz maintint par set jorz devant une fontaine auques
pres de la tour ou il se combati a Palamedes por li meïsmes, ca
Palamedes l'avoit asegié en cele tor. Que vos diroie je? Tot li
30 conte et coment il li fist harper les trois lais qu'il avoit faiz,
et coment il fist cele nuit le Lai Mortel et a l'endemain matin
le harpa devant la demoisele; aprés li conte coment il avoit
perdu le sens et la memoire, et fuiz s'en estoit atant si que
puis ne pot la demoisele de li oïr noveles ne bones ne mauveses.
35 Et quant ele a conté son conte en tel maniere, ele se test que
plus n'en dit, et comence a plorer mout fort, com cele qui n'es-
toit pas moins correciee de ceste aventure que la roïne meïsmes.

895. Qui adonc fust en cele chambre avec la roïne et Brangien
tandis que li contes dura, il poïst bien apercevoir a la chiere

[194a]

et a la semblance que la roïne faisoit qu'ele estoit triste et
dolente outre mesure. Quant Brangien ot finé son conte et la
roïne voit qu'ele ne dit plus, ele giete un sospir de cuer par-
font, et aprés fait une grant plainte. Et quant ele puet parler,
ele dit: « Se Diex vos doint bone a/venture, que vos est avis de
cest fait? » « Ma dame, fait ele, si m'eïst Diex, je n'en sai que
dire, mes grant paor ai et grant doute de mesire Tristan qu'il
ne soit morz. » « Certes, fait la roïne, je ne sai que vos en cui-
diez ne que li cuers vos en dit, mes je ne croi pas qu'il soit
morz. Li cuers ne m'en va riens disant, enz cuit vraiement qu'il
en soit avenu ce que Audrez en va disant chasque jor. » « Ma dame,
fait Brangien, qu'en va il donc disant? » Et la roïne li comence
a conter ce meïsmes que je vos ai ça arrieres devisié d'Audret,
car sanz faille petit disoit Audret de paroles en apert de mesire
Tristan que maintenant ne fussent racontees a la roïne. Quant
Brangien ot ceste chose, ele respont a sa dame: « Certes,
ma dame, je cuit et croi qu'il soit avenu de mesire Tristan
ce meïsmes que Audrez en va disant. » « Diex le veille! » dit la
roïne, et ceste parole dist ele mout tendrement plorant.

« Ma dame, ce dit Brangien, et Kehedins, que devint il? De-
meure il encores dedenz Tintaiol, ou il s'en est alez? » « En non
Dieu, fait ele, moi ne chaut qu'il soit devenuz! Male desonor li
viegne et mal destorbier de son cors, car tot le mal que je en-
dure et que j'ai sofert dusques ci, ai je par li. Mesire Tris-
tanz en est mis a dolor, et je en moig vie dolerouse plaine de
plors et de lermes. Il sol m'a fait plus de mal traire que ne
fist encores tout l'autre monde. Il est encores en Tyntaiol,
ce sai je tot vraiement. Ja ne s'en puisse il partir devant ce
que honte li aviegne. Or tost, Brangien, ne demorez! Alez vos
en tout droit a li et li dites de ma part qu'il s'en aille tot
droit fors de Tintaiol et tost, et fors de tote Cornoaille ausi,
car bien saiche il que s'il i va plus demorant, je le ferai honir
de son cors, car je conterai au roi Marc tot son fait. Or tost,
Brangien, faites que il s'en aut et qu'il delivre tote Cornoaille
de soi meïsmes. Ce que je le sai si pres de moi m'anuie, se Diex
m'eïst! Si grant mal m'est par li venuz que jamés tant com je
vesquisse je ne li porroie voloir autre chose que mort. Or tost,
Brangien, acomplissiez moi / cest fait. »

Quant Brangien oï la volenté de sa dame, ele n'i fait autre
delai, enz se part de li et monte, et tant fait qu'ele vient a
l'ostel de Kahedin, car autre foiz i avoit ele ja esté por l'a-
mor de monseignor Tristan.

896. Quant ele est dusqu'a li venue, ele ne li vet riens celant
de ce que la roïne li mande, enz li dit tot mot a mot qu'il se
gart bien si com il aime sa vie qu'il ne soit au soir trovez
dedenz Tintaiol, car bien sache il de voir que s'il atent tant
5 que li rois Mars reviegne de chace, ele le fera tout detranchier.
Or tost, n'i face autre delai, mes aut s'en fors de Tintaiol au
plus tost qu'il le puet faire. Et quant ele li a dite ceste pa-
role, ele ne demeure plus avec li, enz s'en vet droit a la cort
a la roïne, et li dit que bien a forni son mesaige. « Or lessiez
10 donc atant ester, fait la roïne, que se voirement m'eïst Diex,
que s'il i est au soir trovez, je l'en ferai si departir qu'a
piece mes n'en sera le fait oublié. Il a mis mesire Tristan en
dolor, et se je en dolor nel mait, dont n'amai je onques mesire
Tristan. Mes or vos dirai, Brangien, que vos feroiz. Aportez
15 moi cele harpe bien tost ou mesire Tristanz, mes chiers amis,
hapa le Lai Mortal. Il a fait por moi lai novel de ses max et
de ses dolors, et je aprés por l'amor de li voudrai un lai
trover d'autel guise et d'autel semblance, se je onques puis, com
il fist le Lai Mortal. Ausi ai je bien achoison de trover com
20 il ot, et por ce vel je trover un lai d'autretel maniere com fu
celi lai qu'il fist. »
   Brangien li aporte la harpe sanz delai. Et sachiez que la
roïne en savoit assez, car ele l'avoit apris de mesire Tristan en
ce termine qu'il demoroient ou Morroiz. La roïne reçoit la harpe
25 et la vet sonant et atrampant au mieuz qu'ele set, et vait trovant
chant por son lai. Le dit trove ele en brief termine, mes li
chanz la vait plus grevant assez que li diz. Si lesse a cest
point a parler li contes de li, car bien i savra retorner, por
devisier le lai qu'ele fist quant il en sera tens et hore, et re-
30 tornera li contes sor Kahedin et sor le roi Marc autresi, et sor
[d] Palamedes, le bon chevalier, car de ces trois en/semble conte
nostre matere tout a un point.

*　　*　　*
　　*

897. Or dit li contes que quant Brangien se fu partie de Kahedin
et ele li ot dit tout apertement ce que la roïne Yselt li mandoit,
si que riens ne li ot celé, Kahedins, qui bien cognoissoit que la
roïne li voloit trop grant mal por ce que por achoison de li avoit
5 ele mesire Tristan perdu, ce li estoit avis, quant il entent ceste
novele que Brangien li avoit contee de par la roïne, il n'est mie
trop bien aseür, car il set bien que s'il avient que la roïne die

ceste parole au roi Marc coment Kahedins l'avoit requise, li rois,
qui fiers est et crieus et qui trop aime la roïne, le fera mainte-
nant destruire; et puis que la roïne li a mandé si criel mande-
ment, il ne puet estre qu'ele n'uet volenté de li faire anui. Or
gart son cors, s'il est sages, car il est assez en balance. Il i
a mauvés demorer des ores mes; por ce li vient il mieuz qu'il
s'en aut sanz plus atendre.

Lors comence son erre a apareillier a tout le mieuz qu'il
puet faire; et de tant li est il avenu grant anui a cesti point
qu'il n'avoit avec soi nul escuier ne bon ne mauvés. Il meïsmes
les avoit mandez en la Petite Bretaigne, et devoient tost adonc
revenir. Si les i avoit mandez por ce que l'en li avoit fait
entendant que li rois Oel, ses peres, estoit malades a merveilles,
et madame Yselt aus Blanches Mains, sa seror, autresi; et por ce
qu'il voloit savoir la verité de ceste chose lé avoit il cele
part mandez, et atendoit qu'il deüssent a li revenir dedenz brief
terme.

898. Quant il a son erre apareillié, il monte armez de totes
armes, et se part atant de son ostel, tant dolenz et tant corre-
ciez qu'a po qu'il n'enrage de duel. Et quant il ist de Tintaiol,
il plaint et pleure et sospire durement, et maudit amors / tant
com il puet onques, car il dit bien tot en apert que grant bien
li avoit amors promis, mes onques n'en ot se mal non.

Que vos diroie je? Grant duel et grant dementeïz demoine
Kahedins a soi meïsmes. Il maudit l'eure qu'il fu nez quant il
mist son cuer en tel leu dont il nou puet retraire, se il meïs-
mes le voloit bien, ne onques a nul jor de sa vie ne l'en avint
se mal non et dolor. Il n'est pas seignor de son cuer. Il n'i
a mes nul comandement. Il n'en a pas la seignorie. Qui donc?
La roïne de Cornoaille. Cele le tient en sa baillie, et se li
veust tot le mal dou monde. Tant com celi jor dura fu Kahedins
devant la porte de Tintaiol, et pensoit totevoies; et sachiez
qu'il cuidoit bien aler son chemin, tant estoit il durement es-
bahiz et obliez.

899. Au suer quant il comença a anuitier uns chevaliers de Tin-
taiol, qui grant piece l'ot regardé et voit que cil pensoit adés
ne ne se remuoit, le mostre a un autre chevalier et dist: « Vez
la un chevalier qui le sens a perdu. Il ne set sanz faille qu'il
fait. Il a ja demoré illec plus de deus heures entieres qu'il ne
se remua. Or alons a li, si savrons qui il est, car cesti fait
sanz faille fait il par niceté et par folie. »

Lors s'en vont droit a Kahedin qui s'estoit illec obliez, et

li uns d'eus li dist maintenant: « Sire chevaliers, dormez vos,
10 ou vos veilliez? Se vos dormez, esveilliez vos et vos alez hui-
més hebergier, car bien en est oure et tens. » Kahedins lesse son
penser quant il entent le chevalier, et quant il voit que la nuit
estoit ja venue, il se tient bien por esbahiz, et en devient
auques honteus. « Seignor chevalier, fait il, je pensoie, et sa-
15 chiez vraiement que je cuidoie estre en autre leu. Les vostres
merciz qui de mon penser m'avez osté, car encores, se Diex me
saut, ne m'en remuasse je, se vos ne fussiez ci venu. Il est bien
huimés tans d'aler, car de plus demorer ici ne me vendroit se
anui non. » « Coment, sire, dient li chevalier, ne vandroiz vos
20 anuit mes ceanz hebergier? » Et il dit qu'il n'i demourera pas a
ceste foiz.

[b]   Et il se part atant des chevaliers et / se met au chemin de
la forest, et se pense qu'il ira hebergier anuit mes a une meson
de renduz qui estoit dedenz le Morroiz. En cele meson estoit il
25 ja descenduz par plusors foiz puis qu'il vint en Cornoaille quant
il s'aloit esbatant par la forest, si cuide la bien tost venir por
ce que ce estoit pres de Tintaiol a trois liues cornoailloises.
Quant il est entrez en la forest, il comence adonc a chevauchier
esforcieement por venir a tens a cele meson avant que li frere
30 fussent couchié. Mes onques a mon escient ne veïstes a un cheva-
lier faire greignor duel qu'il vait faisant.

900. Que vos diroie je? Ensi grant duel com il demoine vait il
chevauchant totevoies par la forest, mes de tant li avint il grant
anui qu'il pert la voie qu'il devoit aler a la meson des renduz
por le grant dué qu'il demenoit. Quant il a grant piece chevau-
5 chié en tel maniere com je vos di, forvoiant totevoies non mie
pres dou chemin mes au travers de la forest, adonc primes s'aper-
çut il qu'il avoit perdu son chemin et qu'il ne faisoit fors que
forvoier. Lors s'areste por esgarder selonc son esme quel part
il vait. Et quant il a regardé de totes parz, il se met adonc a
10 la voie; et quant il cuide plus aler vers le grant chemin, adonc
comence il plus a forvoier et aler le parfont de la forest. En
tel maniere chevauche Kahedins grant piece de la nuit, forvoiant
totevoies plus et plus. Quant il a tant alé qu'il li anuie, il
s'areste une autre foiz toz esbahiz, et reconoist aus assens de
15 la forest qu'il estoit mout forvoiez.

La ou il s'estoit en tel maniere arestez, il escoute et ot
soner un cor mout hautement, de si grant force que Kahedins reco-
noist bien que cil estoit de grant pooir qui le cor avoit soné ensi.
Lors torne cele part la teste dou cheval, car bien croit qu'il oit

20 genz cele part ou li cors a esté sonez. Donc n'ot mie granment alé
quant il oï celi meïsmes cor une autre foiz resoner ausi esforciee-
ment com il avoit esté sonez devant, ou plus; et quant il a le
cor soné une autre foiz, il s'apaise que plus nou sone. Kahedins
chevauche cele / part ou li cors avoit soné si hautement com je
25 vos di, tant come puet sofrir son cheval.

901. Tant a alé en tel maniere aprés la voiz dou cor qu'il voit
devant une meson cheoite et gaste un cheval qui paissant aloit de-
lez une fontaine qui illec estoit mout bele et mout clere. Quant
Kahedins voit le cheval, il torne cele part, car il pense bien que
5 cil qui illec l'amena n'est mie mout loig; et non estoit il sanz
faille. Il s'estoit illec assis tres delez la maison; et se au-
cuns me demandoit qui cil estoit qui illec l'avoit amené, je di-
roie que c'estoit li rois Mars qui tote jor avoit chacié un cerf,
et estoit venuz de forest en forest, et avoit toz ses homes per-
10 duz si enterinement qu'il ne l'en estoit un remés, ne ne savoit
qu'il estoient devenu. Et il meïsmes avoit tant forvoié celi soer
par la forest qu'il ne savoit mes quel part il deüst aler ne co-
ment il poïst venir a aucun recet ou il poïst cele nuit demorer
dusqu'a l'endemain. Et por ce qu'il avoit illec trové cele meson
15 et cele fontaine i estoit il descenduz; et por ce que s'il eüst
pres de li par aventure aucun de ses homes, qu'il venist cele part
a la voiz dou cor; et il savoit bien que la voiz dou cor qu'il
portoit conoissoient tuit si home et si compaignon. Il avoit sanz
faille son cheval alachié et osté le froin, et la sele lessiee sor
20 le dox tote alaschiee, et l'ot lessié aler pestre quel part qu'il
vost, et s'estoit asis delez la meson por soi reposer.

Mes quant il vit Kahedin sor li venir si armé com il estoit,
sachiez qu'il ot si grant doute que onques mes a jor de sa vie
n'ot greignor com il ot a cele foiz, car il cuidot por voir que ce
25 fust mesire Tristanz, ses niés, qui l'eüst espié et cerchié par as-
sauz; et cuide bien qu'il ne soit cele part venuz a tel hore fors
que por li metre a mort. Li rois qui n'est pas asseür por ce que
desarmez se sent fors que d'espee, et encores s'il fust armez si
set il bien que encontre monseignor Tristan ne puet il mie son
30 cors deffendre au derrien, quant il voit venir Kahedin, por ce
qu'il cuide de voir que / ce soit mesire Tristan qui cele part
viegne por sa mort, il n'i fait autre delai, enz se met dedenz la
meson, et se repont entre deus murs viez et enciens. Il pense
bien que la ne le querra jamés mesire Tristanz, enz cuidera main-
35 tenant qu'il ne le troverra, que li rois s'en soit fouiz en la
forest por metre son cors a garison. Por ce que je vos ai dit

s'en entra li rois la dedenz com cil qui mout avoit grant paor de
mesire Tristan, son neveu.

902. Quant Kehedins est dusque la venus et il ne troeve le roi
Marc, il s'escrie tant com il puet: « Ou iestes vos alez, sire
chevaliers qui soniez maintenant le cor? » Li rois qui por voir
cuide que ce soit mesire Tristanz ne respont riens, ençois se
5   tient mout coiement; mes bien sachiez qu'il a si grant paor que
toz li cuers li tremble ou ventre. Et quant Kehedins voit que
nus ne li respont, il descent et dit a soi meïsmes qu'il demorra
illec anuit mes por l'aaise de cele fontaine et por soi reposer
aucun po. Lors pense de son cheval aesier au mieuz qu'il puet, et
10 oste son heaume de sa teste et desceint s'espee, et met son escu
et son glaive a terre; et puis lesse son cheval aler pestre quel
part qu'il veust. Et quant il a beü de la fontaine por soi re-
froidir acun po, car auques avoit esté eschaufez, que dou chevauchier
que dou fes des armes, il se couche sor son escu. Et por ce qu'il
15 avoit esté traveilliez un po, il s'endort, mes ce n'est mie fer-
mement, car la grant dolor qu'il a au cuer li tost le fermement
dormir.

La ou il se dormoit en tel maniere lez la meson decheoite, a-
tant ez vos venir sor la fontaine un autre chevalier, armé de totes
20 armes covenables a chevalier; mes sachiez qu'il ne menoit en sa
compaignie escuier ne vallet ne dame ne demoisele qui compaignie
li feïst. A celi point qu'il i vint sor la fontaine ensi come a-
venture l'i aporta, il ne vit pas les deus chevax, car il s'es-
toient esloignié de la fontaine et pessoient illec desoz en une
[196a] 25 valee. Quant il est sor la fontaine venuz, il descent ma/inte-
nant, et pense tot premierement de son cheval aesier au mieuz
qu'il puet, et puis soi après. Et la ou il estoit illec descendu,
et il avoit ja mis fors de sa teste son heaume et sa ventaille a-
batue, et il estoit adenz sor la fontaine por boire de l'aigue,
30 Kahedins s'esveilla atant com cil qui ne dormoit mie fermement.
Et quant il voit le chevalier, il ne dist mot, enz regarde qu'il
voudra faire. Li chevaliers qui chauz estoit et traveilliez boit
de la fontaine tant com li plest, et quant il en a assez beü, il
s'asiet sor la fontaine por soi reposer.

903. Quant il est desus la fontaine asis et il a une grant piece
esté sanz dire mot, neporquant il ne dormoit mie, il giete un sos-
pir de parfont et se comence a plaindre mout fort, ausi com s'il
fust mout deshetiez et mout malades. Et quant il a une grant
5   piece mené tel plainte auques coiement, il comence mout durement
a plorer, et si tendrement que nus ne le veïst adonc qu'il ne le

tenist a grant merveille. Kahedins meïsmes qui le regarde et qui
de celi fait se merveille, dit a soi meïsmes qu'il ne cuide mie
que cil chevaliers soit bien senez qui ensi vait tel duel menant;
10 ne il ne voit nule achoison d'ou cest duel li puisse venir a cesti
point, ne nus n'est devant li qui li die ne bien ne mal por quoi
demoine il tel duel.

Quant li chevaliers a grant piece ce duel mené si coiement
com je vos cont, il giete adonc une grant plainte et puis se ra-
15 coise; et au chief de piece dit: « Ha! las, dolenz, com je sui
morz! Est il ores home en cest monde qui voist sofrant tel dolor
com je soeffre nuit et jor? Je ne dor ne ne repose se petit non.
Je aim de tot mon cuer si vraiement sanz teche de fauseté et de
decevance que je ne cuit pas qu'il oit ores en tot cest monde un
20 sol chevalier qui ne soit trichierres vers amors en aucune chose
fors que moi. Et je, las, n'en ai gerredon ne solement une pro-
messe. Je n'en ai riens fors que dolor. Et quant je plus vois
pensant et avisant a quel fin je por/rai venir, adonc m'esperance
est que je ja a nul jor n'en avrai bien fors celi que je en ai eü:
25 c'est sofrir assiduelment poine, travail, dolor, mesese. C'est
tot le bien et tote l'aese que je jamés avrai d'amors. » Quant il
a dite ceste parole, il se test une grant piece sanz dire mot. Il
plaint et pleure et sospire fort, si que Kahedins qui le regarde
dit bien a soi meïsmes que cel chevaliers n'aime mie a gas; son
30 contenement en fait la preve.

904. Quant li chevaliers s'est une grant piece reposez en tel ma-
niere qu'il ne disoit riens, il recomence sa complainte mout autre
qu'il ne fesoit devant, et dit: « Amors, mar vi vostre promesse!
Mar vi vostre losange! Mar crui dou tot a vos paroles, car je
5 m'en tieg si deceü a cesti point que onques de totes les voz pa-
roles vers moi ne vos aquitastes d'une sole. Amors, por Dieu, por
quoi iestes vos si tornant com vos iestes? Certes, la roe de For-
tune n'est pas si tornant d'assez, ne plus muable! Qui se puet
mes en vos fier quant vos au plus loial serjant que vos onques
10 eüssiez en tot cest monde et qui onques de riens ne vos fausa ne
en pensee ne en ovre, fausez ensi vilenement que covenant ne li
tenez, ne plus que vos feriez a un chien? Amors! Amors! dusques
a cest point ai je toz jorz esté por vos. Onques a nul home, tant
fust puissanz, n'oï de vos mesdire que je ne vos alasse deffendre.
15 Deffendue vos ai dusque ici a mon pooir, ce vos vois je bien re-
prochant. Mes puis que voi tot en apert qu'il me covient plaindre
de vos, je m'en plendrai. A qui m'en plendrai je? Par ma foi, a
nul autre se a vos non. Amors, a vos meïsmes me pleng de vos, et

par reson. Et quant je vois bien le vostre afaire regardant, je
20 voi tout apertement que tot ausi come l'espine qui porte la rose
soés odorant, aus uns lesse prendre sa rose et les autres point
dusqu'au sanc, l'un point bien et l'autre mal, et l'un done pen
[c] et a l'autre pierre, Amor, tot ensi / faites vos, car vos faites
aus uns de vos servanz qu'il vivent tojorz en joie et qu'il joïssent
25 de vostre servise, et les autres faites vivre en dolor et en mar-
tire. Et certes, de cest servise deïsse je qu'il fust reson se
vos regardesoiz la leauté et le leal servise de ces qui vos ser-
vent, et rendissiez a chascun selonc son servise. Mes de ce ne
faites vos riens, enz faites a vostre voloir. Vos ne regardez ne
30 un ne autre, enz faites a vostre volenté et governez le monde a
vostre plesir. Les uns metez a garison, et les autres metez a
pain querre; les uns faites maintenant riches, et les autres metez
a povreté pardurable. Amors! Amors! vos iestes ausi com la bele
matinee dou jor qui fait ces oiseillons resjoïr et chanter par ces
35 arbruissiax, et ces chevaliers amourous fait aler ça et la, et ne
se prenent onques garde que li tens se change et li orez lor cort
sus, et lor joie remaint adonc. Se li tens se fust maintenuz ensi
com il avoit encomencié au matin et il eüst duré dusqu'a nuit,
donc poïst l'en par reson loer le jor. Mes puis que li comence-
40 menz dou jor est biax, et en la fin est enuieus et la vespree plaine
de pluie, cil jorz ne doit estre loez, car la fin de chascune
chose parfornist le fait. Au vespre loe l'en le jor. Amors, tot ce
di je por vos, car vos iestes de bone entree; vos iestes gaie au
comencier et chose tres envoisiee, si debonere et si plaisanz que
45 nule mortel chose ne se porroit prendre a vostre bonté, mes quant
ce vient au parfiner, l'en ne puet en vos trover nule pitié ne
nule douçour, ne plus que une pierre dure.
Amors, qu'en diroie je autre chose? Cil qui plus vos veust
obeïr et qui mieuz i met son cuer se troeve au derrien en vostre
50 servise si afolé et si deceü com fist li fox qui jadis estoit ou
pié de la montaigne et comence a regarder amont, et vit la lune
tant bele et si clere come ele avoit onques devant esté; et
[d] quant il l'ot auques regardee, il li fu plenement a/vis que ele
joinsist a la montaigne et qu'ele fust illec cochiee, ne que ja-
55 més ne s'en poïst remuer. Si comença adonc a corre contremont
la montaigne por prendre la. Et quant il fu amont venuz et il
la cuida illec trover, adonc s'aperçut il primes qu'ele estoit en-
cores plus haut qu'il ne l'avoit veüe devant. Amors! Amors! ceste
propre semblance voi je de vos apertement, et vos deviserai bien
60 en quel maniere. Se li fox veoit la lune bele et clere, ce n'es-

toit mie grant merveille, car cele grant clarté qui en li aparoit
li venoit dou solail, dont tote nostre clarté vient. Mes quant nos
alons regardant amor, quel clarté et quel luor poons nos veoir en
li? Amors, se Diex me doint bone aventure, je dirai ja de vos une
65 chose d'ou maintes genz ne se sont encores doné garde: la meïsmes
ou il ont assez atendu longuement a veoir vostre clarté et vostre
lumiere, si est tout autretele com la petite chandele qui art.
Quant la nuit est bien oscure et noere, ele semble adonc une grant
lumiere et une grant clarté a celi qui la voit; et puis qu'i la
70 verroit de cler jor, ele ne resemble riens, ne clarté ne rendroit.
Amors, tot ensi est il de vos, car qui son cuer abandone en vostre
errour et en vostre folie, bien est mis en oscurté. Il puet dire
seürement qu'il n'est onques se en nuit non, et lors li semble
vostre clarté, qui n'est nule au regart d'une autre clarté, la
75 plus luisanz et la plus clere de tot le monde. Hé! Amors, en
vostre oscurté m'avez vos ja tenu lonc tens. Or primes m'en vois
je bien apercevant. Toz jorz m'avez promis sanz soldre. Onques
de vos servir n'oi fors dolor et travail et poine, ne ja n'avrai,
tot ce sai je bien. » Et quant il a dite ceste parole, il comence
80 un duel merveillex sanz ce qu'il ne dist riens dou monde.

905. Et quant il a cel duel maintenu une grant piece, si mer-
veilleus que nus ne le veïst adonc que bien ne deüst dire que
voirement estoit il uns des plus /vilx chevaliers dou monde, il
recomence sa complainte; mes ce fu en autre maniere qu'il ne se
5 pleignoit devant.

« Amors, fait il, blamé vos ai com chevaliers de povre sens et
sanz reson. J'ai parlé come chevaliers sanz cuer que tote raison
ai perdue. Trop ai mesfait qui contre vos ai dit se bien non.
Onques voir ne me mesfeïstes d'ou je deüsse de vos mesdire en
10 nule maniere dou monde. Et quant je me truis si corpable, je vos
cri merci come home mesfait. Por Dieu, Amors, ne regardez a ma
folie ne au povre sens qui est en moi, mes pardonez moi cesti mes-
fait, car c'est la costume dou saige et dou vaillant qu'il ne vait
pas regardant a la parole dou fol, enz regarde a sa gentillesce et
15 a sa bonté. Amors! Amors! j'ai contre vos dites tiex paroles que
jamés dire ne deüsse, mes por la haute honor de vos et por le grant
bien que je en atent a avoir veil je derompre et debrisier totes
les paroles que je ai dites de vos sanz reson, et tout par le sens
que vos m'avez doné. De ce que je dis orandroit que vos estiez
20 come l'espine ne dis je se verité non. Je vos cuidai dire grant
honte, mes je vos dis mout grant honor, car tout ausi com vient
de l'espine la plus haute flor qui soit et la plus douce et la

mieuz olanz, c'est la rose, tout autresi vient de vos la plus
haute grace qui soit en home, c'est cortoisie qui bien est la flor
25   de totes graces. Car a la verité dire, se aucuns estoit le meillor
chevalier dou monde et le plus bel et le mieuz vaillant et le plus
fort et le plus gentil dou monde, s'il n'avoit en soi cortoisie,
totes ces autres graces seroient perdues en li. Amors, de ce que
je dis que vos donez aus uns la rose et les autres poigniez, aus
30   uns donez pain et aus autres pierres, ne dis je se por mostrer non
vostre force, vostre pooir, vostre grant sens, vostre mesure.
    Amors! Amors! vos iestes sanz doutance ausi come le saige
seignor qui regarde sagement le pooir, la valor, le bon servise de
[b]   ses sergenz. Les uns tient chiers et les autres vilz,/ aus uns
35   done l'onor dou monde, la joie et la bone aventure, que l'en doit
bien par fine reson comparer a la rose; car tot ausi come la rose
est bele et vermeille au matin, et au suer est matie et morte et
tote sa biauté est alee, ausi est il, ce m'est avis, de la joie de
cesti monde, car la joie et la bone aventure torne maintenant en
40   contraire et en defaut si come la rose au soer. Ne de cele bone
aventure que li hons a eüe en cest monde ne remaint fors une sole
chose, ausi com il fait a la rose, car la rose ne sera ja si tres
alee que la bone oudour n'i remaigne; et dure cele bone oudour
un grant tens. Tout ausi remaint il une sole chose dou vaillant
45   home qui puis ne defaut de grant tens aprés, c'est la bone renomee;
et dure un grant tens, mes puis defaut ausi come l'odor de la rose.
    Ore, Amors, or ai je amendé ce que je dis encontre vos de
l'espine. Encontre vos dis je premierement, mes aprés dis je por
vos de l'autre chose, que je dis que vos resemblez au bel matin
50   qui fait le monde resjoïr et ces oisiax chanter par ces buissons,
et puis se chanjoit si tost en pluies et en orez et en tempestes,
et enledissoit tot celi jor. Se vos avez aucune foiz covert sem-
blant et vos vos covrez aucune foiz en autel guise, ce n'est mie
trop grant merveille, car quant li tens meïsmes sunt muable, totes
55   les choses sont contenues fors solement Deus qui fu voirement en-
gendrés devant le temps. Vos, Amors, qui de totes iestes comprise
dedenz les temps, ce n'est mie merveille se vos iestes muable au-
cune foiz, car de matere muable et chanjable fustes trovee. »
    906. Quant il a dite ceste parole, et il voloit respondre sor
ce que il meïsmes avoit dit de la lune, adonc avint que li cheval
qui estoient en la valee et paissoient, quant il sentent l'autre
cheval qui venoit ver eus, comencerent a henir mout durement.
5   Quant li chevaliers ot les chevax henir, il tressaut touz, car
bien li est avis que ce soient chevalier qui vers li viegnent por

les chevax qu'il ot si pres; et comence a regarder tot entor li,
et s'aper/çoit donc primes de Kahedin qui s'estoit apoiez dejoste
la paroi sor son escu. Il n'a pas granment regardé vers Kahedin
10 quant il voit bien que ce est chevaliers armez; mes mout a grant
merveille coment il a tant demoré dejoste li sanz mot dire. Lors
parole mout hardiement et li dit: « Qui estes vos, sire vassal,
qui la gisiez? Coment avez vos tant esté dejoste moi, ne mot ne
me disiez? Ce me semble signe de haine ou de grant coardie. » Ka-
15 hedins se dresce atant quant il voit qu'il ne se puet plus celer
envers le chevalier, et respont adonc: « Sire, fait il, je sui uns
chevaliers. » « Et coment est ce, fait li chevaliers, que vos avez
tant esté dejoste moi que mot ne me disiez? » « Sire, ce dit Kahe-
dins, or sachiez que se vos celi parlement que vos aviez encomen-
20 cié maintenissiez dusqu'au jor cler, je ne vos deïsse un sol mot,
car il ne fust mie bien saiges, se m'eïst Diex, qui de si bel par-
lement com celi estoit que vos ores teniez vos ostast. Je endroit
moi vossise bien, se Diex me saut, qu'il ne finast devant le jor,
ne il n'est orandroit en tot cest monde un chevalier ne fol ne
25 saige a cui il ne deüst bien plaire. »

Li chevaliers, mout dolenz durement, quant il entent que Ke-
hedins a oïes et entendues les paroles que il a dites, il ne vo-
sist mie volentier que mortel home fors il seus les eüst oïes; mes si
avoit encores autres qu'il ne cuidot, car li rois Mars les avoit
ausinc bien oïes com Kahedin. Et de ce qu'il li ramentoit le
parlement qu'il avoit comencié li poise mout durement, et de ce
qu'il l'avoit oï; mes d'autre part se reconforte de ce qu'il set
tout vraiement qu'il n'a pas ici ramenteü cele por qui il fist la
plainte.

907. Et Kahedins li redist adonc: « Sire chevaliers, qui estes
vos? Se Diex vos doint bone aventure, dites moi aucune chose de
vostre afaire, si m'avrez trop servi en gré, se Diex me saut, a ce
que je desir de tot mon cuer vos a conoistre. » « Autant, ce dit li
5 chevaliers, com vos dou vostre estre me deïstes, autant vos dirai
je dou mien. Vos me deïstes que vos estiez uns chevaliers, et
autretel vos redi je de moi. Uns chevaliers estranges sui. » « Por
Dieu,/ fait Kahedins, dites moi vostre non por savoir se je vos
porroie mieuz conoistre que je ne fais encores. » « Certes, respont
10 li chevaliers, quant vos mon non volez savoir, ja nel vos celerai
a ceste foiz. Or sachiez que je ai non Palamedes. Je ne sai se
vos onques mes en oïstes parler. »

Quant Kahedins entent le non, il le reconoist maintenant, non
mie por ce qu'il l'eüst onques mes veü d'ou li sovenist, mes por ce

15 qu'il en avoit ja maintes foiz oï parler, et bien avoit oï dire a
plusors chevaliers que Palamedes sanz faille estoit bien li tierz
chevaliers dou monde en totes bontez de chevalerie; et la meïsmes
ou demorot a Tintaiol avoit il oï consoner qu'il amoit madame Yselt
de tot son cuer. « Sire chevaliers, fait Palamedes, vos avez ores
20 oï mon non. Or vos pri je par cortoisie que vos le vostre me diez
ausi com je vos ai dit le mien. » « Certes, sire, fait Kahedins, se
je de ce vos escondissoie, l'en me devroit forment blasmer. Puis que
le mien non volez savoir, or sachiez que je le vos dirai tout main-
tenant. Je vos di que l'en m'apele Kahedin. » Quant Palamedes ot
25 de Kahedin parler, maintenant li sovient dou non que la demoisele
messagiere qu'il avoit mandee en Cornoaille dou reaume de Logres li
avoit dit. Si dist adonc a soi meïsmes: « Sanz faille, ce est cil
Kahedins qui mist ma dame la roïne Yselt ou grant duel ou ele va
encores demorant. » Or ne set il qu'il doie faire, ou de l'ocirre
30 ou del lessier.

908. Quant il a auques pensé a ceste chose, il dist au plus coiement
qu'il pot: « Kahedins! Kahedins! que te diroie je? Tu iés venuz
a la meslee, et tu as bien mort deservie, se je metre t'i puis,
car tu as mis mesire Tristan a la mort, le meillor chevalier dou
5 monde. Huimés te garde bien de moi, car se je sor toi ne puis
vengier la mort de mesire Tristan, a malvés me devroit l'en tenir. »
« Palamedes, dit Kahedins, des quant a il ores entre vos et mesire
Tristan si grant amor que por la mort de mesire Tristan me volez
metre a la meslee? Ja sai je por voir qu'il n'a maintenant ou
[198a] 10 mon/de deus chevaliers qui tant s'entreheent com entre vos et mesire
Tristan vos entrehaez. Palamedes! Palamedes! fait Kahedins,
d'autre leu vient l'encloeüre. Celi meïsmes serpent qui m'a feru
vos a point dusques au cuer. A autel fin en puissiez vos venir au
derrien come je sui venuz. Palamedes, por quoi le vos celeroie je?
15 Mar vit onques mesire Tristanz la roïne Yselt. S'il n'en est morz,
il en morra. Et mar vit onques Kahedins ma dame Yselt, car il en
est morz, et encores en morra plus honteusement, ce sai je bien et
bien en sui certains. Et vos qui mis en iestes en haute folie
ausi com je sui, en cuidiez vos avoir meillor eür que je n'en ai
20 eü? Certes, Palamedes, non, enz l'avroiz encores poior par aven-
ture, car au derrien en morrez vos ausi com fera Kahedins. Pala-
medes! Palamedes! je conois mout mieuz vostre afaire que vos ne
cuidiez. Bele achoison trovez ores qui a moi vo volez combatre por
vengier la mort de mesire Tristan. Tristanz n'est mie encores
25 morz, vraiement le sachiez vos. Mes je sai bien que vos l'amez
de tel amor et de si grant cuer qu'il n'a maintenant en cest monde

un chevalier de la qui mort vos eüssiez si grant joie com vos avriez
de la soe. Mes par la foi que je doi vos, se Diex save ma dame
Yselt, vos n'en porteroiz de l'espine fors la pointure, et a mesire
30   Tristan donra le pain, et vos la pierre. Palamedes, que diriez
vos? Tristanz avra le bel matin et orra le chant des oisiax et
avra tot le bien et la joie. Palamedes et Kahedins et li rois
Mars, li dolenz, li chaitis, li tristes, si avront la pluie et le
vent et le grant oré et la tempeste, et avront la dolor dou jor.
35   Cis sostendront la charge dou fes, et mesire Tristanz en avra le preu.
    Et certes, selonc mon avis, cestui fait de Palamedes cort bien
merveilleusement, et selonc ce meïsmes que vos deïstes dou sage
seignor qui regarde sagement le poior de ses serjanz et le meillor.
Les uns tient chiers et les autres vilz; aus uns done la joie dou
40   monde et la bone aventure, et les autres met desoz ses piez et les
set tenir en servaige. Tout ensi, mesire Palamedes, fait / ma
dame Yselt, que je tieg bien de cesti fait la plus sage dame dou
monde, car a ce qu'ele conoist tot certenement la grant valor de
mesire Tristan, com il est biax et preuz et cortois et sages plus
45   que tuit autre chevalier, quant il a tot le monde compris de to-
tes les bones graces que chevaliers puist avoir en soi, ma dame,
qui tant a de sens que ele conoist bien l'or dou plonc et set de-
partir le grain de la paille, retient le grain a sa partie et giete
la paille de l'autre part. Ele retient l'or a sa partie et
50   giete le plon en voie. Nos somes la paille et le plon, se vos a
reson i volez regarder encontre la bonté de mesire Tristan. Mesire
Tristanz si est ausi come le grain et come l'or. Et quant nos veom
sa bonté et conoissons certenement, mout nos doit l'en tenir a fox
qui nos volom metre en son leu.
55   Palamedes, que vos diroie je? Nos somes droetement le fol qui
cuidoit venir a la lune par son monter. Et quant il est tant mon-
tez qu'il ne puet mes en avant, lors a primes s'aperçoit il de sa
folie. Tristanz sanz nule faille reluist et resplandist par desor
toz autres chevaliers de totes les graces que preudons doit avoir en
60   soi tot ausi come la lune reluist et resplandist quant ele est mieuz
en sa clarté par desus totes les estoiles. Tristanz par sa haute
bonté est montez par desus la montaigne, si resplant par desus toz
autres chevaliers et reluist autresi come la lune, car la renomee de
li cort orandroit par tot le monde. Nos qui somes povre et nice,
65   de povre sens et de povre afaire, somes au pié de la montaigne et
au desoz. Et quant nos montons contremont par fol cuidier et par
fol bobant, et nos avons tant alé que plus ne poons, et nos conois-
sons la droite verité de nostre estre et de nostre afere encontre

Tristan, lors a primes veons nos tot apertement que a Tristan ne a
70   ses faiz ne porriens nos avenir en nule maniere dou monde, ne que
li fox porroit avenir a la lune dou ciel. Or, biau sire Palamedes,
que me dites vos? Vos est il avis que je vos ai dit verité de vostre
estre et dou mien? »
909. Quant Palamedes entent cest plet, il besse la teste vers terre,
ne n'a nul pooir de respondre. Et quant il parole au chief de piece,
[c]   il dit: « Kahedin, biax / amis, de bone ore vos acointai, et sachiez
certenement que a cesti point m'avez vos tant amendé de totes choses
5   que je ne cuidasse jamés tant amender par les paroles d'un chevalier
com je sui amendez par cestes que vos m'avez dites. Je conois bien
tot plenement que vos m'avez dit verité, car certes en vos n'a
nule bonté dou monde par quoi l'en vos deüst tenir a chevaliers par
delez Tristan. Se Diex me doint bone aventure, en devroit la dame
10   destruire qui metroit son cuer en nul de nos et lesseroit les a-
mors del biau Tristan.
Que vos diroie je? Tant m'avez dit a ceste foiz que je sui
del tot chastoiez. Jamés a jor de ma vie ne metrai mon cuer si
hautement com je l'avoie mis devant. Je les ici Yselt a Tristan.
15   Diex lor doint joie de lor amors! Et je metrai des ores mes mon
cuer et ma pensee en leu qui aparteigne a si bas chevalier com je
sui. Diex m'a grant secors envoié quant il vost que je vos tro-
vasse en cest point, car trop m'avez durement reconforté et avoié
si droitement et osté de ma grant folie ou je estoie devant, que
20   jamés avoiez ne fusse a mon escient se je ne vos eüsse trové. »
« Palamedes, ce dit Kahedins, vos devez mout bien croire au mestre
qui a l'escience esprovee, car cil qui l'escience espreve en set
mieuz conseillier et plus droitement que uns autres hons ne sa-
roit. Je ai esprové ceste folie, par quoi je conois ores tot cer-
25   tenement que ce estoit forsenerie et la greignor musardie dou
monde de ce que je onques amai Yselt. Or m'en repent mout dure-
ment quant je onques i mis mon cuer, car je n'en oi onques nul
bien, mes dolor et travail et poine en ai sofert outre mesure.
Ce fu tot le bien que je onques en oi, et encor ai je conquesté
30   por la soe amor l'anemistié del meillor chevalier dou monde, c'est
de Tristan. Greignor duel ai je a mon cuer de ce que je ai s'ane-
mistié que de autre chose. »
910. En tiex diz et en tiex paroles s'asïent li dui chevalier de-
lez la fontaine. Et lors redemande Palamedes a Kahedin: « Dites
moi, fait il, Kahedins, se Diex vos saut, d'ou venez vos a cesti
point? » « Sire, fait il, se Diex me doint bone aventure, je vos en
5   dirai la verité. Mes tot avant vos dirai je qui je sui et tot mon

[d] estre, et por quoi je vig en Cornoaille premierement, et por quoi
je m'en revois orandroit arieres en mon / païs. »
     Lors li comence a conter tot mot a mot qu'il est filz le roi
Hoel de la Petite Bretaigne, et coment il dona sa seror germene por
10   moillier a Tristan; mes Tristanz amoit mieuz la roïne Yselt, qu'il
n'ot onques afere a sa seror de nule chose. Tot li conte l'afere
de ceste aventure, et coment Tristanz s'estoit leaument contenuz
vers la roïne Yselt, et coment la roïne envoia por Tristan en la
Petite Bretaigne, et coment Tristanz vint en Cornoaille et par quel
15   covenant, et coment il amena Kahedin avec li; et coment tot mainte-
nant il regarda la roïne Yselt, que por la grant biauté qu'il vit en
li l'ama tant desmesureement qu'il n'en pot onques puis son cuer
oster, et tant qu'il li fist savoir l'amor qu'il avoit a li. Aprés
li conte coment la roïne le reconforta par son brief; mes onques
20   n'en ot autre chose fors la promesse tant solement. Tot li conte
cele aventure qu'il ne l'en lest nul mot a dire, enz s'en va dou
tot parmi le voir. Et quant il li ot conté le dur respons et le
felon que la roïne li avoit mandé a ceste foiz, et par Brangien
meesmement, sa demoisele, et coment ele le feroit honir et des-
25   truire se il demoroit plus en Cornoaille, et coment il s'en estoit
partiz, et por cele achoison s'en reperoit il en la Petite Bretaigne,
quant il a son conte finé, il dist a Palamedes: « Sire, or sachiez
certenement que je vos ai tot mon estre conté. En tel maniere ai
je esté deceüz des amors Yselt. »
     911. Palamedes pense un petit quant il a ce mot entendu, et puis
respont: « Kahedins, fait il, or me dites, Yselt dont ne savoit ele
bien com grant amor Tristanz avoit a vos? » « Certes, oïl, fait
Kahedins. La roïne savoit bien tot vraiement que Tristanz m'amoit
5   de grant amor, et de greignor qu'il ne faisoit nul autre chevalier,
et qu'il eüst tot le duel dou monde s'il veïst que je moreüsse
dedenz Cornoaille. » « Par mon chief, fait Palamedes, Kahedins, por
ce vos envoia ele son brief, por vos reconforter par fausses pa-
roles et por vos faire joie de neant. Si le fist plus por oster
10   Tristan de dolor qu'ele ne fist por vostre amor. » « Si m'eïst Diex!
fait Kahedins, Palamedes, vos iestes sages durement. Or a primes
m'aperçoi je por quoi le brief me fu tramis, et sanz faille il ne
[9a] me fu en/voiez por autre chose fors por ce que vos m'avez dit. »
« Et savez vos, fait Palamedes, que Tristan devint puis qu'il se
15   fu partiz d'Yselt? » « Certes, nenil, fait Kahedins. Je n'en oï
onques puis noveles ne bones ne mauveses. » « En non Dieu, fait Pa-
lamedes, et je vos en dirai tiex noveles que vos en serez toz mer-
veilliez, ne ja ne vos en dirai parole qui ne soit tote de verité. »

Lors li comence a conter quele vie Tristanz avoit menee puis
20 qu'il s'estoit partiz de Tintaiol, et le grant duel qu'il demena
si longuement quant il fist le Lai Mortal por ce qu'il avoit dou-
tance de morir. Et quant il ot son lai finé, il perdi maintenant
le sens et la memoire, et devint dou tout forsenez, et s'en foï
come enragiez. « Et por ce, fait Palamedes, croi je mieuz qu'il
25 soit morz que vis. » « Si m'eïst Diex! Palamedes, fait Kahedins, je
vos di tot certenement que Tristanz n'est mie morz. Li cuers le
me dit totevoies, et je croi mieuz a la cuidance de mon cuer que
je fais a autre chose. » « Diex le veille! fait Palamedes. Si vraie-
ment me conseust Diex com je seroie assez plus liez de sa vie que
30 de sa mort, et autresi devroient estre tuit li bon chevalier dou
monde, car chevalerie est orandroit plus honoree par le cors de
Tristan que ele n'est par nul autre home que je saiche mentenant
en vie. »

912. La ou il parloient en tel maniere entre eus deus de ceste
chose, il avint que li rois Mars, qui dedenz la meson s'estoit
muciez si com je vos ai conté, se comence a estosir, si ne sai por
quoi, mes ce ne fu pas de son gré, ce sachiez. Li dui chevalier
5 qui ensemble parloient, quant il l'oïrent estosir, comencerent a
regarder tot entor eus. « Par mon chief! Palamedes, il a leanz
home. Faisons le tost venir avant, si savrons que il est et por
quoi il s'est tant envers nos celez qui ci avons tenu si lonc par-
lement entre nos deus. » Lors s'en entre Palamedes dedenz la meson,
10 qu'il n'i fait autre demeure, et dist: « Qui es tu ceanz, et ne paroles
point a nos? Vien avant, si te verrons, car trop t'iés envers nos celez. »
Quant li rois Mars entent ceste parole, il n'en est mie trop joianz, car
grant paor a et grant doute qu'il ne li facent domaige de son cors,
[b] se il li pueent reco/noistre en aucune maniere. Il avoit mout
15 grant dotance de soi meïsmes, por ce qu'il savoit certenement que
tuit li chevalier estrange qui reperoient en Cornoaille, et i a-
voient reperié, li voloient mal de mort. Neporquant, por ce qu'il
conoist bien et voit tot apertement que son celer ne li vaut riens,
vient il avant totevoies mout matement et a grant doute, et dit:
20 « Palamedes, biau sire, que me volez vos? » « Et coment est ce, fait
Palamedes, que tu ne venoies entre nos, qui bien savoies vraiement
que nos estiens ça defors, et ja i aviens demoré une grant piece de
la nuit? Avoies tu paor de nos, ou tu haoies nostre compaignie a
avoir, qui avec nos ne voloies ça defors venir ou parler a nos? »
25 Li rois Mars respont a Palamedes a mout grant doute et dist: « Ne
je n'avoie paor de vos, ne je ne haoie vostre compaignie a tenir.
Et por quoi eüsse je paor de vos? Ja n'ai je mie deservi que vos

mal me doiez faire ne voloir. Ne vostre compaignie ne hé je mie,
car onques mal ne me feïstes, si come je croi. » « Et por quoi donc,
30 fait Palamedes, avez vos leanz tant demoré que vos a nos ne veniez? »
« Certes, fait li rois, je ne vos i savoie mie, enz me dormoie mout
durement, si me merveillai mout orandroit quant je vos oï, car au
suer quant je entrai leanz por moi reposer encor n'estiez vos pas
ci venu. » « Bien puet estre, ce dit Palamedes, et je vos quit atant
35 de ceste chose. Mes dites moi qui vos iestes, se Diex vos doint bone
aventure, ne ne m'en mentez mie; et coment vos venistes ceste part. »

Li rois Mars, qui forment se dotoit que cil chevalier ne le
meïssent a mort par aucune achoison s'il le reconoissent, ne s'est
mie dou tout descoverz a eus, enz lor dit: « Seignor, je sui uns
40 chevaliers de cest païs qui aloie hui par ceste forest chaçant, mes
en ceste chace fu l'aventure tele que je ai perdu ma compaignie si
merveilleusement que onques puis n'en poi un sol trover de toz cez
avec qui je estoie; et encor me fist pis ce que je esgarai par
la forest en tel maniere que je ne soi onques venir a voie ne a
45 chemin, ne plus que se je n'eüsse onques mes en ceste forest esté.
Je vig ci de nuit tote oscure, et demorai dedenz ceste meson por
l'amor de / ceste fontaine que je trovai, et por ce que je i tro-
vai herbe a grant planté por pestre mon cheval. Or vos ai je dit
et conté quele aventure m'aporta ci. » « Par mon chief, dit Pala-
50 medes, ausi i vig je par aventure, car mes chemins m'i amena, et
ausi sui je anuit esgarez en ceste forest come vos iestes. » « Et
je ausi! » fait Kahedins. « Or ne vos esmaiez, dit li rois, car je
cuit mout bien savoir la forest a ce que je me reconois orandroit
en cest leu. Demen matin quant il sera ajorné je vos avré assez
55 tost mis au chemin de Tintaiol. » « En non Dieu, fait Kahedins, je
i vorroie ja estre. » « Et je autresi, » fait Palamedes. « Tost i
serons, ce dit li rois, se Diex nos envoiot le jor. »

913. Endementires qu'il aloient entr'eus trois parlant en tel ma-
niere, Kahedins, qui ja avoit auques regardé la faiture le roi
Marc, l'avise tant et regarde ententivement qu'il le reconoist. Il
l'eüst reconeü tot maintenant se il fust jorz, mes por ce que la
5 nuit estoit auques oscure et il ne l'avoit pas encores bien avisié
ne l'avoit il pas reconeü certement. Lors prent Palamedes par la
men et le tret a une part et li dit: « Sire, savez vos qui cil che-
valiers est qui a nos parole? » « Nenil, certes, fait Palamedes.
Voirement ne sai ge qui il est. Et je coment le savroie? Je ai
10 si petit reperié en Cornoaille que de ces de cest païs ne porroie
je mie granment conoistre. » « Or me dites, sire, fait Kahedins,
veïstes vos onques granment le roi Marc? » « Certes, sire, fait Pa-

lamedes, je nel vi onques gaires, et neporquant je l'ai veü, si nel
vi onques puis a mon escient que je le fis bien dolent et correcié
15 por la roïne Yselt. » « Or sachiez certenement, fait Kahedins, que
le roi Marc poez vos orandroit veoir. C'est li rois Mars sanz
dotance qui a vos parole. » « Le savez vos par verité? » fait Pala-
medes. « Oïl, dit Kahedins, je le vos di vraiement. »
    Lors parole Palamedes en semblance d'ome correcié por faire
20 paor et dotance au roi Marc, et li dist: « Rois Mars, sires de
Cornoaille, por quoi te vas tu envers nos celant? Nos t'avons
bien reconeü. Nos cuides tu en tel maniere eschaper par mesco-
noissance? Nenil, voir, ce ne puet estre que tu jamés eschaper
nos puisses. Quant tu de nos mens eschaperas, jamés ne feras honte
[d] 25 a preudo/me. Por quoi le t'iroie je celant? Saches tot certene-
ment que tu iés morz. Et se tu demandes por quoi, je le te dirai
erranment. Je sai bien vraiement que onques a jor de ta vie ne
portas honor a chevalier errant que aventure aportast en Corno-
aille, enz lor faiz tot adés tot le mal que tu puez et tote la
30 honte que tu lor puez faire. Mes tu iés orandroit venuz au terme
que tu en avras le gerredon tel com tu duez avoir de tel chose. Je
qui sui chevaliers erranz veil vengier la honte et la desonor que
tu as fait soventes foiz aus chevaliers erranz. Huimés te gardes
bien de moi, car certes tu iés a la mort venuz, se tu de moi ne te
35 puez deffendre. »
    914. Quant li rois Mars entent ceste parole, il n'est mie tant
aseür qu'il ne vosist estre a celi point dedenz Tintaiol mieuz que
devant Palamedes. Quant il voit Palamedes, il est tant esbahiz qu'il
ne set qu'il doie dire, fors tant solement qu'il dit: « Ha! biau
5 seignor, por Dieu merci! Ne m'ociez en tel maniere, car trop se-
roit grant felonie se vos me metiez a mort. » « Certes, dit Pala-
medes, mestiers est que tu te deffendes contre moi, ou tu iés morz
sanz nule dote. » « Encontre toi, fait li rois, coment me porroie je
deffendre qui es armez, et je sui desarmez? Trop seroit ci granz
10 li meschiés, ce m'est avis. » « Rois Mars, ce dit Palamedes, or te
dirai que tu feras. Quant tu la bataille refuses por ce que tu iés
desarmez, or pren donc les armes Kahedin, et puis te combatras a
moi. » « Palamedes, ce dit li rois, il n'est mestier de cest parle-
ment maintenir. Or sachiez certenement que a droit ne a tort je ne
15 me combatroie a vos. Se vos bataille volez trover si merveilleuse
et si pesant que toz en avrez les braz chargiez, alez si vos prenez
a Lancelot dou Lac. Se vos a celi vos volez prendre, il n'est mie
mestiers que je i veigne, car bien se savra de vos chevir. A celi
vos prenez, et non mie a moi. Et se vos encor volez mieuz faire,

20 alez cerchier Tristan, vostre bon ami. Se vos le trovez sain et
hetié et apareillié de bataille, et vos l'asailliez par aventure,
je croi bien tot certenement qu'il vos en donra tant avant que vos
li eschapoiz que ja de vos ne vos sovenra. »

915. Quant Palamedes entent ceste parole, il comence mout tost a

*00a] sozrire, car bien / conoist vraiement que par grant ire et par
grant duel dit li rois Mars ces paroles. Lors li respont: « Rois
Mars, puis que je voi apertement que tu ne te vorroies a moi com-
5 batre en nule guise, je te quit de ceste querele atant, por ce
sanz faille que je ne porroie a toi faire force de combatre. Mes tant
me di, se Diex t'eïst, sez tu noveles de Tristan? » « Se m'eïst
Diex, ce dit li rois, je non. Je n'en savoie orandroit nules quant
vos començastes a Kahedin a conter les noveles que vos li contastes
10 de Tristan. » « Coment! ce dit Palamedes, totevoies entendistes vos
les noveles que je contai de Tristan, et vos me faisiez orandroit
entendant que vos aviez tote nuit dormi? » A ceste parole ne res-
pont riens li rois Mars, car mout durement li anuie quant cil le
tient en tel parlement. Il vouroit ores volentiers que cil fust
15 en autre leu. Et Palamedes li dit por li plus correcier: « Rois
Mars, que te diroie je? Il n'a maintenant tant bon chevalier ou
monde qui volentiers ne te deüst metre a mort, s'il te tenoit en
sa baillie, car sanz faille tu as mis a mort le meillor chevalier
dou monde, s'il est voirs que Tristanz soit morz; et il est morz
20 sanz faille ou hors dou sens, ce sai je bien tot certenement, et
par ton porchaz. Or gardes que l'en devroit faire de toi qui as
honi si bon chevalier com est Tristanz. » « Palamedes, ce dit li
rois, se Diex m'eïst, or oi je la greignor merveille dou monde.
Je voi bien tot apertement que tu ne vas querant fors une povre
25 achoison par quoi tu te puisses combatre a moi por ce que tu sez
certenement que tu iés mieudres chevaliers que je ne sui; si diz
que je ai Tristan mis a mort, que tu te veus combatre a moi par
fine force, ice sai je vraiement. Et orandroit n'a mie encores
granment que tu disoies a Kahedin qui ci est qu'il avoit Tristan
30 mis a la mort, et si t'en voloies a li combatre. Ici me sembles
tu enfant par les paroles que tu diz. Or donques, que diras tu?
De cesti fait te dirai je assez mieuz la verité que tu ne diz, ne
je ne fais a blasmer de sa mort, ne Kehedins ausi, mes cele qui
le brief escrist d'ou Tristanz enprist si grant duel. Ele mist
35 Tristan a la mort; nus autres n'en doit estre blasmez par / reson. »
« Rois Mars, ce dit Palamedes, tant m'as ores dit a cesti point que
je m'acort dou tout a toi. Or saches bien tot certenement que
d'endroit ceste querele ne te demanderai je plus a ceste foiz.

Je te pardoing mon mautalent. » Et li rois, qui grant joie a de
40 ceste aventure, l'en mercie mout durement. Ensi s'entr'acordent
li dui chevalier, et demeurent illec devant la fontaine toute la
nuit.

916. Quant li rois Mars se voit aseür des deus chevaliers et il
conoist certenement qu'il n'a d'eus garde a cesti point, il parole
adonc plus certenement qu'il ne faisoit devant, et comence a de-
mander noveles del reaume de Logres et de la meson le roi Artus
5   et des chevaliers de la Table Reonde. Et Palamedes li en conte ce
qu'il en savoit. « Or me dites, fait li rois Mars, de Tristan,
queles noveles en dit l'en en la meson le roi Artus? » « Certes,
fait Palamedes, je ne repere mie sovent en la meson le roi Artus,
mes en la compaignie des chevaliers de celi ostel vois je sovent.
10 En la meson le roi Artus n'oï je onques granment parler de Tristan,
fors une nuit tant solement, et ce fu adonc quant il avoit le roi
Artus resqueus de mort et delivré d'une mout anieuse prison ou il
avoit esté, ce disoient il par leanz. Adonc parloient il de
Tristan et li donoient si grant los et si grant pris de totes bon-
15 tez et de totes valors de chevaliers que je n'oï onques a Lancelot
dou Lac doner si grant pris ne si grant los com il donoient a Tris-
tan. Tant en oï je cele foiz en la meson le roi Artus; mes par le
reaume de Logres en mainz leus ou je sui venuz et ou je trové cheva-
liers erranz qui monseignor Tristan conoissoient, ai je bien oï dire
20 tot apertement qu'il li donoient pris et los de totes bontez de
chevalerie sor toz les chevaliers qu'il conoissoient ne pres ne
loig. » « Certes, fait Kahedins, qui autre chose diroit de Tristan
for ce qu'il est tout plainement li mieudres chevaliers dou monde,
il ne seroit pas voir disanz. » Ensi tienent lor parlement tant
25 come la nuit dure; cele nuit dormirent petit.

917. A l'endemen quant il ajorna il cerchierent tant lor chevax
de ça et de la qu'il les troverent. Et quant il les orent trovez
et apareilliez au mieuz qu'il porent, il montent. Et li rois qui
adonc se reconoissoit / en la forest dist aus deus chevaliers:
5   « Sivez moi, car je vos metrai au grant chemin. » Tout maintenant
que Palamedes le voit, il dit a Kahedin: « En non Dieu, vez ci le
grant chemin que nos aliens querant. Cist est sanz faille li granz
chemins de Tintaiol. » « Sire, vos dites voir, » fait Kahedins. « Seignor,
fait li rois Mars, je vos ai mis au grant chemin que vos aliez
10 demandant. Et puis que nos somes a tent venu, je vos di bien tot
certenement que se vos volez retorner a Tintaiol, je vos i ferai
servir et honorer a mon pooir, autretant come li rois Artus feroit
el reaume de Logres, se vos i estiez. » « En non Dieu, fait Kahedins,

tant com je aie la vie ou cors, je ne quier retorner a Tintaiol, se
15 trop grant force ne m'amenoit a ce, tele qui fust encontre la moie
deffense et encontre le mien pooir. J'avoie trop grant folie en-
prise; or m'en repent. Jamés nul jor de ma vie n'i enterrai,
enz m'en irai en la Petite Bretaigne au roi Oel, mon pere. Et vos,
Palamedes, que vorroiz vos faire? Vorroiz vos demorer en Cornoaille? »
20 « Certes, Kahedins, fait Palamedes, de demorer ceste foiz en Corno-
aille n'ai je orandroit nule volenté. Vos avez bien oï, ce croi,
coment je vig en Cornoaille et par quele achoison. Or va mon afaire
tot autrement qu'il ne faisoit quant je vig del reaume de Logres.
Mon cuer gist en autre pensé, por quoi je m'en veil retorner el
25 reaume de Logres arrieres sanz faire nul autre delaiement. Il me
tarde mout durement que je i soie revenuz. »

918. Atant se torne devers le roi Marc et li dist: « Rois Mars, je
me retornerai el reaume de Logres. Se je vos ai dit aucune parole
par jeu et par envoiseüre que je dire ne vos deüsse, je vos pri
que vos le me pardonez, car je vos di certenement que je ne le vos
5 dis por nule male volenté que je eüsse a vos. Et sachiez de voir
que por nule parole que je vos aie dite ne leroie demen que je ne
vos eidasse a vostre cors deffendre et a saver, se je en venoie en
point et en leu que vos mestier en eüssiez, tant come je porroie. »
« Palamedes, ce dit li rois, de ce vos merci je durement. Or sa-
10 chiez de verité que por ceste parole que vos avez ci dite si fran-
chement et si cortoisement come je l'ai oï / avez vos dou tout
gaaignié le roi Marc. Se Diex me doint bone aventure, se vos ou
reaume de Cornoaille volez demorer onques en tote vostre vie, ne
trovastes un chevalier qui tant d'onor vos feïst come je ferai,
15 premierement por le grant bien que toz li mondes dit de vos, et
aprés por la grant cortoisie qui est en vos. » « Sire, dit Pala-
medes, je n'ai ores nule volenté de demorer en Cornoaille. De ce
que vos me prometez vos merci je mout durement et vos coment a
Nostre Seignor, car je n'avré jamés granment de repos devant que
20 je soie el reaume de Logres. » « Diex vos conduie, fait li rois,
quel part que vos ailliez en tel maniere come vos vorriez. »

Atant s'en sont parti sanz autre parlement tenir. Li rois
Mars s'en vet vers Tintaiol mout durement pensant a Palamedes, et
dit bien a soi meïsmes tot plenement que c'est sanz doute toz li
25 plus cortois chevaliers qu'il onques veïst. Bien est chevaliers
gracieus de totes choses, car avec ce qu'il est si cortois com il
meïsmes set orandroit, il est si bons chevaliers des armes que a
poines troverroit l'en mentenant un autre si bon en tot le monde,
ne autresi hardi.

919. Quant li rois Mars se fu partiz des deus chevaliers, il n'ot mie granment alé dou grant chemin de la forest quant il encontra un de ses chevaliers. Et se aucuns me demandoit qui li chevaliers estoit, je diroie que ce estoit Dynas, le senechal, un des cheva-
5   liers de tot le monde qui greignor bien voloit a Tristan. Et sachiez qu'il avoit tote nuit chevauchié par le Morroiz ça et la por trover Tristan, car totevoies le cuidoit il trover ou oïr aucunes noveles de li. Quant li rois Mars le voit venir, il le reconoist auques de loig. Et quant il comence de li aprochier, il li demande:
10   « Dynas, d'ou venez vos? » « Sire, fait Dynas, se Diex me doint bone aventure, je ne finai tote nuit de chevauchier, ne ne reposai ne po ne grant, car totevoies cuidoie je d'aucune part trover un chevalier que je vois querant. Et vos, ou avez vos esté ceste nuit? Esgarastes vos ou Morroiz qui tant avez demoré, ou vos i tro-
15   vastes aucune aventure qui tant vos i a detenu? » Li rois Mars comence a sozrire quant il entent ceste parole, et dit: /« Dynas, fait il, or retornez, et je vos conterai en chevauchant coment il m'avint ceste nuit, et sachez tot certenement que onques mes a jor de ma vie ne m'avint si grant aventure ne si estrange come
20   ceste est qui anuit m'est avenue. » « Ha! sire, por Dieu, fait Dinas, puis que si estrange aventure vos est avenue, dites le moi, s'il vos plest, et por que ce soit chose que l'en puisse dire a autre chevalier. » « Volentiers, certes, fait li rois, je vos en conteré partie. »
25   Lors li comence a conter de chief en chief coment il estoit venuz a la fontaine, et li fet entendant qu'il entra dedenz la meson por soi reposer et dormir. Après li conte de Kahedin et de Palamedes, coment il vindrent cele part, l'un aprés l'autre, et la merveilleuse complainte que Palamedes fist au comencement quant il
30   fu venuz a la fontaine, premierement encontre amors et puis por amors. Après li conte la response que Kahedins li fist puis, mes sanz faille il ne li dist mie de maintes paroles que Kahedins avoit dit a Palamedes, meesmement de celes qui atochoient dou fait le roi Marc si apertement come je vos ai dit. Aprés li conte en
35   quel maniere il se parti d'ax.
Et quant il ot tot conté, que petit en avoit lessié a dire, Dinas respont en sozriant et dit: « Sire, que vos diroie je? Si m'eïst Diex, bien poez dire tot seürement que ce a esté une des plus beles aventures et des plus merveilleuses qui pieça avenist
40   en Cornoaille. Or avez vos entendu com sagement et com sotilment li chevalier aventureus sevent de lor amors parler. » « Si m'eïst Diex, ce dit li rois, je ne cuit qu'il ait orandroit en tot cest

monde un si sage chevalier ne si soutil com est Palamedes. Onques
mes a nul jor de ma vie je n'oï chevalier de si cortoises paroles
45 ne de si beles com il est. Bien puet l'en dire de li tot certene-
ment que il est sanz nule faille li mieudres chevaliers et li plus
aventureus, a ce qu'il est si puissanz d'armes que toz li mondes
va orandroit parlant de sa chevalerie. » « Sire, se m'eïst Diex,
fait Dynas, or sachez tot certenement que de Palamedes ne porroit
50 nus hons tant de bien dire qu'il n'en ait encores plus assez. »
Ensi parlent de Palamedes et de Kahedin et des autres chevaliers
aventureus chevauchant entre le roi Marc et Dynas, le senechal,
qu'il sont venu a Tintaiol./

]   920. Quant cil de leanz voient le roi Marc revenir, il en font
grant joie et grant feste. Il avoient eü tote paor de li por ce
que il l'avoient en tel maniere perdu en la forest; mes orandroit
qu'il le voient sain et hetié, il s'en reconfortent durement. Tot
5   maintenant que li rois est venuz, il va veoir la roïne Yselt, come
cele qu'il onques n'oublie. Il l'aime tant a la verité raconter
qu'il ne l'aime mie granment moins de soi meïsmes. Et quant il
est devant li venuz, il la treve tote seule, que ele avoit fait sa
chambre delivrer des dames et des demoiseles, com cele qui bien
10 vousist, s'ele poïst, que nus n'oïst le grant duel qu'ele aloit de-
menant nuit et jor. Quant li rois entra en la chambre, il i entra
si coiement que la roïne, qui sa harpe tenoit devant li et l'aloit
acordant, et aloit querant le chant de son lai tot en plorant, et
chant i faisoit en lermoiant des ieuz et en sospirant de cuer
15 mout tendrement, ne s'aperçut point de sa venue. Et sachiez
qu'ele estoit tant bele dame outreement de totes les biautez que
dame pooit avoir en soi que a poines poïst l'en trover si bele
dame en tot le monde; et neporquant auques li toloit de sa biauté
le grant duel qu'ele avoit au cuer et qu'ele demenoit totevoies,
20 qui un po li avoit le vis taint et enpali et l'avoit ja auques
amegroié, et les lermes meesmement qui des ieuz li cheoient sovent
et menu et qui li avoient un petit le vis sali, faisoient auques
de contraire a sa biauté. Et se ces deus choses tant solement
ne li fussent nuisanz adonc, bien se poïst li rois Mars seürement
25 venter que en tot le monde n'eüst a celi tens si bele dame come
estoit la roïne.
   Quant li rois Mars entre en la chambre et il voit la roïne
Yselt estre en la chambre, et qu'ele tenoit la harpe devant li
et chantoit basset et avec ce ploroit mout durement, il s'areste
30 tot mentenant et pense bien a soi meïsmes que por ce que la roïne
ne s'aperçoit point de sa venue, il ne puet estre en nule maniere

qu'ele ne die aucune chose et aucune merveille dont il la porra
puis reprendre apertement. Li rois s'areste en tel maniere come
je vos cont por entendre ce que la roïne dira, et se mentint mout
35 coiement

[c] 921. Et la roïne, qui de li ne s'aper/çoit de riens et qui aloit
par soi meïsmes ordonant le chant de son lai au mieuz qu'ele sa-
voit, va sospirant de cuer parfont et mout sovent. Quant ele a
en tel maniere esté une grant piece qu'ele ne dit mot fors que en
5 notant por trover le chant de son lai, ele met adonc la harpe de-
vant li et comence a plorer mout fort. Et quant ele a demoré en
ce plorement une grant piece en tel maniere, ele dist: « Ha!
Amors felonesse et cruele, chose deleaus et mauvese, plene d'anui
et d'envie, sanz tote pitié et sanz mesure, por quoi avez vos mis
10 a mort et a destruction la rose et la flor dou monde? Diex avoit
mis par sa bonté et par sa cortoisie en un sol cors totes les bon-
tez et totes les graces qui en mortel chevalerie devoient estre,
et vos por vostre honte et por vostre desonor avez estaint iceli
cors et mis a mort et a martyre. Poïssez vos ores en nule maniere
15 cesti monde domaigier plus durement que tant solement par cele
mort? »

Quant la roïne a dite ceste parole, ele se test et comence a
penser mout durement une grant piece et mout ententivement sanz
ce qu'ele ne dist nul mot dou monde. Au chief de piece recomence
20 sa complainte en tel maniere et dit: « Ha! Tristanz, tant mar vos
vi onques et la vostre amor! Mes cele morz vius et honie qui vos
sorprist en tel maniere m'a destruite. De vostre amor di je bien
tot apertement qu'il ne me vint onques se bien non, mes de cele
mort qui vos prist me pleg je, et plendre m'en doi par reson a toz
25 jorz mes tant come j'avré la vie ou cors. Icele mort si m'a honie
et m'a si tret le cuer dou ventre que jamés n'avré reconfort fors
par une chose tant solement: ce sera par ma mort meïsmes qui fera
ma vie finer prochenement. En tel maniere finerai totes mes dolors,
et tot par un sol cop.

922. Quant la roïne a dite ceste parole, ele drece la teste con-
tremont et voit tot apertement le roi Marc qui s'estoit arestez
asez pres de li. La roïne qui trop durement estoit iriee por ce
qu'ele cuidoit certenement que Tristanz fust morz, por ce qu'ele
[d] 5 set bien que li rois Mars avoit enten/dues tot plenement les pa-
roles qu'ele avoit dites, et s'ele le voloit celer ne li vaudroit
riens li celers, por ce parole ele come feme forsenee, plene de
rage et de corroz, car autretant li chaut mes se ele muert com se
ele vit, et dit: « Rois Mars, avez vos bien entendu ce que je ai

10 dit? » « Dame, fait il, oïl, mout bien. Or sachiez tot vraiement
que de ces paroles ne vos porroit venir se domaiges non et anuiz. »
« Certes, fait la roïne, moi ne chaut. Autretant m'est il des ores
mes de la perte com de la gaaigne. Je ne puis des ores mes riens
perdre, que je ai tot perdu. » « Dame, fait li rois, encor avez
15 vos tant a perdre, ce m'est avis, come vostre cors. » « Rois Mars,
dit la roïne, se Diex me doint bone aventure, c'est tote la mendre
paor que je aie. Cuides tu donc que je redote la mort? Je non,
certes. Je voi la mort a l'uel tot apertement; c'est la plus
prochene voisine que je aie. Rois Marc, por quoi cuideroie je
20 autre chose? La mort est ma charnel parente. Novelement me fu
envoiee, ne sai de quel terre. Sez tu qui la me tramist? Tris-
tanz! Tristanz m'a la mort envoiee por ce que je muire aprés li.
Il est morz, et je veil autresi morir sanz doute. Onques mes ne
fu nule mort tant desiree come la moie est, car je li pri a join-
25 tes mains et vois aorant qu'ele me fine mes dolors. Je ne desir
nule autre chose, et par ce puet l'en bien savoir tot certenement
que je la mort ne dot riens; et certes, s'ele m'aloit auques tar-
jant, je meïsmes la hebergeroie dedenz moi, car je m'ocirroie a
mes mens. »
30 Quant la roïne a dite ceste parole, ele se test que plus n'en
dist a cele foiz; et au chief de piece recomence son duel ausi
grant et ausi plenier come ele avoit fait devant.

923. Quant li rois Mars entent cest plet, il est assez plus do-
lenz et plus correciez qu'il n'estoit devant. Or ne set il qu'il
doie faire, car aus paroles qu'il a entendues de la roïne voit
il bien et conoist tot certenement que la roïne se veust metre a
5 mort por le duel qu'ele a de Tristan, et qu'ele s'ocirra sanz
doute, s'ele n'est gardee, ne granment / ne puet mes demorer,
a ce qu'il voit tot apertement qu'ele est mes ausi come tote for-
senee. Li rois, qui la roïne amoit tant durement qu'il ne vosist
sa mort veoir en nule maniere ne por nule aventure dou monde, por
10 ce que il cuide bien tot vraiement que Tristanz soit morz sanz
dotance et bien li est avis que de li n'a il mes nule paor, por ce
dit il a soi meïsmes qu'il fera venir Dynas, le senechal. La
roïne li veust mout grant bien, et quant ele l'avra en sa com-
paignie, por le grant bien qu'ele li veust, ele se reconfortera,
15 s'ele jamés se doit conforter. Il ne vorroit por nule riens qu'il
la perdist en tel maniere tant com il la poïst sauver.

Que vos diroie je? Li rois a mandé Dynas, et cil i vient
sanz autre delaiement faire. Li rois le·tret tot mentenant a une
part en une des chambres de leanz, et li conte le grant duel que

20 la roïne va demenant. Dynas demande adonc au roi, ausi com s'il
n'en seüst riens: « Sire, d'ou vient ceste dolor? Por quoi est ma
dame si desconfortee durement? » « Dynas, fait li rois Mars, envers
vos ne me celeroie je de riens. Je le vos dirai, et si vos conterai
ma honte tot plenement. Il est voirs que Tristanz est morz, je le
25 sai tot vraiement, n'il ne puet estre que vos n'en sachiez aucune
chose, ce sai ge bien. Et por ce que la roïne set certenement que
Tristanz est morz, por ce va ele tel duel demenant que onques a
nul jor de vostre vie ne veïstes tel duel demener; et dit bien
tot apertement qu'ele s'ocirra sanz faille. Mes por ce que je ne
30 voroie mie qu'ele moreüst en tel maniere, veil je que vos demoroiz
dou tout avec li et que vos la reconfortoiz en totes les manieres
que vos porroiz. Je la vos les. Gardez bien qu'ele ne s'ocie,
que je m'en prendroie a vos en totes guises. » « Sire, fait Dynas,
quant vos ma dame la roïne metez en ma garde, je vos promet leau-
35 ment que je li garderai si les mens que se ele s'en voloit ocirre,
ne porroit ele en nule maniere. » « Ensi le vos comant je, » fait li
rois.

[b]   En tel maniere com je vos cont rement / la roïne en la garde
de Dynas, le senechal, qui est mout iriez et dolenz del grant duel
40 qu'ele demenoit tot adés.

924. Quant il est venuz en la chambre ou la roïne estoit encores,
et tenoit devant soi sa harpe, et il la salue au mieuz qu'il sot,
la roïne drece la teste contremont. Et quant ele voit que c'est
Dynas, ele respont: « Dynas, biaus amis, bien veignez vos. Queles
5 noveles m'aportez vos? » « Ma dame, fait Dynas, se m'eïst Diex, je
ne sai orandroit nules noveles. » « Et je les sai orandroit teles qui
par reson devroient desplere a tot le monde: Tristanz, li miens
amis, est morz! Cil qui de beauté, de valor, de sens et de cor-
toisie avoit tot le monde passé, il est morz, et je por s'amor veil
10 morir autresi sanz faille, car je sai bien tot certenement qu'il
est por la moie amor morz. » Quant la roïne a dite ceste parole, ele
comence mout tendrement a plorer, et maudit l'ore qu'ele fu nee
plus de mil foiz, quant ele a en tel maniere perdu tel home come
estoit Tristanz.

15   Quant Dynas voit le grant duel que la roïne va demenant, il
la reconforte en tel maniere: « Ma dame, fait il, que vos diroie
je? Sachiez vraiement que je voi de vos avenir la plus grant mer-
veille que je onques mes veïsse avenir de nule dame. Si voirement
m'eïst Diex, dusques ci vos ai je tenue a une des plus saiges dames
20 dou monde. Mes au semblant que je vos voi faire m'est il avis que
vos faites mout durement a blasmer que vos dites que Tristanz est

morz. Ores coment le savez vos? Coment en iestes vos certene?
Veïstes vos onques nul qui mort le veïst? » « Certes, fait la roïne,
nenil, mé la grant paor que je ai met en mon cuer un si grant duel
25 que je ne sai que je doie dire. Li dels m'ocit et si m'acore; le
duel si me metra a mort prochenement et les noveles que Brangien
m'a aportees. » « Ma dame, fait Dynas, queles noveles vos aporta donc
Brangien? » « En non Dieu, fait ele, je les vos conterai. » Lor li
comence maintenant a conter mot a mot ce que Brangien li avoit dit
30 de Tristan. Quant ele li a tot conté, Dynas li comence donc a
dire: « Dame, fait il, bien ai tot vostre conte entendu tot ensi
come vos le deïstes. Or vos /reconterai je le mien tot ensi come
je le sai et come li rois Mars meesmes le me conta. » Lors li co-
mença a conter tot le fait de Palamedes et de Kahedin, et la ten-
35 çon et la renpone qui entr'eus fu. Que vos diroie je? Tot li de-
vise celi conte en tel maniere com li rois Mars li avoit conté, et
ce fu une chose qui adonc reconforta la roïne. Quant il a son
conte finé, la roïne parole adonc et dit: « Dynas, se Diex vos
doint bone aventure, que cuidez vos donc de Tristan? Cuidez vos
40 mieuz qu'il soit morz que vis? » « Dame, ce respont Dynas, or sa-
chiez tot vraiement que Tristanz n'est mie morz, enz est toz vis,
et tost par le mien escien orez vos noveles de li vraies. » « Diex
le veille par sa pitié, fait la roïne, tot ensi come je le desir. »
925. Par les paroles que Dynas aloit en tel maniere disant a la
roïne s'aloit ele auques reconfortant, et tote se fust reconfortee,
mes Audrez, qui grant mal li voloit por l'amor de Tristan, troeve
une demoisele estrange qui novelement estoit venue en Cornoaille.
5 Audrez la trest tot mentenant a une part et li dist: « Demoisele,
se vos volez faire por moi une chose que je vos diroie, grant bien
vos en porroit venir. Et sachiez tot vraiement que vos porroiz
seürement faire cele chose sanz avoir domaige ne honte. » La de-
moisele, qui povre estoit et grant volenté avoit de mieuz avoir
10 qu'ele n'avoit, se Diex li vosist envoier, quant ele conoist Au-
dret, de qui ele conoist tot certenement qu'il est emprés le roi
Marc toz sires de Cornoaille, ele respont tot mentenant: « Mesire
Audret, il n'est riens en tot le monde que je ne face por vos vo-
lentiers que je puisse faire a l'onor de moi et au sauvement de
15 mon cors. Or dites que vos volez que je face. » « Volentiers, ce
dit Audrez. Voirs est sanz doute en tel maniere que Tristanz est
morz novelement. Je meïsmes li vi doner le cop mortel et le vi
mort gesir a terre; et se je ne l'eüsse veü si apertement come
je le vi, je ne creüsse nul home de sa mort. Or est ensi avenu
20 que li reaumes de Leonois, qui siens estoit par eritaige, est remés

[d]

sanz oir et est par droit escheoiz au roi Marc, son oncle. Li rois
Mars, qui / deus reaumes ne tendroit mie ensemble, ce sai je bien
certenement, quant il orra dire que Tristanz est morz, je sai por
voir qu'il me donra volentiers le reaume de Leonois a assez petit
25   proiere. Et se je l'avoie, je m'en tendroie a bien riche home a
toz les jorz de ma vie, et diroie que bien avroie emploié le servise
que avroie fait au roi Marc. Ores, demoisele, por ce que li rois
Marz vos crera mieuz de la mort de Tristan qu'il ne feroit moi—
car se je li disoie par moi meesmes tot ensi com je le vi ocirre,
30   il cuideroit errannment que ce ne fust mie voirs et que je le deïsse
por covoitise d'avoir le reaume de Leonois—vos li direz, et sa-
chiez tot vraiement que granz biens vos en venra. Et se li rois
Mars demande ou vos le veïstes ocirre, dire li poez seürement
qu'il fu el Morrois, et d'un des compaignons le roi Artus. » « En
35   non Dieu, fait la demoisele, ja por bien faire cest mesaige ne
remendra que vos n'oiez le reaume de Leonois! Lessiez sor moi
ceste parole tot hardiement, car bien le savré dire au roi. De
bien parler ne de conter une reson ne dot je demoisele. » « Or i
parra, » ce dit Audrez. Atant finent lor parlement.

926. Au suer quant il fu avesprez et li solauz comença a torner a
declin, li rois Mars s'asiet aus tables enmi le palés, et li autre
chevalier s'asient ausi aprés li. Quant li premiers mes fu ve-
nuz, atant ez vos leanz venir celi a qui Audrez avoit eü tel parle-
5   ment com je vos ai conté. Tout mentenant que cil de leanz la virent
venir, il distrent sanz faille que ce estoit aucune demoisele
mesaigiere; si la firent adonc venir devant le roi. Quant ele
est devant le roi venue, ele le salue au plus belement qu'ele set,
et dit: « Rois Marc, Diex vos saut et gart! » « Demoisele, fait li
10   rois, bone aventure vos doint Diex. Dont iestes vos, et de quel
contree? Iestes vos del reaume de Logres? Se vos iestes de ce
païs, si nos contez adonc de vos noveles. » « Rois Mars, dit la de-
moisele, or sachez que del reaume de Logres fui je nee, et encores
[750:118b]   n'a pas granment de tens que de cele contree me parti,/ et ving en
15   Cornoaille por une moie besongne qui molt me tochoit au cuer.
Orendroit sont trois jor acompli droit a ceste hore que ge chevau-
choie parmi le Moroys en la compaignie d'un mien escuier solement.
La ou nos chevauchion parmi la forest ensint com ge vos cont, il
avint adonc chose que nos encontrasmes un chevalier armé de totes
20   armes qui covienent a chevalier, et menoit avec soi deus escuiers.
Lors que li chevaliers nos vit, il s'aresta; et quant nos fumes
dusqu'a lui venuz, il nos dist: « Ge vos pri que vos alez dusqu'a
une fontaine qui ça devant est. Vos troverez ilec un chevalier

maintenant qui a esté ocis de novel. Ou vos le metroiz ilec en
25 terre, ou vos le porteroiz a aucune maison de religion por en-
terrer. Il fu si preudom et de si haute valor que l'en ne doit
mie soufrir que les bestes dou bois le mangueent. » Atant se de-
parti de nos li chevaliers que plus ne nos dist.
   Et nos nos meïmes tot maintenant a la voie et tant chevau-
30 chames que nos venismes a la fontaine. Nos trovames ilec un che-
valier gisant qui avoit esté feruz d'un glaive parmi le cors si que
li fers li estoit toz passez par derriers et dou fust meïsmes. Li
chevaliers n'estoit mie encore morz, mais a la mort trahoit dure-
ment. Quant ge vi qu'il n'estoit mie morz, ge descendi por savoir
35 se ge poïsse aucune parole traire de lui. Quant ge fui sor lui
descendue, il ovri les ielz et me dist: « Ha! damoisele, ge vos
pri por Dieu et por franchise que vos por moi voilliez faire une chose
ɔ:118c]   qui molt / petit vos grevera. Ge sui Tristanz, li niés dou roy
March de Cornoaille, veraiement le sachiez vos, et m'estoie ci
40 endroit endormiz. Uns chevaliers qui mon mortel anemis estoit—
et bien le m'a mostré a cestui point!—me trova ci dormant par
aventure, si me feri par traïson ensint com vos veez. Mort m'a;
ge sent ja la mort au cuer. Ge ne verrai ja la nuit se mort non.
Ore donc, por ce que ge ne voldroie pas que li roiaumes de Loonoys
45 qui fu miens demorast longuement sanz seignor, proiez le roy March
de par moi qu'i pregne la terre por lui, ou il la doinst a tel
prodome qui bien la sache maintenir. »
   Quant il ot dite ceste parole, il ne demora mie granment
après ce qu'il morut voiant nos meïsmes. Nos preïsmes puis le cors
50 et le portames a un hermitage qui pres d'ilec estoit, et le
feïmes ilec enterrer. En tel guise com ge vos di morut Tristan.
Et par la proiere qu'il me fist sui ge a vos venue, roys March;
ge le vos di tot ensint com il me dist. Or m'en irai en ma be-
songne, quar en vostre hostel n'avoie ge a faire autre chose
55 mais que ge vos deïsse ceste novele et que g'eüsse acomplie la
proiere que Tristanz me fist. »
   927. Quant li roys ot ceste novele, il est tant durement iriez
qu'il ne set qu'il doie dire. Il quide tot veraiement qu'il soit
ensint avenu com la demoisele li a conté. Or est iriez, or est
dolenz et toz esmaiez et enragiez de corroz. Et sachiez que en
5 tote la sale n'avoit pas adonc quatre chevaliers qui ne soient cor-
rocié de cele mort a desmesure, et dient tout communement que or
puet l'en segurement dire que le meillor chevalier del monde est
mort. Que vos diroie ge? Le duel est comencié par laienz si grant
et si merveillox que l'en n'i oïst Dieu tonant. Li roys March

10   meïsmes, qui ne faisoit mie volentiers duel, en fait tant que nul
[750:118d]   nel voit qui / bien ne die qu'il n'est pas corrociez a gas. La
roÿne meïsme qui estoit en sa chambre, et qui auques s'aloit re-
confortant por les paroles que Dynas li avoit dites et li disoit
chascun jor, quant ele entent la grant dolor qu'il menoient par la
15   sale, ele saut sus tot maintenant ausint come fame forsenee et dist:
« Or tost, Dynas, alez laienz et sachiez dont ceste dolor vient
qu'il vont demenant entr'elx. Le cuers me dist que ce est por
Tristan, le mien ami. Il en ont oï malvaises noveles, ge le sai
tot veritablement. »
20   Quant Dynas entent cest plait, il ne set qu'il doie dire.
Quant il ot le duel et la noise qu'il vont demenant par laienz, il
s'aperçoit bien tot maintenant que ce est por Tristan sanz faille.
Donc n'i fait autre delaiement, ainz s'en vient au palais tot droit.
Et la roïne, qui de ceste chose est tant a malaise que nule plus,
25   ne se puet mie tant tenir que Dynas soit revenuz, ainz se met en
une chambre de leienz ou ele trove deus damoiseles qui ploroient
molt tendrement. La roÿne s'en vient a une des damoiseles et li
dist: « Damoisele, por quoi plorez vos ensint? Dites le moi tost,
ge le vos comant. » Et ele comence donc plus fort a plorer, et
30   totes voies por la poor que ele a de sa dame et por ce qu'ele ne
se corroce a li, li dist ele: « Dame, por quoi le vos celeroie ge?
Mon celer ne m'i valdroit rien. Nos plorom por une novele qui
vint laienz orendroit, quar une damoisele dist au roy que mesire
Tristanz est mort sanz faille. Li roys en fait un duel si merveil-
35   lox que ge ne vi onques greignor, et ausint font tuit li autre de
laienz. Nos meïsmes en faisom duel ensint com vos poez veoir. »
928. Quant la roïne entent ceste novele, ele ne respont riens del
monde, ainz se revient en sa chambre au plus tost que ele onques
[750:119a]   puet et s'asiet devant son / lit, ne mot ne dist. Aprés ce ne de-
mora gaire quant Dynas revient du palais. Et quant la roÿne le
5   voit, adonc ne se puet ele taire, ainz dist tot en plorant:
« Dynas, fait ele, or est il morz! » Et quant ele a dite ceste pa-
role, ele se pasme et gist grant piece en paumoison, si froide,
si paile et si vaine com s'ele fust deviee. Dynas, qui ceste chose
voit, n'a tant de sens qu'il i puisse mais conseill metre. Il
10   meïme demaine un duel si grant que nuls ne le veoit adonc qui bien
ne deïst que voirement estoit il corrociez de ceste aventure. Il
est trop durement iriez de Tristan. Il ne set mais qu'il doie dire.
Il est come toz forsenez; il maldist Dieu et tot le monde.
A chief de piece aprés revient la roÿne de pamoison. Et quant
15   ele a pooir de parler, ele dist a Dynas: « Dynas, fait ele, or est

il morz! Et puis qu'il est issuz de vie qui en vie me tenoit, de
ma vie ne me chaut mais. Des ore mais est il bien temps et raison
que ge face finer ma vie. Aprés lui ne doi ge pas vivre.» Itant
dist la roÿne et non plus que Dynas poïst entendre icelui soir.
20   Que vos diroie ge? Grant est le duel et la noise, et molt
est grant le dementeïz par Tyntayol. Li roys fait un duel si tres
grant qu'il ne le poïst faire greignor, et ausint font tuit li
autre de son hostel.

50:124a]   929. Trop fu durement desconfit la roÿne Yselt des / noveles que
Audret ot fait dire en la maison dou roy March ainsint com nos
vos avom conté ça arriere. Que vos diroie ge? Des celi jor perdi
ele del tot le boivre et le mengier si que li roys dist adonc
5   plainement que ele ne pooit mais longuement vivre; et ausint di-
soient tuit cil qui la voient. Et sachiez que ce qui plus la te-
noit en vie ce estoit ce que ele entendoit a la harpe et a son lay
finer et a trover le chant.
      Quant ele a tot son lay trové et le chant autresint, ele dist
10   a soi meïsmes que ore mais velt ele morir. Et por ce que ele voit
bien que ele ne puet tost morir par jeuner ne par plorer ne par
dol faire, dist ele qu'ele fera plus tost sa vie finer. Comment?
Ele s'ocirra a ses deus mains de l'espee Tristan, de cele dont li
Moreholz, son oncle, fu morz. A ce s'acorde et a ce tent, et en-
15   sint dist qu'ele fera, et tote la nuit pense a ceste chose.
      Li roys, qui bien pense et entent que la roÿne pense plus que
ele ne soloit et que ele a dou tot perdu le dormir, pense coment ce
puet avenir. Et quant il a pensé a ceste chose, il dist a soi
meïmes qu'il ne puet estre que la roÿne ne se pense a faire au-
20   cunes malvaises choses. Or est mestier, si com il dit, qu'il voie
tot apertement a quoi cest penser porra venir. Li roys pense d'une
part, et la roÿne pense de l'autre: la roÿne pense de sa mort et
coment ele se puist ocirre que nuls ne la voie; li roys, qui plus
la voit assez pensive que ele ne soloit estre, dist qu'il savra,
25   s'il onques puet, a quoi cest penser porra venir.
      930. A l'endemain quant il ajorne li roys se lieve molt matin et
dist qu'il velt chevauchier fors; et il si fait sanz faille. Mais
maintenant qu'il fu fors de Tyntayol, il dist a celx qui compagnie
li faisoient: « Alez vos en dusqu'a la forest, et illec m'atendez.
5   Ge voill ici remanoir un petit. » Et il le font tot ensint com li
:124b]   roys lor comande; il / s'en vont droit vers la forest. Li roys
remaint a l'entree d'un grant gardin par ou l'en pooit entrer dus-
qu'en ses chambres, quar cil gardins sanz faille duroit deciques
as chambres de la roïne. Quant li roys voit qu'il est tot sol fors

10 solement d'un escuier qu'il avoit od lui retenu, il descent et dist
au vallet qu'il en maint le cheval en un val qui pres d'ilec estoit
en tel leu qu'il ne peüst estre veüz; et cil dist que ce fera il
bien. Li roys s'en entre dedenz le gardin qui molt estoit biaux et
verdoianz et plains de menuz arbroisiaus ou cil oisseillon envoisié
15 s'aloient deduiant de lor chanz divers. Li roys s'en vait parmi
le gardin tant qu'il est venuz dusques as chambres, si coiement
qu'il n'est veüz ne oïz. Et il se met dedenz une chambre par ou
l'en pooit auques veoir dedenz la chambre la roÿne; et ou gardin
veoit il ausint tot apertement et assez loing. Li roys s'en vient
20 a la fenestre dou palais qui estoit devers le gardin et dist que
ore s'est il trop bien mis, que la roÿne ne puet riens faire qu'il
ne voie.

En tel guise com ge vos cont estoit li roys March a la fenestre
et escoutoit le chant des oisiaux qui ja avoient comencié la mati-
25 nee si doucement que nuls nes oïst qui bien ne s'en deüst resjoïr.
Il estoit encore bien matin, et nonporquant li solaux estoit ja
levez biaux, si clers et si luissanz que toz li mondes en estoit ja
esclarcis. La ou li roys estoit a la fenestre en tel guise com ge
vos di, il regarde et voit la roÿne venir qui sa harpe aportoit et
30 la mist ilec devant un arbre; puis se departi d'ilec et s'en re-
torna en sa chambre. Et ne demora puis gaires quant ele revint et
aporta une espee molt richement appareillie de totes choses. Tot
maintenant que li roys voit l'espee, il connoist lors qu'ele fu de
[750:124c] Tristram et que ce fu l'espee que Tristanz ama onques plus./ Et
35 lors reconoist bien li roys sanz faille que la roÿne se velt ocirre,
et de cele meïme espee. Or est mestier qu'il la destort de cestui
fait et qu'il l'ost de cest proposement. Il ne voldroit por quant
qu'il a en tot ceste monde qu'ele morust encore si tost; toute-
voies dist il qu'il ne se movroit ancor, ainz atendra encore por
40 veoir que ele voldra faire.

931. Quant la roÿne ot l'espee aportee ensint com ge vos di, ele
la dresce a un arbroissel; puis s'en retorne vers sa chambre, et
demore adonc une piece. Et sachiez que ele avoit adonc ostees en-
sus de li totes ses dames et totes des damoiseles, et Dynas meïmes
5 et Brangien, et dist que ele se voloit dormir, quar poi avoit la
nuit reposé. Cil qui de ceste chose ne se prennent garde ne pen-
sassent jamais, s'il ne lor fust enseignié par aucun, que la roÿne
se volxist ensint ocirre, si s'estoient ensint departi, li uns ça
et li autres la, com cil qui bien cuidoient que la roÿne se volxist
10 reposer ensint com ele lor avoit dit. Et sachiez que ele avoit
aprés elx refermé si bien l'uis de la chambre qu'il n'i poïssent

mie rentrer se par son commandement non; por quoi ge di que bien
se fust ocise sanz faille celui jor la roÿne Yselt se ne fust li
roys March qui l'en destorna.

15 Quant la roÿne ot une piece demoré en sa chambre si com ge vos
di, ele retorne a chief de piece ou prael; mais ele estoit adonc si
richement vestue et appareillie com le jor meïmes qu'ele avoit esté
coronee et sacree. Et sachiez que cele meïmes robe ou ele avoit esté
sacree et enointe avoit ele adonc vestue, et avoit avec tot ce sa

20 corone d'or en sa teste; et bien avoit dit a soi meïsmes que tot
ausint com ele estoit honorablement vestue a la joie roial, tot
ausint voloit ele venir paree a la mort d'amors.

932. Quant li roys voit que la roÿne vient ausint paree et acesmee
0:124d] et sanz tote compagnie, il se merveille trop durement que ce / puet
estre. Il est assez plus esbahiz qu'il n'estoit devant. La roÿne,
qui mie nel voit ne garde ne s'en prent, vient a sa harpe droit,
5 et baise tot premierement le poig de l'espee; mais dou fuerre ele
ne la trait pas, ainz la met devant li et comence desus a plorer
molt tendrement et a regreter Tristan. Et quant ele a auques mené
celui duel, ele prent sa harpe et la comence a atremper. Et quant
ele l'a atrempee, ele comença adonc a regarder tot entor lui, et
10 voit le temps si bel et si cler et si durement net, et le soleill
luisant; et d'autre part ot les oissellons qui chantent parmi le
gardin lor divers chanz et aloient lor joie faisant par laienz.
Et quant la roÿne a grant piece escouté celui chant et cele melodie,
atant li sovient du Moroys ou ele ot ja tant de son deduit avec
15 Tristan, et lors comence a plorer. Et quant ele a celui plorer
finé, ele ratempre autre foiz sa harpe en tel maniere com ele vo-
loit dire son chant, et comence son lay en tel maniere com vos orroiz:

I   Li solex luist et clers et biaux,
        Et j'oi le dolz chant des oissiaux
        Qui chantent par ces arbroissaus.
        Entor moi font lor chanz noviaux.

II
        De ces douz chanz, de ces solaz
        Et d'Amors qui me tient as laz
        Esmué mon lay, mon chant enlaz,
        De ma mort deduis et solaz.

III   Dolente, mon doel recordant,
        Vois contre ma mort concordant
        Mon chant qui n'est pas discordant:
        Lay en faz douz et acordant./

IV De ma mort que voi aprochier
Faiz un lay qui sera molt chier.
Bien devra toz amanz touchier,
Qu'Amors me font a mort couchier.

V Liee, triste, chantant, plorant
Vois Amor com Dieu aorant.
Tuit amant, venez ça corant!
Vez Yselt qui chante en morant.

VI Lay comenz de chant et de plor,
Ge chant mon lay et si le plor.
Chant et plor m'ont mis en tel tor
Dont jamais ne ferai retor.

VII Tristan, amis, quant vos sai mort,
Premierement maldi la mort
Qui de vos le monde remort,
Se d'autretel mors ne me mort.

VIII Puis qu'estes mort, ge ne quier vivre,
Se ne vos veïsse revivre.
Por vos, amis, a mort me livre;
Ja iert de moi le mond delivre.

IX Amis, qui de tote bonté
Avez le monde sormonté,
Se mort vos eüst mesconté,
Cortoisement eüst conté.

X Mais quant mis vos ont en son conte,/
Et li monde por mort vos conte,
Sor vos plorent et roy et conte;
N'est pas trop merveilloux aconte.

XI Amis, jamais n'iert qui vos vaille,
Ne qui a vos tres hauz faiz aille.
Ou monde n'a mais fors que frapaille!
Bien avom changié grain por paille.

XII Amis, par vostre grant effort
Fu ocis mon oncle, le fort.
March en est de servage estort.
Or estes mort: certes c'est tort.

XIII Amis, de tel mortel estor
    Fussiez vos mort sanz nul retor
    Por le venim de mal ator;
    Mais ge vos gari en ma tor. .

XIV Puis montrastes apertement
    En Yrlande ou tornoiement
    Que Palamedes voirement
    N'iert pas de vostre hardement.

XV Puis le fait de Palamidés
    Vos asaia Seguradés.
    La vos haioit roys March adés.
    Nos nos entr'amasmes aprés.

XVI Ainc puis que li mondes fu faiz
    Ne fu nul amor si parfaiz/
    Com cist qui par di ne par faiz
    Ne pot onques estre deffaiz.

50:125c]

XVII Quant ou Morois fumes venu,
    N'i ot plait fors d'amors tenu.
    La fu bien amors maintenu.
    Or vos en est mal avenu.

XVIII Quant ge recort icele vie,
    Donc j'ai ore si grant envie,
    Ge di bien buer nee est l'amie
    Qui es braz son ami devie.

XIX Amis, molt ai plaint et ploré,
    Et molt estroit dol ai mené,
    Quar amor qu'avoie aoré
    A mon cuer dou tot acoré.

XX Amors ou ge oi m'esperance,
    Ma seürté et ma fiance,
    Com en Dieu n'ai autre creance.
    Mais or ai a ma mort baance.

XXI Ne fist pas tel perte jadis
    Adam quant perdi paradis
    Com a fait Yselt, et tanzdis
    Com muert fenist chans plus de dis.

XXII

Amis, quant por moi estes mort,
Se por vos muir, ce n'est pas fort.
Ne vos puis faire autre confort/
Mais que ge muir por vostre mort.

XXIII

Tristan, amis, amis, amis,
D'icelui cuer que j'oi ja mis
En vos amer iert or malmis,
Et par vostre espee a mort mis.

XXIV

Espee, maint cop avez fait;
Vos abatistes maint forfait.
Mais or est a ce vostre fait
Que de moi feroiz le parfait.

XXV

He! espee, richement painte,
Ja seroiz en mon cuer enpainte.
De mon propre sanc seroiz tainte,
En cest cors or m'a mort atainte.

XXVI

Morir me fait d'amor la flame,
Si fort m'engoisse et si m'enflame
Qu'el me destruist le cors et l'ame,
Avant mes jors me met soz lame.

XXVII

Tristan, amis, amis, amis,
Tant face Diex de mon avis
Qu'en enfer ou en paravis
Demort m'ame lez vostre vis.

XXVIII

Je muir. Vois m'en ne sai quel voie,
Ne sai s'el m'avoie ou desvoie.
Vis m'est que Tristan me convoie,
Vers la maison d'amors m'avoie./

XXIX

A cestui point le mien lay fine
En chantant, en plorant define.
Yselt qui muert por amor fine,
Si bien ne morut onc roÿne.

XXX

Mon lay fine, et vos, tuit amant,
Pri ge que vos n'ailliez blasmant
Yselt s'ele muert en amant.
Sa fin vait Tristan reclamant.

933. Quant ele a bien son lay finé en tel guise com ge vos di, si plaisamment et si doucement que nuls ne l'oïst adonc qui bien ne poïst dire que onques mais nule mortel dame n'avoit si bien trové ne si bien chanté, ele met sa harpe devant li et comence a penser molt

5 fort. Et quant ele a une grant piece pensé, ele dist a soi meïsmes, si haut que li roys March l'entent molt bien: « Lasse, fait ele, qu'aten ge et que demore ge a moi ocirre? Por quoi ne fine ge mon duel? » Et quant ele a dite ceste parole, ele se drece en son estant, et trait l'espee tote nue et li comence a baisier le poing molt

10 doucement, et dist: « Amis dolz, mesire Tristanz, por vostre amor baise ge ma mort. » Et lors met le poig de l'espee dedenz le crues d'un arbre, et l'apuie tant bien et si fermement que bien se puet ferir en la pointe que ja ne li guenchira; bien se puet ele en corant ocirre, et par un sol cop.

15 Quant ele s'est en tel maniere appareillie de sa mort, ele giete son mantel par terre et s'adrece por soi ferir en l'espee. Mais li roys March, qui tot ce voit apertement et qui ne voldroit

[50:126b] mie por tot le monde ga/agner que la roÿne s'oceïst, pense bien que des ore mais porroit il trop demorer; por ce saut il de la fenestre

20 par terre. Et quant la roÿne l'ot chaoir, ele se regarde. Lors que ele perçoit que ce est li roys March meïmes, ele est tant durement esbahie et espoentee com cele qui totes voies redotoit le roy March que ele n'a pooir de plus faire, ainz s'areste enmi son cors, esbahie come fame morte. Li roys s'en cort droit a l'espee avant qu'a la

25 roÿne, qua il s'en velt premier saisir. Et quant il la tient et il l'a ou fuerre mise, il dist a la roÿne: « Dame, dame, ces oevres sont malvaises. Trop faites grant mal. Ce ne sont pas ovres de reÿne. Tuit cil qui garder vos devoient ont bien par raison mort deservie, quar malvaisement vos ont gardee. Retornez en vos

30 chambres et pensez de faire autre fait que de vostre cors metre a mort, car ce n'apartient pas a roÿne. »

934. La roÿne est tant esbahie qu'ele ne set qu'ele doie dire. Li roys l'a si prise provee qu'ele ne s'en porroit deffendre en nule maniere. Ele s'en retorne en sa chambre, triste et dolente de ce qu'ele n'a mené son proposement a fin. Il li poise molt durement de ce que

5 li roys l'en a destornee, qua ja eüst tot son fait acompli et finees totes ses dolors d'un sol cop. Il li est bien avis por voir qu'ele fust orendroit avec Tristan.

Li roys fait venir devant li les damoiseles la roÿne, et les blasme molt durement et laidist de ce que eles laisserent lor dame

10 sole en tel maniere. Or s'en gardent des ores mais si chier com eles ont lor vies qu'eles ne laissent la roÿne sole, quar il les

feroit totes honir des cors. « Sire, merci, dient les damoiseles,
vos ne nos devez blasmer par raison de cestui fait. Ce ne fu mie
par nostre colpe que madame estoit sole remaise. » Si li content tot
15 maintenant comment la roÿne lor commanda que eles voidassent sa
chambre, quar ele se voloit reposer por ce qu'ele n'avoit reposé
en tote la nuit./

[*750:126c*]   Quant li roys entent ceste parole, il est adonc mains cor-
rociez vers les damoisele qu'il n'estoit devant. Il comande que
20 Dynas viengne devant lui, et Dynas vient tot maintenant quant il
set que li roys le demande, et amaine Brangien avec lui. Li roys
les maine droit au gardin ou la roÿne avoit laissié sa harpe et
son mantel. Et quant il les tient ilec, il lor dist: « Dynas, fait
il, et vos Brangien, se Diex me doint bone aventure, petit s'en
25 faut que ge ne vos faz ambedeus destruire, quar trop l'avez bien
deservi. » « Sire, merci! ce dist Dynas. Ou avom nos mort deservie? »
« Ne vos avoie ge, fait donc li roys, baillié la roÿne por garder la
en tel maniere qu'ele ne fust onques sanz vostre compagnie? » « Sire,
oïl, fait Dynas. Et ne l'avom nos bien gardee dusques ci? » « Vos
30 l'avez si bien gardee, fait li roys, que pou s'en faut, si m'aït
Diex, que ge ne vos faz ambdous ocirre; et vos l'avez molt bien de-
servi. » « Sire, coment? fait Dynas. Or sachiez que ce ne puis ge
veoir, se vos entendre ne le nos faites mielz. » « Et ge le vos di-
rai, » fait li roys. Et lors lor comence a conter trestot le fait
35 de la roÿne, et coment ele avoit sa mort appareilliee et en quel ma-
niere, et ocise se fust sanz faille se ne fust il qui li rescoust.

935. Quant Dynas ot ceste aventure, il se sengne de la merveille
qu'il en a. « Sire, merci! fait Dynas au roy. Or sachiez tot veraie-
ment que ma dame la roÿne nos deçut hui matin. Quant vos de ceienz
vos fustes partiz, ele me dist qu'ele n'avoit anuit reposé ne pou ne
5 grant, et si chier com ge avoie s'amor, feïsse li sa chambre delivrer
de moi et de Brangien et de toz celx et de totes celes qui donc i
estoient en tel maniere qu'ele se poïst reposer cele matinee. Sire,
sanz faille, ensint nos deçut ma dame la roïne. Ge ne quidasse ja-
[*750:126d*]   mais en nule maniere dou monde / que ma dame baast a sa mort. » « Or
10 sachiez de voir, fait li roys, que se ne fusse, qu'ele se fust
ocise. Mais des ore mais la gardez bien et si pres que ele ne se
parte onques de vos. Il ne puet estre que ele n'oblit Tristan au
derrien en aucune maniere. » « Sire, fait Dynas, or sachiez veraie-
ment que des ore mais sera ele si pres gardee de nuit et de jor que
15 son proposement ne porroit estre mené a fin en nule guise que ge ne
le veïsse. » « Ensint le faites, ce dit li roys, si chier com vos
avez vostre vie. » Et Dynas dist que cestui comandement acomplira

il bien, se Diex le deffent d'encombrier; et ausint dist Brangien.
En tel maniere com ge vos ai dit rescost li roys March de mort
20 la roÿne Yselt qui ocirre se voloit por la mort de Tristan. Cil
qui la roÿne devoient garder furent puis de lui si curioux et si
ententif que se la roÿne se volxist ocirre, ele n'en eüst le pooir,
quar trop estoit bien gardee et pres.

936. Un poi aprés ce avint que Dynas chevauchoit un jor parmi le
Moroys. La roïne l'avoit mandé cele part por trover herbes; et
avoit la roÿne pensé a un grant malice qu'ele voloit faire a celx
qui la gardoient. Non mie qu'ele eüst nule male volenté vers nuls
5 d'els, mais por ce qu'ele eüst pooir et loissir de son cors metre a
mort. Et sachiez qu'ele voloit faire un bevrage par quoi ele les
poïst toz endormir, et adonc se metroit a mort, car adonc, ce li est
avis, en avroit ele bien leu et pooir.

La ou Dynas chevauchoit ça et la par la forest querant cele
10 herbe que la roÿne li avoit demandee, et il aloit molt tendrement
plorant et regretant Tristan, il li avint adonc qu'il encontra Gin-
glain, le fill de monseignor Gauvain, et chevauchoit parmi le Moroys
tot sol sanz compagnie, et armez de totes armes. Dynas le reconut
50:127a] tantost./ Quant Ginglain encontra Dynas, le seneschal, qui plorant
15 aloit molt tendrement parmi la forest, ne n'avoit a celui point de
totes armes fors que s'espee, il le reconut maintenant, quar assez l'a-
voit veü en la maison dou roy March; mais molt a grant merveille por
quoi il vait plorant si fort.

Lors torne vers lui la teste de son cheval, et Dynas s'areste
20 maintenant. Quant il le voit vers lui venir, il laisse son dol
atant et fait la plus bele chiere qu'il puet. « Mesire Dynas, fait
Gynglains, Diex vos conduie! » « Sire, fait Dynas, Diex vos doint
bone aventure. » « Mesire Dynas, fait Gynglains, por quoi demenez
vos tel dol? » « Sire, fait Dynas, por ce que mon cuer le me com-
25 mande. Et sachiez, sire, que de cest dol que ge faz ne me devroit
nuls blasmer qui fust proudome, quar molt y a grant achoison. »
« Sire Dynas, fait Gynglains, se Diex vos doinst bone aventure,
dites moi l'ochoison por quoi vos alez cest dol demenant; et
sachiez que ge i metrai puis tot le conseill que chevaliers de
30 mon pooir i porroit metre. » « Sire, fait Dynas, por ce que ge
ne voill mie que vos a moi vos mellez ausint com vos feïstes a
monseignor Tristan, et por autele achoison com est ceste, vos
dirai ge tot maintenant ce que vos me demandez, quar ge ne voill
pas avoir vostre corroz. Or sachiez que ge plor por le meillor
35 chevalier dou monde qui mort est: ce est por monseignor Tristan,
le nevou dou roy March de Cornoaille; et par un sol cop qu'il

vos dona poez vos savoir quelx chevaliers il estoit. » « Coment?
fait Guinglains. Est donc mesire Tristanz mort? » « Sire,
oïl, de voir le sachiez. » « Et coment le savez vos? » fait
40 Gynglains. « Sire, nos le savom bien, fait Dynas, par une
damoisele qui vint a cort et qui morir le vit, et nos en aporta
les noveles. » Et lors li comença a conter coment la damoisele
estoit venue a cort, et les paroles que ele avoit dites de
[750:127b] Tristan. « Or me / dites, mesire Dinas, fait Gynglains, et
45 combien puet avoir que cele damoisele vint a cort qui teles
noveles aporta de la mort de monseignor Tristan? » « Sire,
fait Dynas, il a bien quinze jors ou plus. Li roys Mars
en est tant dolenz qu'a poi qu'il n'enrage de dol; et ma
dame la roÿne en gist ausint com a mort. » « Dynas, fait
50 Gynglains, or sachiez por voir que se vos la damoisele qui
ces noveles vos aporta de monseignor Tristan eüssiez mise
a mort, vos eüssiez fait tot le bien dou monde, quar bien
sachiez que ele vos menti de totes ces paroles que ele vos
dist. Ge vos di par la foi que ge doi au roy Artus, qui
55 mon lige seignor est et celui qui m'engendra, qu'il n'a
pas encore quatre jors entiers que ge vi monseignor Tristan
en ceste forest tot sain de ses menbres; mais sanz faille
malades avoit esté, et encore est un poi deshaitiez. »
937. Quant Dynas entent ceste parole, il est tant durement
liez et joianz que a grant paine puet il respondre. A
chief de piece quant il a pooir de parler il dist en souspi-
rant: « Ha! sire, por Dieu, est il donc voirs que vos mon-
5 seignor Tristan veïssiez n'a pas encore quatre jors? » « Ge
vos en ai, dist Gynglains, fait un tel sairement que ge ne
parjurroie pas volentiers. Or sachiez bien que je le vi
ainsint com ge vos ai dit. » « Ha! mesire Gynglains, fait
Dynas, por Dieu, voldriez vos faire une des plus granz cor-
10 toisies que vos onques mais feïssiez a nul jor de vostre
vie, et dont li proudome de Cornoaille vos savront grez? »
« Oïl, certes, fait Gynglains, ce voill ge faire molt volen-
tiers. » « Sire, fait Dynas, or vos dirai ge que vos feroiz.
Alez vos ent droit a Tyntayol, s'il vos plaist, et dites
15 ces noveles a ma dame la roÿne Yselt. Ele est a mort et
a dolor por le dol que ele a de monseignor Tristan; mais
ele garra maintenant que vos li avroiz dites ces noveles.
Sire, alez vos ent dusques la, por Dieu et por cortoisie et/
[750:127c] franchise, si la delivrez de mort. » « Dynas, fait Gyn-
[C: 203a] 20 glains, / puis ge la roïne Yselt si durement reconforter

par ces noveles com vos me dites? » « Sire, oïl, si m'eïst Diex,
encores plus. Et sachiez que je ne vos en proiasse si durement
com je vos en pri, mes ele vos en crera trop mieuz qu'ele ne feroit
moi, car se je li disoie orandroit ces noveles, ele cuideroit tot
25   mentenant que ce fust fable et mençonge que je contrové eüsse por
li reconforter. Por ce vos pri je por Dieu que vos i aillez. »
Et Guiclains li creante que si fera il.
        938. Atant se part li uns de l'autre. Guiclains se met a la
voie tot mentenant, et Dynas remest a la forest. Et Guiclains fait
tant qu'il vient celi jor meesmes a Tintaiol, et se heberge la ou
il avoit autre foiz esté hebergiez. Et quant il est desarmez, il
5   s'en va mentenant a cort sanz faire autre delaiement, car ja vorroit
avoir parlé a la roïne. Sanz faille il avoit veü Tristan devant une
fontene el Morroiz, mes il l'avoit veü si forsené et si enragié et
si hors dou sens qu'il n'est nus hons, s'il le veïst, qu'il n'en
deüst avoir tote paor. Il l'avoit veü en tel point que a poines
10   le reconut il, et mout avoit eü grant pitié de ce qu'il estoit ensi
alez a dolor et a mal, et que il avoit ensi dou tot perdu le sens
et le memoire. Et tot fust il ensi qu'il l'eüst veü en si mauvés
point come je vos di, si n'avoit il pas en pensé qu'il le deïst a
la roïne, ençois la bee mout a reconforter enz qu'il li die l'estre
15   de Tristan tot autrement qu'il l'avoit veü a celi point.
        Quant il est a la cort venuz, cil de leanz qui ja l'avoient
autre foiz veü, et savoient que li rois Mars l'avoit mout chieri et
honoré tant com il l'avoit tenu en son ostel, le recevent mout bel
et mout le cherissent et honorent. Guiclains demande maintenant
20   ou la roïne est, et cil qui savoient ou ele estoit dient : « Sire,
madame gist en son lit malade et deshetiee durement. » « Ha! / por
Dieu, fait il, dites li que je sui ça venuz, et que trop volen-
tiers voudroie a li parler, s'il li plaisoit, avant que je me de-
partisse de ceanz. » Cil a qui il dist ceste parole estoit uns pa-
25   renz Dinas. Il estoit si privez de sa chambre qu'il pooit tot men-
tenant parler a la roïne qu'il li plesoit. Quant cil est dusqu'a
li venuz, il li dist erranment : « Ma dame, ça hors est venuz uns
chevaliers erranz qui mout volentiers parleroit a vos, s'il vos
plesoit. » « Qui est il? » fait ele. « Dame, c'est Guiclains, li
30   fiuz monseignor Gauven. Assez l'avons ceanz veü, et vos meesmes
l'i veïstes. » « Vos dites voir, fait la roïne, et puis qu'il veust
a moi parler, bien me plest. Faites le avant venir. »
        939. Lors comande la roïne que sa chambre soit delivree de toz
et de totes que nus n'i remeigne fors Brangien solement et une
autre demoisele; et il le font tot erranment ensi come ele le

comande, car tuit s'en vont.

5 Atant ez vos leanz venir Guiclain qui salue la roïne tot men-
tenant qu'il vient pres de li, et ele li rent son salu. Puis le
fait devant li aseoir et li comence tot mentenant a demander no-
veles. « Dame, fait il, se m'eïst Diex, je ne sai nules noveles
se bones non. » « En non Dieu, fait ele, et nos les savons ceanz
10 mout mauveses et vilenes por toz les bons chevaliers dou monde,
car nos savons tot certenement que Tristanz est morz, qui estoit
tiex chevaliers com vos savez. Vos le savez mieuz par vos meïsmes
que par autre. » « Ma dame, fait Guiclains, or oi merveilles de vos,
se Diex me saut, qui dites que Tristanz est morz! Tiex paroles ne
15 deüssiez vos dire en nule maniere dou monde, se vos certenement ne
le seüssiez. » « Nos le savons, fait ele, par cele proprement qui
mort le vit. En poons nos donc avoir greignor certeneté? » « Ma
dame, fait Guiclains, encontre vos nou di je pas, car je nou doi
faire en tant com vos iestes la plus vaillant dame dou monde; mes
20 encontre la demoisele qui ces noveles vos aporta di je bien et par
[c] droite / verité qu'ele onques en tote sa vie ne dist greignor man-
çonge que cele est qu'ele vos dist de la mort Tristan. Or sachiez,
ma dame, tot certenement qu'il n'a mie encor quatre jorz que je le
lessié ou Morroiz sain et hetié de ses mambres. Sanz faille il a-
25 voit esté malades, mes il ert gariz et avoit apareillié son erre
por aler ou reaume de Logres; et il meesmes me dist qu'il s'en
aloit plus de Cornoaille par vos que par autre chose: itant me
dist il quant je me departi de li. »

Quant la roïne entent ceste parole, el est tant liee et joiouse
30 durement qu'ele pert tote la parole de joie. El est une grant
piece ausi come en pamoisons. Et quant ele puet parler au chief de
piece, ele dit: « Ha! Guiclains, est ce donc verité que vos avez
Tristan veü? » « Ma dame, oïl, se m'eïst Diex, n'a mie encores
quatre jorz que je le vi sain et hetié. » « Ha! Diex, fait la
35 roïne, Sainte Marie, verrai je ja iceli jor que je le puisse veoir? »
« Ma dame, fait Guiclains, oïl, sanz faille. Il ne puet estre que
vos encor ne le veoiz. » « Ha! Diex, fait ele, tant fist grant mal
la demoisele qui noveles nos aporta qu'il estoit morz! A po que je
n'en sui honie. Or pens bien qu'ele le fist plus por mal de moi
40 que por autre chose. Et quant il est ensi avenu qu'il est encores
en vie, beneoiz soit Diex qui en vie le tient, car certes, toz li
monz vaut mieuz de sa vie et tote chevalerie en est plus honoree
par tot le monde. »

940. Par ceste novele que Guiglains dist a la roïne se comence
ele mout durement a reconforter, come cele qui tot certenement

cuide que Guiclains ne li ait dit se verité non; mes li afaires
de Tristan aloit donc tot autrement que Guiclains n'avoit conté.
5 Totevoies la roïne se prist a reconforter si durement qu'ele re-
torne dou tot a garison, et comence a revenir a sa beauté. La
roïne deffendi a Guiclain qu'il ne deïst ces noveles a cez de
leanz, et il non fist sanz faille. Ele voloit mieuz que cil de
Cornoaille eüssent esperance de la mort Tristan que de sa vie,/
10 car puis qu'ele seroit certene que Tristanz seroit arestez ou
reaume de Logres, ele feroit bien puis tant en aucune maniere
qu'ele iroit a li ou reaume de Logres meïsmes, et demorroit avec
li tot son aaige.

Ensi fu a celi point celee la vie Tristan a toz cez de Cor-
15 noaille fors que a la roïne Yselt tant solement, et a Dynas et a
Brangien. Cil troi solement le savoient et non plus. Tuit li
autre de Cornoaille cuidoient tot certenement que Tristanz fust
morz, et que la demoisele qui a cort estoit venue et qui noveles
avoit aportees de la mort Tristan que Audrez i avoit envoié, ensi
20 com je vos ai conté ça arrieres, lor eüst dit verité; mes non avoit.

Si lesse li contes atant a parler de la roïne dou tout—ele
se reconforta par les paroles que Guiclains li dist—si retorne a
Kahedin por devisier coment il se parti dou roi Marc, a qui il
avoit tenu parlement entre li et Palamedes si grant come je
25 vos ai devisié, et por devisier coment il vint en son païs, et
coment il morut por les amors madame Yselt, la roïne de Corno-
aille.

FIN DE LA TROISIÈME PARTIE

NOTES CRITIQUES

Les numéros renvoient aux paragraphes et aux lignes de l'édition.

674, 1   Ce paragraphe constitue la continuation de Löseth, *Analyse*, § 70.

   21   Le ms. omet les mots *il respont*; le texte a été établi d'après *750*.

677, 11   *oit = ait*; de même 702, 21; 833, 31; 860, 23; 881, 23; 900, 19; 903, 19. Sur cette graphie, voir t. I, p. 24 (iii).

678, 19   *avoien*: sur la chute du *t* final suivi d'une consonne, voir t. I, p. 28 a); cf. *apris* 710, 11; *es* 747, 3 etc.; *mor* 815, 29; *soi* 858, 43; *Ysel* 870, XXII, 3. Ce phénomène se produit même quand le sens paraît requérir une pause après le mot en question, comme c'est le cas dans les trois derniers exemples cités.

   29   *qui = cui*, « à qui. »

   40   *li bons chevaliers*: c'est-à-dire, Galaad; cf. t. II, § 673, 27.

679, 1   Le scribe écrit *vallet a la Cote Mautailliee*; (texte établi d'après *750*.)

680, 19   *Mordré*: sur l'incertitude du *z* final, voir t. I, p. 28 a; cf. *vené* 793, 23; *demandé* 850, 7.

682, 9   *Calogrinant*: les personnages arthuriens sont plus nombreux dans la troisième partie qu'auparavant; Calogrinant ne figure pas dans les tomes I et II.

683, 1   Löseth, *Analyse*, § 71.
       C, 750 et *12599* sont les seuls mss. à continuer ici l'histoire de Brun; les autres mss. reprennent les aventures de Tristan, qu'on trouvera dans *C* au § 777.

   27   Le scribe omet le mot *delivrer*, qui se trouve dans tous les autres mss.

684, 1   Löseth, *Analyse*, § 74.

   3   *atent = ateint*; sur cette graphie, voir t. I, p. 25 (x). Cf. *mentenuz* 686, 16; *sen* 699, 31; *tente* 720, 24; *vens* 740, 18; *plen* 746, 1; *pen* 904, 22.

685, 4   *an* coexiste avec *en*: cf. *tanz* à la ligne 4, mais *denz* à la ligne 20; *senz* 698, 3, mais *sanz* à la ligne suivante; voir t. I, p. 27 (iv).

   19   *egarde*: cf. la chute du *s* dans *repot* 685, 24; *apres* 718, 14; *inel* 736, 21 etc.; *arenier* 853, 21, et son intercalation dans *ostraiges* 691, 91 et 727, 30; *est* 691, 115; *ostre* 706, 10; *vaust* 707, 16.

686, 4   *ver eus*: sur l'amuïssement du *s* suivi d'une voyelle, voir t. I, p. 28 b); cf. un autre exemple de *ver eus* au § 906, 4 et deux exemples dans le t. II: 511, 1 et 520, 11. Cf. aussi *Gale* 799, 21; *vo* 810, 15; *lé* 897, 22. On voit que ce phénomène se produit même quand le sens paraît requérir une pause après le mot en question, comme c'est le cas au § 799, 21.

10   *ça en arrieres*: renvoi aux paroles de Lancelot à Supinabel dans le t. II, § 576, 23 sq.

688,   3   Le texte de cette lettre de Tristan ne se trouve que dans les mss. *C, 750, 12599*; voir l'*Introduction*, p. XIV sq.

25   *conoi = conois*; sur l'incertitude du *s* final suivi d'une consonne, voir t. I, p. 28 a). Cf. *adé* 691, 111; *lé* 794, 25 etc.; *onque* 833, 27; *vo* 908, 23; *mé* 924, 24; *lor* 924, 28.

62   *es avis*: sur la chute du *t* final suivi d'une voyelle, voir t. I, p. 28 b); cf. *ples* 711, 26, 778, 8 et 816, 34; *eüs* 774, 11; *pué* 794, 14; *c'es* 839, 5; *par* 844, 27; *vin* 847, 34; *escien* 924, 42. Ce phénomène se produit même quand le sens paraît requérir une pause après le mot en question, comme c'est le cas aux §§ 778, 8 et 816, 34.

68   *tué = toi*: sur cette graphie, voir t. I, p. 27 (iii); cf. *suer* 690, 4 etc.; *suet* 691, 207; *druet* 732, 2; *duet* 823, 15; *uet* 897, 11; *duez* 913, 31. Inversement on trouve *estoit* au lieu de *estuet* 735, 23; 785, 26; 820, 5.

691,   3   Le texte de cette lettre de Lancelot ne se trouve que dans *C, 750* et *12599*; cf. note 688, 3.

95   *en cele seignorie ne se puet nus mauvés metre*: cette idée que l'amour ne peut se loger que dans un cœur noble est un concept très répandu dans la littérature courtoise; cf. plus loin, 691, 158 sq.

115   *or est = or hait*. Sur l'intercalation du *s*, voir ci-dessus, note 685 19; sur la chute du *h*, cf. son intercalation dans *johir* 691, 108.

692,   3   La leçon de *C* est: *il li semble qu'il a respondu as paroles qui estoient ou brief assez sofisaument vraie*. Il doit y avoir une lacune, car on ne voit pas très bien à quoi correspond le féminin *vraie*. Les autres mss., étant abrégés, font ici défaut; nous avons essayé de changer le texte le moins possible.

693,   1   Löseth, *Analyse*, § 87.

694,   3   *la merveille de Nestor de Gaunes*. . . . On se demande comment Brun sait ces détails, car la *demoisele mesdisant* ne les lui a jamais révélés. Ce n'est que dans le ms. *750* qu'on nous décrit l'aventure des *destroiz* de Sorelois; voir l'*Introduction*, p. XLI.

695,   14   *Et li chevaliers a la Cote Mautailliee*. . . . Construction très lâche; cette proposition ne semble pas avoir de suite logique.

20   *de ce recort et de cele reconoissance*: ces termes, qui ont l'air d'une formule légale, ne se trouvent pas dans Godefroy ni dans T.L.

697,   19   *criele*: sur cette forme probablement dialectale, voir t. I, p. 219, note 4, 4; cf. *crielment* 701, 29 et 770, 14; *crieuse* 719, 6; *criel* 753, 2 etc.; *crieus* 786, 31; *criex* 786, 32, etc.

27   *des semene*: « avant une semaine. »

698,   1   Löseth, *Analyse*, § 88.

21   *lessesiez*: sur cette forme de la 2ᵉ pers. pl. de l'imparfait du subjonctif, voir t. I, p. 26 (xvii); cf. *trovesoiz* 720, 28; *trovesiez* 738, 28; *alesoiz* 799, 40; *comencesoiz* 800, 17; *aportesoiz* 894, 15.

701,   2   *atenz*: voir ci dessus, note 684, 3.

20   *se m'i metez = si*; voir t. II, note 457, 10; cf. *se sai bien* 803, 58; *se le me dites* 860, 34; *se li veust* 898, 13.

20   *doig*: sur cette graphie, voir t. I, p. 27 (vii); cf. *vieg* 722, 13; *pleig* 794, 43; *poig* 845, 25, etc., etc.

30   *pa jeu*: sur la chute du *r* dans le groupe *ar* + consonne, cf. *hadement* 745, 6; *hapa* 896, 16 et *ca* au lieu de *car* 747, 33; 788, 5; 886, 11; 894, 28 et *qua* 933, 25. La chute du *r* dans ce groupe amène quelquefois son intercalation après *a*: *arme* 891, 12; voir t. I, p. 25 (xv) b).

702, 1 Löseth, *Analyse*, § 89.

      11 Le scribe omet *conduite*; le texte a été établi d'après *750*.

703, 18 *Blioberis de Gaunes*: dans le *Tristan en prose*, ce chevalier semble avoir un penchant pour les belles dames, surtout celles qui ne sont pas libres! Cf. t. I, § 375 sq.

704, 14 Löseth, *Analyse*, § 90.

      16 *trevent*: sur cette graphie, voir t. I, p. 25 (viii); cf. *espreve* 724, 46; *evrent* 751, 1; *velent* 786, 35, etc.

706, 10 *ostre*: « outre »; voir ci-dessus, note 685, 19.

707, 24 *traïtes*: « traitre ». Chute du *r* par dissimilation; voir t. I, p. 25 (xv) c).

708, 3 *je la conduis* . . . E. Baumgartner, *op. cit.*, p. 324, voit dans cet épisode une parodie du motif du « départ en aventure »: Brun « doit se résoudre à la suivre de loin, (c'est-à-dire: la *demoisele mesdisant*), à la dérobée, puis jurer aux chevaliers qu'elle rencontre qu'elle n'est pas sous son *conduit* pour lui éviter d'être l'enjeu de joutes qu'il n'est que trop sûr de perdre! »

709, 25 *et retorne a Lancelot dou Lac*: tous les autres mss. abandonnent ici l'histoire de Lancelot et de Brun pour nous décrire les lamentations d'Iseut et sa tentative de suicide (Löseth, *Analyse*, § 91; §§ 929–40).

710, 1 Löseth, *Analyse*, § 92.

      17 *s'il ne veoit ou lessier sa honte*: « s'il ne voyait pas sa honte en laissant (la bataille). »

      24 *faisot*: on trouve dans le *Tristan en prose* plusieurs exemples de la terminaison en *-ot* à la 3ᵉ pers. sing. de l'imparfait de l'indicatif de la première conjugaison: *cuidot* 714, 13 et 848, 17; *anuiot* 762, 23; *envoiot* 777, 7; *enrajot* 873, 17; *demorot* 907, 18 ainsi que deux exemples de *fuiot* (troisième conjugaison): cf. t. I, 20, 6 et t. II, 536, 25.

711, 8 *Kex d'Estax*: le nom de ce chevalier de la Table Ronde est d'habitude d'Estrax ou d'Estraus dans les autres romans arthuriens; cf. plus loin 712, 26; 713, 6 et 18; 718, 1; 723, 21; voir ci-dessous, note 760, 31.

      22 *devent*: sur ce trait dialectal, voir t. I, p. 24 (iii).

713, 13 *ravineusement*: mot rare; il n'y a qu'un seul exemple de cet adverbe dans T. L.

      15 *grox*: de même 804, 8; 807, 20; 848, 2; sur ce trait dialectal voir t. I, p. 25 (vii). Cf. *lox* 720, 26 etc.; *esclox* 747, 18 etc.; *dox* 791, 19 etc.

721, 23 *Neroneus de l'Isle*: ce personnage semble être une invention de l'auteur du *Tristan en prose*. Les incidents dont il parle ici ne sont mentionnés nulle part ailleurs; en effet, la *demoisele chauve* ne figure pas dans G. D. West, *An Index of Proper Names, French Arthurian Verse Romances* (1969), *French Arthurian Prose Romances* (1978).

724, 68 *acordé*: ind. pf. 1; cf. *trové* 725, 3 etc.; *recordé* 824, 6; et fut. 1: *feré* 725, 20; *avré* 736, 16, etc.

725, 7 *comencemes*: cf. *priemes* 744, 29. Sur la terminaison *-emes* au lieu de *-ames*, voir P. Fouché, *Le Verbe Français* (Paris, 1967), p. 255.

      14 *esmeüs*: on s'attendrait à la forme féminine *esmeües*; cf. des accords anormaux comme *larmes as iex venus*, *rue estroit* et *maisons biaus* cités. dans *Lancelot*, éd. A. Micha (TLF, 1980), t. VII, p. xxi.

726, 1 Le scribe omet le mot *chevaliers*, qui se trouve dans tous les autres mss.

729, 1 Löseth, *Analyse*, § 93.

735, 23 *estoit = estuet*; cf. ci-dessus, note 688, 68.

736, 10 *sanz*: on s'attendrait au cas-régime *sanc*; de même 740, 17.

737, 23 *delivré de la prison Breuz sanz Pitié*: il n'y a qu'un seul ms., *750*, qui fasse mention de cet épisode; voir Löseth, *Analyse*, § 71, p. 61, et aussi ci-dessus, l'*Introduction*, p. XLI.

738, 1   *La ou cil del chastel crioient....* Construction très lâche; cette phrase ne semble pas avoir de proposition principale.

743, 11   Le ms. ne contient pas les mots *qu'ele*; la leçon est tirée de *750*.

744, 27   *guendres = grendres (graindres):* sur la chute du *r* après une consonne occlusive, voir t. I, p. 25 (xv) c); sur la nasale, voir ci-dessus, note 684, 3. Cf. un autre exemple, *gendres* t. II, 607, 5.

745, 5   Löseth, *Analyse,* § 93 (bis); deux paragraphes ont reçu par erreur le même numéro dans l'*Analyse.*

    6   *hadement:* sur la chute du *r* dans le groupe *ar* + consonne, voir t. I, p. 25 (xv) b); cf. ci-dessus, note 701, 30.

746, 14   *tig = ting;* cf. *vig* 809, 21 etc.; *pig* 819, 6. *prig* 845, 46; voir aussi ci-dessus, note 701, 20.

747, 33   *ca = car;* voir ci-dessus, note 701, 30.

748, 15   *de que = de quoi.* Selon L. Foulet, *Petite Syntaxe de l'Ancien Français* (Paris, 1933), § 266, il y a de rares exemples de la forme faible employée à la place de *quoi* après une préposition.

749, 1   Löseth, *Analyse,* § 94.

    4   *Quant il furent venu....* Construction très lâche; cette phrase ne semble pas avoir de proposition principale.

750, 4   *sofrez que je tot premierement m'essaie a ceste aventure....* E. Baumgartner prétend encore (*op. cit.,* p. 325) pour prouver la présence de la parodie du motif traditionnel du départ en aventure, qu'il faut à Brun « en dépit des sacrifices consentis, renoncer à sa quête et attendre dans une abbaye que ses blessures guérissent tandis que Lancelot mène brillamment à son terme l'aventure des *Destrois.* » Mais on voit ici que Brun ne renonce pas à sa quête: il s'essaie à l'aventure et délivre le premier point avant de tomber d'épuisement; de plus, on le fait porter dans une tour, non pas dans une abbaye (§ 759, 33).

    5   *a Dieu tan bien:* « tant mieux »? Cette expression ne se trouve pas dans Godefroy ni dans T. L. Cf. *tan = tant* 857, 3; 865, 37.

752, 3   *tote cele entree:* c'est la leçon qui se trouve dans la plupart des mss.; « le long de cette route d'entrée »? Cf. l'*entree* au § 749, 2 et 4.

754, 16   Le ms. omet *poez ausint venir a chief;* (texte établi d'après *750*).

756, 11   Le scribe omet le mot *chargié*; la correction a été faite d'après 750.

758, 5   *Quant il se sont grant piece reposé....* Construction très lâche; cette phrase ne semble pas avoir de proposition principale.

   40   *Conoaille:* cf. la même orthographe sans *r* dans le t. I, §§ 280, 17; 289, 20; 298, 13; 315, 15 et dans le t. II, § 524, 8. Sur la chute du *r* dans le groupe *or* + consonne, voir t. I, p. 25 (xv) b).

760, 31   *destoit:* sur la chute du *r* après une consonne occlusive, voir t. I, p. 25 (xv) c); cf. la variation du nom *Kex d'Estax* et *d'Estrax* (voir ci-dessus, note 711, 8.)

761, 18   *compainz:* la leçon du ms. est *copainz*; erreur du scribe, car cette forme dénasalisée ne se développe que vers le XIXe siècle; cf. *Leçons non conservées* 730, 15: *copaignie.*

767, 36   *Or iestes vos bien correciez....* Ce discours de Plenorius est un exemple assez heureux de l'emploi de l'éloquence dans le *Tristan en prose.*

774, 11   *eüs:* sur la chute du *t* final, voir ci-dessus, note 688, 62.

   27   *Chastel del Roi Chevalier:* Löseth se trompe quand il écrit: « Le roi Caradoc est delivré de sa captivité au château de Nestor » (*Analyse,* § 94, p. 77); c'est là le château où demeure Lancelot (cf. § 775, 1 sq.) Il faut signaler, toutefois, que la leçon de notre ms. de base, *C*, ne se trouve pas dans les autres mss., qui

appellent ce château *Chastel del Rochier*. Löseth ne mentionne ni l'un ni l'autre.

775, 12   *por li veoir*: en ancien français, on emploie la forme forte du pronom personnel devant l'infinitif; cf. *por li trover* 788, 13; *por li querre* 799, 16 et 891, 12; *de li trover* 860, 35 etc.

777,   1   Löseth, *Analyse*, § 71a.

     35   Le scribe écrit: *tuit leaument "* que, le mot *" amant* étant ajouté en marge (d'une autre main?).

779,   9   *Et li rois*: à cet endroit tous les mss. à l'exception de *C, M, W* et *750* commencent à abréger le récit; voir l'*Introduction*, p. XXXI sq.

780, 10   *qui*: on s'attendrait au régime du relatif, *que*. Sur cet emploi, assez rare d'ailleurs, de *qui* comme. forme accentuée de *que* régime, voir L. Foulet, *Petite Syntaxe* § 253; *l'* est ici explétif. Cf. l'exemple de *qui* dans le t. II, § 592, 5 où l'on trouve aussi *les* explétif.

781, 34   *Dusqu'a dis jorz nos atendez....* Les aventures qui s'ensuivent continuent jusqu'au § 831, et ont dû prendre plus de dix jours, car lorsque Tristan rejoint la *nef*, « *ele s'en fust ja departie sanz doute, mes ele n'avoit point de vent* » (§ 830, 17). Notre héros semble avoir complètement oublié Iseut et Brangien!

783, 23   *oiez = aiez*; voir ci-dessus, note 677, 11.

     37   *pierce*: de même 791, 24; 814, 11; 825, 28; sur cette graphie, voir t. I, p. 24 (v).

786,   5   *ouisous*: cf. *ouisouses* t. II, § 632, 2, et la graphie isolée *fouison* t. I, § 300, 14. Nous avons déjà vu que *oi* [wɛ] est souvent écrit *oe* ou *ue*.

     21   *Et maintenant li sovient dou cor*: renvoi à l'épisode du cor d'ivoire magique, t. II, § 527 sq.

788,   5   *ca = car*; voir ci-dessus, note 701, 30.

790, 11   La *fontaine*, souvent ombragée par un bel arbre, où descend le chevalier pour se reposer jusqu'à ce que survienne quelqu'un ou quelque chose d'imprévu, est un lieu commun qu'on trouve fréquemment dans le *Tristan en prose*.

     26   *merveilleus*: on s'attendrait à la forme féminine *merveilleuse* qu'on trouve à la ligne 16; cf. ci-dessus, note 725, 14.

793,   1   Löseth, *Analyse*, § 72a.

     23   *vené*: sur l'incertitude du *z* final, voir ci-dessus, note 680, 19.

794, 12   *Je ai non Gauven....* Cet incident rappelle un épisode dans le t. II (§ 626, 11 sq.): là aussi Lamorat veut empêcher Gauvain d'emmener une jeune fille de force. Ce dernier n'est pas dans le *Tristan en prose* le parangon de courtoisie qu'il est ailleurs.

     14   *pué*: voir ci-dessus, note 688, 62.

795, 26   *Mes non estoit....* Cet incident rappelle également un épisode du t. II (§ 502, 1 sq.), où la reine Iseut s'enfuit dans la forêt pendant que deux chevaliers se battent pour elle.

796, 17   *comence a penser....* Le motif de la méditation amoureuse est un lieu commun de la littérature courtoise, et se trouve souvent dans le *Tristan en prose*; cf. 861, 19 sq.; 898, 15–6; 921, 17; 933, 4–5.

797,   1   *mout se merveille qui cil chevaliers pooit estre....* A première vue il y a ici une contradiction: Lamorat qui *totes ces paroles avoit oïes* (ligne 1) a donc entendu Meleagant se nommer (§ 796, 53.) En effet, la plupart des mss. ajoutent les mots *car il n'entendi mie bien quant il se nomma* (voir les *Variantes*). Pourtant, les mss. anciens *M* et *W* ont la leçon de *C* (*750* omet cette partie), et il est possible que, le nom « Meleagant » n'étant pas très distinctif, Lamorat se soit tout simplement demandé qui ce Meleagant-ci était; cf. plus tard, l'explication de

Lancelot: « *C'est un chevalier qui est apelez Meleaganz et est filz le roi Bademaguz de Gorre* (§ 801, 7–8). De toute façon, l'addition des autres mss. n'explique pas pourquoi l'auteur, à la ligne 4, répète l'information que le chevalier s'appelle Meleagant.

798, 16   *Quant Lamoraz voit*.... Construction très lâche; cette phrase ne semble pas avoir de proposition principale.

802, 31   *es*: cf. ci-dessus, note 678, 19.

803, 27   *ben*: cf. un autre exemple dans le t. II, § 471, 24. Sur cette graphie, voir t. I, p. 24 (v).

28   *asi = ausi*. Sur cette forme dilectale, voir t. I, p. 25 (xi); cf. *acun* 902, 13; *save* 908, 28; *saver* 918, 7.

803, 58   *se sai bien = si*; voir ci-dessus, note 701, 20.

809, 1   Löseth, *Analyse*, § 73a.

810, 15   *vo*: cf. ci-dessus, note 686, 4.

811, 20   *ou il n'avoit ne que boire ne que mangier*: « où il n'y avait rien ni à boire ni à manger. »

815, 7   *Et porriez vos chevauchier*.... *C* est le seul ms. qui rapporte cet incident d'une façon logique; voir l'*Introduction*, p. XXXI (i).

816, 34   *essoir = ersoir*; sur la chute du *r* et son assimilation à la consonne suivante, voir t. I, p. 25 (xv) b).

817, 1   Löseth, *Analyse*, § 74a.

818, 4   *menez me la*: sur la forme faible du pronom, voir L. Foulet, *Petite Syntaxe*, § 162, p. 117.

819, 6   *pig = pin*: cf. ci-dessus, note 746, 14; il doit y avoir eu confusion entre [*n*] et [*ŋ*], c'est à dire, entre *pin* et *ping*.

16   *benooiz*: de même 830, 10 et 857, 11, et aussi t. II, 669, 40; cf. *Morroois* 821, 20 et *malooite* t. II, 661, 2.

820, 5   *estoit = estuet*; voir ci-dessus, note 688, 68.

821, 2   *ele descent et prent la teste*.... Cet épisode semble très peu courtois; cf. pourtant un incident semblable dans le *Chevalier de la Charrette* de Chrétien de Troyes (2925 sq.) Voir aussi ci-dessous, un épisode semblable au § 822, 34 sq.

822, 23   *Saliel*: ce nom ne figure pas dans l'*Analyse* de Löseth, ni dans G. D. West, *Index of Proper Names*. En effet, la leçon *Saliel* se trouve seulement dans *C* et *M* (*W* se termine avant cet endroit, et *750* ne contient pas cette partie;) les autres mss. ont *celui* au lieu de *Saliel*.

42   *je ne vox que uns ne autres me feïst compaignie*.... Autre lieu commun de la littérature courtoise: le chevalier qui refuse toute compagnie et part seul. Ici ce motif n'est pas très convaincant, car on ne voit pas bien pourquoi un personnage aussi important que le roi Arthur s'en irait seul pour accomplir cette tâche.

823, 15   *duet = doit*; voir ci-dessus, note 688, 68.

31   *po s'en faloit*: la signification de cette expression n'est pas très claire; la leçon de *M* est *sans faillance* (les autres mss. sont abrégés.

824, 2   *demisele*: de même t. I, §§ 68, 7 et 246, 13; sur cette graphie, voir t. I, p. 25 (vi).

825, 10   Le ms. a ici *ce monseignor*; la correction a été faite d'après *M*.

827, 3   *qui est li chevaliers*.... Cette question n'est guère logique, puisque le roi a déjà dit qu'il ne savait pas qui était le chevalier (§ 826, 13). En effet, la réponse du roi: « *Assez li demandai de son estre . . .* » (§ 827, 4) est indentique à ses paroles dans le paragraphe précédent (826, 13). Pourtant *M* a ici la même leçon (les autres mss. sont abrégés.)

829, 1   Löseth, *Analyse*, § 75a.

830, 23 Le scribe omet *qu'il partirent de la terre*; (texte établi d'après *E*).

31 *force*: la leçon de *C* est ici supérieure à celle des autres mss., qui ont *forest* ou *forteresce* (*M* et *W* se terminent avant cet endroit.)

32 *Nos irons, fait ele, au chastel Dinas, le Senechal.*... Le rôle de Dinas comme ami de Tristan relie notre roman à la version commune; cf. § 919, 5 sq. et t. I, § 292, 22.

833, 35 *Il est mes si afobloiez.*... Cette description de la « maladie d'amour » de Kahedin rappelle l'état de Tristan dans le t. II, § 538, 32 sq.

834, 1 Löseth, *Analyse*, § 76.

18 *sodra* = *sordra*; voir ci-dessus, note 758, 40.

837, 1 *Un jour avint ... desfi.* Ces deux phrases ne se trouvent pas dans *C*, ni d'ailleurs dans *750*. Cependant, il est clair qu'il y a ici une lacune. En effet, tous les autres mss. ont un texte qui ressemble de très près à celui de *756* que nous citons.

26 *for*: voir ci-dessus, note 678, 19.

839, 5 *c'es*: voir ci-dessus, note 688, 62.

840, 2 *ce fait cil qu'ele aime par amor*: « ceci est causé par celui qu'elle aime. »

10 *bief* = *brief*; cf. *cient* pour *crient* (t. I, § 96, 2), et *destuit, destuiz* pour *destruit, destruiz* (t. I, §§ 52, 4 et 53, 7). Sur la chute du *r* après les occlusives, surtout quand l'occlusive est suivie d'une semi-voyelle, voir t. I, p. 25 (xv) c). Cf. aussi ci-dessus *guendre* pour *grendre* § 744, 27, et *penra* pour *prenra* § 858, 25.

841, 2 *Guiglain* ou *Guinglain* est le fils de Gauvain et de la fée Blancemal, selon *Le Bel Inconnu*, roman en vers dont Guinglain est le héros. D'après G. D. West, *Index of Proper Names*, le *Tristan en prose* est le seul des romans en prose qui mentionne ce chevalier.

843, 1 Löseth, *Analyse*, § 77.

845, 1 Les mss. qui abrègent omettent les §§ 845–51.

10 *gise* = *guise*; cf. *Giglain/Guiglain*; *Brangien/Brangain*; *gerre/guerre*; *gerredon/guerredon*; *gerpi/guerpi*.

846, 9 *si estoit il son cosin germain ... enz le haoit Audret par envie.*... Ces détails nous sont déjà donnés dans le t. I, § 378, 13 sq.; aussi, par la suite, la haine d'Audret est-elle considérée comme allant de soi. Pourquoi expliquer tout cela de nouveau en des termes presque semblables à ceux employés dans le t. I? C'est peut-être une indication que nous avons affaire à un deuxième auteur; voir ci-dessous, note 847, 38.

847, 2 *cele qui Palamedes avoit envoié en Cornoaille*: le ms. ajoute *et qui a messire Tristan avoit parlé a l'entree de la forest.*... (voir ci-dessous, *Leçons non conservées*). Cette addition doit être une faute du scribe, puisque la rencontre de Tristan et de la demoiselle n'a pas encore été mentionnée (voir § 848, 15 sq.)

35 *Et qui la verité voudra savoir.*... En effet, cet épisode est décrit dans le t. II, § 511, et l'auteur n'a pas besoin de nous en répéter tous les détails ici. La mention de mesire Luces et la désignation du t. II comme *l'estoire de mesire Tristan* suggère que c'est un autre écrivain qui renvoie à un texte qu'il n'a pas écrit lui-même. Cette mention de Luce se trouve dans *C*, *750*, *12599*, mais manque dans les mss. qui abrègent; en effet, les §§ 845–51 y sont omis. Cf. l'*Introduction*, p. XXV sq., et aussi notre article *Who wrote the Prose Tristan? A new Look at an Old Problem* dans *Neophilologus*, 67 (1983), pp. 35–41.

850, 7 *vené*: sur l'incertitude du *z* final, voir ci-dessus, note 680, 19.

852, 1 Löseth, *Analyse*, § 78.

14 *Je sui de doble mal feruz....* cf. *Je suis a doble traveillié* dans *La Folie Tristan de Berne*, éd.
E. Hoepffner, 344.

853, 36 *dué* = *duel*; sur l'amuïssement du *l* suivi d'une consonne, voir t. I, p. 28 a); cf. *dué*
900, 4.

854, 8 Le ms. a ici *fist greignor defaute*; (texte établi d'après *750*).

10 *palez*: cf. *palesoiz* à la ligne 12. Sur la chute du *r* surtout devant *l*, voir t. I, p. 25 (xv)
b).

856, 36 *l'Estoire de mesire Tristan*: ici encore les mss. abrégés ne renvoient pas à cette *estoire*;
voir les *Variantes*, et aussi ci-dessus, note 847, 35.

858, 25 *penra*: chute du *r* par dissimilation; cf. *traïtes* 707, 24. Voir t. I, p. 25 c).

43 *soi*: voir ci-dessus, note 678, 19.

53 *ne autre chose ne fist*: la plupart des mss. qui abrègent reprennent ici le texte complet;
seule la famille *b* le reprend un peu plus loin, à la ligne 57. Ce qui est
intèressant c'est que *750*, qui n'abrège pas, commence après le mot *oblie* (ligne
54) un nouveau paragraphe avec une très grande initiale, sans que le sens le
requière; et avant de continuer avec la phrase suivante *Il n'i dormi ne po ne grant*,
insère le suivant: *En ceste partie dit li contes que puis que Tristan se fu partiz de la reÿne
Ysolt si corrociez cum li contes a devisé, et il fu venuz el Morois sor la fontaine si grant duel
demenant que jamés n'orrez parler de plus grant, il comença a penser a cele qu'il onques
n'oblie. Il n'i dormi....* Cette coupure inattendue, qui n'a rien à faire avec la
trame de l'histoire, indique qu'il y avait ici dans quelques mss. une division
textuelle.

860, 1 Löseth, *Analyse*, § 79.

34 *se le me dites* = *si*; voir ci-dessus, note 701, 20.

35 *de li trover*: voir ci-dessus, note 775, 12.

861, 1 Löseth, *Analyse*, § 80.

31 *embrus*: cf. *enbronc* à la ligne 36. La forme *embrus* ne se trouve pas dans Godefroy ni
dans T. L., mais pour le verbe *embronchier* Godefroy donne les variantes
embrucer, *embruschier*, *embrucher*.

864, 6 *ensi com mesire Luces dou Gaut devise en son livre*: ici encore les mss. abrégés ne
mentionnent pas Luce ni son livre; voir les *Variantes*, et ci-dessus, notes 847, 38
et 856, 36.

13 *trois jorz*: en réalité Tristan ne reste dans cette tour que deux jours; voir t. II, § 512,
25.

14 La leçon du ms. est *hardi encontre*; (texte établi d'après *750*).

867, 3 *une harpe qui avoit esté de mesire Tristan ... je l'oï ja ceanz harper....* (ligne 11): il n'y a
nulle part mention d'une harpe quand Tristan passa jadis deux jours dans
cette tour (t. II, § 511, 40 sq.). Il est d'ailleurs très peu probable qu'il ait
apporté sa harpe puisqu'il pourchassait Palamedes qui avait enlevé Iseut; cf.
l'*Introduction*, p. XXVII (i).

868, 21 *Et le premier lai avoit il apelé Lai de Plor....* Ces *lais* ne sont pas inclus, ni même
mentionnés, dans le récit de ces épisodes dans le t. II; voir l'*Introduction*,
p. XVI sq.

870, 23 Une innovation dans le t. III est l'intercalation de deux *lais*, l'un chanté par
Tristan, appelé *Lai Mortal*, l'autre par Iseut, sans nom; voir à ce sujet
l'*Introduction*, p. XVI sq. En ce qui concerne le *Lai Mortal*, on trouve des
différences assez importantes de ms. en ms.: le *lai* se compose de 29 strophes
dans *C*, 30 strophes dans *750*, 34 dans *E* et 32 dans les autres mss. (voir les
Variantes). Ces strophes supplémentaires sont-elles des additions au texte

original? C'est bien probable, puisqu'on les trouve insérées à des endroits différents dans les divers mss.; par exemple, la strophe qui commence par *Quant Dieu me fault et femme et homme* est insérée après la strophe XXIX dans *V*[1], après XX dans *E* et après XXV ailleurs. En analysant le style de ces pièces lyriques, on doit donc prendre soin de choisir comme exemples uniquement des vers et des strophes qui sont attestés par tous les mss., une précaution que n'ont pas prise tous les critiques dans leurs commentaires.

VII, 4   *muer*: probablement ind. prés. 3 de *morir* (*muer* = *muert*).

X, 4   *d'Inde Porru*: le scribe écrit *dinde porru*. Il s'agit selon toute probabilité de Porrus (Porus), roi d'Inde, vaincu par Alexandre le Grand, et mentionné dans le *Roman d'Alexandre* (voir L. F. Flutre, *Table des noms propres*). La chute de l'*s* est toutefois surprenante dans ce nom.

XII, 3   *seig* = *sein*; confusion de *sein* < *sinu* et *sein* < **signu*.

XIV, 4   *c'est cele ou ne gist pas le lievre*: le sens de ce vers n'est pas clair; la même leçon se trouve pourtant dans *750*. Variantes: *En autre buisson ne gist....* Fam. *b* et *e*; *En autre lieu ne gist....* Fam. *d.* Cf. l'expression *c'est là que gît le lievre*, « c'est là le noeud de l'affaire. »

XVI, 4   *Qui por po de vent....* L'ordre de *750*, qui met ce vers après *Encontre une petite fuelle*, est plus clair.

XVIII, 2   *mahaig* = *mahaing* (*mehaing*); voir ci-dessus, note 701, 20.

XXII, 3   *Ysel*: sur la chute du *t*, voir ci-dessus, note 678, 19.

XXIII, 3   Ce vers et le suivant ne sont pas très clairs; *750* met *qui* en tête des deux vers, mais cela est évidemment fautif aussi.

XXVIII, 1   *Et vos toz qui passez....* Un écho de la Bible; cf. les *Lamentations de Jérémie*, chapitre I, § 12: « O vos omnes qui transitis per viam, attendite et videte si est dolor sicut dolor meus. »

871, 1   *il li vient ou cuer une si gant rage....* Sur les sources du motif de la folie de Tristan, voir l'*Introduction*, p. XII.

20   Löseth, *Analyse*, § 81.

873, 35   *et comença a penser. Quant il ot grant piece pensé, il s'en ala....* Ceci ne correspond pas à ce qui s'est passé; cf. § 871.

874, 41   *Ne vos ai je dit....* Cette réponse de la demoiselle se trouve seulement dans *C* et *750*; voir les *Variantes*.

876, 1   Löseth, *Analyse*, § 82.

1   *quant mesire Tristanz se fu partiz....* Construction très lâche: cette proposition ne semble pas avoir de suite logique.

877, 14   *je les fis auques par vostre conseil....* E. Vinaver, *Etudes sur le Tristan en prose*, Paris, 1925, p. 20, note 1, cite « la dispute de Brangien et d'Iseut (Löseth § 82) » comme point d'accord entre le *Tristan en prose* et le poème de Thomas; voir aussi E. Baumgartner, *op. cit.*, p. 116, D, a. Mais, comme on peut le constater dans notre texte, cette conversation d'Iseut et de Brangien ne constitue nullement une dispute; Iseut paraît plutôt vouloir se justifier d'avoir écrit cette lettre. D'ailleurs, ce que Löseth dit au § 82, « Iseut rappelle encore à Brangien que c'est elle et Gouvernal qui ont causé tant de malheurs en commettant la fatale erreur du philtre » (voir § 879, 2 sq.) ne constitue guère une dispute non plus; Iseut veut rappeler ici à Brangien que celle-là a une dette à payer: « *Or donc quant nos sofron par vos ceste poine et ceste doulour, pensez de nos deus en tel guise que nostre dolor soit asoagiee ou po ou grant par vostre fait.* » (§ 879, 12–4).

877, 18   *Monseignor Tristanz*: cf. *de mesire Tristan* 880, 32 et 883, 33; *donc n'amai je onques mesire*

Tristan 896, 13; *il n'est pas seignor* 898, 11. Cette confusion de cas n'est pas surprenante au milieu du XIIIe siècle; elle ne se retrouve pourtant pas dans les tomes I et II.

879, 7   *le boire amourous*: c'est une des rares occasions dans le *Tristan en prose* où l'auteur parle du philtre; en effet, c'est la première mention depuis le début du t. II (§ 445, 6) où les amants le burent.

880, 21   *ne osoit il faire autre chose* ... *ne il n'ose mie dire ce qu'il pense*: cela ne s'accorde guère avec le caractère du roi Marc dans le t. II.

882, 11   Löseth, *Analyse*, § 83.

886, 11   *ca = car*: de même 894, 28; voir ci-dessus, note 701, 30.

16   *se nostres pechiez nel nos tost*: le Moyen Age était une période bien superstitieuse; cf. l'influence du *pechié* dans le t. I, § 15.

890, 4   *combatié*: sur l'emploi des parfaits faibles en *-dedi*, voir t. I, p. 26 (xvi).

891, 12   *arme = ame*; voir ci-dessus, note 701, 30.

893, 1   Löseth, *Analyse*, § 84.

895, 27   *moig = moin*: cf. ci-dessus, note 819, 6.

896, 16   *hapa = harpa*; cf. ci-dessus, note 701, 30.

23   *ele l'avoit apris* ... *ou Morroiz*: les amants n'avaient pourtant pas de harpe lors de leur séjour au Morroiz; cf. t. II, §§ 552–3. Voir à ce sujet l'*Introduction*, pp. XVI et XXVII.

897, 1   Löseth, *Analyse*, § 85.

11   *uet = oit = ait*; cf. ci-dessus, notes 677, 11 et 688, 68.

21   *por ce qu'il voloit savoir la verité de ceste chose*.... Löseth, *Analyse*, § 85, écrit: « Il (c'est-à-dire, Kahedin) a déjà envoyé ses écuyers en Petite-Bretagne pour annoncer son retour prochain à son père et à sa sœur Iseut, malades tous deux. » Mais tous les mss. s'accordent ici avec *C*: Kahedin attendait le retour de ses messagers, et n'avait aucune intention de quitter la Cornouailles.

22   *lé*: sur l'amuïssement du *s* suivi d'une voyelle, voir ci-dessus, note 686, 4.

898, 2   *tant dolenz*.... Löseth ne mentionne dans son *Analyse* ni la douleur excessive de Kahedin, ni sa méditation amoureuse, ni sa conversation avec les deux chevaliers (§§ 898, 2–899, 21), incidents qui se retrouvent pourtant dans tous les mss.

13   *se li veust = si*; voir ci-dessus, note 701, 20.

900, 4   *dué = duel*; cf. ci-dessus, note 853, 36.

901, 2   *meson cheoite et gaste* ...: le motif d'une maison en ruines où, quelquefois, le chevalier s'abrite pour la nuit, est un lieu commun qu'on trouve assez souvent dans le *Tristan en prose*, comme l'est d'ailleurs aussi la fontaine où se reposent les chevaliers errants; cf. ci-dessus, note 790, 11.

902, 6   *toz li cuers li tremble ou ventre*: l'auteur semble ici vouloir tourner le roi en ridicule.

13   *acun*: cf. la même forme dans le t. I, § 48, 8; voir ci-dessus, note 803, 28.

903, 11   *ne bien ne mal*: « aucunement. »

904, 41   *la fin de chascune chose parfornist le fait*: cf. la locution latine *finis coronat opus*.

906, 28   La leçon du ms. est *home il seus*; le texte a été établi d'après *750*.

907, 18   *demorot*: cf. ci-dessus, note 710, 24.

908, 23   *vo volez*: cf. ci-dessus, note 688, 25.

28   *save*: cf. l'infinitif *saver* § 918, 7; voir ci-dessus, note 803, 28.

41   *set*: on s'attendrait à la forme *fet*; *set* est pourtant la leçon de *750* et de *E*, qui écrit *sceit*.

70   *ne que*: « pas plus que ».

909, 21   *vos devez mout bien croire au mestre*: cf. *Æneid*, XI, 283, *experto crede*.

22   *espreve*: cf. ci-dessus, note 704, 16.

912, 11   Le ms. omet *Vien avant, si te verrons*; la leçon est tirée de *750*.

913, 31   *duez*: voir ci-dessus, note 688, 68.

917, 5   *au grant chemin*: tous les autres mss. ajoutent ici une phrase qui reconte que le roi mène les deux chevaliers à la grand-route (voir les *Variantes*). Il s'agit probablement d'une omission dans *C*, due à la répétition des mots *grant chemin*.

919, 1   Löseth, *Analyse*, § 86.

924, 24   *mé*: voir ci-dessus, note 688, 25.

926, 14   *parti*: après ce mot, le dernier du f. 202d, il manque 4 feuillets dans *C*; le texte a été copié d'après le ms. *750*.

928, 23   *de son hostel*: après le § 928, tous les mss. sauf *C* reprennent pendant quelque temps l'histoire du Chevalier a la Cote Mautailliee que *C* avait déjà contée aux §§ 683–709. Voir à sujet l'*Introduction*, p. XXI sq.

929, 1   Löseth, *Analyse*, § 91.

930, 38   Le ms. *750* omet *totevoies ... ancor*; le texte a été établi d'après *E*.

932,   I   Ce *lai* a 30 strophes dans *750* et *E*; 31 strophes dans la Fam. *d*, et 32 dans les autres mss. (Le feuillet manque dans *C*.) Voir les *Variantes*.

    I, 1   La première strophe est modelée sur la poésie lyrique des troubadours.

   II, 3   *esmué* = *esmuef*, ind. prés. 1 de *esmovoir*.

  XV, 1   *Palamidés*: les critiques modernes tendent à appeler ce chevalier « Palamède » et à ne pas mettre d'accent sur la dernière syllabe de ce nom en ancien français. La rime dans cette strophe suggère toutefois qu'il faudrait y mettre un accent.

      3   Le ms. *750* omet *haioit*; la correction a été faite d'après *E*.

  XX   Construction très lâche; ces vers n'ont pas de suite logique. Les autres mss. ne sont pas plus clairs non plus.

XXIII, 1   Ce vers est répété à la strophe XXVII. J. Maillard, *Evolution et structure du lai lyrique*, Paris, 1952–61, p. 87, loue le *lai* d'Iseut « dans lequel figure à deux reprises l'appel célèbre: Tristan amis! Amis! Amis! » Mais, à vrai dire, cette répétition du mot *amis* a plutôt l'air d'un simple remplissage.

933, 1   Le ms. *750* omet les mots *en tel*, qui se trouvent dans tous les autres mss.

    6   Le ms. 750 omet *bien*; la correction a été faite d'après *E*.

937, 20   Ici nous reprenons le texte de *C*, qu'il a fallu légèrement modifier pour le faire suivre à celui de *750*. Voici le début du f. 203: *je puis la roïne Yselt si durement reconforter par cé noveles com vos dites je irai volentiers. Sire oïl....*

940, 21   Tous les autres mss. reprennent ici l'histoire du Chevalier a la Cote Mautailliee (*C*: §§ 710–776; Löseth, *Analyse*: §§ 92–94); la fin de la troisième partie serait donc dans les autres mss. la conquête par Lancelot des *destroiz* de Sorelois (Löseth, § 94), Puisque les paragraphes de l'*Analyse* de Löseth sont de longueur très inégale,[1] ce chiffre ne peut pas nous aider à établir la proportion du roman total que constitue la partie éditée. Une méthode plus sûre de faire ce calcul est d'examiner les manuscrits eux-mêmes. Par exemple:

V^1	version complète	497 ff. — fin du t. III	f.130b
99	„ „	775 ff. — „ „ „	f.199a
Ch^1	„ „	973 ff. — „ „ „	f.242d

[1] Quelques-uns de ces paragraphes résument le contenu de moins d'un feuillet (Löseth, §§ 79, 88, 89), d'autres de six feuillets (Löseth, §§ 85, 92).

La proportion du texte édité est donc entre un troisième et un quart du roman complet.

26 *Cornoaille*: ici se termine malheureusement le ms. *C*.

VARIANTES

La plupart des variantes ne sont que des divergences de langue ou de style, et ne changent pas le sens général des phrases. Ce serait une entreprise stérile que de les relever toutes. Exception faite des noms propres, nous citons donc seulement les variantes qui intéressent le sens. Nous avons choisi un ms. représentatif de chaque famille, tout en prenant la précaution de vérifier si les principales divergences du ms. choisi se retrouvent dans les autres mss. du groupe. Pour les variantes plus importantes de la Famille *f* et des mss. *E* et *G*, voir l'*Introduction*, p. XXXIX sq.

Si une variante est commune à plusieurs manuscrits, la leçon est celle du premier ms. cité;[1] les manuscrits qui suivent peuvent différer légèrement du premier par des divergences de pure forme.

Le premier et le dernier mot de chaque variante correspondent à l'édition, sauf dans les cas où le texte abrégé du ms. rend cela impossible.

Les numéros renvoient aux paragraphes et aux lignes de l'édition.

674,   6   se garnirent mye *102, 94, 756, 750.*

     8   uns d'eulx laisse corre a M. *V¹, 102, 756.*

   10   porte hors du cheval tout jus la terre joingnant au ventre, mes *334.*

   27   n'en menrés mie les chevaulx si quittement comme vous cuidés.» Li uns des chevaliers retourna arrieres pour la jouste fournir. Cil *V¹.*

   32   si que il en parut d'autre part bien demi pié. Il *94, 99, N, Ch¹;* si que il en parut d'autre part bien demi pié tout oultre. Il parut bien que assez *Fam. b, 756.*

   47   destre *omis. Fam. c, d, 750.*

675,   1   n'a plus cuer ne vertu de soi deffendre ne tant ne quant, ainz *334.*

     3   esperons. Cil *E.*

     4   C. M. qui ne c'estoit mie apperceus comment il avoit feru le chevalier vient erranment a son cheval et monte et dit que li chevaliers ne li eschappera mie en telle maniere. Il est mestiers si comme il dit qu'il saiche qui il est et pour quoy il c'estoient ainsi arresté sur le chemin. Le chevalier qui devant s'enfuit *V¹, 102, 756, 334, 750, E.*

     5   chace mout essforcieement et tant lui enuye la chace qu'il dit et jure tant comme il puet que il ne laira *V¹.*

   12   chastel criant et faisant male fin; cil a *750.*

   14   qu'il nel confont. Quant *750.*

---

[1] Ou celle du ms. représentatif de la famille citée; pour une liste de ces mss., voir l'*Introduction*, p. XXXIII.

15 voient que on leur fait si grant ennuy et que un seul chevalier estrange leur *102, 756, 94, 334.*

18 voix: « Or tost petiz et grans au *94;* voix: « Or tost petiz et grans, or tost au *102, 756, 334.*

23 chevalier par les rues del chastel qu'il l'ataint devant la porte de la tour qui lors estoit *750.*

24 la court du chastel. La court estoit *102;* La porte estoit *94.*

676, 12 vie. La ou il estoit en tel penser si durement esbahys et desconseilliés qu'il ne savoit qu'i deüst faire, atant *V¹, E, 756, 750, 334, 94;* vie. La ou ilz estoient en tele pensee de lui courir sus et qu'il estoit si esbahiz qu'il ne sçavoit que penser, atant *102.*

15 traire quar *E.*

16 sans nul remede car *102.*

18 mors sans nul retour que ja *V¹.*

22 samblant de torner en fuie et en arrestant *756.*

25 Donc li mostre *omis. V¹, 102, E, 750.*

29 novelle il hurte *E.*

677, 12 A. n'ait illec mis gens en embusche pour surprendre *102.*

16 mais nul *E;* mais chevaliers *V¹;* fu ediffié premierement nul chevalier *102.*

22 trover son compaignon. Et *102, 334, 94.*

678, 19 a un des chevaliers et creés certainement qu'ilz ont pris nostre chevalier et l'en ont mené *102.*

23 plus fors chasteaulx *102, 756, 94, 334.*

24 chevalier de la Table Ronde sont *V¹, 102, 756, 94, 334, E.*

29 rois meïsmes que l'on apele Artus veult *334.*

42 et ... devisié *omis. 94.*

43 fornir car je *756.*

46 autre foiz *omis. 756.*

49 part. » Et *756;* part. » Lors lui enseigne; et si est il par verité. Lors se tourne d'autre part. Et cil dit *V¹;* part. » Donc *102, 334.*

679, 5 acostumeement *omis. V¹.*

9 entrez morz *102;* ce est noiens de lui *94, V¹.*

22 forest. La *756.*

680, 6 atendoit encore que *334.*

11 Bien ... venus *omis. E.*

13 couars et si mauvais come vous alez disant, il ne eüst mie son cheval si tost gaaignié comme il a et le mien aussi. Or sçay je bien *V¹;* comme vous le fetes, il *756;* comme vous le faisiés, il *94.*

14 Or sai ge bien *756, 94, 334.*

21 coment il li rendirent son cheval. » « Vol. *750.*

27 jurer sur sains come *V¹;* jurer sur sains que *102, 756, 94, 334.*

34 et par tel enging est il eschapez des deus chevaliers *334.*

41 m'est advis, dont je suis moult durement liez. » Ainsi *V¹.*

681, 2 atandoit. Et *E.*

8 demoizelle ke bien puissent il venir. Et *E.*

9 demoiselle ne li dist nul mot comme de ce, et quant ele parla, ele li demanda: « Sire, dites moi comment vous eüstes vostre *334.*

15 foiz par leur mesadventure. » « D. *102, 94, 334;* lor male aventure. » « D. *756.*

17 parlement en tele guise. Et si sera il encore moult bien seü en quele maniere je me

departi d'euls, mes ce sera a la meson le roy Artus quant ce vendra en lieu et en temps, car *334*.

27 puet tant avoir sofferte, ne commant il les puet si *E*.
30 tenuz por nulle cortoisie. Laissiez moi ester *750*.
32 doy a tous les gentilz hommes dou monde, a *V¹*.

682, 1 Quant M. dist teles paroles et la damoiselle les entent, elle *102*.
4 savez des usages de cest *334*.
9 Kalogrinant *Fam. b*; Kalogrenant *334, 756*; Calogrenant *V¹, 94*; Caloguernant *750*.
11 feront de service tout ce qu'ilz pourront *102*.
13 a cellui manoir que je dy.» En ... vindrent la ou *102*.
26 devant. Mais atant se taist ore li comptes d'eulx tous et retourne a parler de Tristan qui encores estoit en la Petite Bretaigne a la court au roy Hoel pour deviser cy en suivant comme la roÿne Yseut envoya ses letres a Tristan en la Petite Bretaigne. Ci dit li contes que quant Tristan se fu descoverz a Kahedin qu'il amoit la roÿne Yseut, il avint cele semaine meemes = § *777*. *Fam. b, c, d, e*.

683, 2 Cologrenant *104*; Kalogmant *Ch²*; Kalogroment *97*.
4 se mistrent maintemant *V¹*.
684, 4 escuwiers. Et *E*.
30 comment cil mauvais chev. *V¹, 102, 756, 94*.
685, 2 Damoiselle, fait il, sçavez vous bien certainement qu'il y a tant *102*.
14 Et ... compaignie *omis: E*.
15 si demusurez que *756*.
31 or ... taire *omis: E*.
33 mieux que un chev. *102*.
36 rire. Et la damoiselle li va touz jourz disant assez d'unes choses et d'autres. Et pour *334*.
39 si ... mautalent *omis: E*.
46 A ... l'autre *omis: E, 756*; A mauvais commant *V¹*.
48 tant en ay je eü, car en telle compaingnie ne pourroie je avoir honneur.» « Damoiselle, fait Lancelot, puis que ma compaignie ne vous plaist, je ne vous en feray pas force. » « Par foi, fait cil a la Cotte Maltailliee, toutes voies vous conduirons nous. » « En non Dieu, fait la damoiselle *V¹*.
49 avez demouré et que je tant vous ay veü, car d'aler en la compaignie d'un mauvaiz chevalier ne peut nulle demoiselle avoir honneur. » « En non Dieu, damoiselle, puis que ma compaignie ne vous plaist, fait Lancelot, je ne vous en feray pas force. Mais vous ne me pouez deffandre que je ne aille en la compaignie de cestui chevalier qui ci est, se ma compaignie lui plaist. » « Certes, sire, fait cellui a la Cote Mautailliee, elle me plaist moult bien. » « En nom Dieu, fait la damoiselle *102, 756, 94, 334, E*.

686, 8 point aloit encores *94*.
11 que li chevaliers de la P.B. li avoit c. *94, 334, E*.
20 jusc'a lui. Il le salue *94*.
687, 14 bien que trouvé l'avrez prouchainement, ce vous voulez faire ce que je vous diray. » « En nom Dieu, fait la damoiselle en sourriant, pour ce ne remaindra mye. Or sachiez que *102, 334, 756*.
688, 2 l'escript. Et quant il a leü l'escript de chief en chief, sachiés que moult lui plaisent les belles paroles que Tristan lui avoit mandees. Lors dist a la damoiselle: « Damoiselle = § *689, 12* (*la lettre n'est pas citée*) *Fam. b, c, d, e, E, G*.

689   *Ce paragraphe est trés abrégé dans les familles b, c, d, e, E et G; les lignes 1–10 sont abrégées dans 750.*

690   *Texte très abrégé: Fam. b, c, d, e, E, G.*

691   *La lettre de Lancelot n'est pas citée: Fam. b, c, d, e, E, G; la lettre de Lancelot n'est pas citée ici, mais plus tard: 750 (voir l'Introduction, p. XLII sq.).*

692,   8   metre s'ente (*sic*) en aucune chose dite, il faisoit rime et proposoit moult bien en contes et tant soutivement que *334.*

        9   il disoit en rime et en prose tant *Fam. d, 94, 99, Ch²*; il disoit et en arme et en esprove tant *756*; il disoit an rime et an gloze tant *E*; ditoit en rime ou sans rime tant *Fam. b.*

693,   4   damoisele mal parlant sanz *94*; damoisele mal parlant et lors escuiers sanz *756, 334.*

       7   qui avoit son hostel en une lande devant *102.*

     13   laissié tous esbatemens. Et *102.*

     32   Kamelot *756*; Chamaaloth *94.*

     33   haitié et moult joyeulx. » « Et *102*; haitié et envoisié. » « Et *756, 94, 334.*

694,   3   l'aventure de *102, 756, 94, 334, 750*; l'avanture ke Netrois de Ganes comansait jai a temps *E.*

       4   Estor *756*; Galehat *94.*

       8   sis freres qe *756, 94, 334, E.*

     11   Karadoc Breichbras *756*; Briebras *94, Ch¹.*

697, 15   gardé plus d'un *Fam. c.*

698,   3   qui ... conte *omis: E.*

       7   Veroneus *334, Ch²*; Maroneus *Fam. c.*

699, 12   ce saches tu *omis: E.*

     21   ay orandroit fait ceste courtoisie ne m'en *102.*

700, 10   Aille s'en a toute la male aventure que Diex li envoit, car je *334.*

     14   ce m'est avis *omis: E.*

701, 12   autre essoigne que *94.*

     20   m'i teneis, et *E.*

     36   grant despit. Or *V¹, 756, 94, 334.*

     38   de vous: honte qi *756.*

702,   7   deus mout beles damoiselles *334.*

     22   est grant aussi *756.*

     24   ciel et puis en *94.*

703, 14   n'estoit se merveille non. Li chevaliers *94.*

     18   Bliobleris *94, 99*; Bleoberis *102*; Blyoberys *334.*

     23   atant puis qu'il vit qu'il ne pooit mais plus en avant, si en *750.*

704,   7   t'en a certes, beste *756.*

     22   mout hardiement. Ainsi *102, 334, 94.*

     25   mais on la fist descendre *102.*

     37   du fait des *102, 756.*

705,   6   prime. Ilz demandent a ceulx de la tour pour *102*: il demandent a *756, 94, E, 750.*

     19   « Damoiselle as malvais diz, en ceste voie m'ont embatu vos vilaines paroles et laides *750.*

     30   jurez *omis: 334.*

706, 10   riens se bien non. Mais *E.*

     13   Bl. de Gannes *E.*

707, 15   chastel, le vostre escuser ne *756*; vostre cuer ne *V¹, 102.*

     22   pris *omis: 102.*

708, 11   enz ... deffendre *omis*: *756*.
709, 2   il ... delaiement *omis*: *E*.
    19   Uterpandragon *Fam. c, d, 334, E*; Uterpendraigon *97, 102*; Uterpendragon *100*; Uterpandraguon *104*.
710, 17   filz pour tant que il ne li feïst honte *334*; s'il n'avenoit que sa honte n'y feüst. « Ha *102*; se il venoit elle laissier *756*; veoit essauchier sa honte *94*; veoit abaissier sa lance tout *V¹*, *335*; veoit qu'il li feroit si apertement honte qu'il ne li peüst laissier. « Ha *750*; veoit ke faire le convenist a force. « Ha *E*.
    23   granz desdaing ne *94*.
711, 8   Brandelins *V¹*; Brarandelins *104*; Keux d'Estraus *334*, *Ch²*, *100*, *335*; Queux d'Estraus *V¹*; Keu des traus *97, 102, G*; Kex de trais *750*; Keux de traux *E*; Kahedin d'Estraux *Ch¹*, *99*.
712, 1   ferré *omis*: *V¹*.
    13   Brehus s. P. *94*; Brun s. P. *334*; Kex s. P. *104*.
    29   Je ... li *omis*: *V¹*.
713, 13   Kex li destraux *756*; ausi roidement comme *102*; ausi deraivinouzemant *E*.
    25   Noroneans *756*.
714, 5   chevaliers, ne passez mie sor mon pont se *750*.
    13   retorne tantost en la place ou il estoit par avant. Et *102*.
    23   adventure que celui qui garde le passage du pont estoit abatus, adont *V¹*; adventure que vous me abatissiez et moy vous, adonc *102*.
715, 29   eschaperoie par mon fait. » « Par *750*.
    36   mie forfait a *E*, *756*; mie pour fait a *94*.
716, 9   faciez retorner de cele *756*.
717, 21   ou vous descenderoiz a pié ou nous combatrons igalement *756*.
    23   combatrons honiement. » Quant *334*.
    26   car ... Et *omis*: *102*.
718, 24   mortel peril et en doubtance de l'ame perdre *V¹*.
720, 5   avoit esprové Lancelot qu'il *94*.
    9   a penser et *756*.
721, 7   quar Diex le sache et vos autresint que *750*.
    15   car ... reconeü *omis*: *102*.
    24   Noroveaus *756*.
    27   Blioberi de G. vostre cousin et par *750*.
    29   damoiselle chenue si *756, 94*; damoisele chenue si qu'il vos voloit *750*.
    31   ores de cele traïson et de cele jornee *756*.
    33   celle journee meïsmes *V¹*.
    43   car ... escient *omis*: *102*.
722, 6   il ... mentenant *omis*: *756*.
    10   por conjoïr Lancelot *omis*: *102*.
    12   trop merveillier que vos *334*.
    24   mien petit chastel qui *102*.
    37   et ... mestier *omis*: *102*.
    38   Mes ... nuit *omis*: *756*.
723, 4   Li ... il estoit *omis*: *102*.
    9   et ... lance *omis*: *102*.
    12   come ... n'entendoient *omis*: *102*.
    25   Et ... aventure *omis*: *102*.
    27   et ... avenist *omis*: *102*.

37   en ... refusa *omis*: *102.*
42   Karadés *94, 99*; Karados *Ch¹, 756.*
47   trois pons. Quant *V¹, V², 335*; trois passages. Quant *V³, 750.*
724,   1   Veroneus *94*; Meroneus *99.*
27   et quatre autres *94.*
31   Mes ... remest *omis*: *102.*
52   que ... part *omis*: *E.*
58   Et ... fait *omis*: *E*; moy delivrer hastivement de *Fam. b*; moy delivrer tost de *750*; moy oster de delivrement de *V¹.*
725,   6   a ·XX· baicheleurs tot *E.*
9   foles aventures et foles v. *756.*
48   en ceste contree et *750*; en cest pays et *E.*
726,   9   Pons as Jaians *94*; Pons dou Joiant *E.*
24   des autres i *102*; a vint et quatre *Fam. c, V¹.*
727, 24   grant tor de *94, 99, Ch¹, 102.*
728,   6   leurs veux s'il *102.*
17   car ... ore *omis*: *E.*
729, 12   se ... noviax *omis*: *750.*
730,   2   ou ... chastel *omis*: *102.*
32   chastel Uter. Si se taist atant li comptes d'eulx pour deviser comment Lancelot osta la mauvaise coustume du Chastel Uter. Or dit li comptes que quant L. *102.*
731,   4   parz trois liues *750.*
8   vit en un pré la *334*; vit en un pré la devant le chastel assez pres de la montaigne et de la porte del chastel en uns granz arbres tenduz *756.*
9   grant ombroie ou il avoit tendus *E.*
732, 22   qu'il ne luy fiche son glaive ou pis *102.*
32   ceste jouste. » Et *102, 756, 94, 334, 750.*
734,   6   l'envaïssement des *V¹.*
735,   2   au desraisnier les en convint il fuïr a honte *94.*
8   fuient ou champ por *756.*
737,   7   ne se porta si bien, lors il *102.*
8   appareillié et volentiers prest a la bataille fere por *756.*
23   il avoit avant hier delivré Blioberis de prison. La *Ch¹.*
24   Brun s. P. *334, V¹, 335, 756*; Brus s. P. *104.*
738,   3   moult pitouzement et *E.*
17   non ... autre *omis*: *E.*
22   elle se arreste (*100*: s'acoste) delez la damoiselle et lui dist moult fellonnessement: « D. *Fam. b.*
26   enc. quatre jours *V¹, V², 335.*
33   que il n'est mie des couhars chevaliers *102.*
739,   8   Et les deus champions qui *102.*
21   la ou il prenoit le cheval: « S. *V¹, E.*
740, 25   fait cheoir a terre des deux g. *102.*
741, 36   jusc'a ·XV· qui *Fam. c.*
742, 12   pas a ceste heure; et se je vouloie demourer en nul lieu de cest païs, je demourasse avec vous. » « Ha *V¹*; pas ore a ceste foiz, quar trop ai aillors a faire. Ge m'en vois, a Dieu vos commant. Et sachiez que se ge deüsse demorer a ceste hore en nul leu de cest païs, ge demorasse avec vos. » « Ha *750.*

14 prier a joinctes mains que *102.*
743, 1 Chastel Uterpandragon qu'il *334.*
20 qui ... vet *omis: E.*
744, 5 car ... plus *omis: E.*
23 plus et c'est orendroit partis de cy *V¹, E;* plus; orendroit se parti il de chi *94;* orendroit ... ci *omis: 102.*
745, 4 et tout ce qui estoit leur fu rendu. La *102.*
746, 8 L'avez ... por vos *omis: 94;* por moi ou por vous *756.*
26 que s'il feüst si bon chevalier comme vous dites, que il ne fust mie si villains comme il est. » « Si *V¹.*
33 n'est nul si atrempez que vous ne feïssiez torner a corroux. De *102.*
44 Logres, car bien saciés qu'il passe toutes les chevaliers de la Table Reconde. » « D. *94.*
747, 25 destroiz passages de *750.*
749, 9 gardoient. Quant cil ke celle entree gardoient anci com je vous cont *E, 750.*
751, 8 puissions vous certiffier que mais huy vous oyez nouvelles *102, 97.*
15 valee. Dusques la n'a mie demi lieue englesche d'assez, non le quart d'une, si come je croi. » « Messire Lanceloz *750.*
15 Donc ... part *omis: E.*
19 descent et fut bien aisiez et bien serviz. Mais atant *102.*
752, 5 freres ainsnez gardoient *102, V¹, 334, E, 750.*
753, 6 grant cuer et *V¹.*
10 si espertement que *334.*
31 et le tire vers terre si *Fam. b.*
754, 8 faisoient autrement sa *94.*
13 Plenarius *104;* Plenorior *94;* demoiselle vient maintenant sor lui et li respont: « Sire *756.*
756, 6 huimais pis face a son compaignon. » Aprés *750.*
11 le fait des *V¹.*
20 moult vigereusement et *94.*
758, 40 Tristanz de Loonoys. Mais *750.*
42 batelle. Trop avons ci demoreit. Huimés vos gardeis de moi. » « Dans chev. *E.*
45 Dieux que l'un de ces deus boins chevaliers troverois en combatant. Atant *94.*
759, 6 ja entrelassés que *V¹.*
24 est nuyt ou jour ne *102.*
760, 25 irait, ne nuns ne lou sceit for Deus. Li *E.*
34 le fait. Mais atant laisse ore li comptes a parler de cellui fait pour deviser comment Lancelot du Lac mist a fin l'adventure des destroiz de Sorelois. Or dit li comptes que quant la damoiselle *102.*
761, 17 querant la muse. Vous savez *Fam. c.*
20 Ne ... fait *omis: 102.*
763, 9 meesmes abatra il l'autre se il onques puet. Et *334.*
32 lor contenance il *94.*
766, 8 C'est ... li *omis: 102.*
767, 12 faille faisoit voulentiers Lancelot du Lac et les autres chevaliers *V¹.*
57 en asseurance me *Fam. d, 756;* en assegurance me *750.*
768, 14 Lors ... gardé *omis: 102.*
769, 9 Estor de G. *756;* Nestor de G. *V¹, 334, 750;* Nestour de G. *102;* Gannes *E;* si biaus chev. *94.*

771, 15 coup d'enfant ne de chevalier *94*.

16 et destruit cist cop comme cop de foldre. Grant *750*; sont li colz comme colz de tempeste. Grant *E*; come de fouldre qui *756*.

17 de fouldre. Grant *V¹*.

773, 7 gent mal sené ne *V¹, 102, 750, 756*.

774, 2 que ... durement *omis; V¹*.

14 Benuic *756*; Benuich *Fam. d, 750*.

26 Karado *102, 97*; Karadoc *104*; Carados Briebras *94*.

27 Chastel du Rochier *Fam. b, c, d, e, 750*; Chaistel de Rochier *E*.

28 Galhout *102, 97*; Galehout *100*; Galahot *756*; Galeholt *334, V¹*.

775, 2 belle plaine et *Fam. d, 750, E*; Chastel Nestor *Fam. d, 756, 94*.

776, 5 bien que cestui païs ne autre je ne vouldroie retenir pour demourer a cestui point car je suis *102*.

25 compaignie, por deviser les aventures Kehedin et comment il vint en son païs et mourut pour l'amour la roÿne Yseut. *Fam. b, c, d, e, 750, E*.

777, 1 Trystram *334*.

2 Ysolt *104*, Yseult *334, Ch²*.

6 Brenguin *M, W*; Brangayn *334*.

17 fet. Et ele respont moult matement: « Ma *334*.

778, 6 por qui je muir *omis: V¹*.

7 vous voy, riens *V¹*.

8 avez allegié si que *102*.

12 Y. az Blanches Mains. Cist *E*; mout merveilleux qui *Fam. b, d, e, E*; mout estrange qui *Fam. c*.

20 se ... vos *omis: 102*.

24 la sentisme (*334*: septisme) partie des paroles teles come je *756, 334*.

25 escrire ... mander *omis: 102, 756*.

26 celui que je plus aime que moy meïsmes qui mettez mort qui metez vie et joie *V¹, E*.

32 Yseult la chaitive. Ne *V¹, 102, E*; si tost ne viendrez en Cornouaille ne ja ne seray si pres gardee que *102*.

34 vous ent sans (*102*: nulle) demeure et *V¹, 102*.

35 asseür soit l'amant *M*; soient li amant *W*; soient tous que mal vit *102*; tuit li autre qe *756, 94, 334*; tuit li amant *V¹, E*.

779, 9 *A partir d'ici jusqu'au § 858, 53–8 approx. tous les mss. sauf C, M, W, 750 abrègent le récit. Voir l'Introduction*, p. XXXI sq.

781, 3 pres de Darnentes *104*.

4 Foreste d'Arnantes *M, W*; Forest de Darnantes *334, 335, E, Fam. b*; F. de Darvantes *V¹*; F. de Dananantes *Ch²*; F. de Darmantes (Darmentes) *94, 99, Ch¹, N*; F. de Darnantres *756*; (*voir aussi var. 821, 11*); Mellin *104*; la Dame dou Lac *M, W*.

7 somes en la terre le roi Artu en la merce de Norgales *Fam. c, V¹, 334, 102, E*.

16 pour cerchier la forest ·X· (*104*: VIII) jours cuidoie *334, Ch², Fam. b, c, d, E*.

27 armes et y entrons ou nom du Saint Esperit (*334*: du pere et du fiz et du S.E.), si verrons *102, 94, 334*.

30 attendra trois jours ou plus (*104*: ou quatre) se *Fam. b, c, d, e, E*.

41 K. Mais atant se taist ore li comptes de Gouvernail et de sa compaignie pour deviser les adventures qui avindrent a T. en la Forest de Darnantes et comment il delivra le roy A. Aprés *Fam. b*.

782, 10 mist bien ung mois a, si *Fam. b*; mist bien a quatre mois *Fam. c, d, e, E*.

19   trois liues englesches *omis: Fam. b, c, d, e, E.*
22   Pin des Trois Dames *Fam. b, d, 334, Ch², E;* P. des ·II· Dames *Fam. c;* P. des ·IIII· Dames *104.*
783, 32   mye du royaume de Logres se ilz n'ont changiees leurs armes. Adonc monte *102, 756, E, M, W, V¹.*
786, 17   Lamorat de Gaules *M, W, 756.*
18   roys de Listenois fut *102;* Pellinor de Listenois fu *756, 94, E, 334, V¹.*
41   qu'il n'ait nul mal et dit *V¹, E.*
787, 5   Amorat *334;* Lamorant *104.*
788, 1   ceste parole. Il *W.*
3   Cahedins *94.*
10   bien a quatre mois que *G;* mois ou quatre que *E.*
22   mout . . . Artus *omis: M.*
23   car . . . Artus *omis: W.*
28   L., il y a bien un mois que *Fam. b, e, 94, 99, N, E;* p. trois mois *Ch¹.*
789, 6   il peüst demorer trois jors ou quatre il *W;* por ·I· jour de sojour ou de ·III· *94, N, Ch¹.*
47   qu'il ait en tot le monde deus chevaliers qui se peüssent defendre encontre lui en bataille qar il a moutes aventures menee a chief que autres le pooit faire *(sic) M, W.*
790, 17   cors de serpent et teste de liepart *104.*
18   liepart et teste de serpent et *M, W, E, 334, Ch², Fam. b, c, d.*
29   de sa legeresse. Mes. *M, W.*
791, 34   qui qu'il en soit bel averai je non Tristan qui il en est mesavenu. » « S. *94, 756;* sui Tristans li mescheans. » « S. *V¹.*
792, 25   Lamorat se met au chemin a senestre et T. a destre. Mais atant se taist *97, 102.*
793, 10   entent bien l'estre de *W;* entent bien l'estre de la demoisele et dou chevalier et *M.*
13   salu mout cortoisement. « D. *W, M.*
794, 9   par folle parole *V¹.*
15   que chevaliers de si grant renomee come vous estes ne se doit combatre a moi 94, 99, 756; en est mien et l'autre *Fam. b, d, e, Ch¹, N, E.*
25   Loth *94, 334, W, 102;* Loch *E, 756;* Loth d'Orcanie *335;* Loth d'Ormatue *V¹.*
796, 2   si que par fortune le *V¹.*
8   commence a someillier. La ou il devoit dormir, il voit un *V¹, 102, E, 756, 94, 334.*
15   serein d'une nuit qui estoit moult bon a sa maladie et commence a pensser moult durement. Et Lamorat *334.*
22   mené il debat son pis et esgratine son viaire. Et puis dit *V¹, 102, 756, 94, 334, E.*
31   tousjours prometz et riens ne donnes qui *102, 756, 94;* ne donnes qui *V¹, E.*
53   Meliagant *Fam. c;* Meleagrant *Fam. b, V¹.*
797, 2   merveille moult durement qui il peut estre, car il ne l'entendit mye (bien) quant il se nomma et moult se merveille qui est celle dame *Fam. b, c, d, e, E.*
798, 11   d'une armes vermeilles my parties *102, 94, 756, 334;* parties, ses escu estoit aussi mi parti, la moitié *W, M.*
27   n'ait mes ancor ·VIII· jours *E.*
31   telz ·XX· chevaliers comme *Fam. c, d, e, E;* t. ·II· com *W.*
800, 15   ainz lessent les glaives cheoir a terre. E *W, M.*
18   Et il respondent qe encontre lui ne se vousissent il mie conbatre. Si se departent et s'en vont fuiant grant erre qanq'il pooient dou cheval traire. Lamorat qant il voit Lancelot il le salue *W, M.*

34 estiés a la Fontaine dou Pin qui est a l'entree de ceste foreste vos *W, M.*
46 d'un an que *Fam. b, c, d, e, E.*
801, 8 Bandemagus *94, 99, Fam. d;* Bandemagu *Fam. b, 102, Ch²;* Bandamagu *334;* ban de magu *104;* Brandemaguz *756;* Gore *M, W.*
803, 1 tant enragiement amoit *Fam. d.*
2 d'Orcanie *(Ch¹:* Orchanie) qui mere estoit de monseigneur Gauvain pourquoy messire Gauvains l'ocist puis assés desloialment, respont *Fam. d, c, e;* d'Orc. por coi messires Gauvains l'ocist pues *E.*
804, 13 lor seignor, li chevalier metent *W, M.*
807, 16 Si fais comme vilains quant je m'an vante mais *E;* Si faiz comme villain qui m'y embas mais *102, 94, 334.*
18 dire.» «Certes, sire, fait Mel., bien est vray que je ne suis mye chevaliers de si haulte renommee comme vous estes (comme vous estes), mais se vous mesmes estiez de ceste querele encontre moy, si la cuideroie je mener a fin.» Et quant il a dite ceste parole il se taist sans plus dire mot. Et Lancelot qui bien sçavoit de certain qu'il avoit tort, mais ire lui faisoit faire, dist a Lamorat: «Garde toy de moy.» Quant Lamorat le voit venir *102, 756, 334, 94, E.*
31 trahison. Et puis que je voy que faire le convient, je me defendrai a mon povoir, et pour la desloiauté que vous en faites vous doubte je moins que devant, car comment qu'il alast entre moy et Meleagant de ceste querelle ou du droit ou du tort, encontre vous ay je raison. Et sachiés que je me deffendrai tant comme je pourray.» Blioberis *Fam. b, c, d, e, E.*
808, 3 male pensee de *W, M.*
29 d'Orcanie ne soit.» «Certes, Meleagant, fait Lamorat, je ne vous fauldrai ja tant comme je vive, ains me combatrai pour ma dame la roÿne d'Orcanie si comme je vous ay en convent.» Et quant Lancelot oÿ ceste parole, il dit a Lamorat: «Lamorat, fait Lancelot, je vous prie par amours que ceste bataille remaigne, car comment qu'il soit de la roÿne, vous devés deffendre la bonté du roy Artus et de la roÿne Genevre comme cil qui estes compaings de la Table Ronde. Et se vous encontre ce alez, je oseroie bien dire hardiement que vous ne serés mie loyaulz chevaliers.» Quant Lamorat voit et entent que ceste raison est vraie et que Lancelot ne quiert autre chose fors seulement qu'il ait raisonnable achoison de soy combatre encontre lui, Lamorat qui mie ne desire a avoir la bataille de Lancelot, respont a Meleagant et dit: «Meleagant, Meleagant *V¹, 102, 756, 334, 94, E.*
809, 32 uns des plus vanteus chevaliers *102.*
811, 3 des maleures chevaler *M;* des mauveis chevalier *W.*
24 feste.» «Alons donc», dit Tristanz. Lors *W, M.*
812, 7 Chor *(plus tard:* Thor) *756;* Hector le filz Arés *(plus tard:* Tor) *334;* Hector li fis Aires *M;* Hector le fis Hares *W.*
813, 9 que il s'en fuira, et se il vaut aucune chose, il ne s'en fuira mie, ainçois viendra a la joste.» «Et *334.*
815, 13 mais je sai bien qu'il n'est mie de Cornuaille *Fam. c.*
18 plus covertement qu'il *M, W.*
19 fait Keu, et s'il ne feüst de grant povoir, ja de moi ne se feüst ainsi delivrez. Et si vous dy que jamais *102, 756, 94, 334, (V¹ lacune).*
23 et Tor si dist: «En non Dieu, je n'ay talent d'aler aprés lui. Au deable le command.» Et lors Keu et Brandelis s'en vont aprés et se hastent tant de chevaulchier (= § *816, 2). 102, 334, 94, 756, (V¹ lacune).*

816, 44   de quatre jours *94, 756, N, E, W, M, Fam. b, d, e*; trois jours *99, Ch¹.*

818, 11   de ·VII· chiveliers *E, M*; de ·IIII· chev. *W.*

819, 37   sire, por Dieu, gardez que celle ne vous eschappe, car vous n'avez riens fait. » *102.*

820, 21   mort. Mais atant laisse ore li contes a parler dou roy Artus ... *W interrompt abruptement le récit, et ajoute onze feuillets qui racontent la mort de Tristan.*

     42   nannil.» Et puis li redemande de son non, mes Tristan dist q'il n'en fera riens. Aprés li dist Tristan: «Volez vos *756.*

821, 11   F. de Darvances *334*; F. de Danaitres *Ch²*; F. de Danantres *756.*

822, 23   parlés de celui qui li chevalier estrange ocist *V¹, 94, 102, 756, 334, E.*

823, 8   veoir la table Merlin et la tombe desous. Si m'en alai avec luy. *E.*

825, 2   Hector *Fam. c, V¹, 334, 100, 104.*

826, 11   chace. Mes totes voies, fet Hestor, vos pri je que vos me diois qu'il est. » « Si m'aït Dex *M.*

     26   Hector le reconnoist, si li dist: « Ha, sire, vous soiiés li tres bien venus. » Li rois descent et le baise. Et li rois li demande s'il est sains et haitiés. Et li rois dist ouil *Fam. c, b, d.*

828, 1   Au tiers jor quant il s'en durent partir vint Brandelis et Kex. Et li rois si tost come il les vit lor court *756.*

     49   ja des le jour devant que *G*; jai ·II· jors devant que *E.*

830, 23   jour a heure de vespres arriverent *V¹, 334, 94, 756, 102*; jour devant houre de vespres arriverent *E.*

830, 24   Tintamel, devant le chastel droitement. Quant *102, 97*; Tintaguel *100, Ch¹, 99*; Tintayoul *94*; Tintaioel *N.*

     31   la forest au *102, 756, 94, 334*; la forteresce au *V¹, E.*

831, 3   Dynas, et il estoit ja anuitié auques. Messire Tristan et Kaedin se mistrent erraument en un jardin, et Brangain ala devant et trouva Dynas qui moult fu liez *V¹, 102, 756, 94, 334, E.*

831, 15   roy March en estoit saisiz la dehors, je vouldroie mieux morir que le roy March en feüst saisis ne que messire Tristan *V¹*; r. March estoit a siege (*Ch¹, 756*: asseigié) la defors, si vaudroie je mieux *Fam. c*; a tout son ost omis: *102, 334.*

832, 16   erranz. Et Kahedin dist maintenant qu'il vit la roïne Ys. q'il l'amera, et l'ama tant durement *756.*

833, 11   Mes quant K. voit la roïne Ys. q'il aime plus qe soi, il en coucha malades *756.*

834, 19   gueris, elle feroit tant qu'il se tendroit pour reconforté. (*Les lignes 19–24 sont omises*) *Fam. c, d, b, e, E.*

835, 17   solement l'esperance d'avoir les amors madame Yselt *750.*

     20   foiz. De tant li est bien avenu qu'il ne fu onques mes plus beaux chevaliers ne plus gaiz ne plus envoisiez qu'il est a ceste foiz. Il vet *750.*

836, 3   trouva unes letres *V¹, 94.*

     25   Kehedin. Il atent tant qu'il ait point por ocirre Kehedin. Kehedin qui (= *§ 837, 6.*) *750.*

837, 17   de trois lances *Fam. b, d, e, E*; de quatre lances *Fam. c.*

838, 8   « Comment? fait li rois et la roïne (*Ch¹ omet* et la roïne) dormiés vous? » Et la roïne se met avant et dist *Fam. c.*

839, 14   plus bel ami del *94, 756.*

     24   Dame, je cuidasse plus tost que les eaues montassent contremont les montaignes que la roïne Yseult faussast a Tristan, son ami. Et puis qu'il est ensi *Fam. c, d, b, e, 750, E.*

841, 2   Ginglantin *Fam. c*; Ginglain *E.*

6 pere. De ce se pooit il bien vanter qu'a son pooir ne laissoit il leu ou chevalier deüst aventure cerchier qu'il n'i alast por gaaignier pris et los, dont il estoit moult desiranz. Et por *750.*

20 qui conseil (*756:* remede) y peüst metre, ne je ne le diroie ne a vous ne a autre. » « En *102, 756, 94, E, V¹, 334;* conseil a ma dolor *750.*

21 mon cors metre *750.*

32 dolor, avant que vos vos departez de moi. Et certes, avant me combatré ge a vos que ge nel sache. » « Coment, sire chevaliers, si vorriez que ge vos deïsse ce que ge ne descoverroie a nul chevalier del monde? » « Voire certes, ce dit G., mestier est que vos me diez l'achoison de vostre dolor *750.*

842, 15 attaint a destre partie. Le cop *V¹, 102, 756, 94, E, 334.*

18 cheval par entre les espaules et *V¹, 756, 334, 102, 94.*

843, 1 *750 omet ici les §§ 843–6; voir ci-dessus 851, 8.*

7 sien chevalier et *E.*

844, 24 liez, car il cuide bien que jamais ne se puissent accorder, a ce qu'il fera si pres garder la roÿne que nul n'i pourra parler fors que par lui. Ainsi devise le roy March a soi meïsmes, et sans doubte il la feïst durement destraindre pour ce fait ce que ne feüst ce qu'il l'amoit de trop grant amor. Si dit a soy meïsmes que ja parlé n'en sera, ains la gardera miex que devant. Messire T. s'en va tout forsenés (= § *852, c'est-à-dire, les §§ 845–51 sont omis*) Fam. *e, c, b, d, E.*

847, 7 pas ·X· jors *750.*

851, 5 entendant. Ele est si fort esbahie qu'ele *750.*

6 dire, car encor ne li est il pas avis que T. soit morz. Atant *750.*

8 Tyntuel, et molt li targe durement qu'ele soit dusque la venue. Mais atant laisse or de lui et retorne a Guinglain, le filz monseignor Gauvain. (*750 continue maintenant avec les §§ 843–6, puis revient à § 851, 8.*)

852, 3 descent devant une fontaine et se desarme et gette (= *ligne 16; la plainte de Tristan, lignes 3–15, est omise*) *V¹, 102, E, 756, 94, 334.*

17 et puis son hauberc autrement et dit *750.*

31 Que vous diroie je? T. pleure ·III· jours (*334, 94, 756, V¹:* touzjours) et mauldit l'eure qu'il fut nez plus de mille foiz. Si advint d'adventure que uns chevalier *Fam. b, 94, V¹, 756, 334.*

853, 1 *La rencontre de Tristan et de Fergus (§§ 853–9) est très condensée dans les Fam. b, c, d, e, E.*

854, 31 cure de joie. Riens *750.*

856, 30 Fergus *V¹, 102, 94, 334, 750, E.*

31 et qui en sa compaingnie avoit esté a Norholt et en autres lieux si que le compte advise ça arrieres c'estoit illec embatu sur lui (*très abrégé*) *Fam. d, b, c, d, e, E.*

858, 54 n'oblie. (*Nouveau paragraphe avec grande initiale.*) En ceste partie dit li contes que puis que Tristan se fu partiz de la reÿne Ysolt si corrociee cum li contes a devisié, et il fu venuz el Morois sor la fontaine si grant duel demenant que jamais n'orrez parler de plus grant, il cemence a penser a cele qu'il onques n'oblie *750.*

55–8 *Ici les Fam. b, c, d, e, E, G cessent d'abréger.*

859, 4 ensi . . . comandé *omis: Fam. b, c, d, e, E.*

6 et por sa mere itant *334, 102.*

860, 45 F. de l'Espinois *94, N* (*omis dans Ch¹, 99*); Espinote *97, 102;* Espinete *100;* Espince (?) *V¹;* Espinoe (?) *335;* en la F. de Monloys por ce qe il savoit certainement que T. y estoit *756, 99, Ch¹.*

46 aler chacier en la Forest d'Erblois pour *94, N;* aler chacier en la Forest des Mors pour *97, 102,* (*100:* delmors).

861, 17 D. comment suis ore vifz. Fut *Fam. b.*

24 la mein et seisir la mein de Trystram pour mettre en la seüe pour tant que ele le vousist *334.*

32 vis chalt et moilliet et plains de lairmes *E.*

862, 15 main et le tire a lui au V^1.

20 qui sommeille et *102. 756, 94, 334.*

39 tel lieu qui *Fam. c, 334*; face apertement et villainement V^1.

864, 6 ainsi comme le compte a devisé ça arrieres. Et alors la roÿne Yseult qui toute paour avoit de monseigneur Tristan departi sagement celle bataille et envoia Pal. ou royaume de Logres en telle maniere comme je vous ay compté. Quant *Fam. d*; ainsi que nous l'avons devisé en notre livre. Quant *Fam. b, c, e*; anci com vos avons devizeit en notre livre sai arriere comant (= *ligne 8*) *E.*

865, 14 qui le jour devant avoit *102, 756, 334.*

29 demoiselle qui le jour devant avoit parlé a lui et qui *94.*

43 a vos ainçois vos deporterai pour *334.*

46 dirai parole nule car je m'en vois. Et Diex *334.*

866, 13 estoit si nerciee et si perse comme V^1.

867, 2 tor, ele trova une harpe en une chambre lui et les dames de la tour qui jadis avoit *756*; avec les dames elle *102, 94.*

23 elle si lait et si nerci comme je vous ai conté devant, et elle se merveilla moult dont ce vint ne par qele achoison ce fu. La demoiselle ne li devise mie, mes ainsi li avint il. Et sachiés *756.*

868, 10 sçavez nul que je ne saiche et se vous en sçavez un que je *102, 94, 334.*

22 second avoit il appelé le Boire Amoureux et le tiers *Fam. b, 756, 94, 334* (*mais cf. ci-dessous 869, 6*).

869, 6 dites le lay du Boire Plaisant si *Fam. b, 756, 94, 334, N.*

870, 18 de la cause li croist li noms *94, Ch¹, 756, Fam. b.*

I *Pour un relevé détaillé des variantes de ce lai, voir T. Fotitch et R. Steiner, Les Lais du Roman de Tristan en prose (Munich, 1974), pp. 19–30; on verra toutefois que les variantes citées pour C y sont souvent incorrectes.*

XX *Après XX, E ajoute trois strophes:*

   a) Je sent la mort que moi vient kerre,
      Legierement me puet conquerre.
      Povre loz i porait aquerre,
      Ne sai ke doie mes requerre.

   b) Quen tout me falt et femme et homme
      Et celle que Y. se nomme,
      Sens cop donneir ici m'assomme,
      Je ne sai de mes malz la somme.

   c) Jais com je muir an grant destresse,
      Mors toutes mes voinnes m'estresse.
      Je en sent la daerienne espresse,
      Je ne truis nulz qui m'en despresse.

XXII *Après XXII, les Fam. b, c, d, e, E, 750 ajoutent une strophe:*
      Son serf fuz tousjours et suy,
      Pour Yseut vers Yseut (*V¹, V², 335*: vers la mort) m'en fuy.

Vivant, mourant en suy et fuy,
M'ame n'avra autre refuy.

XXV   *Après XXV, les Fam. b, c, e ajoutent une strophe*:
Quant Dieu me fault et femme et homme . . . (*C'est la strophe citée ci-dessus*
XIX, b)

XXVI   *Après XXVI, E ajoute une strophe*:
Amors, je gis de double plaie,
L'une m'ocist, l'atre me plaie,
L'une m'estrant, l'atre me ploie.
Enci resoit qu'il vos sorploie.

XXIX   *Après XXIX, la Fam. d ajoute la strophe* Quant tout me faut et femme et homme, *citée*
ci-dessus XX, b), que les autres mss. ajoutent soit après XXV, soit après XX.

872, 2   tour ou elle venoit chascune nuit ainsi comme je vous ay devisé ça arrieres, et prist
congié a la dame de leans, et moult la mercie durement de la courtoisie que elle
lui avoit faite. Et quant ce vint a l'endemain, elle se mist en son chemin et fist
tant qu'elle vint droit a la mer. Si li advint si bien qu'elle trouva un vaissel tout
prest qui vouloit passer ou royaume de Logres, dont elle fu moult durement
joieuse. Lors se mist dedens la nef et fist tant aus mariniers qu'ils la passerent
oultre en bien petit de temps. Et quant elle fu arrivee ou royaume de Logres,
elle fist puis tant par ses journees *V¹, 335.*

873, 23   a l'issue de *94, 334.*

    26   ·VII· jours *334.*

874, 2   car . . . certenement *omis: 102, 756, 94, 334.*

    24   lit trop destroitement et si me dist que oncques puis que *102.*

    26   mener aci durement com nulz plus et altre chose non. Et *E.*

    27   enpris corporelment. Palamedes, ces *94*; empris ou cuer jour et nuyt. Palamedes,
ces *102.*

    41   Kahedin?» «Certes, sire, fait la demoiselle, onques du demander ne m'entremis,
ne je n'oÿ onques homme qui parlement en tenist fors que monseignor T. tant
seulement.» «Demoiselle *Fam. d, b, c, 334, 104, E.*

875, 1   vostre messaige en *102, 756, 94, 334.*

    12   Palamedes ·VII· jours *Fam. b*; ·VI· jours *Fam. d.*

876, 6   cil . . . set *omis: V¹, 102, 756, 750, 94, 334, E.*

877, 1   comença a regarder son vis *756, 94.*

    30   devant lui tout le monde mort. Quant *V¹.*

878, 5   alez, vous le reverroiz ains onc tens ne lonc terme passé. Or *756*; alez en tel maniere
comme vous dites, vous le reverroiz ains lonc tens. Or *94*; alez, vous le pourrés
recouvrer en *V¹.*

    8   mie des Mares ne *102.*

    19   faite ceste besoigne et *94, 756.*

879, 8   le touchement de *V¹*; l'entouchement de *335, 100, N, 104, 94, 334, E*; la cause de ma
maladie *97, 102, 99, Ch¹*; le commencement de *756.*

    19   Dydo *102, 334, 756*; Dido *94, G*; Dydos *E.*

    44   roÿne, ainsi comme de bon cuer en suis desirans.» La *102*; roÿne, ainsi comme
mon cuer le desire.» La *756, 94.*

880, 3   roÿne sot que *V¹, 102*; roÿne voit que *756, 94*; roÿne si s'aperçut que *334*; r. sceit que
E.

    24   son salut tout maintenant mais il *V¹, 756, 94, 334*; son salut mout matement ne *750,*
E.

881, 34   plus d'un an *102*.
882, 18   Fergus a qui nous avons tenu parlement.» « Ma *334*.
    21   le vit enmi le visage ele *334*.
883,   5   autant ... meïsmes *omis*: *V*[1].
    23   La ... merveille *omis*: *E*.
    43   plus priveement que *750*; plus coyement que *102*, *756*, *94*, *334*.
    45   au plus celeement qe *756*, *94*.
884, 11   et ... chacier *omis*: *V*[1].
    20   et le tres grant amentenement que *334*.
885,   8   qui ... choses *omis*: *V*[1].
    9   de tous autres et *102*, *756*, *94*.
    26   Or ... porrez *omis*: *V*[1].
886,   2   adonc la sorce de *E*, *G*.
    3   Tristan a un matin *94*, *334*.
    11   car ... meïsmes *omis*: *756*.
887,   7   en guise ... aventures *omis*: *V*[1].
    11   et avoit en sa compaignie une damoiselle il *102*.
    23   et dit ... esforcier *omis*: *V*[1].
    24   chiveliers ne veut jostier, il ne josterait pais, ains passet avant et leu saluet. Fergus
        E.
    31   ensi ... faire *omis*: *V*[1].
    34   et traveillié ... mauveses *omis*: *V*[1].
888,   3   por quoi ... fu *omis*: *V*[1].
    8   que ... querant *omis*: *V*[1].
    14   qui ... soient *omis*: *V*[1].
    23   come ... iestes *omis*: *V*[1].
    36   avec T. demoura ·VII· jours (*de même § 890, 15*) *102*, *756*, *94*, *334*.
    41   puis ... Tintaiol *omis*: *V*[1].
    42   et li ... non *omis*: *V*[1].
    49   pas ne je autresint vos, mes je vos conois orendroit a cestui escu *334*.
    53   et ... meïsmes *omis*: *V*[1].
890,   1   aprés ore de none *omis*: *756*, *94*, *334*.
    10   bien ... qui *omis*: *756*, *94*, *334*; savoit la verité comme *102*.
891, 28   rep. XV jours *Fam. d*, *b*, *c*, *104*, *E*, *750*; rep. XV jours ou ·VI· mois *334*, *Ch*[2].
    39   avant demourroie je dedenz le Morois tote *334*.
    46   moult volentiers et moult ameement. La *Fam. c*; moult volantiers et moult
        debonnairement. La *334*.
893, 11   Corn. par courroux et par mautalent. Et quant *102*, *94*, *756*.
    19   mesmes. Li roys s'acordoit bien a ce que Andret en aloit disant. En celui matin *102*,
        334, *94*, *756*, *V*[1].
894, 27   par tant de jours *Fam. b*, *c*, *d*, *e*, *E*, *750*.
    28   Pal. qui la roïne avoit la dedens enserree a force. Que *Fam. c*.
895,   2   Brangayn tant comme ceste aventure dura *334*.
    13   Adres *E*.
896, 11   ferai en tele maniere repentir qe *756*, *94*.
    18   trouver d'autre matiere et *V*[1].
    22   aporte une harpe *V*[1].
    24   Morois, ainsi com je vous ai conté ça arrieres. La *756*.
897, 20   rois Hoiaus *94*, *N*.

898, 4 souspire moult tendrement et *102*.

12 Qui donc *omis*: *102*.

899, 17 je de ci devant qu'il fut jour se *756, 94, 334*.

27 lieues petites englesches. Quant *V*¹; lieues petites. Quant *102, 756, 94, 334*.

900, 8 s'areste du tout a un feu (*94, N*: fais; *334*: fes; *335*: fou) pour regarder a son esme *V*¹, *94, N, 334, 335*.

19 qu'il ait grant besoing la ou *102, 756, 94, 334*.

23 il s'en passa outre qe plus *756, 102, 94, 334*; il se pense atant qu'il ira s'il puet celle part ou le cor sonna. Si esforciement comme je vous compte chevaucha Kahedin tant comme il puet selonc ce que il sent que son cheval le puet souffrir. Tant *V*¹.

901, 25 par assens et *94, 334, E, V*¹, *750*.

902, 29 estoit acoutez por boivre de la fontene, K. *756*.

903, 5 aucques coralment il *756*; auques seulement il *94*.

9 bien aise qui *102*.

904, 7 si eschevable (*334*: eschivable). Por quoy estes vos si tournans *102, 334*.

22 sanc, a l'un paie bien *V*¹, *94, 756, 102, E*; donne painne et l'autre nient, Amor *94*.

73 qu'il n'ot onques se anoi (*334*: anui) non *94, 334*.

905, 3 plus doulens chev. *V*¹, *102, 756, 94, 334*.

29 autres prendes as *94*.

906, 8 apoiez sor son escu dejouste lui. Et lors ne l'a *756, 94*.

30 K. Li chevalier ne set qu'il doie responde quant il entent les paroles de Kehedin, et ce *750*.

6 chevalier estrange et *102, 94*.

18 oÿ conformer que Palamedes amoit *V*¹; ouy dire que Pal. amoit *102*.

26 messagiere ... Logres *omis*: *V*¹, *102, 94*.

908, 9 mettre a la mort (*94*: la meslee). Est ceste amour venue nouvellement? Ja *V*¹, *102, 756, 94, 334*.

23 por l'amor de T. *756, 94*.

36 certes, cestui fait de madame Yseut si court *V*¹, *102, E, 756, 94, 334*.

39 donne l'onnour du monde, ce est la mestrie de son ostel par desus touz les autres, soit a tort ou a droit, et le croit si de toutes choses que as autres serjanz en est de piz par moult de foiz, et le fait tenir en servage *334*.

40 piez et les fait tenir *V*¹, *94, 102, 756, 334*.

45 monde seurmonte de *V*¹, *756, 94, 102*.

67 fol semblant et *V*¹.

909, 25 la plus grant niceté du *750*.

911, 23 forsenez.» Et *102*.

912, 39 un moien chevalier *334*.

49 ci par mon pechié.» «Sire, fait Pal. *94*.

50 car mon cheval m'i *756, 94*.

913, 2 la figure du roy *97, 102*; la fauture au roy *100*.

27 de ma vie *V*¹.

30 Mes ... erranz *omis*: *94*.

31 tel deserte. Ge *750*.

914, 23 de moy ne *V*¹, *102, 756, 94, E, 334, 750*.

915, 1 moult fort a *V*¹, *102, E, 750*; moult a *756, 94*; moult forment a *334*.

41 les trois chevaliers *Fam. b, c, d, e, E, 750*.

917, 5 chemin, se je onques puis.» Et lors se mettent a la voie aprés le roy March, et chevauchent tant que ançois que le soleil fust levez sont ilz venus au grant chemin. Tout maintenant V^1, *102, 756, 750, 94, E, 331.*

16 folie en pensee, or *750.*

17 n'y entendray ains *102, 750, 756, 94,* V^1; n'y weil entendre ains *334.*

918, 4 que je ... voir *omis:* V^1.

919, 9 loing lui et son cheval. Et *334.*

14 ou ... detenu *omis:* V^1.

17 or escoutés et V^1.

18 et sachiez ... avenue *omis:* V^1.

22 a estrainge chivellier *E.*

30 et comment il se couvri puis envers amors *334.*

31 la paor qe K. *756.*

920, 8 est venuz jusque a son lit, il *104;* trueve devant son lit toute *Fam. b, c, d, 334, Ch², E, 750.*

22 vis pali faisoient *102, 334.*

23 Et se ... roïne *omis:* V^1.

921, 7 Ha Mort felonesse V^1, *750.*

22 vostre corps di V^1.

922, 4 morz, que merveille estoit qu'ele ne s'ocioit de duel por ce *750.*

18 Je la voi a soir et a main. Je voi *E.*

19 aie. Ge la voill de soir et de main. Ge la voill de jor et de nuit. Ce est orendroit la meillor amie que ge ai. Roys *750.*

923, 12 a la roÿne qu'il *E;* Dynat *E.*

924, 13 comme vos l'avez oï dire a plusors et si comme *334;* come T. li biaux estoit. Quant *756.*

35 la response qi *756.*

925, 9 et bien eüst mestier de *750, 102;* de muels valoir q. *E.*

37 ceste besoigne tout *756;* au roi. Et ele si fist, et li conta tout mot a mot coment T. estoit ochis et coment T. mandoit au roi M. coment il avoit esté ocis en traïson et en dormant sor une fontaine, et dist ensi a moi: « Ore damoisele, por ce que je ne vaudroie (*sic*) pas que li roiaumes de Loenois (= § *926, 44*) *94.*

928, 23 hostel. Mais atant se taist ore li comptes a parler de lui et de la roÿne Yseut, et retourne au Chevalier a la Cote Mautaillee ... *Ici tous les mss. sauf C reprennent le récit des aventures de Brun le Noir.*

932, I *Pour un relevé détaillé des variantes de ce lai, voir T. Fotitch et R. Steiner, Les Lais du Roman de Tristan en prose (Munich, 1974), pp. 31–42.*

XXVIII *Après XXVIII, 756, 334, 102, 94,* V^1 *ajoutent une strophe; dans* V^3 *cette strophe se trouve à la fin du lai, aprés XXX:*

Amis, bien est droiz que je sente
Pour vous la mort. J'en voiz la sente
De la mort qui a moy s'assente.
Que je plus vive Dieu ne consente.

Les mss. 756, 334, 102, 94 ajoutent une seconde strophe:
Tristan com nous avez laissiez
De la vostre mort abaissiez,
Plourez en tuit les chiefs baissiez,
Mortellement sommes plessiez.

938, 3 Tintagnoel *94.*

939, 4 car ... vont *omis*: *E*.
     19 en tant que roÿne estes et la plus *102*.
     26 Logres; et certes, je l'en vi si bien apparellié que je croy que il soit ja en la mer ou
         el royaume de Logres; et il *V*¹, *94*, *334*, *E*.
     27 itant ... li *omis*: *E*.
940, 14 Enci fut li roÿne Y. si liee a celui point de la vie de monsignor T. com nulle plus,
         et fuit bien celleit a tous *E*.
     18 et que ... non avoit *omis*: *E*, *750*.
     22 retorne a Lancelot du Lac pour deviser comment il delivra de prison le Chevalier
         a la Cote Mautailliee et la demoiselle mesdisant (= § *710*) *Fam. b, c, d, e, g,*
         750.

LEÇONS NON CONSERVÉES

Les numéros renvoient aux paragraphes et aux lignes de l'édition. Le premier et le dernier mot de chaque cas cité correspondent aux mots justes dans le texte. Les corrections ont été faites, là où cela fut possible, d'après *M* ou *W* (mss. de la Fam. *a*); à défaut de ces manuscrits, nous avons utilisé *750* (XIIIᵉ s.) et quelquefois *E* (XIIIᵉ s.). Pour les lacunes dans le manuscrit, voir les *Notes Critiques*.

674,7 disoient môt ne. — 674,25 et hute le. — 674,47 tranche la main destre. — 675,38 ne pora armes. — 678,31 je ne sai mie certenement. — 678,44 a mo que. — 678,49 ceste part. Donc se torne de l'autre part; et si est il par verité. Et. — 685,32 bien faire puis. — 687,9 noveles enprendre d'ou. — 688,17 puet s'il. — 688,25 einz conoit tot apertement. — 688,57 totes ganz aussi. — 688,65 tel manie come. — 689,3 de monseignorz T. — 691,53 de bon et. — 691,78 est pleine d'amors. — 691,90 fort me tormente. — 691,90 vos n'alez. — 691,156 ma volentente. — 691,183 et apreste ceste. — 693,8 quant il li voloit. — 693,17 Logres eins com. — 694,11 mes *répété*. — 696,24 assez mengiere celi. — 701,12 vostre ententente en. — 702,38 il en i. — 703,30 païs il dist qu'il. — 704,9 die en chevauche. — 707,5 est me. — 709,5 enmi lle chemin. — 712,25 sil li atorne. — 712,26 puet tetir Kex. — 716,7 bontez m'est. — 716,7 je vos greignor. — 717,17 metre a avant. — 717,25 bataille cas se. — 719,3 parler encontre eus. — 723,17 Artus *répété*. — 723,18 leanz furent descendu. — 723,31 dont bo aventure. — 723,33 le fefusai por. — 724,32 volentiers qule fust. — 724,49, cist comandemez avoit. — 724,53 mentenoient ecor ceste. — 725,32 me combatai a. — 725,68 une paroles et. — 729,7 li tro compaignon. — 729,14 Einsi parlent chevauchant cele. — 729,15 li chasti Uter. — 729,17 estoit empisonez ensi. — 730,3 le chemir qui. — 730,15 lor copaignie a. — 731,6 le chastes faisoient. — 733,3 qui ne nule. — 733,5 tant lor fu. — 736,5 asseüre mêt qu'il. — 741,32 que les l'en amoint. — 742,14 nos proier et tel. — 743,23 n'est par cortoisie. — 744,36 fait il s'en. — 744,43 et qui a la. — 746,13 devroit blasmer quant. — 747,18 set met qu'ele. — 749,13 coleïce ce fer. — 749,24 a finin l'aventure. — 753,28 braz sil qu'il. — 753,39 si le lance. — 754,2 encontre chevalier a. — 754,7 s'il faisoient. — 754,8 li troient il. — 755,4 reprent s'alainet tot. — 756,14 Et chevalier. — 760,32 savoient *répété*. — 761,18 vostres copainz est. — 763,21 petit eure. — 764,9 faille aprés un po ore. — 764,12 que il li fust. — 767,9 encores aitt volenté. — 768,6 tierz port por. — 769,24 vont pensent li. — 770,5 encontre qu il. — 770,9 les glaves bessiez. — 772,23 que je se. — 772,24 vos pou outré. — 773,8 que encont cest. — 774,6 qui apartenoient a. — 774,19 Il li vendront. — 777,6 ce cestoit B. — 777,9 sont estrange si. — 777,14 le savez par. —

778,21 la vostr chiere. — 778,35 tuit leaument amant. — 782,19 esloigniez troil liues. — 784,22 ne m'essaisasse a. — 786,16 ai e vos. — 789,7 deus mois ou. — 791,31 Lamorat Amoraz que. — 792,2 avant venue qu'il. — 794,11 conseut tites moi. — 795,8 au chr̄ monseignor. — 796,5 s'il veoit plue. — 796,44 qui ensis m'as. — 799,39 linaige ooir par. — 805,16 pensoit *répété*. — 812,37 il evoie son. — 815,17 l'en voit aidier. — 815,31 monte *répété*. — 816,2 ont aconsivoit en. — 816,6 le coneüst ores. — 818,12 vos p̄ gie. — 821,1 la demoise qui. — 824,6 gita en le gita en. — 826,34 si n'en istrai. — 830,4 li dies de. — 832,9 que feïst. — 835,1 Quant qui. — 836,12 conseil il li doie. — 836,13 metre fort tant. — 842,8 glaive ₹ loig et. — 842,21 n'est mas granment. — 844,6 que bone. — 845,17 il pare au. — 845,20 cuit mi que. — 845,34 pechié et. — 847,3 Cornoaille et qui a mesire Tristan avoit parlé a l'entree de la forest, qui aloit forment plorant et se dementoit si durement que nus nel veïst adonc qu'il ne le tenist a une des greignors merveilles dou monde. Et. — 848,16 car e la. — 850,8 je *répété*. — 851,6 dire car encore parle ensi com je vos ai devisié. Atant. — 851,10 que cir regardoient. — 851,21 la demoise ot. — 854,11 voi que ce que au. — 854,16 et ait tote. — 854,26 plorer le ris. — 854,30 plore moine bon. — 856,34 il avoit *répété*. — 857,19 Je fui T. — 857,20 se Tristan non. — 857,28 escu euee et. — 857,29 heaume des teste. — 858,41 de primi tant. — 860,30 fuit it que. — 862,16 ne corroce. — 862,48 cesti ieu et. — 864,4 l'amor *répété*. — 865,43 Mes ne. — 865,47 vos evoit meillor. — 866,17 ne le voloit. — 869,2 Mes coment savez. — 869,17 lai harpere fait. — 870,20 plorant li comença. — 870,IX,3 mes proesce estaint. — 870,XIV,3 Ençoist m'ocist. — 870,XXV,2 Or fui chaciez. — 870,XXV,4 qu'il puet. — 873,11 la mesonó en. — 873,19 qui ranoit et. — 874,7 Or fachiez fait. — 874,23 Cele demoise me. — 875,12 Palamedes de. — 876,18 vos Brangier venir. — 877,4 a Brangier Brangien. — 877,7 a eus meïsmes. — 878,3 Ne tormentez. — 878,19 avrai trové tost. — 879,42 vos desconforez si. — 880,30 s'en veiast. Et. — 881,25 vos une. — 883,38 m'atendrai tant. — 884,30 notre afafaire. Or. — 885,11 change je vossisse. — 885,20 il li sera. — 886,14 Tristanz ci. — 888,29 rendroie greredon se. — 888,31 monseignor Brangien se. — 890,10 savoit lavoit la. — 890,12 la tort enz. — 891,41 vos tant. — 892,24 en avoit grant. — 892,30 adés et pensoit mout. — 893,14 Il poïst. — 894,2 mout envoiement a. — 895,33 de Titaiol et. — 895,43 de Kahēdin car. — 896,6 au plust tost. — 899,5 deus liues entiers. — 900,24 part com li. — 901,26 qu'il soit. — 904,8 plus miabre. Qui. — 904,50 qui jadist estoit. — 904,79 Et il. — 905,16 mes la. — 905,55 Deus que tu voirement. — 906,30 oïes quant Kahedin. — 908,23 Bele ochoison trovez. — 908,26 de li grant. — 908,63 reluist autres come. — 912,27 de vos jē n'ai. — 914,22 donra to avant. — 915,6 faille je. — 916,12 il avoient esté. — 917,2 les ores trovez. — 917,24 je n'en veil. — 920,11 il li entra. — 921,10 la roïne et. — 921,17 ceste parler ele. — 921,17 a parler mout. — 922,24 vois acorant qu'ele. — 923,3 a ententues de. — 923,29 ne uroie mie. — 923,33 vos emotes guises. — 924,35 je tote li. — 924,39 vos donc qu'il. — 926,1 li solauz *répété*. — 938,13 di sil n'avoit. — 938,17 veü savoient. — 939,23 encor · III· jorz. — 940,19 Audrez li avoit. —

LEÇONS NON CONSERVÉES DE 750 (ff. 118b–127c)

926,15 por *répété*. — 926,22 vos que. — 926,37 vos mo voilliez. — 927,9 l'en i oïst. — 928,3 demora *répété*. — 928,9 qu'il il puisse. — 929,6 cil quil la. — 933,17 et qu'il ne. — 933,30 chambres retornez et. — 934,9 que ele laisse lor. — 934,24 me doimt bone. — 935,3 roÿne ne nos. — 935,5 feïsse *répété*. — 935,21 puis celui si. — 936,10 et il laloit molt. — 936,27 vost doist bone. — 937,6 ge parjurroie. — 937,20 puis que je. —

INDEX DES NOMS PROPRES

Les numéros renvoient aux paragraphes de l'édition. Les noms sont cités au cas oblique à moins que seul le nominatif ne soit attesté. Les noms de personnages et les personnages anonymes sont imprimés en PETITES CAPITALES, les noms de lieux et de peuples en *italiques*. L'index contient également les allusions aux personnages et aux lieux dont le nom propre est cité dans les paragraphes précédents ou suivants.

GIGLAIN, un chevalier, fils de Gauven, 841–4, 873, 936–40.
GINGLAIN, voir GIGLAIN.
Gorre, royaume de Bademaguz, 797, 801.
GORVENAL, précepteur et compagnon de Tristan, 779–81, 879.
GOVERNAL, voir GORVENAL.
Grant Bretaigne, Grande-Bretagne, 691, 781.
GUICLAIN, GUIGLAIN, voir GIGLAIN.
GUINGLAIN, GYNGLAIN, voir GIGLAIN.

HERMITE, un ermite demeurant dans la Forêt de Darvances, 782.
HESTOR, fils du roi Ban de Benoïc et frère de Lancelot du Lac, 791, 825–9.
HOEL, roi de Bretagne, 779–80, 828, 874, 876, 897, 910, 917.

Inde, 870.
Irlande, 845, 932.
ISELT, ISEUT, voir YSELT.

KAHEDIN, fils du roi Hoel et frère d'Yselt aus Blanches Mains, 777, 779–4, 788–90, 828–30, 836–9, 852, 874, 876–7, 885, 895–903, 906–17, 919, 924, 940.
KALOGRINANT, voir CALOGRINANT.
Kamaalot, la plus belle cité de la Grande-Bretagne, résidence principale d'Arthur, 693, 820, 822, 828–9, 879.
KARADOS, KARADOX, voir CARADOS.
KEEDIN, KEHEDIN, voir KAHEDIN.
KEU D'ESTAX (D'ESTRAX, D'ES-TRAUX), chevalier de la Table Ronde, 711–5, 718–9, 722–3, 729–30, 775–6.
KEU, sénéchal d'Arthur, 809–15.

LAC, DEMOISELE DOU -, voir DEMOISELE DOU LAC.
LAC, LANCELOT DOU -, voir LANCE-LOT DOU LAC.
LAMORAT DE GALES, fils du roi Pellinor de Listenois, 783–809, 828–9.
LANCELOT DOU LAC, chevalier de la Table Ronde, parangon de chevalerie courtoise, 684–93, 709–12, 715–44, 746–52, 758, 760–76, 785–7, 789, 791,

797, 799–803, 805–9, 817, 825, 827–9, 841, 845, 850, 870, 889, 914, 916.
Leonois, terre natale de Tristan, 688, 779, 836, 925–6.
Logres, royaume d'Arthur, synonyme de *Grant Bretaigne*, 678, 683, 686, 688, 691, 693, 725, 730, 737, 746, 781–2, 784, 791, 797, 802–3, 810, 820–1, 825–6, 847, 850–1, 864, 871–2, 875, 889, 907, 916–8, 926, 939–40.
LOHT, roi d'Orcanie, père de Gauven, 794.
Loigtiegnes Isles, terre de Galahot, 694, 774.
Loonoys, voir *Leonois*.
LUCE DOU GAUT, auteur de l'*Estoire de mesire Tristan*, 847, 864.

MARC (MARCH), roi de Cornouailles, oncle de Tristan, 687, 728, 738, 746, 758, 778, 792, 800, 809, 812, 816, 828, 830–3, 835, 837–8, 840, 843–6, 848–9, 851, 856, 860, 864, 867, 871, 873, 880–1, 883–4, 886–7, 892–7, 901–2, 906, 908, 912–20, 922–7, 929–36, 938, 940.
MARIE, SAINTE -, 939.
MELEAGANT, fils du roi Bademaguz, 796–8, 801–8.
MERLIN, « le prophète », 781, 823.
MORDRET (MORDRÉ), chevalier de la Table Ronde, frère de Gauven, 674, 678, 680–3.
MORHOLT (MOREHOLZ), LE -, frère de la reine d'Irlande, oncle d'Yselt, 845, 929.
Morois, Moroys, le -, voir *Morroiz, le -*.
Morroiz (Morrois), le -, forêt en Cornouailles, 860, 868, 871, 878–9, 881–3, 886–7, 891, 893, 896, 899, 919, 925–6, 932, 936, 938–9.

NECTOR DE GAUNES, voir NESTOR DE GAUNES.
NERONEUS DE L'ISLE, jeune homme qui fut armé chevalier par Lancelot au Chastel Vermeil, 697–9, 701, 710, 713–9, 720–30, 738–9, 743.
NESTOR DE GAUNES, père de Blioberis, 694, 769, 775.
Norgales, royaume limitrophe des royaumes de Logres et de Sorelois, 690, 726, 781.

GLOSSAIRE

Les numéros renvoient aux paragraphes et aux lignes de l'édition, et s'appliquent en général à la première apparition du mot dans le texte.

Les verbes sont donnés à l'infinitif, exception faite des cas où une forme particulière s'écarte trop de l'infinitif pour être facilement reconnaissable.

aage, aaige s. m. âge 679, 8.

aaise s. f. aise, plaisir 902, 8.

abandoneement adv. en s'abandonnant, sans contrainte 721, 13; 836, 1.

acesmé adj. orné 932, 1.

achoison s. f. occasion, cause 684, 11.

achoisoner v. tr. accuser 784, 27.

acliner v. tr. pencher 870, VIII, 4.

acoillir v. tr. recueillir, obtenir 798, 31.

acointance s. f. connaissance, amitié 829, 26.

acointe s. m. ami 883, 4.

acointier v. tr. faire connaître, raconter 727, 11.

acoisié (p. p. de *acoisier*) silencieux, calmé 873, 1.

aconseü p. p. de *aconsivre* 816, 2.

aconsivre v. tr. atteindre 675, 14; 816, 2.

aconte s. m. récit 932, X, 4.

acontement adv. gracieusement, agréablement 880, 24.

aconter v. tr. raconter 750, 14.

acordance s. f. accord 719, 26.

acorer v. tr. affliger 924, 25; 932, XIX, 4; faire mourir 840, 11.

acoster v. réfl. s'approcher de 738, 22.

acostumeement adv. ordinairement 679, 5.

acourir v. tr. assaillir 870, X, 3.

acun voir *aucun*.

adanz voir *adenz*.

adé, adés adv. toujours, sans cesse 683, 11; 691, 111; 703, 45; *adés . . . adés* tantôt . . . tantôt 691, 111 et 112.

adenz adv. la face contre terre 763, 18 et 19; à plat ventre 902, 29.

adonc adv. alors 674, 13.

aerdre v. tr. saisir 753, 31; 707, 34.

aese adj. à l'aise, satisfait, content 682, 20; 715, 33.

aesé, aesié (p.p. de *aesier*) riche, agréable 731, 7; 751, 20.

aesier v. tr. mettre à l'aise, bien traiter 727, 4; 751, 21; v. réfl. se mettre à l'aise 691, 165.

afaitement s.m. éducation 691, 4.

afebloier v. tr. affaiblir 767, 3; 833, 36.

afiner v. tr. conclure, déterminer 834, 8.

afit s. m. insulte, provocation 701, 36.

afobloier voir *afebloier*.

afubler v. réfl. se vêtir (d'un vêtement de dessus) 884, 4.

agait s. m. guet-apens 813, 18.

ahastine s. f. gageure 726, 6.

ahatie s. f. vaillance 691, 101.

aherdre voir *aerdre*.

aïe s. f. aide, secours 853, 11.

aigue s. f. eau 902, 29.

aïr s. m. colère, impétuosité 753, 6.

aïrier v. réfl. se fâcher 845, 4.

aïst, aït subj. prés. 3 de aidier aider. Diex li aïst que Dieu l'aide 891, 11; si m'aït Diex que Dieu m'aide 934, 30.

ajorner v. i. faire jour 682, 22.

alaine, alene s. f. haleine 719, 22: 740, 19.

alaschier v. tr. lâcher, relâcher 796, 7; 901, 19 et 20.

alisiens subj. impf. 4 de aler 712, 33.

aloignier v. tr. allonger 739, 12; 842, 8.

amander voir amender.

ambdous voir amedeus.

amedeus (cas-suj. amedui, amdui) adj. tous les deux 685, 54; 739, 17; 800, 65.

amegroier v. tr. amaigrir 920, 21.

amender v. tr. améliorer 705, 17; v. i. augmenter 718, 22; bénéficier, profiter 909, 5; être utile, salutaire 909, 4; estre amendé profiter 909, 6.

amentevoir v. tr. mentionner, rappeler 698, 3.

amesurance s. f. mesure 767, 53.

amesuré adj. qui se contraint, agit avec modération 681, 28; 685, 16; 746, 34; prudent, discret 710, 19.

amoine ind. prés. 3 de amener 723, 40.

amoint subj. prés. 3 de amener 741, 32.

amoloier v. réfl. s'adoucir 856, 2.

amonestement s. m. avertissement 695, 1; conseil 862, 43; 865, 38.

amonester v. tr. exhorter 691, 127; avertir, conseiller 695, 4.

amoniere s. f. bourse 687, 28.

amont adv. et prép. en haut, en haut de, par en haut 904, 56 etc.; ne amont ne aval où que ce soit 675, 7; amont et aval par-ci par-là 886, 18.

anelet s. m. petit anneau 823, 15.

anemi s. m. anemie s. f. diable 708, 15; ennemi 718, 28.

anemistié s. f. inimitié 909, 30.

angle s. m. ange 702, 23.

anïeus adj. désagréable 601, 25; nuisible, malfaisant 727, 14.

anuit adv. ce soir, cette nuit 682, 4; 689, 16; anuit mes encore cette nuit 722, 23.

anuitier s. m. tombée de la nuit 812, 2.

anuitier v. impers. faire nuit 899, 1.

apaier v. tr. apaiser 807, 21.

aparant adj. en vue, apparent 726, 25.

apareillié p. p. prêt 713, 2.

apareillier v. tr. préparer, apprêter, garnir; apareillier son erre faire ses préparatifs de départ 879, 15; 898, 1; v. réfl. se préparer, s'apprêter 682, 22; 692, 11.

aparez ind. prés. 5 de aparoir apparaître 688, 7.

apartenir v. i. concerner, toucher de près 748, 37.

apeler v. tr. appeler, interpeller, adresser la parole à 693, 21; apeler de joste provoquer au combat 674, 7.

apert adj. clair, manifeste 891, 2; en apert ouvertement 895, 16.

apert ind. prés. 3 de aparoir apparaître 674, 33.

apertement adv. clairement 683, 30.

aqueure ind. prés. 3 de acorer 840, 11.

aquiter v. tr. délivrer 712, 33.

arbroie s. f. lieu planté d'arbres 731, 9.

arbroisiaus s. m. cas en -s de arbroissel.

arbroissel s. m. arbrisseau 930, 14; 931, 2.

archiee s. f. portée d'arc 731, 3.

ardantment adv. ardemment 862, 13.

arenier, aresnier, v. tr. adresser la parole à 853, 21; 873, 19.

arme s. f. âme 891, 12.

aroit condit. 3 de avoir 812, 45.

arramie s. f. bataille à outrance 870, XXII, 1.

art ind. prés. 3 de ardoir brûler 836, 10.

asaier v. tr. éprouver 932, XV, 2.

asaudrai, asaudrez fut. 1 et 5 de asaillir attaquer brusquement 724, 41; 725, 19.

asausimes parf. 5 de asaudre assaillir 816, 20.

asaut ind. prés. 3 de asaillir attaquer brusquement 674, 41.

asaut s. m. attaque, assaut 676, 10.

asavoir v. i. savoir; c'est asavoir c'est-à-dire 688, 10.

asegier v. tr. assiéger 894, 29.

asener v. tr. renseigner, indiquer 687, 14; 850, 17; 888, 8.

aseür adv. rassuré 674, 43; tranquillement 704, 10; en sûreté 811, 9.

asi adv. aussi 803, 27.

asient ind. prés. 6 de aseoir v. réfl. s'asseoir 910, 1.

asoaigier v. tr. soulager 852, 21.

aspre adj. âpre 719, 6.

asprece s. f. chaleur 691, 125; ardeur 755, 10.

asprement adv. avec ardeur 675, 5; avec violence 718, 7; âprement 855, 25; avec force, avec fermeté 883, 12.

assauz voir *asaut*.

assens s. m. chemin, lieu 900, 14.

assiduelment adv. continuellement 691, 105; 874, 26.

assis (p. p. de *aseoir*) bien *assis* bien placé, bien choisi 689, 4.

assoaigement s. m. soulagement 688, 76.

atalenter v. i. plaire 689, 4.

atant adv. alors, là dessus 676, 13 etc.; à ce point 917, 10.

atargier v. i. tarder 843, 19.

atent, atenz p. p. de *ateindre* 684, 3; 701, 2.

atirier v. tr. décider, établir 774, 32; 776, 21.

atochier v. tr. concerner 919, 33.

ator ind. prés. 1 de *atorner* 678, 52.

ator s. m. accueil 932, XIII, 3.

atorner v. tr. mettre en tel état 741, 1; tourner 767, 66; *atorner a* imputer, attribuer 678, 52; 712, 25; 858, 61; *tel (tiex) atorné* dans un tel état, dans un si triste état 675, 37; 759, 33.

atramper, atremper v. tr. acorder 868, 3; 896, 25.

aucun adj. et pron. quelque 688, 20; quelqu'un 712, 5; *acun po* un peu, quelque peu 902, 13.

auques adv. un peu, assez 675, 31.

aus pron. pers. eux 754, 7.

ausi adv. aussi, ainsi; *ausi come* presque 675, 28.

aut subj. prés. 3 de *aler* 691, 197.

autel adj. tel, semblable 688, 37.

autresi, autresint adv. aussi, ainsi, de même 674, 16; 717, 12; 870, 6.

autretant adv. autant 714, 11.

autretel adj. pareil 688, 27.

aval adv. et prép. en bas, en descendant, le long de 842, 17 etc.; *la aval* là-bas 751, 10; *ne amont ne aval* où que ce soit 675, 7; *amont et aval* par-ci par-là 886, 18.

avaler v. i. descendre 747, 21.

avenir v. i. atteindre 908, 70 et 71.

aventure s. f. hasard, chance, aventure 781, 22; *en aventure* douteux, incertain 781, 20.

aventureus adj. plein d'aventures 782, 8.

aver adj. avare 691, 114.

avers prép. en comparaison de 766, 9.

avesprir v. i. se faire tard, approcher de la nuit 839, 7.

avillier v. i. s'avilir 822, 26.

avis s. m. opinion, pensée, idée; *avoir les avis* recevoir le message (?) 835, 18; *il lor est avis* il leur semble 674, 15.

avisier v. tr. regarder 798, 5.

avoi exclam. de surprise désagréable, de mécontentement 685, 12.

avoier v. tr. mettre sur la voie, guider, conduire 782, 16.

ax pron. pers. eux 674, 8.

baance s. f. désir, chose après laquelle on aspire 932, XX, 4.

bacheler s. m. jeune homme 696, 11.

baer v. i. désirer, aspirer 717, 3.

baig s. m. bain 870, XVIII, 4.

baillie s. f. pouvoir, possession 722, 29.

baillier v. tr. donner 687, 29.

basset adv. à voix basse 920, 29.

bastir v. tr. préparer 813, 18.

bax cas en -*s* de *baut* adj. joyeux 854, 16.

bee, beent ind. prés. 3 et 6 de *baer* 733, 4; 753, 18.

bel adj. beau; *estre bel a* plaire à 680, 12.

ben adv. bien 803, 27.

beneüré adj. bienheureux, heureux 691, 11 et 186.

beneürté s. f. bonheur 691, 134.

benoit p. p. de *beneïr* bénir 831, 22.

benooiz voir *benoit*.

besainz s. m. cas-suj. de *besain* besoin 710, 24.

besier v. tr. baiser 725, 52.

besoig s. m. besoin 691, 161.

bessier v. tr. baisser 748, 12.

bevrage s. m. breuvage 936, 6.

bief = brief s. m.; voir la note 840, 10.

blo adj. bleu, verdâtre; n'indique pas une couleur bien définie 866, 14.

bobant s. m. orgueil 691, 19; arrogance 695, 15; 908, 67.

boevre voir *boire, boivre*.

boin adj. vaillant 784, 17; bon 873, 36.

boire, boivre infin. pris subst. boisson 868, 22; 869, 6; *boivre amorous* philtre d'amour 868, 19.

boivre v. tr. boire; plonger 732, 23.

bonté s. f. vaillance 685, 18; 720, 15; bonté 721, 19; 729, 4.

brachet s. m. chien de chasse 790, 19.

branz cas en -*s* de *brant* épée 784, 26.

breant p. prés. de *brere* pousser des cris 871, 15.

bret ind. prés. 3 de *brere* pousser des cris 852, 24.

brief cas-suj. *briés* s. m. lettre 686, 14; 691, 15.

buer adv. heureusement, à la bonne heure 932, XVIII, 3.

ca = *car* conj. 747, 33; 788, 5; 886, 11; 894, 28. Voir la note 701, 30.

ceanz, ceienz, adv. ici dedans 697, 4; 935, 3.

celeement adv. secrètement 677, 12.

celer v. tr. cacher, dissimuler 688, 39; 722, 11.

centisme adj. centième 778, 24.

cerchier v. tr. chercher; parcourir 682, 7; scruter 701, 48.

certes adv. en effet; *a certes* sérieusement 810, 16.

chaille subj. prés. 3 de *chaloir* v. impers. importer, préoccuper, donner souci 784, 6; 791, 44; 806, 17.

chaitif voir *chetif.*

change s. m. échange 778, 12 et 14.

chaoir voir *cheoir.*

char s. f. chair 866, 13.

charnel, cas-suj. *charnieus* adj. du même sang 688, 12; 691, 100.

chartre s. f. lettre 710, 7.

chastier, chastoier v. tr. maîtriser 688, 72; faire des recommendations 695, 8; v. impers. (?) détourner, avertir 761, 20; *je suis chastoiez* je reconnais mon erreur 909, 12.

chastias x s. m. cas-suj. de *chastel* château, ville fortifiée 723, 2 et 4.

chatel s. m. patrimoine, bien 832, 5.

chauces s. f. pl. genouillère (d'armure) 865, 4.

chaut ind. prés. 3 de *chaloir* v. impers. importer, donner souci 712, 36.

chaut s. m. chaleur 790, 13.

cheance s. f. fortune 835, 11.

cheant p. prés. de *cheoir* 767, 39; *estre mieuz cheanz* avoir la plus grande chance 835, 11.

cheïrent parf. 6 de *cheoir* 752, 24.

cheoir v. i. tomber 674, 35.

cheoit p. p. de *cheoir* 754, 35; tombé en ruines 901, 2.

cherra fut. 3 de *cheoir* 817, 23.

chetif adj. malheureux 704, 5; 849, 34; pauvre 820, 8.

chevaucheüre s. f. monture, cheval 744, 6.

chevir v. réfl. disposer de, l'emporter sur 914, 18.

chief s. m. tête; *au chief de* au bout de 693, 7; *a (au) chief de piece* après un moment 748, 1; 749, 19; *de chief en chief* d'un bout à l'autre 688, 2; *a chief de foiz* souvent 782, 12; *par mon chief!* ma foi! 715, 29; *venir a chief* accomplir, venir à bout 694, 9.

chier adj. cher 935, 5.

chiere s. f. visage, mine 895, 2.

chierement adv. beaucoup 724, 29.

chiet ind. prés. 3 de *cheoir* 739, 18.

chieus, chiex prép. chez 693, 6; 883, 10.

chois s. m. choix; *metre a chois* donner le choix à 730, 21.

choisir v. tr. apercevoir 755, 22.

clamer v. tr. appeler, crier; *clamer quite* faire grâce, renoncer tout droit 772, 25.

clamor s. f. plainte en justice 870, XXI, 2.

clorra fut. 3 de *clore* fermer 870, XV, 4.

coart adj. couard 701, 9.

coevre ind. prés. 3 de *covrir* v. réfl. se protéger 718, 29.

coi adj., cas-suj. *coiz* tranquille, paisible 796, 21 et 56.

coillir v. tr. cueillir, prendre; *coillir le vent* prendre l'air, le frais 755, 3.

coiment adv. secrètement 815, 18.

cointement adv. adroitement 847, 37; 869, 25.

col s. m. cou 700, 9.

coleïce adj. fém. de *coleïs* coulant, à coulisse 749, 13.

colpe s. f. faute 779, 28.

comant ind. prés. 1 de *comander; comander a Nostre Seignor* dire adieu 692, 18.

coment adv. comment, comme; *coment que* + subj. de quelque façon que 725, 47.

compainz cas-suj. de *compaignon* compagnon 882, 16.

comparer v. tr. payer, expier 685, 7; 885, 14.

compere, comperent ind. prés. 1 et 6 de *comparer* 779, 26; 833, 31.

complaindre v. réfl. se plaindre 853, 17.

conduit s. m. protection, sauvegarde 702, 13.

conjoïr v. réfl. faire bon accueil l'un à l'autre 721, 49.

conquester v. tr. conquérir, gagner 724, 23.

consaut subj. prés. 3 de *conseillier* secourir, aider 680, 11.

conseil s. m. conversation familière 724, 1.

conseust, conseut subj. prés. 3 de *conseillier* secourir, aider 681, 24; 911, 29.

consoner v. tr. dire 907, 18.

consuit ind. prés. 3 de *consivre* atteindre 802, 3.

contenement s. m. conduite, manière d'agir 734, 5.

contenra fut. 3 de *contenir* v. réfl. se comporter 751, 5.

contraire s. m. ennui 854, 20.

contr'atendre v. tr. attendre quelqu'un qui approche 686, 20.

contremont adv. et prép en haut, par en haut 677, 5 etc.

contreval adv. et prép. en bas, en descendant, le long de 783, 2 etc.

controver v. tr. trouver, inventer 937, 25.

convoier v. tr. accompagner, escorter 692, 13.

conui parf. 1 de *conoistre* connaître 678, 20.

cop s. m. coup 674, 31.

coraige s. m. pensée, sentiment 852, 11.

coralment adv. de tout son cœur 874, 27.

cornoaillois adj. cornouaillais 899, 27.

corpable adj. coupable 877, 27.

corre v. i. courir; *corre sor, sus* attaquer, se jeter sur 724, 58; *lessier corre* charger 708, 23; se précipiter 717, 30; 740, 1.

correcié adj. affligé 679, 2.

correcier v. tr. affliger 691, 55.

corroz s. m. courroux 722, 2.

cors s. m. corps, personne 676, 12; *le cors dou roi* le roi 725, 18.

cors s. m. course 933, 23.

corui parf. 1 de *corre* 724, 58.

cos cas-suj. de *cop* 753, 5.

covenable adj. convenable 684, 3.

covenance s. f. promesse 847, 38.

covenant s. m. promesse, engagement 698, 17.

covenir v. impers. falloir 674, 22; 688, 34.

convenroit condit. 3 de *covenir* 678, 36.

covent s. m. promesse, condition; *avoir en covent* promettre 710, 16.

covertement adv. secrètement 827, 14.

covoitise s. f. cupidité, convoitise 702, 27; désir 925, 31.

covrir v. réfl. dissimuler 880, 10.

creance s. f. croyance, foi 691, 46.

creanter v. tr. promettre, garantir 697, 27.

cremeur s. f. crainte 870, XXI, 4.

crenel, s. m. (cas en-*s creniax*) créneau 732, 7; 734, 3.

creons ind. prés. 4 de *croire* 707, 16.

crera fut. 3 de *croire* 878, 16.

criee s. f. clameur 735, 15.

criel adj., cas-suj. *criex* cruel; voir la note 697, 19.

crielment adv. cruellement 701, 29.

crieus, fém. *crieuse* adj. cruel 719, 6.

croistre v. tr. accroître, augmenter 830, 8.

croiz s. f. croix 683, 8.

crues s. m. creux 933, 11.

crui parf. 1 de *croire* 904, 4.

cuer s. m. cœur, courage 675, 34; *venir el cuer* venir à l'esprit 737, 20.

cui pron., cas-rég. de *qui* à qui 691, 210.

cuidance s. f. pensée, imagination; *la cuidance de mon cuer* mon intuition 911, 27.

cuidier v. i. penser, croire, s'imaginer 680, 20.

cuit ind. prés. 1 de *cuidier* 678, 13.

cure s. f. soin, souci; *n'avoir cure de* ne pas désirer, ne pas vouloir 685, 44.

curioux adj. qui a soin de 935, 21.

dahet s. m. malheur; employé avec le verbe *avoir* comme terme de malédiction: *or aie je dahez* que je sois maudit 815, 21.

dan, cas-suj. *danz* s. m. Placé généralement devant un nom propre ou un titre: sire, seigneur 681, 9; 794, 2.

dart s. m. dard 870, XIII, 3.

deable s. m. diable 707, 14.

deboter v. tr. repousser, chasser 691, 120.

debrisier v. tr. meurtrir 716, 27; au fig. effacer, détruire 905, 17.

decasser v. tr. meurtrir 756, 10.

decevance s. f. déception 903, 19.

decheoit (p. p. de *decheoir*) en ruines 796, 3.

deciques prép. jusque 930, 8.

dedenz adv. et prép. dedans, dans l'intérieur, dans 677, 17 etc. *par dedenz* intérieurement 688, 48.

dedevant adv. auparavant 763, 31; prép. devant 795, 26.

deduire v. réfl. se réjouir 691, 165.

deduit s. m. plaisir, divertissement 691, 185.

defaillant p. prés. de *defaillir* manquer, faire défaut 675, 35.

defaut ind. prés. 3 de *defaillir* manquer, faire défaut 870, XXIV, 1.

defaute s. f. manque, défaut 691, 57; 854, 8; *faire venir a defaute de* priver de 691, 106.

definement s. m. fin 870, 17.

definer v. i. finir, mourir 870, VI, 3 et VIII, 2.

defoler v. tr. fouler aux pieds 819, 40.

defors adv. et prép. dehors, à l'extérieur, hors de; *par defors* au dehors 688, 48.

degiete ind. prés. 3 de *degeter* rejeter 691, 120.

dehurter v. tr. battre, malmener 804, 7.

dejoste prép. à côté de, auprès 884, 14.

dela prép. au-delà de 720, 29.

delaiement s. m. délai, retard 677, 9.

delaier v. i. tarder, différer 691, 196.

delez adv. et prép. à côté de 680, 5.

delitier v. réfl. se plaire, se réjouir 693, 15.

delivrement adv. promptement 724, 58.

delivrer v. tr. rendre libre; s'acquitter de 689, 16.

dels voir *duel* 924, 25.

demaillier v. tr. rompre les mailles de, déchirer 785, 11.

demanteïz voir *dementeïz*.

demen adv. demain 727, 8.

demener v. tr. faire, s'abandonner à 677, 2; *demener duel, joie* manifester de la douleur, de la joie 679, 12.

dementeïz s. m. plainte, lamentation 852, 23; 884, 20. Ce mot n'est pas cité par Godefroy ni par T. L.

dementement s. m. plainte, lamentation 780, 18.

dementer v. réfl. se lamenter, se desoler 852, 15.

demoinent ind. prés. 6 de *demener* 677, 2.

demorra fut. 3 de *demorer* tarder 724, 47.

denz voir *dan*.

departement s. m. départ 880, 34.

departir v. tr. séparer 683, 8; faire partir 695, 29; v. i. se séparer 683, 15; 711, 32; être interrompu, terminé 733, 19; v. réfl. partir 714, 20; 730, 16; se diviser 730, 10; se séparer 730, 11; inf. pris subst. départ, séparation 730, 12.

deprisoner v. tr. tirer de prison 745, 1.

dequasser voir *decasser*.

deresnier v. tr. prouver la vérité ou la fausseté par un combat 803, 49; 805, 12.

derian voir *derrien*.

derompre v. tr. déchirer 785, 11; au fig. effacer, détruire 905, 17.

derout p. p. de *derompre* 785, 11.

derrenier adj. dernier; *au derrenier* à la fin 700, 11.

derrien adj. dernier; *au derrien* à la fin 679, 19.

desbareter v. tr. mettre en déroute 724, 61; 814, 38.

desceindre v. tr. ôter ce qui ceint 902, 10.

deschevauchier v. tr. désarçonner 678, 5.

descoevre ind. prés. 3 de *descovrir* 689, 10.

desconfire v. tr. vaincre 724, 60; bouleverser 929, 1.

desconfiture s. f. défaite; *mener, metre, torner a desconfiture* vaincre 680, 15; 733, 4; 724, 43.

desconforter v. tr. décourager 695, 22; affliger, désoler 709, 15 et 21.

desconoissance s. f. signe distinctif 731, 12.

descovert p. p. de *descovrir*; *a descovert* à découvert 717, 31.

descovrir v. tr. découvrir, dévoiler 688, 32; 689, 10; v. réfl. révéler son identité 743, 24.

descreü p. p. de *descroistre* v. i. diminuer 870, XIX, 1.

deseriter v. tr. déshériter 802, 6.

deserte s. f. mérite; *sanz deserte* sans l'avoir mérité 681, 26.

deshaitié, deshetié p. p. et adj. malade, indisposé 688, 15; 831, 3.

desirier s. m. désir 695, 26.

desmesure s. f. manque de mesure, excès; *a desmesure* excessivement 699, 16.

desmesureement adv. excessivement 910, 17.

desor adv. et prép. au-dessus, dessus, sur 712, 21 etc.

desoz adv. et prép. sous, dessous, au-dessous

de, en bas; *au desoz* en bas 908, 66; *metre au desoz* vaincre 753, 3.

despisent ind. prés. 6 de *despire* mépriser 812, 25.

desplere v. i. déplaire 722, 36.

despoillier v. tr. dépouiller 691, 54.

despreve s. f. action de désappouver 688, 59.

desprisier v. réfl. s'estimer peu 802, 11.

desputer v. i. disputer 688, 59.

desque, desques prép. et conj. jusque 751, 19; 789, 10.

desreson s. f. déraison 869, 35.

destoit voir *destroit* s. m.

destorber v. tr. déranger, gêner 841, 18.

destorbier s. m. ennui 840, 14; 895, 25.

destorner v. tr. empêcher, détourner 817, 30; v. réfl. s'empêcher 772, 17.

destort subj. prés. 3 de *destorner* 930, 36.

destre adj. qui est à droite 674, 47.

destretement adv. d'une manière angoissée 834, 5.

destroet, destroit adj. angoissé, tourmenté 778, 29; 848, 7.

destroit s. m. défilé, passage resserré 694, 3 et 13; 760, 31; détresse 863, 5.

desus adv. et prép. dessus, au-dessus de, sur; *venir au desus* triompher 774, 9; *desus que* après que 845, 45.

desvé p. p. et adj. fou, enragé 806, 13; 876, 20.

desveloper v. réfl. se dévoiler 777, 15.

desvoiable adj. où il est difficile de ne pas s'égarer 781, 21; 788, 32.

desvoier v. tr. écarter de la voie 870, XXIII, 2; 932, XXVIII, 2.

detordre v. tr. tordre 861, 15.

detranchier v. tr. tailler en pieces 896, 5.

deveer v. tr. défendre 713, 28.

devers prép. du côté de 930, 20.

devier v. i. mourir 932, XVIII, 4.

deviserie s. f. parole, conte 846, 7. Ce mot ne se trouve pas dans Godefroy ni dans T. L.

devisier v. tr. et i. raconter 678, 43; 711, 2.

diax s. m. cas en -*s* de *duel* 691, 97.

dicté s. m. composition 691, 14.

dicter v. tr. écrire, composer (un ouvrage) 692, 9.

dit s. m. (cas en -*s diz*) mot, parole 689, 3; vers 896, 26.

divers adj. bizarre 790, 26.

doble adj. double; *a cent dobles* deux cents fois 691, 129.

doel voir *duel*.

doig ind. prés. 1 de *doner* 701, 20.

doignoiz subj. prés. 5 de *doner* 688, 78.

doint subj. prés. 3 de *doner* 696, 1.

dol voir *duel*.

doloir v. i. souffrir 691, 105; v. réfl. s'affliger 870, XVI, 3.

doloser v. i. se plaindre, se lamenter 847, 4.

dom pron. dont 718, 4.

domaigier v. tr. nuire 733, 15.

doner v. tr. donner; *doner de* frapper 675, 30.

dongier s. m. pouvoir 693, 13.

dont adv. donc 691, 197.

dotance s. f. peur 688, 84.

doulouser voir *doloser*.

doutable adj. redoutable 803, 9.

douz adj. doux 678, 7.

dox s. m. dos 901, 20.

droitement adv. directement 682, 14.

druet adv. directement 732, 2.

dué voir *duel*.

duel s. m. douleur, affliction, malheur 684, 23 etc.; *faire duel* témoigner de la douleur, se lamenter 679, 11.

duelle subj. prés. 3 de *doloir* 870, XVI, 3.

duet s. m. doigt 823, 15.

duet = doit ind. prés. 3 de *devoir*; voir la note 823, 15.

duez ind. prés. 2 de *devoir* 913, 31.

dui adj. num. cas-suj. de *deus* deux 674, 3.

durement adv. fortement, beaucoup, très 674, 10 etc.

dusque, dusques prép. et conj. jusque, jusqu'à ce que 675, 9 etc.

é ind. prés. 1 de *avoir* 826, 6.

egarder voir *esgarder*.

eide s. f. aide 831, 17.

eidier v. tr. aider 918, 7.

einz conj. plutôt, mais 688, 25.

eïst subj. prés. 3 de *eidier*; *se Diex m'eïst* que Dieu m'aide 684, 25.

el pron. pers. elle 686, 22.

elx pron. pers. eux 927, 17.

embatre v. réfl. faire irruption dans (une compagnie) 676, 5; tomber à l'improviste sur 806, 27; pénétrer de force 691, 96; s'engager dans 830, 31.

embrus voir *enbronc*, et aussi la note 861, 31.

eme ind. prés. 3 de *amer* 796, 45.

emi prép. au milieu de 764, 2.

empirier v. i. s'aggraver, détériorer 691, 197; 822, 27; devenir plus malade 833, 14.

emploier v. tr. faire valoir, tirer parti de 724, 30.

emprendre v. tr. entreprendre 694, 11 et 18.

emprés prép. après 925, 11.

emprise s. f. entreprise 688, 84.

en pron. on 703, 9.

enbatre voir *embatre*.

enbronc adj. soucieux, morne 861, 36.

enbrunchier v. tr. faire pencher, renverser en avant 753, 41.

encien adj. ancien 901, 33.

encloeüre s. f. difficulté 908, 12.

ençois adv. et prép. avant, plutôt 674, 45 etc.; *ençois que* + subj. avant que 734, 16.

encolper v. tr. inculper 879, 9.

encombrer v. tr. embarrasser 701, 26.

encombrier s. m. malheur, infortune 689, 22.

encomencier v. tr. commencer 717, 9.

encontre adv. et prép. contre, vers, à la rencontre de, à l'encontre de 693, 13; au devant de 719, 3.

encontrer v. tr. rencontrer 702, 7.

encui adv. aujourd'hui, encore aujourd'hui 715, 41.

endemain, endemen s. m. lendemain 682, 22 etc.

endementires, endementres adv. pendant ce temps, alors 775, 17; *endementires que* pendant que 913, 1.

endeus voir *amedeus*.

endroit prép. en face de, vers; *endroit moi* de mon côté 685, 15; *ci endroit* ici même 683, 1.

endui voir *amedeus*.

enfoïr v. tr. enfouir, enterrer 781, 4.

engignier v. tr. tromper 733, 26.

englesche adj. f. anglaise 697, 12.

engoisement adv. violemment 791, 18.

engoisex, engoisseus adj. plain d'angoisse 815, 31; *engoisseus de* pressé, empressé de 828, 17.

enhastir v. tr. presser 800, 63.

enlaz ind. prés. 1 de *enlacier* enlacer 932, II, 3.

enmi prép. au milieu de 686, 19.

ennieus adj. pénible, ennuyeux 715, 17.

enoindre v. tr. sacrer 931, 19.

enondieu interj. au nom de Dieu! 876, 10.

enpalir v. tr. rendre pâle 920, 20.

enpirier voir *empirier*.

enpoindre v. tr. enfoncer, frapper 674, 33.

enpointe s. f. attaque 765, 13.

enpris p. p. de *enprendre* entreprendre 694, 6.

enrievre adj. pervers, dissolu 870, XIV, 3.

enseler v. tr. seller 731, 10.

ensi adv. ainsi, si, de même, de cette façon 674, 17 etc.

ensus adv. loin, en arrière 785, 28; 931, 3.

entencion s. f. intention 834, 22.

entendre (a) v. i. prêter son attention à, s'occuper de, tenir à, s'appliquer à 723, 12; 752, 25.

entente s. f. pensée, effort, soin 691, 48; 701, 12.

ententif adj. soigneux, attentif 935, 22.

ententivement adv. avec soin, attentivement 913, 3.

enterinement adv. intégralement, en entier 745, 3; complètement 910, 10.

enterra fut. 3 de *entrer* 750, 20.

enteser v. tr. tenir une arme prête à frapper 740, 6.

enticement s. m. incitation, instigation 879, 8.

entor adv. et prép. autour, environ, autour de, auprès de; *celi recevez entor* accueillez celui auprès de vous 724, 44.

entoschier v. tr. empoisonner 870, XV, 3.

entr'abatre v. réfl. s'abattre l'un l'autre 714, 23.

entr'acorder v. réfl. s'accorder mutuellement 750, 19.

entr'amer v. réfl. s'entr'aimer 932, XV, 4.

entre prép., *entre li et Mordret* lui et Mordret, tous les deux 683, 3.

entre s. f. entrée 888, 44.

entrebesier v. réfl. se baiser l'un l'autre 721, 49.

entrecomander (a Dieu) v. réf. dire adieu l'un à l'autre 792, 25.

entrecorre (sus) v. réfl. s'attaquer, se jeter l'un sur l'autre 804, 14.

entredesfier v. réfl. se défier l'un l'autre 841, 39.

entredeus adv. entre les deux 808, 4.

entredoner v. réfl. donner l'un à l'autre 759, 3.

entreferir v. réfl. se frapper mutuellement 804, 18.

entrehaez, entreheent ind. prés. 5 et 6 de *entrehaïr* v. réfl. se haïr mutuellement 908, 10 et 11.

entrehurter v. réfl. s'entrechoquer 752, 21.

entremener v. réfl. conduire, diriger l'un l'autre 757, 25; traiter l'un l'autre 785, 8.

entreporter (*a terre*) v. réfl. se désarçonner mutuellement 752, 22.

entrepris (p. p. de *entreprendre*) dans une situation dangereuse 807, 2.

entreregarder v. réfl. se regarder l'un l'autre 758, 5.

entreseigne s. f. enseigne 711, 14.

entr'esprover v. réfl. s'éprouver réciproquement 757, 25.

entr'essaier v. réfl. s'éprouver l'un l'autre 759, 6.

entrevoir v. réfl. se voir l'un l'autre 739, 9.

envers adj. renversé, couché sur le dos 709, 5.

enviz adv. *a enviz* à contrecœur, malgré soi 695, 17.

envoiseüre s. f. joie, enjouement 693, 13; divertissement 723, 12; plaisanterie 918, 3.

envoisié adj. gai, enjoué 691, 164.

envoisieement, envoisiement adv. avec entrain 833, 26; 894, 2.

envoisier v. réfl. se divertir, se réjouir 812, 39; infin. pris subst. joie, gaieté 705, 37.

epertement voir *apertement*.

erent imparf. 6 de *estre* être 739, 10.

eritaige s. f. héritage 925, 20.

erranment, errantment adv. aussitôt, promptement 686, 19; 770, 5.

erre s. m. voyage, chemin; *apareillier son erre* faire ses préparatifs pour un voyage 897, 15; *grant erre* en hâte, avec empressement 700, 3.

errer v. i. voyager, cheminer 781, 1 et 19.

errour s. f. erreur 904, 72.

ersoir adv. hier soir 811, 21.

esbahi (p. p. de *esbahir*) étonné, effrayé 674, 15; 676, 5; niais 744, 25.

esbatre v. i. s'amuser, se divertir 884, 10.

eschas s. m. jeu d'échecs 837, 13.

escheoiz p. p. de *escheoir* échoir 925, 21.

eschiver v. tr. échapper à, éviter 688, 56.

escience s. f. science 909, 22.

escient s. m. *a mon escient, au mien escient* à ma connaissance, que je sache 678, 23; *a escient* à dessein 721, 44.

esclarcir v. tr. illuminer 930, 28.

esclox cas en *-s* de *esclot* s. m. trace des sabots 747, 18.

escondire v. tr. refuser 907, 22; v. réfl. s'excuser 743, 20; se justifier 840, 5.

escoter v. tr. écouter 720, 20.

escremie s. f. escrime 718, 9 et 30.

escuer voir *escuier*.

escuier s. m. écuyer 674, 19.

esforcieement adv. en toute hâte 700, 16; 899, 29; avec force 757, 19.

esforcier v. tr. forcer, presser 691, 202.

esfort, esforz s. m. effort, force 725, 8; 767, 17.

esgarder v. tr. et i. considérer 746, 51; regarder 900, 8.

esgratiner v. tr. égratigner 852, 25.

esjoïr v. réfl. se réjouir 695, 3.

esleescier v. tr. rendre joyeux 691, 89; v. réfl. se réjouir 695, 3.

eslessier v. réfl. s'élancer au galop 674, 8.

esmaier v. tr. effrayer, troubler 870, XVIII, 4; v. réfl. s'émouvoir, se décourager, s'effrayer 685, 9; 707, 19.

esme s. m. calcul, jugement 900, 8.

esmeü (p.p. de *esmovoir*) proféré 725, 14.

esmoier voir *esmaier*.

esmué, esmuet ind. prés. 1 et 3 de *esmovoir* v. tr. émouvoir, exciter 821, 10; commencer 932, II, 3.

espairnant, esparnant p. prés. de *espargnier* épargner 759, 5; 771, 12.

espier v. tr. découvrir 847, 15.

espoentable adj. épouvantable 780, 10.

espoentément adv. d'une manière épouvanté 839, 8. Ce mot ne se trouve pas dans Godefroy ni dans T. L.

espoenter v. tr. épouvanter 675, 8.

espreve s. f. épreuve 683, 31.

esprover v. tr. éprouver 724, 41.

essil s. m. exil 702, 24; destruction, ruine 796, 27.

essoine s. m. et f. difficulté, retard, empêchement 800, 38.

essoir voir *ersoir*.

est ind. prés. 3 de *haïr* 691, 115; voir la note.

estable adj. stable, ferme 691, 117.

estaindre v. tr. anéantir 870, IX, 3.

estant (p. p. de *ester*) *en estant* debout, sur les pieds 675, 35.

estature s. f. stature, taille 818, 1.

estele s. f. morceau de bois 674, 39.

estendre v. réfl. se tordre de douleur, se crisper 820, 17.

ester v. i. rester, s'arrêter, se tenir debout; *lessier ester* laisser tranquille 681, 31.

estoit = *estuet* ind. prés. 3 de *estovoir*; voir la note 735, 23.

estoner v. tr. étourdir 753, 21.

estor s. m. combat 932, XIII, 1.

estordi (p. p. de *estordre*) étourdi 752, 24.

estordison s. f. étourdissement 838, 6.

estordre v. tr. arracher 932, XII, 3.

estorer v. tr. construire, établir 677, 16.

estosir v. i. tousser 912, 3.

estovoir v. impers. falloir; *par estovoir* par nécessité 691, 213; 758, 3.

estrange adj. étranger 736, 15.

estre infin. pris subst. genre de vie, existence, état, situation 689, 8; 691, 33.

estret adj. étroit 749, 7.

estrez p. p. issu, descendant de 809, 23.

estrif s. m. (cas-suj. *estris*) débat, lutte 688, 74; peine, douleur 793, 10; bataille 753, 13.

estroitement adv. sérieusement, strictement 690, 15.

estudier v. réfl. s'appliquer 869, 24.

estuver v. i. prendre un bain chaud 870, XVIII, 4.

esvenoïz (p. p. de *esvenoïr*) affaibli, abattu 675, 34.

esvertuer v. réfl. s'évertuer 753, 9.

eür s. m. chance, bonheur, aventure, sort 788, 11; 871, 18; 908, 19.

eure voir *ore*.

eve s. f. eau, rivière 697, 12; 715, 13.

evrent ind. prés. 6 de *ovrir* ouvrir 751, 1.

ex pron. pers. eux 677, 5.

ez interj. *ez vos* voici, voilà 676, 13.

faig ind. prés. 1 de *faindre* v. réfl. simuler, faire semblant 870, XVIII, 3.

faille s. f. défaut, manque; *sanz faille* sans doute, sans faute, à coup sûr 674, 5; 712, 11.

failli adj. lâche, poltron 812, 22; 819, 22.

faillir v. tr. et i. manquer 674, 8; falloir 737, 1; finir, s'arrêter 688, 75; 734, 27; 747, 11; faire défaut 691, 210; *faillir a quelque chose* échouer 687, 15; 854, 18; *po s'en faloit* peu s'en fallait 823, 31; *petit s'en faut* peu s'en faut 675, 14.

faintement adv. en dissimulant, en feignant 879, 23.

faintise s. f. dissimulation, hypocrisie 857, 33.

faire v. tr. et i. faire, parler, dire 676, 19 etc.; *ce ne fet mie a demander* il est inutile de, ce n'est pas la peine de demander 679, 2; *vos me faites entendant* vous me faites entendre 720, 22.

fait s. m. affaire 720, 23.

faiture s. f. forme, figure, corps 913, 2.

faloit imparf. 3 de *faillir* 823, 31.

faudra fut. 3 de *faillir* 854, 18.

fauser v. tr. et i. tromper 715, 4 et 5; *fauser d'amors, vers amors* être infidèle 839, 15 et 25.

faut ind. prés. 3 de *faillir* 675, 14.

fax adj. faux 835, 18.

faz ind. prés. 1 de *faire* 932, III, 4.

fealté s. f. foi et hommage du vassal envers son suzerain 776, 16.

felenesse, felonesse adj. f. de *felon* cruel, terrible 691, 132; 697, 19.

felenessement adv. durement, cruellement 716, 27.

fendrai, fendroie fut. et condit. 1 de *feindre* v. réfl. épargner sa peine 755, 33, hésitei, ne pas faire une chose 772, 23.

fenir v. tr. finir 852, 14.

fetes ind. prés. 5 de *faire* 720, 22.

fereïz s. m. action de frapper à coups redoublés; fracas, cliquetis d'armes 759, 4.

ferir v. tr. frapper 674, 9 et 36 etc.; v. réfl. se *fiert entr'ex* se jette au milieu d'eux 677, 5;

se ferra en rejoindra 813, 5; *au ferir des esperons* en piquant de l'éperon 675, 3.

fermer v. tr. fortifier 752, 7.

ferrai, ferra fut. 1 et 3 de *ferir* 708, 21; 813, 5.

ferré adj. *chemin ferré* chemin battu 712, 1.

fes s. m. fardeu 704, 37.

fet ind. prés. 3 de *faire* 679, 2.

fet, fez voir *fait* s. m.

fiancier v. tr. promettre, jurer 741, 4.

fier adj. farouche 709, 8; terrible, cruel 740, 8.

fiert ind. prés. 3 de *ferir* 674, 9.

fin adj. *a fine force* de vive force 691, 126; 707, 32.

finer v. tr. achever, finir 688, 78.

fiuz s. m. cas en -*s* de *fil* fils 688, 3.

flaeler v. tr. faire souffrir 691, 179.

flatir v. tr. jeter avec violence 740, 25; v. i. être renversé 753, 28.

foïr v.i. fuir 819, 28; v. réfl. s'enfuir 819, 35.

foiz s. f. fois; *a ceste foiz* pour cette fois 741, 6; 750, 4; *a une foiz* en même temps 750, 18; *aucune foiz* quelquefois 680, 31; *autre foiz* encore une fois 678, 46; 699, 1; autrefois 679, 3; 695, 7.

fonder v. tr. établir, construire 724, 9.

font s. m. fond; *le font de la valee* du fond de la vallée 800, 2.

for adj. fort 837, 26.

for voir *fors* 916, 23.

forez s. f. forêt 788, 15.

forment adv. fort, fortement 705, 35.

fornir v. tr. accomplir 678, 43.

fors adv. et prép. dehors, hors de, hormis, excepté 677, 8; 681, 22 etc.; *fors que, for ce que* excepté 724, 55; 916, 23.

forsené (p. p. de *forsener*) hors du sens, enragé 852, 24.

forsener perdre la raison, enrager 840, 2.

forsenerie s. f. fureur, folie, égarement 871, 10; 909, 25.

forvoier v. i. s'égarer, s'écarter de la bonne voie 782, 12.

fouir voir *foïr*.

fox cas-suj. de *fol* s. m. et adj. fou 679, 19; 695, 8.

franchise s. f. noblesse, générosité 688, 5.

frans adj. cas en -*s* de *franc* noble 820, 6.

frapaille s. f. canaille 932, XI, 3.

fres, f. fresche adj. frais 736, 9.

froin s. m. frein 674, 14.

froisseïz s. m. bruit d'objets qui s'entrechoquent, se brisent 804, 5.

fuelle s. f. feuille 870, XVI, 1.

fuerre s. m. fourreau 788, 2.

fui parf. 1 de *estre* 676, 21.

fuie s. f. fuite; *torner en fuie* se mettre en fuite 675, 2.

fust s. m. bois de lance 674, 33.

gaaig s. m. gain 870, XVIII, 1.

gaaigne s. f. gain 922, 13.

gaaignier v. tr. gagner 678, 19.

gaber v. tr. se moquer de 678, 6.

gaberie s. f. plaisanterie 723, 28.

gabois s. m. raillerie 685, 41.

gahaignier voir *gaaignier*.

gaires adv. guère 882, 2.

ganchir v. i. se détourner pour éviter 699, 29; s'écarter pour parer un coup 766, 23; 807, 24; aller de travers 933, 13.

garde s. f. *n'avoir garde de* ne pas se soucier de, n'avoir pas cause de craindre 758, 41.

gardin s. m. jardin 930, 7 et 8.

garir v. i. guérir 697, 20.

garison s. f. guérison 688, 30.

garnir v. tr. équiper 713, 2.

garra, garroit fut. et condit. 3 de *garir* 834, 9; 937, 17.

gas s. m. cas en -*s* de *gab* plaisanterie, facétie 691, 16; 862, 5.

gast adj. désert, abandonné 796, 2.

gasté (p. p. de *gaster*) tombé en ruines 796, 3.

gastement s. m. destruction 796, 28.

gaster v. réfl. se nuire, se faire du mal 857, 37.

ge pron. pers. 1 je 932, VI, 2.

germen adj. germain; *suer germene* issue du même père et de la même mère 738, 19.

gerpir v. tr. abandonner, quitter 852, 11.

gerre s. f. guerre 816, 11.

gerredon s. m. récompense 729, 4.

gerrie ind. prés. 3 de *gerroier* combattre 870, XVII, 2.

gesir v. i. et réfl. être étendu, rester couché 676, 2; 688, 44; 735, 16; passer la nuit 683, 3; 710, 11 et 13; *gesir (charnelment) avec* coucher avec 779, 30.

geü p. p. de *gesir* 683, 3 etc.

geu s. m. (cas en *-s geuz*) jeu 691, 180; *a geu* par plaisanterie 806, 15.

giete ind. prés. 3 de *giter* 707, 34.

gise s. f. guise 845, 10; voir la note.

gisoit imparf. 3 de *gesir* 735, 16.

giter v. tr. jeter 824, 6; pousser 674, 35; 770, 26; 857, 7; *giter de* délivrer, sauver 701, 23; *giter la men* tendre, avancer la main 707, 34.

glacier v. i. glisser 842, 17.

glaive s. m. lance 674, 24.

glatissant p. prés. de *glatir* glapir, crier d'une voix aiguë 790, 19.

glatissement s. m. glapissement, hurlement 790, 18.

goute s. f. goutte; *ne veez goute* vous ne voyez rien 738, 14.

graciex adj. gracieux, aimable 691, 169; *graciex de* doué de, favorisé de 827, 24.

grandime adj. superl. très grand 740, 30.

granment adv. beaucoup, grandement, longtemps, très loin 685, 33 etc.

greignor adj. compar. plus grand 691, 35 etc.

grevable adj. pénible 697, 6; 869, 34.

grever v. tr. et i. nuire, être pénible, faire souffrir 688, 41; 697,8; 718, 28.

grief adj. accablant 763, 19.

grieve ind. prés. 3 de *grever* 688, 41.

grox adj. gros, grand 713, 15.

guarison s. f. guérison 688, 23.

guenchir voir *ganchir*.

guendre = *grendre* adj. compar., cas-suj. de *greignor* plus grand 744, 27; voir la note.

guerredon voir *gerredon*.

hadement = *hardement*; voir les notes 701, 30 et 746, 6.

hanter v. tr. cultiver, pratiquer 688, 81.

hapa = *harpa*; voir la note 896, 16.

hardement s. m. hardiesse, prouesse 697, 7.

haro interj. cri de détresse, d'appel au secours 861, 17.

harper v. i. jouer de la harpe 867, 11.

haster v. i. se hâter 674, 22; v. tr. presser 766, 22.

hastine voir *ahastine*.

hauberc s. m. haubert, cotte de mailles 674, 31.

hé ind. prés. 1 de *haïr* 845, 27.

hebergier v. i. et réfl. se loger 682, 5; 691, 159 et 161.

hee subj. prés. 1 de *haïr* 820, 44.

heent ind. prés. 6 de *haïr* 680, 24.

henir v. i. hennir 906, 4.

hernois s. m. bagage, équipement 702, 5; 745, 2.

het ind. prés. 3 de *haïr* 674, 45.

hetié adj. bien portant, en bonne santé 679, 17.

honir v. tr. faire honte à, déshonorer, couvrir de honte 676, 33; 685, 8.

honoreement adv. honorablement 704, 28.

hore voir *ore*.

houce s. f. enveloppe de protection pour l'écu 684, 5.

hui adv. aujourd'hui 712, 23.

huiee s. f. cris, huée 735, 10.

huimés adv. désormais, maintenant 692, 18; 715, 39.

hurter v. tr. frapper 674, 25; 676, 30; v. réfl. se heurter 752, 20.

hyaume s. m. heaume 771, 9.

ielz, *iex* s. m. cas-rég. pl. yeux 701, 43; 738, 14.

igalment adv. d'une manière égale 717, 23; 740, 11.

igual adj. égal 691, 104.

ilec, *illec* adv. là 677, 12; 926, 23.

inel adj. rapide, léger à la course 736, 21.

inelement adv. vite, promptement 756, 13.

inelesce s. f. agilité, rapidité 790, 30.

iniax cas en *-s* de *inel* 752, 10.

iniquité s. f. tort 675, 16.

iqui adv. ici 792, 4; 876, 26.

irié adj. fâché, irrité, affligé 674, 18; 698, 31.

irieement adv. avec colère 701, 3.

issir v. i. et réfl. sortir 677, 8; 705, 4 et 9.

istra fut. 3 de *issir* 725, 18.

itant adv. autant 712, 8.

ja adv. déjà 675, 10 etc.

jaiant s. m. géant 718, 19.

jeüstes parf. 5 de *gesir* 811, 19.

joanz cas en *-s* de *joant* adj. joyeux 882, 14.

joene adj. jeune 683, 9.

joer v. i. se livrer aux plaisirs de l'amour 691, 112; s'amuser 691, 170.

johir v. i. jouir de 691, 108.

joiant adj. joyeux 681, 4.

joious adj. joyeux 833, 3.

joousement adv. joyeusement 830, 20.

jor s. m. jour; *avant jor* trop tôt 870, VIII, 3; *tote jor* toute la journée 704, 37.

jornee s. f. chemin qu'on fait dans une journée 748, 28; journée 762, 17.

joste s. f. joute, combat singulier 698, 12; *apeler de joste* provoquer au combat 674, 7.

josteor s. m. jouteur 825, 8.

joster v. i. jouter 716, 22.

jovencel s. m. jeune homme 804, 8; *jovenciax* cas-suj. adj. jeune 693, 34.

jovente s. f. jeunesse 693, 14.

jui parf. 1 de *gesir* 811, 20.

jus adv. en bas, à terre 784, 12.

justiser v. tr. dominer 688, 48.

jut parf. 3 de *gesir* 809, 3.

lai s. m. lai, petit poème en vers octosyllabes que l'on disait en s'accompagnant sur la harpe 868, 6 etc.

laidir v. tr. injurier 876, 17; 934, 9.

laienz voir *leanz*.

lais adv. là-bas 837, 22.

langist ind. prés. 3 de *languir* 833, 20.

lasus adv. là-haut 703, 1.

lay voir *lai*.

laz s. m. lien 778, 8; 932, II, 2.

lé s. m. largeur 713, 11.

leal adj. (cas en -s *leax*) loyal 691, 122 et 142; 702, 29.

leanz adv. là-dedans 697, 2.

leaument adv. loyalement 686, 16.

lede adj. f. désagréable 705, 20.

ledure s. f. outrage, injure, honte 680, 26.

leesce s. f. joie, allégresse 839, 20.

lerai, lera fut. 1 et 3 de *lessier* 675, 6; 688, 84.

lerme s. m. larme 691, 150.

les ind. prés. 1 de *lessier* 678, 44.

lessier v. tr. laisser 678, 44; abandonner, lâcher 675, 6; 688, 84; *lessier a* cesser 697, 20; *lessier que ne* + subj. s'abstenir de 738, 6.

lesus voir *lasus*.

leu s. m. lieu; *venir en leu* trouver l'occasion de 729, 4.

lever v. i. s'élever 675, 20.

lez prép. près de, à côté de 691, 101; 738, 22.

lianz voir *leanz*.

lié adj. heureux 681, 4.

lieement adv. joyeusement 696, 24.

linaige s. m. race, famille 691, 6.

lierres cas-suj. de *larron* s. m. voleur, fripon 691, 42.

lieve ind. prés. 3 de *lever* 675, 20.

liue s. f. lieue 679, 12.

lo ind. prés. 1 de *loer* 703, 48.

loant p. prés. de *loer* 691, 24.

loer v. tr. louer 691, 24; 738, 24; 763, 32; conseiller 703, 48.

loier s. m. récompense, salaire 870, XIII, 4.

loig adv. loin 674, 23.

loissir s. m. loisir 936, 5.

lors adv. alors 751, 14.

los s. m. gloire, honneur 691, 35.

losange s. f. flatterie, tromperie 904, 4.

lox voir *los*.

lui parf. 1 de *lire* 877, 7.

maaignier v. tr. blesser 675, 8.

maçue s. f. massue 767, 46.

mahaig s. m. souffrance, chagrin 870, XVIII, 2.

maillier v. i. frapper 785, 8.

maintenant adv. aussitôt, tantôt, immédiatement 688, 50; 690, 10 etc.

maistre adj. principal 690, 12.

mait ind. prés. 1 de *metre* 896, 13.

mal adj. mauvais 808, 3.

malese s. f. difficulté, malaise; *a malese* soucieux, inquiet 715, 34.

maleuré adj. malheureux 738, 13.

malmis (p. p. de *malmetre*) abîmé 785, 10; blessé 736, 14.

malvés adj. mauvais 876, 8.

mambre s. m. membre 939, 4.

mandement s. m. commandement 879, 10.

mangueent ind. prés. 6 de *mangier* 926, 27.

maniere s. f. *de grant maniere* très 727, 13.

mantel s. m. manteau 884, 6.

mar adv. par malheur 778, 36 etc.

marche s. f. frontière 781, 8.

martire s. m. souffrance, tourment 820, 4; 831, 9.

mat adj. triste, humilié 815, 4.

matement adv. d'une manière abbatue 912, 19.

matere s. f. matière, sujet 896, 32.

matin adv. de bonne heure 697, 2.

matir v. i. se flétrir 905, 37.

maufé s. m. (cas en -*s maufez*) diable; *a maufé* au diable, à tous les diables 685, 46; 707, 26.

maugré s. m. mauvais gré, mécontentement; *maugré mien* malgré moi 685, 45.

maumener v. tr. mener rudement, maltraiter 735, 6.

maumis voir *malmis*.

mautalent s. m. colère 675, 23; 685, 19; mauvais vouloir 915, 35.

mauvestié s. f. lâcheté 680, 35; 701, 24; méchanceté 701, 43.

max adj. cas en -*s* de *mal* mauvais 809, 33.

max s. m. cas en -*s* de *mal* mal, malheur, souffrance 691, 97; 854, 18.

mé conj. mais 800, 9.

medecine s. f. remède 688, 15.

meesmement adv. même 748, 32; particulièrement 823, 8.

megre adj. maigre 688, 44.

meïme adj. même 926, 49.

meïmes, meïstes parf. 4 et 5 de *metre* 691, 93; 926, 29.

mellee voir *meslee*.

meller voir *mesler*.

membrer v. tr. se souvenir de 804, 18.

men s. f. main 675, 11; *metre men en* toucher, assaillir 710, 23; 822, 9.

menaie s. f. pouvoir; *se metre en la menaie de* se mettre à la merci de 721, 11; 741, 4.

mencion s. f. mention 879, 22.

mendre adj. moindre 922, 16.

mener v. tr. mener 688, 64; traiter 688, 53; *en mener* emmener 674, 23; *mener a fin* faire aboutir, accomplir 675, 29; 678, 36; *mener a outrance* vaincre 703, 22; *estre mené au desoz* avoir le dessous 767, 59; *mener duel* se lamenter, se désoler 874, 26 etc.

mengier s. m. manger 727, 2.

menras fut. 2 de *mener* 688, 64.

ment adj. maint 678, 22; 687, 8.

mentenant voir *maintenant*.

mentendrai fut. 1 de *mentenir* 786, 39.

mentenir v. tr. maintenir 720, 19; v. réfl. se tenir 920, 34.

mentint parf. 3 de *mentenir* 920, 34.

menu adv. *menu et sovent* dru et menu 804, 18; voir aussi *sovent*.

merci s. f. grâce 676, 18.

mercier v. tr. remercier 820, 20.

mermer v. tr. diminuer 841, 20.

merrai fut. 1 de *mener* 725, 29.

merriez fut. 5 de *mener* 701, 18.

merront fut. 6 de *mener* 833, 25.

merveilles adv. *a merveilles* extrêmement 674, 18.

merveilleus adj. émerveillé, frappé d'etonnement 748, 16; 844, 13.

merveillier v. tr. émerveiller 911, 17.

mes adv. désormais, plus, jamais, mais; *a toz jorz mes* pour toujours 675, 9; *ne . . . mes* ne . . . plus 677, 20; *pieça mes* jamais 718, 7; *onques mes* en aucun temps 676, 21.

mes s. m. plat 926, 3.

mesaige s. m. messager 760, 33; message 875, 5.

mesaventureus adj. malchanceux 833, 23.

meschance, mescheance s. f. malheur, malchance, infortune 780, 12; 845, 45.

mescheant adj. malheureux, infortuné 791, 34.

mescheoir v. impers. arriver du mal 746, 12.

meschief s. m. dommage, malheur 914, 10.

mesconoissance s. f. méprise 721, 27; méconnaissance 913, 22.

mesconter v. tr. omettre, oublier 932, IX, 3.

mescroire v. tr. ne pas croire 680, 39.

meserrer v. i. mal agir 816, 20.

mesese s. f. malaise, chagrin 903, 25.

mesfait adj. qui a mal agi, coupable 905, 11.

mesfait s. m. méfait 905, 12.

mesfere v. i. nuire, commettre une faute, faire mal 721, 43 et 46; 822, 13; v. réfl. se déshonorer 715, 7; violer 795, 20.

meslee s. f. combat, bataille 717, 11 et 16.

mesler v. tr. mêler 704, 15; v. réfl. s'engager dans la mêlée, se battre 936, 31.

mesnie s. f. suite, compagnie 840, 33.

meson s. f. maison 679, 16.

mesprisier v. réfl. se dénigrer 802, 18.

mestier s. m. *avoir mestier a qn.* être utile, servir à 755, 14; *avoir mestier de* avoir besoin de 717, 12; 722, 38; *estre mestier* être nécessaire, falloir 710, 20; 721, 15; *ca n'a mestier* cela ne sert à rien 820, 10.

mestre voir *maistre.*

mestroier v. tr. maîtriser 688, 49.

metre v. tr. mettre, placer; *metre avant* avancer 691, 139; 717, 17; 720, 28; établir 727, 13 et 28; 735, 26; mettre en avant 746, 21; 772, 32; *metre a delivrance* délivrer 742, 1; *metre au desoz* vaincre 753, 3; *metre devant* proposer 691, 154; *metre sus* accuser de 680, 13 et 20; *metre men en* toucher, assaillir 710, 23; 822, 9.

meure s. f. mûre 731, 12.

mez ind. prés. 2 de *metre* 796, 31.

mieudre adj. cas-suj. de *meillor* meilleur 720, 27.

mieuz adv. mieux; *qui mieuz mieuz* à qui mieux mieux 756, 16.

mire s. m. médecin 691, 197.

mireor s. m. miroir 691, 102.

moele s. f. moelle 688, 67.

moig ind. prés. 1 de *mener* 895, 27.

moillier s. f. femme, épouse 724, 67.

moine, moinent ind. prés. 3 et 6 de *mener* 674, 23; 688, 53.

moint subj. prés. 3 de *mener* 708, 12.

molt voir *mout.*

morir v. i. mourir; v. tr. aux temps composés avec *avoir*: tuer; *qui nostre chevalier a mort* 676, 5.

mortiex adj. cas en *-s* de *mortel* 858, 18.

mostrer v. tr. montrer 676, 31; *mostrer semblant* faire mine de 691, 18; 705, 12.

mostrissiez subj. imparf. 5 de *mostrer* 691, 18.

mout adj. nombreux, maint 875, 8; adv. beaucoup, trés, fort 674, 5; *mout de* beaucoup de 722, 14.

mucier v. réfl. se cacher 912, 3.

muelle ind. prés. 3 de *moillier* v. i. se mouiller 870, XVI, 4.

muer ind. prés. 1 ou 3 de *morir* mourir; voir la note 870, VII, 4.

muet ind. prés. 3 de *movoir* mouvoir 691, 210.

muir ind. prés. 1 de *morir* mourir 778, 6.

musardie s. f. sottise, niaiserie 909, 25.

nacion s. f. race 812, 48.

navrer v. tr. blesser 688, 19.

neant s. m. et adv. néant, rien, nullement 689, 21; 709, 10 etc.

neanté s. f. vide, néant 702, 34; ce qui est vide de sens, déraison 862, 40.

negre adj. noir 783, 15.

nen forme tonique de la négation: non, ne . . . pas 688, 67.

nenil adv. non, pas du tout 703, 41.

neporquant adv. néanmoins, cependant 696, 5.

nercir v. tr. devenir livide 867, 25.

nes adv. même, pas même 725, 25.

nice adj. sot, niais 695, 8.

niceté s. f. stupidité, sottise 899, 7.

niés s. m. cas-suj. de *neveu* 687, 17.

noer adj. noir 783, 16; livide 866, 14.

noiant voir *neant.*

noise s. f. bruit 677, 1.

non s. m. nom 687, 25.

none s. f. neuvième heur du jour (3 heures de l'après-midi) 684, 1.

nou contract. de *ne le* 675, 6.

noviax adj. cas-suj. de *novel* nouveau, récent 729, 13; frais 757, 9.

nul adj. et pron. nul, aucun, quelqu'un, personne 675, 1 etc.

nului cas-rég. sing. indirect de *nul* 748, 22.

nus cas en *-s* de *nul* 712, 4.

o prép. avec 689, 24; 715, 39 etc.

obli s. m. oubli 689, 21.

ochoison voir *achoison.*

ocirre v. tr. tuer 677, 6 etc.

oclus (p. p. de *oclure*) renfermé 870, XX, 2.

od voir *o.*

oeille s. f. brebis 870, XXVII, 4.

oel s. m. œil 872, 25.

oent ind. prés. 6 de *oïr* 678, 26.

oés s. m. profit; *a mon oés* à mon avantage, pour moi 783, 25; de ma part 743, 23.

oi ind. prés. 1 de *oïr* 717, 17.

oiant (p. prés. de *oïr*) devant 743, 13.

oïl adv. oui 697, 4.

oir s. m. héritier 925, 21.

oïr v. tr. entendre 678, 26 etc.; *par oïr dire* par ouï-dire 721, 42.

oiseillon s. m. petit oiseau 904, 34.

oisiax s. m. cas en *-s* de *oisel* oiseau 950, 50.

oisous adj. paresseux 767, 17.

oisseillon. oisellon voir *oiseillon.*

oissiaux voir *oisiax.*

oissir voir *issir.*

oit = *ait* subj. prés. 3 de *avoir* 677, 11 etc.

oler v. i. sentir, exhaler une odeur 905, 23.

onques adv. jamais, un jour; *onques mes* en aucun temps 676, 21.

or adv. maintenant, alors 712, 23.

orandroit adv. maintenant, à l'instant, aussitôt 676, 20.

ordoner v. tr. régler, disposer de 774, 21.

ore s. f. heure, moment, temps 688, 54; *ore de prime* 6 heures du matin 683, 6; *a ceste foiz d'ore* pour cette fois 711; 24.

oré s. m. (cas-suj. *orez*) orage 908, 34; 904, 36.

oreille s. f. bord, lisière 820, 45.

orer v. tr. souhaiter 870, 5.

ores voir *or.*

orez fut. 5 de *oïr* entendre 924, 42.

orez voir *oré.*

orguiex s. m. cas-suj. de *orguel* orgueil 691, 7.

orront fut. 6 de *oïr* entendre 741, 8.

ors s. m. cas-suj. de *or* or 691, 124.

oscureté s. f. obscurité 781, 13.

ost s. m. armée 812, 45.

oste s. m. hôte 884, 8.

ostel s. m. maison, logis; *l'ostel le roi Artus* la cour du roi Arthur 677, 18.

oster v. tr. ôter 725, 40.

ostraige voir *otraige.*

ostre voir *outre.*

ot ind. prés. 3 de *oïr* entendre 688, 20.

otisme voir *uitisme.*

otraige s. m. outrage, offense, méfait 710, 24.

otroier v. tr. accorder, concéder, donner 691, 20; 698, 24.

ou contract. de *en le* 675, 12.

oudour s. f. odeur 905, 43.

ouisous voir *oisous*

oure voir *ore*

outrance s. f. *mener, metre a outrance* vaincre 703, 22; 720, 33. *combatre dusqu'a outrance* combattre jusqu'à ce que l'un d'eux soit vaincu 717, 18.

outre adv. outre, au delà 706, 10; *tout outre* entièrement, sans restriction 674, 47.

outreement adv. entièrement 754, 8; à l'excès, tout à fait 920, 16.

outrer v. tr. vaincre 726, 24; 753, 34; *c'est outree chose de li* c'en est fait de lui 679, 9.

ovre s. f. œuvre 904, 11.

pa = par; voir la note 701, 30.

paié (p. p. de *paier*) satisfait 776, 4.

paile adj. pâle 928, 8.

palés s. m. palais 723, 19.

palesoiz subj. imparf. 5 de *parler* 854, 12.

palez = *parlez;* voir la note 854, 10.

paor, paour s. f. peur 677, 7; 767, 40.

paratendre v. tr. atteindre tout à fait 756, 8.

parauz cas-suj. de *pareil* 691, 53.

paravis s. m. paradis 932, XXVII, 3.

parcheoir v. i. tomber à terre 770, 27.

parcomplir v. réfl. être comblé 864, 26 et 29.

pardoig, pardoing ind. prés. 1 de *pardoner* 748, 7; 915, 39.

pardurable adj. éternel 877, 17.

parfait s. m. fin 932, XXIV, 4.

parfiner v. tr. terminer 869, 13.

parfornir v. tr. accomplir, achever 713, 17; 760, 6; *parfornir la bataille* remporter la victoire 758, 15.

parlement s. m. discours, entretien 695, 6; 713, 9; *tenir parlement de* parler de 680, 3; 727, 1.

parlier s. m. parleur 809, 33.

parmi prép. à travers 715, 13.

paroir v. i. paraître 805, 2.

parost subj. prés. 3 de *parler* 712, 26.

parra fut. 3 de *paroir* 800, 13.

partir v. tr. partager 817, 13.

pas s. m. passage 723, 47; *le petit pas* lentement 770, 7.

pechié s. m. malheur, infortune 857, 21.

pen s. m. pain 904, 22.

pener v. réfl. se donner de la peine 727, 5.

penra fut. 3 de *prendre;* voir la note 858, 25.

perçoivre v. tr. voir, apercevoir 933, 21.

periz s. m. cas en *-s* de *peril* danger, péril 691, 119.

pes s. f. paix 717, 16.

pesantesce s. f. pesanteur, lourdeur 756, 12. Ce mot ne se trouve pas dans Godefroy ni dans T. L.

peser v. i. causer du chagrin, être pénible, désagréable 685, 48; 731, 25.

pesme adj. superl. de *mal* très mauvais, terrible 718, 6; 753, 2.

pestre v. i. paître 790, 14; 902, 24.

petit adj. et adv. *petit s'en faut* peu s'en faut 675, 14; *si m'en est il assez petit* peu m'importe 748, 8.

pieça adv. il y a longtemps 681, 28; *pieça mes* jamais 718, 7; *de pieça* depuis longtemps 859, 13.

piece s. f. espace de temps; *(une) grant piece* longtemps 720, 8; *de grant piece* depuis très longtemps 881, 4; *a (au) chief de piece* après un certain temps 748, 1; 749, 19.

pierce ind. prés. 3 de *percier* percer 783, 37.

pig s. m. pin 819, 6.

piz s. m. poitrine 708, 24.

plaig, pleig, pleg ind. prés. 1 de *plaindre, plendre* 870, IV, 3; 684, 27; 921, 24.

plainsistes parf. 5 de *plaindre* 691, 92.

planté s. f. abondance 789, 22.

pleigne s. f. plaine 731, 4.

plen adj. plein 679, 7; *au plen* de toute sa force 881, 6.

plen s. m. plaine 746, 1.

plendre v. réfl. se plaindre 684, 26 et 27; regretter 921, 24.

plene s. f. plaine 723, 2.

plenement adv. ouvertement, clairement 678, 38.

pleng ind. prés. 1 de *plendre* 835, 7.

plenier adj. abondant 691, 151; fort, violent 922, 31.

plenierement adv. plainement, complètement 864, 26.

plensist subj. imparf. 3 de *plendre* 684, 26.

plent s. m. plainte 770, 26.

plente s. f. plainte 870, II, 1.

ples = plest ind. prés. 3 de *plaire*; voir la note 711, 26.

plesir s. m. plaisir 889, 21.

plet s. m. discours, discussion 717, 17; 773, 2; *tenir plet de* parler de 867, 43.

plon, plonc s. m. plomb 885, 11; 908, 50.

plor s. m. pleur, larme 868, 22.

plorement s. m. lamentation, pleurs 921, 7.

plue s. f. pluie 796, 5.

plusor adj. et pron. plusieurs 728, 16; 749, 6; *li plusor* la plupart.

po adv. peu; *ou po ou grant* en quelque sorte, de

façon ou d'autre 879, 14; *ne pou ne grant* pas du tout 935, 4.

poi parf. 1 de *pooir* 728, 8.

poig s. m. poing 845, 25; poignée 932, 5.

poigniez ind. prés. 5 de *poindre* 905, 29.

poindre v. tr. piquer 905, 29; inf. pris subst. charge, attaque 713, 17; 765, 10.

poine ind. prés. 3 de *pener* v. tr. tourmenter, faire souffrir 691, 118.

poine s. f. peine, douleur 688, 74; 709, 17; *a poines* à peine, avec difficulté 675, 35; 699, 14.

pointure s. f. piqûre 908, 29.

poior, poiour adj. cas-rég. de *pire* 700, 14; 757, 13.

poise ind. prés. 3 de *peser* 685, 48 etc.

poist subj. prés. 3 de *peser* 711, 24.

poïst subj. imparf. 3 de *pooir* pouvoir 675, 12.

pooir s. m. pouvoir 675, 36.

pooit imparf. 3 de *pooir* pouvoir 675, 35.

poor, poour voir *paor.*

por prép. pour, de la part de, à cause de 697, 2 etc.; *por ce que* + ind. parce que 922, 4; *por ce que* + subj. afin que 725, 26; *por que* + ind. pourquoi 678, 38; 701, 11; *por que* + subj. pourvu que 677, 17; 724, 44; parce que 730, 16; *por tant que* + subj. à condition que, pourvu que 695, 18; 707, 21; 725, 19.

porchacier v. tr. causer, chercher à causer 680, 28.

porchaz s. m. effort (pour obtenir quelque chose) 872, 21; 883, 36.

porpenser v. réfl. réfléchir, raviser 808, 13.

porrir v. i. pourrir 688, 66.

portal s. m. portail 870, XXVI, 3.

pou voir *po.*

povrement adv. faiblement 759, 26.

praarie, praerie s. f. prairie 819, 2 et 4.

prael s. m. pré 931, 16.

preig ind. prés. 1 de *prendre* 726, 10.

preïst subj. imparf. 3 de *prendre* 723, 36.

premerain, premerien adj. premier 733, 6; 869, 1.

prendre v. tr., i. et réfl. entreprendre, se mettre à 726, 10; *se prendre a* + subst. assaillir 697, 24; 723, 36; *s'en prendre a* + subst. commencer, se mettre à 778, 17 et 18.

present s. m. don, cadeau 843, 19.

preu s. m. profit, avantage 695, 22; 701, 8.

preve s. f. preuve 688, 59.

priemes parf. 4 de *prier* 744, 29.

prig parf. 1 de *prendre* 845, 46.

prime s. f. point du jour; *ore de prime* 6 heures du matin 683, 6.

primes adv. pour la première fois 900, 6.

pris s. m. prix 691, 35.

prise s. f. prise, butin; *de prise* 764, 11, cf. *corner prise* annoncer au son du cor la fin d'une chasse couronnée de succès.

prisier v. tr. apprécier, estimer, priser 691, 32; 724, 15; v. réfl. se vanter 725, 9.

prison s. m. prisonnier 741, 21; 744, 1; prison 744, 3.

privé s. m. et adj. ami, familier, intime 688, 58.

priveement adv. seul, en secret 738, 3.

prodome s. m. homme sage, loyal, noble 926, 47.

proi ind. prés. 1 de *proier* prier 695, 12.

proié p.p. de *proier* prier 723, 35.

proiere s. f. prière 710, 14.

proposement s. m. décision 930, 37.

proprement adv. en personne, même 702, 27; 723, 17.

pueent, puent ind. prés. 6 de *pooir* pouvoir 680, 26 et 27.

pué = puet ind. prés. 3 de *pooir* pouvoir; voir la note 794, 14.

puepler v. tr. publier 739, 3.

qua = quar car 933, 25; 934, 5; cf. *ca.*

quanque pron. tout ce que, autant que 675, 6; 704, 13.

querre v. tr. chercher 686, 6 et 7.

quex adj. et pron. cas-suj. de *quel* 685, 26.

quidier voir *cuidier.*

quier, quiert ind. prés. 1 et 3 de *querre* 685, 46; 715, 33.

quiex adj. et pron. cas-suj de *quel* 685, 37.

quis p. p. de *querre* 687, 8.

quite adj. libre 713, 6; *clamer quite* faire grâce, renoncer tout droit à 772, 25.

quitement adv. librement 705, 29; 713, 5; aisément 707, 23; de plein gré 872, 12; à ma disposition 872, 15.

quoi adj. voir *coi.*

quoi pron. *ne ce ne quoi* rien du tout 694, 14.

racoisier v. réfl. s'apaiser 903, 14.

raemplir v. tr. remplir 839, 23.

raençon s. f. rançon 824, 24.

rai s. m. rayon 853, 5.

ramentevoir v. tr. rappeler à la mémoire, raconter 683, 6; 865, 9.

ramentoivre v. tr. rappeler à la mémoire, mentionner 691, 189; 906, 30 et 33.

ramoint subj. prés. 3 de *ramener* 699, 31.

rampone s. f. reproche 702, 31; dispute 924, 35.

ramponer v. tr. railler 685, 42.

randu voir *rendu.*

rapaier v. réfl. s'apaiser 879, 2.

rasoaigier v. tr. consoler 691, 147.

ravineusement adv. rapidement 713, 13.

reaume s. m. royaume 725, 38.

recet s. m. habitation, maison, château 682, 8; 722, 24.

reclus s. m. prison 870, XX, 1.

recoillir v. tr. accueillir 682, 6.

reconoissance s. f. action de reconnaître 695, 20; 767, 65.

recorder v. tr. rappeler 840, 20; v. réfl. se rappeler 724, 2; réfléchir 795, 10.

recort ind. prés. 3 de *recorre; me recort sore* m'attaque de nouveau 688, 51.

recort s. m. témoignage 693, 29; jugement, opinion 695, 20.

recovrer v. tr. recouvrer 680, 14 et 17; v. i. revenir à la charge 753, 41.

recreandise voir *recreantise.*

recreant adj. prêt à se déclarer vaincu, lâche 685, 11; 691, 176.

recreantise s. f. lâcheté 767, 73; 854, 8; action de renoncer 786, 10.

recreüe s. f. aveu de défaite; *corner la recreüe* sonner la retraite 870, XIX, 4.

recroire v. i. se lasser 718, 15 et 34; s'avouer vaincu 754, 3; cesser, renoncer à 865, 11.

reene s. m. royaume 791, 36.

refraindre v. réfl. modérer, refréner 880, 3.

regarder v. réfl. se retourner 747, 22.

regne s. f. rêne 826, 4.

regrait s. m. regret 865, 8.

remaise p. p. f. de *remenoir* rester 934, 14.

remandrez fut. 5 de *remander* mander en réponse 688, 86.

remembrant adj. *estre remembrant* se souvenir 860, 19.

remendrai, remendrez fut. 1 et 5 de *remenoir* 698, 24; 722, 38.

remenent ind. prés. 6 de *remenoir* 674, 15.

remenoir v. i. rester 724, 63; 751, 3; s'arrêter 766, 25; 817, 22; *faire remenoir* arrêter, faire cesser 739, 25; *ne rement por l'escu qu'il* . . . l'écu ne l'empêche pas de . . . 674, 31 etc.

remensist subj. imparf. 3 de *remenoir* 766, 25.

rement ind. prés. 3 de *remenoir* 674, 31.

remés p. p. de *remenoir* 691, 201.

remest parf. 3 de *remenoir* 724, 13.

remirer v. tr. regarder, contempler 691, 103.

remordre v. tr. causer du remords à, tourmenter 932, VII, 3.

rencune s. f. colère 757, 23.

rendu s. m. moine 899, 24.

renpone voir *rampone*.

repairier voir *reperier*.

repere s. m. demeure, maison 875, 6.

reperier v. i. retourner, revenir 688, 64; 691, 185; séjourner 680, 27; 741, 34.

replenir v. tr. remplir 796, 26 et 35.

repont ind. prés. 3 de *repondre* v. réfl. se cacher 901, 33.

repost, repot p. p. de *repondre*; *en repost* en cachette 789, 34.

repuis ind. prés. 1 de *pooir* + *re* 804, 30.

requerre v. tr. prier, demander 722, 37.

resaut ind. prés. 3 de *resaillir* se relever 709, 7.

rescost, rescoust parf. 3 de *rescorre* delivrer 934, 36; 935, 19.

rescous p. p. de *rescorre* v. tr. délivrer 678, 14.

resnablement adv. raisonnablement 856, 2.

reson s. f. raison 707, 12; *conter une reson* tenir un propos 925, 38; *par reson* à bon droit 691, 216; *par bele reson* par bon raisonnement 691, 215.

resoner v. i. raisonner 691, 192.

respasser v. i. guérir, revenir à la santé 835, 14.

respoigne subj. prés. 3 de *respondre* répondre 803, 6.

resqueus voir *rescous*.

restif adj. (cas en *-s restis*) entêté, opiniâtre 691, 175; forcé à se déclarer vaincu 767, 71.

retost ind. prés. 3 de *retoldre* enlever, 688, 53.

retrere v. réfl. reculer, se retirer 720, 1; revenir, retourner 838, 19.

revestir v. tr. doter, investir 774, 14.

revet (s'en) ind. prés. 3 de *s'en raler* s'en retourner 790, 29.

revoist (s'en) subj. prés. 3 de *s'en raler* s'en retourner 779, 8.

rexne voir *reene*.

roide adj. f. rapide 699, 16.

roncin s. m. cheval de charge ou de trait 679, 12.

rout (p. p. de *rompre*) rompu 700, 9.

ru s. m. ruisseau 886, 3.

ruisel, ruissel s. m. ruisseau 860, 38 et 40.

sachier, saichier v. tr. tirer 740, 27; 678, 28.

sainant p. prés. de *sainer* saigner 740, 31.

saint s. m. relique 724, 21.

sairement voir *serement*.

sale adj. troublé, triste 861, 32.

san voir *sen*.

sanz s. m. cas en *-s* de *sanc* sang 736, 10.

saras fut. 2 de *savoir* 828, 31.

sas s. m. cas-suj. de *sac* 691, 204.

sauf adj. *sauve sa vie* la vie sauve 741, 7; *sauve l'onor de li* son honneur mise à part 803, 26.

saut subj. prés. 3 de *sauver* 678, 11.

sauvement s. m. salut 772, 44.

saver v. tr. sauver 908, 28; 918, 7.

se conj. si; *se* . . . *non* sinon, si ce n'est, excepté 680, 29 etc.

sé ind. prés. 1 de *savoir* 810, 5.

seant adj. *bien seant* bien situé 691, 164; 702, 3.

seel s. m. sceau 778, 1.

seez ind. prés. 5 de *seoir* 880, 27.

segurement voir *seürement*.

seig s. m. sein 870, XII, 3.

seignorie s. f. puissance 691, 93 et 166; seigneurie 776, 4.

sele s. f. selle 708, 25.

semblance s. f. aspect, apparence 691, 167; *d'une semblance* pareil 731, 12.

semblant s. m. aspect, visage, air, signe 691, 19; 705, 12; *faire semblant* laisser voir par sa mine ou sa conduite 676, 22; 677, 6; *ne faire nul semblant de* ne donner aucun signe de 732, 29; *par semblant* en apparence, d'une manière feinte 880, 4; *a son semblant* à ce qu'il lui semble 861, 30.

semene s. f. semaine; *des semene* avant une semaine 697, 27.

semoigne subj. prés. 3 de *semondre* 835, 28.

semondre v. tr. exhorter 835, 28; convoquer 774, 19.

sen adj. sain 699, 31.

sen s. m. bon sens, sagesse 735, 4.

sené adj. sage 843, 25.

senefier v. tr. signifier 876, 6.

senestre adj. gauche 683, 8.

sengnier v. réfl. faire le signe de la croix 935, 1.

senier v. i. saigner 763, 11.

sens prép. sans 735, 4.

sentele s. m. petit sentier 679, 22.

sentir v. réfl. *se sentir de* ressentir les effets de quelque chose 754, 26; 786, 42.

senz prép. sans 698, 3.

seoir v. i. être assis, s'asseoir 783, 29; être situé 690, 5; 819, 1.

serement s. m. serment 680, 30.

seren s. m. calme, sérénité 796, 15.

sergent s. m. serviteur 677, 4.

seri adv. tranquillement 759, 36.

seror s. f. cas-rég. de *suer* sœur 910, 9.

sers s. m. cas en -*s* de *serf* 691, 205.

sesir v. réfl. *se sesir de* s'emparer de 674, 6.

seson s. f. temps 856, 32.

seü s. m. connaissance 846, 15.

seürement adv. sûrement 703, 44; 704, 21; avec assurance 704, 22.

seus adj. cas-suj. de *seul* 675, 15.

seütes parf. 5 de *savoir* 877, 8.

sevent ind. prés. 6 de *savoir* 718, 9.

sicamor s. f. sycomore 790, 11.

siecle s. m. monde 820, 9.

siet ind. prés. 1 de *seoir* 690, 5.

sivre v. tr. suivre 677, 20.

sodra fut. 3 de *sordre* advenir 834, 18.

soe adj. et pron. poss. sienne 798, 5.

soef adj. doux, agréable 688, 40; adv. doucement 904, 21.

soer s. m. soir 730, 2.

soés cas en -*s* de *soef* 904, 21.

sofrir v. tr. et i. souffrir; v. réfl. se résigner, prendre patience 681, 31; 717, 13.

soi parf. 1 de *savoir* 748, 16; 864, 28.

soi = *soit*; voir la note 858, 43.

sol adj. seul 724, 71.

solacier v. réfl. se distraire, se divertir 691, 166.

solauz s. m. cas-suj. de *soleil* 693, 5.

solaz s. m. plaisir, satisfaction 691, 184.

soldre v. tr. payer 904, 77.

solex s. m. cas-suj. de *soleil* 932, I, 1.

soloir v. i. avoir coutume 745, 8.

songent p. prés. de *songier* songer 674, 19.

sorcuidance s. f. outrecuidance 806, 30.

sorcuidié adj. présomptueux 810, 30.

sorfet s. m. présomption, outrage 715, 36.

sorplus s. m. surplus 870, XX, 4.

sorsaut s. m. *en sorsaut* à l'improviste 870, XXIV, 3.

sostenir v. tr. souffrir, endurer 718, 11; 732, 24.

soutilment adv. subtilement 689, 6.

soutis adj. cas-suj. de *soutil* fin, subtil, avisé 688, 34.

sovent adv. souvent; *sovent et menu* dru et menu 920, 21.

soventefoiz expression adverbiale: un grand nombre de fois 722, 15.

soz ind. prés. 2 de *soldre* 796, 31.

sozrire v. i. sourire 723, 21.

subjection s. f. dépendance 774, 25.

suel ind. prés. 1 de *soloir* 767, 54.

suer s. m. soir 690, 4.

suet = *soit*; voir la note 688, 68.

sus adv. et prép. en haut, au-dessus, au-dessus de; *saillir sus* se lever vivement 709, 8.

tal adj. tel; *por tal* adj. pris subst. pour cette raison 870, XXVI, 2.

talent s. m. volonté, inclination, désir 713, 23; 772, 32.

tan = *tant* 857, 3; 865, 37; *a Dieu tan bien* tant mieux (?) 750, 6. Cette expression ne se trouve pas dans Godefroy ni dans T. L.

tans s. m. temps 899, 18.

tant adv. tant, autant, tellement, si long-temps; *par tant* pour cela 726, 19; *tant com* aussi longtemps que 857, 3; 865, 37.

tanzdis adv. cependant, pendant ce temps; *tanzdis com* tandis que 932, XXI, 3.

targier v. i. tarder 843, 13.

tarjant p. prés. de *targier* 922, 27.

tart adv. tard; (*trop*) *a tart* trop tard 695, 11; 747, 5.

taster v. tr. frapper 753, 25.

teche s. f. défaut 903, 18.

teigne subj. prés. 3 de *tenir* 774, 24.

tençon s. f. dispute 924, 34.

tenir v. tr. tenir, retenir, observer (une coutume); *tenir a* considérer comme 691, 194; *tenir de* recevoir 774, 24; v. réfl. *se tenir de* s'abstenir, se retenir 681, 30; *se tenir que* ... *ne* + subj. s'empêcher de 691, 18; *se tenir bien paié* se considérer satisfait 776, 4; *se tenir pour outré* se déclarer vaincu 741, 4.

tenrai fut. 1. de *tenir* 688, 87.

tent = *tant*; *a tent* à ce point 917, 10.

tent p. p. de *teindre* 720, 24.

tere v. réfl. se taire 711, 26.

terreus adj. éclaboussé de terre 800, 50.

tesir v. réfl. se taire 712, 26.

tesmoig s. m. témoignage 726, 16.

test s. m. crâne 675, 33; 753, 20.

teü p. p. de *tere* 808, 45.

tieg ind. prés. 1 de *tenir* 678, 15.

tieus, tiex adj. cas en *-s* de *tel* 690, 19; 856, 25.

tig, ting parf. 1 de *tenir* 681, 17; 746, 14.

tolu p. p. de *toldre* enlever, arracher 706, 12.

tor s. m. état 932, VI, 3.

torner v. tr. *a merveilles vos tornast* vous vous étonneriez 790, 29.

tost adv. vite, bientôt, tôt 674, 22.

tost ind. prés. 3 de *toldre* enlever, attacher, 767, 65.

tot, tout adj. et pron. tout, chaque; adv. complètement, tout à fait; *a tot, a tout* avec 674, 14; 715, 27; *a toz jorz mes* pour toujours 675, 9; *tote jor* toute la journée 712, 23.

totevoies adv. toutefois, pourtant 676, 10; 685, 27; toujours, tout le temps 679, 21; 683, 29; 915, 10.

trahez ind. prés. 5 de *traire* 806, 23.

trahoit imparf. 3 de *traire* 926, 33.

trai ind. prés. 1 de *traire* 870, 18.

traire voir *trere*.

traïtes adj. traitre; voir la note 707, 24.

tramis p. p. de *trametre* v. tr. envoyer 870, XI, 2.

tranchiee s. f. tranchée 749, 7.

travail s. m. (cas en *-s travax*) peine, effort 675, 28; 689, 20; 733, 25; tourment, souffrance 691, 149; 858, 8.

travaillier, traveillier v. tr. fatiguer, peiner 758, 28; v. réfl. s'efforcer 689, 15; 690, 14.

traveillié adj. fatigué, épuisé 756, 19.

traverse s. f. *a la traverse* de travers, par le côté 674, 9.

tré ind. prés. 1 de *trere* 688, 33.

treant p. prés. de *trere* 688, 29.

treent ind. prés. 6 de *trere* 773, 14.

treïson s. f. trahison 707, 25.

trere v. tr. tirer, obtenir 740, 1; 870, 18; 926, 35; v. réfl. se diriger, approcher 688, 21 et 29; *se trere a* se porter vers, viser a 691, 155; *se traire ensus, arrieres* se retirer en arrière 773, 14; 806, 23; *traire a la mort* agoniser 926, 30; *traire mal* souffrir, endurer du mal 895, 28; *tant come vos porroiz dou cheval trere* aussi vite que vous pourriez faire aller le cheval 676, 14.

tres adv. beaucoup, très; *tres devant* juste devant 675, 30.

trespas s. m. passage 724, 39; 726, 9.

trespassant p. prés. de *trespasser* v. i. passer d'un lieu à un autre 703, 10.

trespensé adj. inquiet 703, 53.

tressaut ind. prés. 3 de *tressaillir* v. i. bondir 744, 41.

trestot adj. et adv. tout entier, tout à fait 688, 37.

tret ind. prés. 3 de *trere* 677, 5.

treüaige s. m. tribut 845, 39.

treve, trevent ind. prés. 1 et 6 de *trover* 675, 27; 727, 19.

trichierre s. m. cas-suj. de *tricheor* tricheur 903, 20.

troeve ind. prés. 3 de *trover* 727, 44.

trop adv. très 723, 4 etc.

trover v. tr. trouver 676, 18 etc.; composer 896, 18.

truevent ind. prés. 6 de *trover* 676, 18.

truis ind. prés. 1 de *trover* 688, 24.

truissons subj. prés. 4 de *trover* 781, 35.

trusque prép. jusque 706, 15.

tué = *toi*; voir la note 688, 68.

tuit cas-suj. m. pl. de *tot* 675, 18 etc.

uel voir *oel*.

ués voir *oés*.

uet = *ait*; voir la note 897, 11.

ui voir *hui*.

uis s. m. porte 835, 26.

uitisme adj. huitième 867, 22.

vain adj. faible 833, 38.

vallet s. m. jeune garçon, jeune homme 674, 21.

vaust = *vaut* 707, 16.

vavassour s. m. vassal d'un vassal 724, 25.

veez ind. prés. 5 ou impér. de *veoir* 701, 42 etc.

veignant p. prés. de *venir*; *dire bien veignant a* saluer, faire bon accueil à 681, 8. Cette expression ne se trouve pas dans Godefroy.

veil ind. prés. 1 de *voloir* 678, 39.

veille subj. prés. 3 de *voloir* 677, 6.

velt, velent ind. prés. 3 et 6 de *voloir* 728, 7; 930, 2.

ven voir *vain*.

venchant p. prés. de *venchier* v. réfl. se venger 870, III, 4.

vencu p. p. de *veintre* v. tr. vaincre 767, 8.

venir v. i. venir 691, 16 etc.; *venir mieuz* valoir mieux, sembler préférable 679, 3; 731, 26; *venir sus* attaquer 837, 4; *venir el cuer* venir à l'esprit 737, 20.

venrez fut. 5 de *venir* 691, 16.

ventaille s. f. portion du casque protégeant la partie inférieure du visage 902, 27.

ventence s. f. vanterie 725, 9.

venter v. réfl. se vanter 725, 22.

veoir v. tr. voir 688, 20 etc.

veons ind. prés. 4 de *veoir* 691, 42.

vergondeus adj. honteux 688, 19.

vespres s. m. pl. vêpres 811, 16.

vesquisse subj. imparf. 1 de *vivre* 865, 37.

vet ind. prés. 3 de *aler* 688, 79.

veu s. m. vœu 697, 16.

veust ind. prés. 3 de *voloir* 923, 13.

veve adj. veuve 865, 50.

vez contract. de *veez* voyez 678, 12; *vez ci* voici 692, 18.

vieg ind. prés. 1 de *venir* 722, 13.

viel adj. (cas en -*s viez*) vieux 735, 21; 901, 33.

vig parf. 1 de *venir* 816, 31.

vilx voir *vius*.

vis adj. cas en -*s* de *vif* vivant, en vie 932, XXVII, 4.

vis s. m. visage 877, 1; *ce m'est vis, vis m'est* il me semble 680, 41; 932, XXVII, 3.

viste adj. rapide 733, 22.

vistement adv. rapidement 709, 8.

vius adj. cas en -*s* de *vil* 701, 54; 921, 21.

voer v. tr. jurer 725, 47.

voiaje s. m. voyage 875, 1.

voiant prép. en la présence de, devant 675, 19.

voidie s. f. malice 808, 3.

voidier v. tr. vider, quitter 770, 12; 934, 15.

voill ind. prés. 1 de *voloir* 936, 31.

voillant p. prés. de *voloir*; *vostre bien voillant* celui qui vous veut du bien, qui vous aime 688, 11.

voille subj. prés. 3 de *voloir* 716, 26.

voillez, voilliez subj. prés. 5 de *voloir* 705, 26; 716, 19.

voloir v. tr. vouloir, désirer 678, 39 etc.; *voloir grant bien* aimer beaucoup 923, 13.

vointre v. tr. vaincre 719, 9 et 10.

voir adj. et adv. vrai, vraiment; *por voir* vraiment 902, 3; *tout de voir* vraiment 688, 35; *voir de voir* vrai de vrai 863, 12.

voir s. m. vérité 711, 24; 874, 21; *s'en va dou tot parmi le voir* elle s'en tient rigoureusement à la vérité 910, 21.

voirement adv. vraiment, assurément 681, 20.

vois ind. prés. 1 de *aler* 688, 58 etc.

voist, voisent subj. prés. 3 et 6 de *aler* 703, 48; 725, 31.

voiz s. f. voix, son 732, 10; *a une voiz* d'une seule voix 675, 18.

volenteïf adj. désireux, empressé 737, 8.

volxist, vosist subj. imparf. 3 de *voloir* 680, 9; 931, 8.

vos, *vost* parf. 1 et 3 de *voloir* 703, 23; 926, 22.

voura fut. 3 de *voloir* 686, 21.

vousisse, *vousist* subj. imparf. 1 et 3 de *voloir* 707, 11 et 12.

vox parf. 1 de *voloir* 822, 42.

vuidier voir *voidier*.

ysle s. f. île 774, 27.